CB055895

CRECHE E PRÉ-ESCOLA • UMA ABORDAGEM DE SAÚDE

CRECHE E PRÉ-ESCOLA • UMA ABORDAGEM DE SAÚDE

LANA ERMELINDA DA SILVA DOS SANTOS

Enfermeira graduada pela Escola de Farmácia e Odontologia de Alfenas/Centro Universitário Federal – Efoa/Ceufe
Professora Adjunta do Departamento de Enfermagem da Efoa/Ceufe
Especialista em Pediatria e Puericultura – Mestre em Enfermagem Pediátrica e Pediatria Social – Doutora em Enfermagem pela Universidade Federal de São Paulo/Escola Paulista de Medicina – Unifesp/EPM

2004

artes medicas

© 2004 by Editora Artes Médicas Ltda.

Todos os direitos reservados. Nenhuma parte desta obra poderá ser publicada sem a autorização expressa desta Editora.

Diretor Editorial
Milton Hecht

Equipe de Produção
Gerente de Produção: Celia Regina B. Ramos
Capa: Nelson Mielnik
Projeto Gráfico: Tatiana Pessôa
Editoração eletrônica: Graphbox-Caran
Impressão e acabamento: RR Donnelley

ISBN: 85-367-0004-1

Dados Internacionais de Catalogação na Publicação (CIP)
(Câmara Brasileira do Livro - SP - Brasil)

Santos, Lana Ermelinda da Siva dos
  Creche e pré-escola: uma abordagem de saúde/
Lana Ermelinda da Silva dos Santos. São Paulo: Artes Médicas, 2004

Bibliografia.
ISBN: 85-367-0004-1

1. Creches 2. Educação pré-escolar 3. Saúde - Promoção I. Título.

04-0063   CDD-613.0432

Índices para catálogo sistemático:
1. Creches: Promoção da saúde: Ciências médicas 613.0432
2. Pré-escolas: Promoção da saúde: Ciências médicas 613.0432

Editora Artes Médicas Ltda.
R. Dr. Cesário Mota Jr, 63 – Vila Buarque
CEP: 01221-020 – São Paulo – SP – Brasil
Home Page: http://www.artesmedicas.com.br
E-Mail: artesmedicas@artesmedicas.com.br
Tel: (011) 221-9033
Fax: (011) 223-6635
Linha direta do consumidor: 0800-559033

APRESENTAÇÃO

O presente livro versa sobre as principais questões de saúde que envolvem a população de creche e pré-escolas. Nesse contexto, retrata o histórico da saúde escolar nos diferentes níveis educacionais; ações de saúde e higiene; o Programa de Saúde da Família implementando a assistência na creche; os indicadores de qualidade de saúde para a creche e a atenção à criança especial.

Com esse conteúdo, pretende-se oferecer subsídios aos profissionais de enfermagem e de outras áreas da saúde, para ampliar a abordagem do atendimento à criança, implementando e implantando novas formas de atuação. Pretende-se, também, entender melhor os aspectos que abarcam a assistência à criança em creche e pré-escola, possibilitando, assim, a melhoria da sua qualidade de vida. Sabe-se que tal setor de atendimento, nas instituições de educação infantil, ressente de material bibliográfico para respaldar o planejamento de ações de saúde.

Cabe destacar que temas históricos, de políticas de saúde e de relacionamento entre os grupos envolvidos merecem contemplar os estudos de educação e saúde, pois ainda foram pouco explorados, considerando a própria evolução histórica da área. Portanto torna-se necessário compor esse conteúdo, pois a interdisciplinaridade é, indiscutivelmente, uma das questões que envolvem a temática do educar e cuidar.

O conhecimento da legislação vigente sobre o profissional de saúde na creche e pré-escola torna o enfermeiro, cada vez mais envolvido com o cuidado de saúde. É com essa visão que se pensou elaborar este trabalho, que poderá contribuir com os profissionais no que se refere à saúde da criança em creches e pré-escolas.

Os Autores

PREFÁCIO

Como pesquisadora, professora e implantadora de vários trabalhos em prol da criança e sua família, considero-me privilegiada por ter sido convidada a fazer este prefácio. Meus sinceros agradecimentos.

Toda a iniciativa que tem como centro a criança e portanto a família é sempre oportuna em qualquer país do mundo e principalmente no Brasil.

Atualmente, as autoridades do nosso país estão voltadas para uma assistência preventiva; temos a certeza que esta obra dará uma grande contribuição para as organizações governamentais encarregadas desta área e, também, aos vários segmentos profissionais - enfermeiras, assistente sociais, pedagogos, fisioterapeutas - que prestam assistência à criança em creches e em especial aos alunos de graduação e pós-graduação.

Portanto, queremos cumprimentar a Dra. Lana Ermelinda da Silva dos Santos pela organização deste livro, assim como aos autores que dele participaram.

Ressaltamos que iniciativas como esta de alto valor científico, representam um importante marco na assistência à criança e família no Brasil.

Dra. Marianna Augusto

AGRADECIMENTOS

A meu esposo, Dimas, pelo estímulo e paciência.
Ao meu filho, Bruno, pela valorização desse trabalho.
Aos professores do Departamento de Enfermagem da Escola de Farmácia e Odontologia de Alfenas/Centro Universitário Federal, que sempre incentivaram a realização deste livro.

DEDICATÓRIA

Aos meus pais e irmãos, que foram os responsáveis por minha trajetória acadêmica.

COLABORADORES

ANA MARIA DE ALMEIDA
Professora Doutora do Departamento de Enfermagem Materno-Infantil e Saúde Pública da Escola de Enfermagem de Ribeirão Preto da Universidade de São Paulo.

ANA MARIA DO AMARAL FERREIRA
Enfermeira; Especialista em pediatria e puericultura; Mestre em enfermagem Pediátrica e Pediatria Social, pelo Departamento de Enfermagem da Universidade Federal de São Paulo - Unifesp; Doutorado em Ciências pelo Departamento de Pediatria da Unifesp.
Enfermeira da Secretaria Municipal de Saúde de São Paulo – Vigilância em Saúde. Membro do Centro de Estudos e Pesquisa Aplicada à Saúde, CEPAS, da Universidade São Marcos, em São Paulo. Enfermeira voluntária e fundadora da Entidade Obra Assistencial e Beneficente São José, mantenedora da Creche São José.

BERNADETE VIEIRA DE SOUZA REHDER
Professora Aposentada do Departamento de Enfermagem da Escola de Farmácia e Odontologia de Alfenas/Centro Universitário Federal - Efoa/Ceufe, foi Chefe da Disciplina de Epidemiologia.
Mestre em Enfermagem pela Escola de Enfermagem da Universidade Federal de Minas Gerais. É consultora de Epidemiologia da Diretoria de Ações Descentralizadas de Saúde - DADS - Alfenas, MG.

CÉLIA SIMÕES CARVALHO
Enfermeira Especialista em Administração de Serviços de Saúde - UNAERP, supervisora de berçário da Creche Área de Saúde da Universidade Estadual de Campinas - UNICAMP.

CECÍLIA VASCONCELOS HOLLAND
Nutricionista; Especialista em Saúde Pública, pela Universidade de São Paulo; Mestrado, pela Faculdade de Saúde Pública - FSP da USP; Doutoranda do Curso Interunidades em Nutrição Humana Aplicada, FSP-USP.
Nutricionista formadora da Crecheplan/Intituto Avisalá, ONG ligada a formação de educadores e pessoal de organizações sociais. Voluntária pela Fundação Abrinq pelos Direitos da Criança, membro do Comitê Técnico de Nutricionistas.

CIRCÉA AMALIA RIBEIRO
Professora Adjunta do Departamento de Enfermagem da UNIFESP. Disciplina de Enfermagem Pediátrica.
Doutora em Enfermagem pela Escola de Enfermagem da Universidade de São Paulo.
Vice-Presidente da Sociedade Brasileira de Enfermeiros Pediatras (SOBEP), Coordenadora da Comissão Permanente de Titulação.
Membro da Diretoria do Núcleo de Estudos da Criança e do Adolescente (NECAD), Coordenadora do Grupo de Estudos do Brinquedo do NECAD.

CLÍCIA VALIM CÔRTES GRADIM
Professora Adjunta da Escola de Farmácia e Odontologia de Alfenas/Centro Universitário Federal - Efoa/Ceufe
Mestre em Educação pela Universidade de Alfenas. Doutoranda em Enfermagem pela Escola de Enfermagem de Ribeirão Preto - EERP da Universidade de São Paulo

CONCEIÇÃO VIEIRA DA SILVA
Professora Adjunta do Departamento de Enfermagem da Universidade Federal de São Paulo - Disciplina Enfermagem Pediátrica (Unifesp).
Doutora em Enfermagem Materno-Infantil pela Universidade Federal de São Paulo.
Chefe do Departamento de Enfermagem da Unifesp
Presidente da Sociedade Brasileira de Enfermeiros Pediatras - SOBEP.

DAMARIS GOMES MARANHÃO
Enfermeira. Especialista em Saúde Pública pela Faculdade de Saúde Pública - FSP da USP. Mestre e Doutoranda em Enfermagem pela Unifesp. Professora da Faculdade de Enfermagem da Universidade Santo Amaro. Assessora em enfermagem do Berçário CEDUC/NATURA. Formadora do Instituto Avisa-lá.
Co- autora do Referencial Curricular Nacional de Educação Infantil do Ministério da Educação - RC-NEI- MEC, 1998.

COLABORADORES

ELIZABETH LAUS RIBAS GOMES
Enfermeira; Professora Associada - Livre Docente - do Departamento Geral e Especializado da Escola de Enfermagem de Ribeirão Preto-USP.

ENEIDA SANCHES RAMOS VICO
Enfermeira, Especialista em Saúde Pública, pela Faculdade de Saúde Pública da Universidade de São Paulo - FSP-USP. Mestre em Epidemiologia pela FSP-USP.
Atuou por 23 anos como enfermeira do Programa de Assistência à Infância que abrangia a Rede Municipal de Creches da Prefeitura Municipal de São Paulo - PMSP.
É enfermeira do Centro de Informações Epidemiológicas - CEInfo - da Secretaria Municipal de Saúde de São Paulo.

GISELLE DUPAS
Professora Adjunta do Departamento de Enfermagem da Universidade Federal de São Carlos - UFSCAR.
Doutora em Enfermagem pela Escola de Enfermagem da Universidade de São Paulo.

IRMA DE OLIVEIRA
Professora Doutora em Enfermagem pela Escola de Enfermagem da Universidade de São Paulo. Docente do Departamento de Enfermagem da Universidade Estadual de Campinas - UNICAMP.

JOÃO BOSCO OLIVEIRA RIBEIRO DA SILVA
Professor do Curso de Odontologia da Universidade José Rosário Vellano - UNIFENAS.
Doutorando em Odontologia (área de concentração odontopediatria) pela Faculdade de Odontologia da Universidade Federal do Rio de Janeiro.

JOÃO LUÍZ KOBEL
Médico Pediatra do Departamento de Saúde Escolar da Sociedade Paulista de Pediatria.

JOSÉ ROBERTO DA SILVA BRÊTAS
Professor Adjunto do Departamento de Enfermagem da Universidade Federal de São Paulo - Unifesp. Especialista em Pediatria e Puericultura - Mestre e Doutor em Enfermagem pela Unifesp.

LUCILA AMARAL CARNEIRO VIANNA
Doutora em Enfermagem pela Escola de Saúde Pública da Universidade de São Paulo, Livre docente pela Unifesp, Professora Titular do Departamento de Enfermagem e foi Coordenadora do Programa de Pós-graduação em Enfermagem da Unifesp.

MÁRCIA PENTEADO DE OLIVEIRA FARIA
Nutricionista; Especialista em desnutrição energética, protéica e recuperação nutricional - Unifesp - 2000. Trabalhando na área de saúde pública na Secretaria da Assistência Social (PMSP) de 1982 a 2003 Supervisionando creches e centros de juventude, no que se refere a controle das cozinhas quanto a higiene, orientação quanto a cardápio, treinamento para funcionários e educação nutricional para funcionários e crianças. Participou da elaboração e revisão de manuais de saúde e alimentação.

MAGDA ANDRADE REZENDE
Professora Doutora do Departamento de Enfermagem Materno-Infantil e Psiquiátrico da Escola de Enfermagem da Universidade de São Paulo.

MARIA DAS GRAÇAS DE CARVALHO FERRIANI
Professora Titular do Departamento de Enfermagem Materno-Infantil e Saúde Pública da Escola de Enfermagem de Ribeirão Preto da Universidade de São Paulo.
Chefe do Departamento de Enfermagem Materno-Infantil e Saúde Pública da Escola de Enfermagem de Ribeirão Preto da Universidade de São Paulo.
Coordenadora do Programa de Interunidades de Doutoramento em Enfermagem da EERP/USP.
Presidente da Comissão de Interunidades de Pós-Graduação.

MARIA DE JESUS CASTRO SOUZA HARADA
Professora Adjunta do Departamento de Enfermagem da Universidade Federal de São Paulo - Unifesp. Especialista em Pediatria e Puericultura - Mestre e Doutora em Enfermagem pela Unifesp.

MARIA INÊS FERREIRA DE MIRANDA
Professora Assistente do Departamento de Enfermagem da Universidade Federal de Rondônia. Enfermeira, Especialista em Administração dos Serviços de Saúde; Especialista em Vigilância Epidemiológica e Sanitária; Mestre em Saúde Pública pela EERP/USP; doutoranda pela EERP/USP.

MARIA DE LA Ó RAMALLO VERÍSSIMO
Professora Doutora do Departamento de Enfermagem Materno-Infantil e Psiquiátrico da Escola de Enfermagem da Universidade de São Paulo.

MARINALVA DIAS QUIRINO
Professora Adjunta do Departamento de Enfermagem da Universidade Federal da Bahia - UFBa.
Doutora em Enfermagem pela Universidade Federal de São Paulo/ Escola Paulista de Medicina – Unifesp/ EPM.

MÁRIO SERGIO OLIVEIRA SWERTS
Professor do Curso de Odontologia da Universidade José Rosário Vellano – UNIFENAS.
Doutor em Odontologia (área de concentração Odontopediatria) pela Faculdade de Odontologia da Universidade Federal do Rio de Janeiro.

REGINA ISSUZU HIROKA BORBA
Professora do Departamento de Enfermagem da Universidade Federal de São Paulo - Unifesp. Especialista em Pediatria e Puericultura – Mestre e Doutora em Enfermagem pela Unifesp.

TEREZINHA AYAKO SUGAI
Enfermeira Especialista - Residência em enfermagem - Faculdade de Medicina de São José do Rio Preto, supervisora do maternal da Creche Área de Saúde da Universidade Estadual de Campinas – UNICAMP.

VALÉRIA FERNANDO FERREIRA BONFIM
Enfermeira, Especialista em Administração Hospitalar - Faculdade São Camilo. Diretora da Creche Área da Saúde da Universidade Estadual de Campinas – UNICAMP.

ZÉLIA MARILDA RODRIGUES RESCK
Professora Adjunta da Escola de Farmácia e Odontologia de Alfenas/Centro Universitário Federal - Efoa/Ceufe.
Mestre em educação pela Universidade de Alfenas.
Chefe da Disciplina de Administração Aplicada à Enfermagem I.
Doutoranda em Enfermagem - Escola de Enfermagem de Ribeirão Preto da Universidade de São Paulo.

ÍNDICE

PARTE I – A CRIANÇA NA INSTITUIÇÃO DE EDUCAÇÃO INFANTIL – CRECHE E PRÉ-ESCOLA

1. A escola como base de apoio para promoção da saúde da criança e do adolescente, 3
2. A creche e seu contexto histórico, 11
3. A assistência à criança e a equipe de saúde, 17
4. Admissão da criança, 23
5. Gerenciamento em creches e pré-escolas, 33
6. Creche e pré-escola e família – revendo conceitos para compartilhar cuidados e educação das crianças, 55
7. A adaptação da criança em creches e pré-escolas: uma questão de saúde, 63
8. O cuidado da crianca na creche e pré-escola, 71

PARTE II – OS CUIDADOS DE SAÚDE

9. Crescimento e desenvolvimento da criança, 81
10. Alimentação da criança, 115
11. Higiene e precauções padrões em creche – contribuindo para um ambiente saudável, 131
12. Vacinação da criança, 149
13. Saúde bucal, 153
14. Requisitos para um ambiente seguro na creche e pré-escola, 159
15. Condutas frente a agravos de saúde na creche e pré-escola, 165
16. Assistência à criança frente a patologias de grande incidência na creche e pré-escola, 179
17. Violência doméstica contra criança, 191

PARTE III – POLÍTICA DE SAÚDE E A QUALIDADE DA ASSISTÊNCIA

18. Inclusão da criança portadora de necessidades especiais em creche, 201
19. A creche e a pré-escola no contexto do programa saúde da família, 209
20. Indicadores de qualidade de saúde em creche e pré-escola, 215

PARTE I

A CRIANÇA NA INSTITUIÇÃO DE EDUCAÇÃO INFANTIL – CRECHE E PRÉ-ESCOLA

1 ESCOLA COMO BASE DE APOIO PARA A PROMOÇÃO DA SAÚDE DA CRIANÇA E DO ADOLESCENTE

MARIA DAS GRAÇAS CARVALHO FERRIANI
MARIA INÊS FERREIRA DE MIRANDA

A gênese da preocupação com a saúde escolar faz parte de um movimento social amplo, ocorrido na Europa, durante o século XVIII, destacando-se a França, Inglaterra e Alemanha, inseridas nas questões de Saúde e de Educação[1].

A infância, independentemente da classe social, era considerada uma fase bastante curta. Assim que a criança demonstrasse condições de independência, participava do mundo adulto, o que ocorria por volta de cinco a sete anos. A criança dentro do contexto familiar tinha relativa importância, constituindo-se, muitas vezes, em verdadeiro transtorno. Ignoravam-se as etapas do crescimento e desenvolvimento infantil. Inexistia registro de nascimento, uma vez que era pouco significante a idade real, para identificar as pessoas. Era freqüente o infanticídio, embora não se tratasse de uma prática aceita, mas realizada sob a forma de acidente. As crianças morriam asfixiadas na cama dos pais, onde dormiam[2].

Para os casais pertencentes às camadas sociais de baixa renda, o filho chegava a ser uma ameaça à própria sobrevivência dos pais que, muitas vezes, abandonavam essas crianças em um orfanato ou entregavam-nas à ama sem preparo, o que diminuía sua chance de viver[3]. O índice de mortalidade infantil era elevado, não representando, contudo, uma preocupação da sociedade medieval, pois outra criança viria logo substituir a criança morta.

No século XVIII, o envio das crianças para a casa de amas-de-leite estende-se a todas as camadas da sociedade urbana. Alguns estudos realizados no século XVIII constataram que o leque social da infância, aqui tratado abria-se de tal forma, que envolvia da burguesia às classes populares, dos conselheiros da corte aos operários.

As condições econômicas não eram as únicas responsáveis pelo virtual abandono dos filhos às amas-de-leite, pois, no caso da burguesia trabalhadora, certamente outros fatores contribuíram para isso. Os valores sociais tradicionais pesavam mais do que em outras camadas, pois, como a sociedade valorizava mais o homem, era normal que a esposa desse prioridade aos interesses do marido sobre o bebê. A socialização da criança não cabia à família e sim aos vizinhos. Sendo assim, com oito a dez anos, a criança era afastada de casa para aperfeiçoar sua educação, desenvolvendo-a em casa de vizinhos. As famílias trocavam seus filhos para servirem de criados ou aprendizes. Esse hábito era difundido em todas as camadas sociais.

Investigando a origem das escolas medievais, constatamos que se destinavam apenas aos clérigos, os latinófones, reservadas para uma camada muito particular da sociedade. Com a influência da nova burguesia exigindo a instrução, a escola catedralícia tornou-se, no século XI, a semente da universidade[1].

Pensadores como Rousseau, considerado teórico da democracia liberal, tiveram grande influência no pensamento educacional descrito anteriormente. Convém mencionar que ele preconizava uma educação bastante elitista, não pensou na educação de massa e sim na educação do indivíduo suficientemente rico para custear um preceptor[2].

Pestalozzi, outro grande pensador e educador, interessou-se pelos camponeses; ainda que esse sentimento tenha sido autêntico e generoso, não é menos certo que ele tenha passado a vida educando crianças ricas.

Sintetizando, podemos afirmar que a educação de classes populares ainda era restrita, no século XVIII, e o período de infância para essa criança permanecia curto, considerando que essa criança deveria misturar-se no mundo adulto com cinco anos de idade em média, contribuindo na sociedade como força de trabalho, empregando-se em fábricas, tecelagens e cumprindo turnos de doze a dezesseis horas de trabalho[2].

Já no final do século XIX, as relações entre a classe operária e o Estado burguês sofreram transformações. O próprio Estado desenvolve novas formas de controle ideológico, onde notamos a extensão da escolarização primária e dos serviços de saúde. A medicina, nessa época, traz contribuições científicas com a descoberta da bacteriologia; a partir daí, adoecer deixava de ser um problema social e passava a ser uma questão de conhecimento e a puericultura surge na França. Foi a Revolução Pausteriana que permitiu à puericultura criar uma teoria baseada num saber científico, positivista, eliminando conhecimentos até então dispersos, contraditórios, mal ligados entre si[4].

O tom dos textos sobre criança, dirigidos às mães, passou de um tom coloquial e amigável a um tom doutoral e imperativo, já que o novo saber médico passava pelo pasteurismo. A puericultura a partir de 1884, na França, passa a ser ensinada nas escolas públicas para meninas e jovens, objetivando atingir principalmente as "mulheres do povo", pois estas é que necessitavam ser educadas e civilizadas. Além das escolas, a puericultura tem seu ensino divulgado em instituições filantrópicas e, naturalmente, nos serviços médicos.

O período histórico da passagem do feudalismo para o mercantilismo e instalação do modo de produção capitalista e ascensão da burguesia, enquanto classe dominante, veio de três doutrinas médicas, todas caracterizadas pelo seu jeito eminentemente social: a polícia médica, o sanitarismo e a puericultura.

Nesse contexto, a tecnização da higiene escolar ganha contribuições científicas. Trabalhos foram realizados sobre o escolar, denunciando problemas de visão, outros preocupados com a higiene. A institucionalização da higiene no âmbito escolar só ocorreu na primeira década do século XX, tanto na Europa, como na Austrália, países da América Latina, Japão, e Estados Unidos. A evolução da saúde do escolar na Alemanha aconteceu de forma rápida, o Estado concedia com uma mão, enquanto a outra fazia o controle social. Nesses projetos de reforma e controle social, principalmente na Alemanha, vai emergir a saúde escolar, na forma primeira de inspeção dos ambientes[1].

No Brasil, no final do século passado, através da denominação Higiene Escolar, introduz-se a Saúde Escolar, calcada, sobretudo, no modelo alemão de "Polícia Médica". Esse modelo, visando à reorganização da própria sociedade, propunha organizar os órgãos públicos, fossem de educação ou de saúde, através de ações de higiene escolar, baseadas em princípios higienistas e no pressuposto eugênico-relacionado à preservação e à melhoria da raça[5].

Por meio de um conjunto de normas, o espaço da escola era utilizado pelo sistema de saúde, com a finalidade de evitar que doenças contagiosas invadissem, disseminando dessa forma uma das tarefas da saúde escolar – o controle pela escola do estado vacinal dos alunos. Temendo-se a ameaça de que se espalhassem, pelo ambiente escolar, doenças e comportamentos sociais indesejáveis, implementaram-se ações voltadas para as condições de asseio e higiene dos alunos.

Em função da alta prevalência de doenças que ameaçavam, de fato, a atividade econômica, acometendo a força de trabalho, a proposta de Higiene Escolar assume e expressa claramente uma preocupação com o corpo do indivíduo. Num contexto favorável ao crescimento da corrente higienista, concentraram-se esforços no sentido de inspecionar os indivíduos, enfatizando a saúde do corpo, os comportamentos e ambientes, demonstrando preocupação com o mobiliário, a iluminação e a ventilação.

Dessa forma, por trás da assistência prestada pela Higiene Escolar havia, na realidade, uma proposta mobilizadora, controladora e de domesticação das classes populares, de acordo com os interesses do sistema produtivo.

A concepção higienista encontra-se, até hoje, fortemente arraigada em alguns formulários da área da saúde. É o que constatamos, desde o começo da década de 90, onde se vem tentando o enfrentamento de epidemias – como dengue, cólera, febre amarela, malária e o retorno da tuberculose – através de planos de combate elaborados sob a forma de campanha, "dias nacionais", que tentam focalizar e tratar de maneira isolada esses problemas de saúde.

Assim, ainda hoje se utilizam, prioritariamente, os métodos de controle de hábitos de higiene, que remetem ao indivíduo a responsabilidade pelo risco que ele tem de adoecer. Firma-se, do mesmo modo, uma saúde escolar que tem por objetivo ensinar normas de higiene aos alunos e professores como forma básica de não se contrairem doenças, supondo-se que a prática de bons hábitos, por si só, daria conta do controle dessas epidemias e ou endemias.

A partir dos anos 50, para além das abordagens normativas da higiene escolar, surgem algumas propostas que representam um movimento no sentido da biologização de questões relacionadas à aprendizagem escolar. É nesse contexto que, nas décadas seguintes, tomam vulto a discussão em torno da desnutrição e dos programas de merenda escolar, dos distúrbios e triagem neurológicos e dos programas de triagens psicológicas, auditivas e visuais, enquanto tarefas da saúde escolar[6].

Supunha-se que o baixo rendimento nutricional ou a capacidade mental do indivíduo estivesse intimamente, senão exclusivamente, relacionado ao estado nutricional ou à capacidade mental do indivíduo – Medicalização da Educação e Pedagogização da Saúde – afigurando-se os "diagnósticos" do tipo "distúrbios de aprendizagem" e "disfunção cerebral" que resultaram na proliferação das especialidades na área de saúde, enquanto esses especialistas eram chamados para fornecer explicações sobre o fenômeno do fracasso escolar[5].

Na década de 70, a "Medicina Escolar", que antes era Saúde Escolar, prioriza os exames físicos de massa, exame clínico obrigatório para fins de Educação Física do aluno na escola, estando previstas revisões periódicas durante o ano letivo. Tal procedimento, ao longo dos anos, não se mostrou eficaz: o exame físico feito rotineiramente, por si só, não imprimiu melhor qualidade de saúde e/ou de educação aos escolares. Além disso, essa rotina de exames não se operacionalizou a contento, uma vez que o crescimento urbano gerou aumento do número de escolas que, por sua vez, não foi acompanhado pelo aumento do número de unidades de saúde e de técnicos de saúde que atuavam na medicina escolar[7].

A insuficiência de serviços de saúde, para atender à demanda escolar em crescimento, levou a centrar o atendimento de saúde aos alunos com supostos "déficits de aprendizagem" ou "distúrbios de comportamento". Procuravam-se explicações médicas que justificassem o baixo rendimento escolar. Privilegiava-se o procedimento de encaminhar a criança a todos os especialistas, fortalecendo a visão compartimentalizada e isolada da criança. Assim, o processo de medicalização vai tomando corpo. Tal situação desencadeou, concretamente, o atendimento do fracasso escolar[8].

Na visão higienista era a pobreza, a miséria das crianças das camadas populares, que não lhes permitia boas condições de higiene e asseio e, portanto, não lhes possibilitava uma boa saúde. Na perspectiva da Medicina Escolar, os alunos não eram capazes de aprender ou de ter um bom rendimento escolar devido aos fatores orgânicos e biológicos. É, pois, a Medicina Escolar que concretiza o encaminhamento dos alunos às unidades de saúde, na tentativa de justificar o insucesso escolar, enquanto patologia orgânica.

O estudo da assistência à saúde da criança e do adolescente em idade escolar delimita áreas de saber que relacionam disciplinas da saúde, da educação e principalmente das ciências sociais e torna-se necessário localizar as concepções existentes sobre as complexas disciplinas acima dentro da sociedade estudada.

EDUCAÇÃO, SAÚDE E SOCIEDADE – TRANSFORMAÇÕES HISTÓRICAS ATUAIS

A eficácia de qualquer trabalho com crianças depende de nossa capacidade de compreendê-las sem nenhuma maquiagem ou paternalismo, em seu contexto de classe e de relações[9]. O saber e a ciência enfrentam desafios novos e a assistência à saúde da criança e do adolescente dentro desse saber científico não poderia ficar alheia, necessitando de um novo delineamento em busca de novos paradigmas.

O exposto acima significa reconhecer que a sociedade e suas instituições estão atravessando uma situação histórica especial, que nos obriga, enquanto trabalhadores na área da saúde, a realizar profundas reflexões, críticas, reajustes, reposicionamentos e aperfeiçoamento estratégico.

A intervenção reguladora do Estado cada vez mais minimalista faz com que passemos a debater a questão em busca de respostas acerca do papel que devemos cumprir, pois o momento vivido traz para dentro da escola, numa relação dialética com a sociedade, senão com os seus problemas, as suas conseqüências, tais como: a violência urbana, a droga, a criança vitimizada, o abuso de todas as formas e alta morbi-mortalidade por acidentes (114,9 óbitos /100 mil crianças, numa letalidade de 8,2 óbitos por mil acidentes)[10]. Sem entender essas questões fica quase impossível traçar qualquer diretriz com relação à assistência à saúde da criança e do adolescente em idade escolar.

Entendidas as questões acima, o fracasso escolar (repetência e evasão) deixará de ser explicado de forma singular como a imposta pela medicalização da educação ou a pedagogização da saúde.

Por outro lado, um dos discursos que tenta explicar o fracasso escolar é o da conseqüência de baixas condições socioeconômicas do aluno, que, muitas vezes, o leva a abandonar a escola e a ingressar no mercado de trabalho, elevando os índices de evasão e repetência.

Em pesquisa, comprovou-se[11] que numa amostra de conscritos de Ribeirão Preto (SP), a saída da escola sem o 2º grau completo é causada por diversos fatores, entre eles a repetência escolar, a falta de estímulo do próprio sistema escolar e da sociedade a qual ele pertence. O discurso hegemônico – a necessidade de trabalhar - considerado como maior fator exógeno, foi desmistificado, pois dos 29,3% conscritos que não freqüentam mais a escola, só 13,2% o fizeram para trabalhar.

Mudar, buscando paradigmas reais, a partir de uma visão crítica de nossa própria atuação junto à população (profissionais da saúde e da educação), fará com que possamos assumir um papel de interlocutor entre o saber técnico e o saber popular.

Devemos deixar de explicar conteúdos técnicos, mas contribuir para uma discussão das bases sociais de **condições de vida.** O estudo das condições de vida e de seus impactos sobre a situação da saúde da população, em geral, e de grupos sociais, em particular, tem merecido atenção crescente no campo da Saúde Coletiva, seja com o intuito de aprimorar teorias e métodos que possam sustentar os estudos de desigualdades e iniqüidades no processo saúde-doença, seja com a preocupação de construir sistemas de monitoramento que permitam a tomada de decisões no âmbito das Políticas de Saúde[12].

SAÚDE, EDUCAÇÃO E CONDIÇÕES DE VIDA

As relações entre saúde, educação e condições de vida estão presentes, de forma diversa e com intensidade distinta, nas abordagens mais conceituais e teóricas sobre causalidade em saúde do século XX. O modelo ecológico, formulado por Gordon em 1920, faz analogia do processo saúde/doença com uma balança e incorpora, sob o rótulo de "meio ambiente social", os aspectos relacionados a salário, moradia, trabalho, renda e acesso a saneamento básico. O modelo da história natural da doença de Leavell & Clark que inspirou, na década de 50, o preventivismo, o conceito de "campo de saúde" de Lalonde, em 1974, que introduziu o estilo de vida e os serviços de saúde no modelo de determinação das doenças ilustram certas tentativas de aproximação do social à saúde da população[13].

Qualquer tentativa de busca de definição de pautas atuais, para o delineamento de estudo sobre condições de vida, educação e saúde de um determinado grupo social, passa pela necessária aproximação do social.

Um estudo que proponha novos paradigmas para a saúde da criança e do adolescente em idade escolar, enquanto grupo social, deve basear-se no exposto acima, e ainda remeter-se às seguintes discussões:

Como promover a saúde da criança em idade escolar dentro do modelo sanitário – Saúde da Família?

Como trabalhar, de modo intersetorial, multiprofissional e interdisciplinar, as questões de Saúde e da Educação considerando os Novos Parâmetros Curriculares Nacionais como forma de, por meio da educação, educar para a saúde?

PROMOÇÃO DA SAÚDE DA CRIANÇA E DO ADOLESCENTE EM IDADE ESCOLAR DENTRO DOS PRINCÍPIOS DO SISTEMA ÚNICO DE SAÚDE (SUS) – PROGRAMA SAÚDE DA FAMÍLIA/PSF

Na avaliação do Programa de Assistência à Saúde do Escolar desenvolvido pela Secretaria Municipal de Saúde da Cidade de Ribeirão Preto/SP (PROASE) realizada por Ferriani[14], observa-se como recomendação: "a atenção à criança em idade escolar e ao adolescente deve estar contida na Política de Atenção vigente: o PSF". Nas ações desenvolvidas pelo sistema de saúde a todas as crianças deve-se lembrar que vivemos em um país onde a evasão e o acesso à rede de ensino ainda são preocupantes.

Programas de saúde que atendem somente as crianças matriculadas nas escolas acabam sendo excludentes e não compatíveis com a tão preconizada e falada atenção integral à saúde da criança/adolescente.

No município de São Paulo, uma proposta na área de atenção à saúde da criança e do adolescente em idade escolar, significou romper com o modelo assistencialista e clientelista, desenvolvido pelo Departamento de Saúde Escolar da Secretaria Municipal de Educação de São Paulo (DSE), e também proporcionar que se repensassem as necessidades de saúde deste grupo etário no interior do conjunto das necessidades de saúde da população.

O DSE desenvolvia suas atividades apenas às crianças e adolescentes matriculados na rede municipal de ensino. Ficavam excluídas a rede estadual e privada, e principalmente aquelas crianças e adolescentes que se encontravam fora do sistema educacional, seja porque não tivessem acesso à escola, seja porque já haviam sido expulsos da escola. Para esse contingente de crianças e adolescentes ocorria, assim, uma dupla exclusão: da escola e da atenção à saúde[15].

Uma Proposta de Atenção à Saúde do Escolar no contexto do Sistema Único de Saúde emergiu mediante o processo de reorganização dos serviços de saúde que estava baseado nas diretrizes mais gerais da administração municipal-de descentralização e democratização.

Essa proposta baseava-se nos seguintes princípios:

1) previa a participação da população;
2) o ensino de saúde como parte de todas as ações desenvolvidas pela Saúde e pela Educação;
3) as ações coletivas de saúde devem ser de responsabilidade conjunta com a equipe da Unidade Básica de Saúde - UBS e da escola ou creche;
4) a atenção à saúde do escolar é parte integrante da Atenção à Saúde da Criança e do Adolescente; a atenção à saúde da criança e do adolescente deve ser integral;
5) a Unidade Básica de Saúde é a instância centralizadora e coordenadora das ações coletivas de saúde, constituindo-se na porta de entrada do sistema de saúde para a criança e adolescente e
6) a participação da família é fundamental na atenção à saúde da criança e do adolescente[15].

No município de São Paulo, propostas foram definidas na saúde ocular, na saúde bucal, na vigilância à saúde, nas ações coletivas de saúde, na saúde auditiva e atuação de fonoaudiologia, e de saúde mental; nestas propostas foi reforçada a necessidade de atuar de **forma integrada com a escola e outros equipamentos sociais**, no sentido de dar retorno sobre a natureza dos problemas encontrados.

COMO TRABALHAR, DE MODO INTERSETORIAL, MULTIPROFISSIONAL E INTERDISCIPLINAR, AS QUESTÕES DE SAÚDE E DA EDUCAÇÃO CONSIDERANDO OS NOVOS PARÂMETROS CURRICULARES NACIONAIS E O PROGRAMA SAÚDE DA FAMÍLIA?

Na incursão pela literatura, nos defrontamos com estatísticas que relatam que, em 1990, no Brasil, mais da metade da população infanto-juvenil (58,2%) era pobre. A situação de pobreza tem efeito direto sobre a vida das crianças e dos adolescentes nos seus aspectos mais fundamentais: saúde, nutrição e educação[16]. Mediante a complexidade da realidade e considerando que a necessidade da interdisciplinaridade não provém apenas das deficiências do conhecimento científico ou da organização histórica de seu fomento, mas, sobretudo da realidade como tal[17], trabalhar de modo intersetorial e multidisciplinar as questões de saúde e da educação, considerando os Novos Parâmetros Curriculares e o PSF é o desafio proposto.

Segundo Demo[18], para a prática da interdisciplinaridade exigem-se grandes cautelas, entre elas:

a) somente pode ser tomada como equipe interdisciplinar aquela composta por especialistas diversificados, de preferência oriundos de áreas "opostas";
b) para funcionar, uma equipe interdisciplinar não pode apenas compor competências diversas, mas, sobretudo orquestrar os esforços de modo convergente; não se trata de justapor conhecimentos, mas de integrá-los num tecido único e
c) a arte de tecer a muitas mãos pode ser auxiliada, no início, pela tática de exigir de cada uma o tecido próprio, para somente depois integrá-lo; no

caso ideal, é mais integrado o que já nasce integrado (...).

Por que as pessoas se reúnem sendo de áreas diferentes? O desafio de inovar na busca de novos paradigmas para a atenção à saúde da criança e do adolescente em idade escolar foi evidenciado em 1997, na proposta contida nos Novos Parâmetros Curriculares Nacionais que fomentam novas discussões, principalmente em relação ao comportamento do professor durante as aulas. Eles vão ter de inserir nas disciplinas gerais, os conceitos de ética, saúde, meio ambiente, orientação sexual e pluralidade cultural–temas transversais[19].

Evidencia-se que a formação dos professores deverá ser multidisciplinar, o que ainda não é a prática nas instituições brasileiras de ensino superior.

Na atenção integral ao desenvolvimento da criança, o conjunto de ações referidas abrange diferentes áreas do conhecimento. Isso significa que deve haver um planejamento e supervisão de um trabalho coletivo de natureza multiprofissional. As ações coletivas na área da educação e da saúde podem e devem ser feitas por técnicos com formação multiprofissional e interdisciplinar. A visão multiprofissional deve ser construída de tal forma que cada técnico seja capaz de ter uma concepção integral do indivíduo, sabendo identificar quando há realmente necessidade de atuação conjunta com profissional de outra área.

A necessidade de uma ação interdisciplinar nos setores educação e saúde vêm da complementaridade desses dois setores. Pesquisas têm demonstrado a importância da escolaridade nas condições de saúde e de cidadania[19]. "Como a escola está sempre inserida numa dada sociedade, muito se tem escrito a respeito das relações desta com aquela. A escola sempre e só reproduz, em sua ação, as características da sociedade na qual esteja inserida; sempre melhora a sociedade, pois a transforma positivamente; é um lugar de luta, de vida e pode reproduzi-la ou não, na dependência da ação concreta nela desenvolvida"[20].

Desde a construção dos primeiros computadores, na metade do século XX (condições de vida/tecnologia), novas relações entre conhecimento e trabalho começaram a ser delineadas. Um dos seus efeitos é a exigência de um reequacionamento do papel da educação no mundo contemporâneo, que coloca para a escola um horizonte mais amplo e diversificado (multidisciplinar) do que aquele que, até poucas décadas atrás, orientava a concepção e a construção dos projetos educacionais.

Não basta visar à capacitação dos estudantes para futuras habilitações em termos das especializações tradicionais (multiespecialidade), mas antes se trata de ter em vista a formação dos estudantes em termos de sua capacitação para a aquisição e o desenvolvimento de novas competências, em função de novos saberes (interdisciplinares) que se produzem e demandam um novo tipo de profissional, preparado para poder lidar com novas tecnologias e linguagens e que esse mesmo profissional seja capaz de responder a novos ritmos e processos. É preciso "aprender a aprender"[19].

Aliada à necessidade desse reequacionamento e dessa capacitação vemos, hoje, que a escola está deixando a sua função de formação, ela é palco da "violência" (desde agressividade até assassinatos), da "prostituição infantil", "da presença de menores vitimizados pela própria família", "da venda e consumo de drogas". Da violência externa à escola, até a violência interna, devem ser realizados e considerados estudos para quem deseja a busca de pautas que subsidiem os trabalhos sobre as questões que envolvem a assistência à saúde da criança e do adolescente em idade escolar.

O processo de ajustes econômicos por que passa o País, torna o Estado incapaz em várias áreas, como sobreviver aos cortes orçamentários? As áreas sociais (educação, saúde e segurança pública) são as mais afetadas, complicando o quadro da violência e da mobilidade social, pois sem um setor de educação fortalecido e estruturado, como aspirar a uma profissão melhor e fazer parte de um mercado de trabalho globalizado, com qualidade de vida? Isso tudo só faz aumentar o fosso social existente em nossa sociedade, marcada pelas desigualdades, pelas diversidades e pelas diferenças.

Minayo e Souza[21], discutindo o crescimento da violência fatal no Rio de Janeiro, na década de 80, correlacionam esse crescimento à ampliação da crise econômica, com a redução do mercado de trabalho e à substituição legal de entrada no mercado das drogas.

Com o exposto, acima reiteramos a necessidade da interdisciplinaridade nas ações e nos estudos, que envolvem a assistência à saúde da criança e do adolescente em idade escolar, pois para essas questões que transcendem o espaço escolar, a sua compreensão e resolução só se darão num envolvimento da Sociedade e do Estado, enquanto co-responsáveis na efetivação de mudanças sociais tão profundas, que vão desde a minimização das diferenças sociais acarretadas pelas políticas de ajustes econômicos, que afetam as condições de vida, até a formação de bons professores e de profissionais comprometidos com as mudanças.

DELINEANDO PAUTAS PARA REFLEXÃO, CONCLUINDO E PROPONDO DESAFIOS

Após o delineamento e reflexão das pautas: Como promover a saúde da criança em idade escolar dentro dos princípios do Sistema Único de Saúde (SUS)-PSF? Como trabalhar, de modo intersetorial, multiprofissional e interdisciplinar, as questões de Saúde e da Educação considerando os Novos Parâmetros Curriculares Nacionais como meio pela educação educar para a saúde propomos:

1 - Ações no sentido da desmedicalização do fracasso escolar, como a capacitação de recursos humanos numa nova perspectiva: a escolaridade não deve ser encarada como um problema de saúde, mas numa perspectiva interdisciplinar e multidisiciplinar, considerando a saúde numa perspectiva de condições de vida. E estas condições de vida como específicas de cada classe ou fração de classe social.
2 - Estabelecer uma nova relação entre as áreas de Educação e da Saúde em busca de práticas, principalmente as que reportem à atuação conjunta junto ao aluno, a sua família, à escola, à comunidade e aos movimentos populares organizados. Busca-se uma intersecção entre os programas de saúde do escolar existentes com o Programa de Saúde da Família (SUS), principalmente porque está clara a semelhança de seus objetivos e de suas ações no que tange ao atendimento integral à saúde da criança e do adolescente. Essas ações, que promovam a intersecção entre os dois setores Educação e Saúde, devem ser discutidas e formuladas considerando-se as necessidades próprias de cada região (regionalidade/diversidade/diferenças/desigualdades), tendo como referência o atendimento mais globalizante da saúde do indivíduo e da sociedade numa prática mais educativa ultrapassando os limites dos consultórios médicos.
3 - Finalmente, todas as propostas, ações, discussões, que visem à assistência à saúde da criança e do adolescente em idade escolar, além de considerar o descrito acima, deverão pautar-se na consciência de que trabalhamos com um objeto/sujeito. Devemos deslocar o foco do risco para a promoção de desenvolvimento saudável da criança, sem reproduzir a cadeia de exclusão, e em Programas multifacetados e bem articulados intersetorialmente. Em primeiro lugar é dever da família, em segundo do Estado e em terceiro,. da sociedade, fortalecendo assim as bases de apoio.

Bases de apoio são os elementos fundamentais que compõem os alicerces do desenvolvimento integral da criança. São recursos familiares e comunitários que oferecem segurança física, emocional e afetiva a crianças e jovens. Refere-se tanto a atividades ou organizações formais quanto a formas de apoio espontâneas ou informais (relações afetivas significativas, amigos, parentes) que contribuam para o seu desenvolvimento[22].

REFERÊNCIAS BIBLIOGRÁFICAS

1 - Ferriani MG. A Inserção do(a) enfermeiro(a) na Saúde Escolar. São Paulo: EDUSP; 1991
2 - Ariès P. História Social da Criança e da Família. 2ª ed. Rio de Janeiro: Zahar; 1981.
3 - Freitas MC. A história social da infancia no Brasil. São Paulo: Cortez; 1997.
4 - Boltanski L. Prime éducation et morale de classe. Paris: La Haye; 1969.
5 - Collares C, Moysés M. Educação ou Saúde? Educação e Saúde in Fracasso Escolar - Uma questão médica? Cad. CEDES 1986; n.15.
6 - Lima GZ. Saúde escolar e educação. São Paulo: CEDES/Cortez; 1985.
7 - Patto MH. A produção do fracasso escolar. São Paulo: TA Queiroz; 1990.
8 - Sucupira ACS, Zuccolotto SNC. Atenção Integral a Saúde do Escolar. In: Conceição JAN. Saúde Escolar a criança a vida e a escola. São Paulo: Savier; 1994.
9 - Moraes NA. Educação e Saúde num Contexto de Crise: seu objeto - seus objetivos. Rio de Janeiro: SME; 1996.
10 - Unglert CV de S et al. Características epidemiológicas dos acidentes na Infância. Rev. Saúde Pública 1987;21:23-45.
11 - Miranda MIF. Programa de atenção integral à saúde do escolar: leitura de uma prática. [dissertação]. Ribeirão Preto: Escola de Enfermagem de Ribeirão Preto/USP; 1998.
12 - Barata RA. Epidemiologia e saber científico. III Congresso Brasileiro de Epidemiologia. ABRASCO, 24 a 28 de abril 1995.

13 - Paim JS, Silva LMV da, Costa MCN, Prata PR, Cesar ALM. Condições de Vida e Saúde da População da Cidade do Salvador. In: Paim JS, et al. Análise da Situação de Saúde do Município de Salvador, segundo Condicões de Vida. Acordo OPS/CNPq -DRC?RCD /63/5/12. Relatório Final v.1.Salvador; 1995.
14 - Ferriani MG. Percepções dos Atores Sociais que utilizam o Programa de Assistência primária da Saúde Escolar (PROASE) no Município de Ribeirão Preto: análise crítica. [tese]. Ribeirão Preto: Escola de Enfermagem Ribeirão Preto/USP; 1994.
15 - Sucupira ACS. A experiência do município de São Paulo na Atenção à Saúde do Escolar no período de 1989 a 1992 In: Conceição JAN. Saúde Escolar, A criança, A vida e a Escola. São Paulo: Sarvier; 1994.
16 - IBGE. Censo demográfico. Rio de Janeiro: Departamento de Estatística e Indicadores Sociais; 1991.
17 - Cohn N. Cosmos, caos e o mundo que virá. São Paulo: Companhia das Letras; 1996.
18 - Demo P. Conhecimento moderno- sobre ética e intervenção do conhecimento. Petrópolis: Vozes; 1997.
19 - Ministério da Educação e Cultura (BR). Secretaria de Educação Fundamental. PCN. Introdução aos parâmetros curriculares nacionais. Brasília: MEC; 1997.
20 - Silva JM. A criança, a educação e a saúde: a educação escolar. In: Conceição JAN. Saúde escolar a criança e a vida e a escola. São Paulo: Sarvier; 1994.
21 - Minayo MCS, Souza ER Violência para Todos. Cad. Saúde Pública 1993;9:65-78.
22 - Rizzini I, Barker G, Cassaniga N. Criança não é risco, é oportunidade –fortalecendo as bases de apoio de familiares e comunitárias para crianças e adolescentes. Rio de Janeiro: USU Ed. Universitária; 2000.

2 A CRECHE E SEU CONTEXTO HISTÓRICO

LANA ERMELINDA DA SILVA DOS SANTOS

Ao longo da história, vários caminhos vêm sendo percorridos, pela educação infantil e sempre estão relacionados com a concepção de infância de cada época. E, tal como a história fundamentada na reconstrução das relações e atitudes que os adultos tiveram no confronto com as crianças no que se refere à hierarquia e à superioridade dos primeiros sobre os segundos. Nessa trajetória, a criança fica relegada a segundo plano nas questões de direito, principalmente no tocante à educação. Esses espaços vão sendo conquistados, gradualmente, por pessoas, instituições e organizações sensíveis à sua causa, que vêem a criança como pessoa humana[1].

Os organismos governamentais e supragovernamentais, têm oferecido dados que demonstram a situação da criança no contexto mundial, envolvendo abandono, preconceito, a situação de "bastardo", a exclusão e o aspecto relacionado com o menor infrator, em que a questão da criança sempre está ligada ao assistencialismo[1].

Ligada à visão assistencial e relacionada à trajetória da criança, destacam-se as creches e pré-escolas, que constituem, atualmente, a primeira etapa da educação básica. Ao lermos o capítulo anterior que se refere à saúde escolar não se encontra a inclusão das creches e pré-escolas, o que se torna compreensível, porque, na história da educação nacional, elas entram neste cenário após a Constituição de 1988 e a promulgação da Lei de Diretrizes e Bases da Educação Nacional de 1996. Tal fato leva-nos a abordar sua história à parte, pois acontece envolvendo aspectos do amparo à criança e não da educação e do cuidado, tal como se apresenta na realidade atual.

A primeira creche citada na literatura foi fundada na França, na região dos Vosges, em 1770, destinada a assistir lactentes de família de camponeses. Seu fundador foi um pastor da igreja local, auxiliado por jovens da localidade que ajudavam nos cuidados às crianças. Gradativamente, surgiram outras creches e, no ano de 1846, em Paris, havia 14 creches[2].

Após a Segunda Guerra Mundial, o atendimento à pré-escola tomou impulso, pois a demanda de mães que começaram a trabalhar nas indústrias bélicas ou as que, por necessidade, ingressaram no mercado de trabalho para substituir os homens, cresceu consideravelmente[3].

Nas décadas de 50, 60 e 70, ocorreu um crescimento moderado das creches. Em 1946, na França, contava-se com 360 creches coletivas; em 1970, 697 creches coletivas e 110 familiares; em janeiro de 1975, 883 creches coletivas e 284 familiares; e, neste mesmo ano, abriram, pelo menos, 75 novas creches[4].

Na década de 90, nesse mesmo país, a criança com menos de seis anos de idade, assim como sua família dispunham de uma multiplicidade de programas que visavam a seu bem-estar e educação. Tais programas articulavam-se em torno de uma política destinada à pequena infância que vem sendo constituída nos dois últimos séculos. As creches coletivas são instituições, cujo atendimento é assegurado por uma organização, seja ela pública ou privada. Seu pessoal possui formação específica, e o prédio é exclusivamente utilizado para esse fim. Todas as modalidades de creches coletivas são subordinadas ao Ministério da Saúde, atendendo crianças de até três anos de idade, em tempo integral, exclusivamente filhos de mães que trabalham fora[5].

Às crianças com menos de três anos, na França, os serviços são: creches coletivas; creches domiciliares (crianças atendidas por assistentes maternais em suas casas) dirigidas por uma diretora com formação em puericultura e submetidas ao controle médico do Serviço de Proteção Materno-Infantil e da Direção de Ação Sanitária e Social; creches de passagem, abertas ao público em período integral que acolhem de forma descontínua, por tempo limitado, crianças menores de seis anos e são destinadas, essencialmente, às mães que não trabalham regularmente[5].

A primeira creche de que se tem notícia em Portugal, foi estabelecida por volta de 1854, na cidade do Porto[2]. Por volta de 1840, outras creches foram sendo organizadas, particularmente, em centros industriais na Grã-Bretanha e demais países da Europa[6].

Em 1907, Maria Montessori, passa a envolver-se com a educação da criança pequena e funda em Roma a primeira "*Casa dei Bambini*", para abrigar, aproximadamente, cinqüenta crianças normais carentes, filhas de desempregados, e nela realiza experiências que dão sustentação a seu método, fundamentado numa concepção biológica de crescimento e desenvolvimento. Por ser médica, destaca, em seus estudos, o biológico, não deixando de lado, em seu método, o aspecto psicológico nem o social[7].

Na Itália, assim como na maioria dos países europeus, os serviços de atendimento à criança pequena desenvolveram-se a partir dos anos 70, depois de uma forte pressão por reformas, envolvendo vários setores da vida pública, dos sistemas políticos e institucionais e das organizações sociais e trabalhistas[8]. Algumas das leis fundamentais aprovadas pelo parlamento italiano datam desse período. Representam um importante marco de referência, pois trouxeram significativas mudanças para o conceito de maternidade e proteção à infância, até mesmo por intermédio da implementação de serviços de creche. No início dos anos 70, surge uma lei estabelecendo creches para crianças até três anos de idade, e outra ampliando escolas maternais públicas para crianças de três a seis anos. Nessa época, aparece, pela primeira vez, a intervenção direta do Estado, relacionada ao serviço de creche. Observou-se que as creches se desenvolveram de forma bastante diversa, havendo desigualdade de distribuição e qualidade entre as regiões Norte e Sul, com maior número na região Norte do país[8].

Na Inglaterra, no ano de 1991, eram, geralmente, organizações privadas sem fins lucrativos que desempenhavam o papel mais significativo e inovador no setor de creches. Essas entidades interferiam junto às autoridades públicas, reivindicando ações de qualidade. Acrescenta-se que existem serviços públicos altamente qualificados em razão do compromisso, sensibilidade e competência profissional dos responsáveis. Cabe acrescentar que Estados Unidos e Inglaterra atribuem a responsabilidade pela educação da criança exclusivamente à família[8,9].

Países Escandinavos, a Austrália, a Nova Zelândia e Israel, assim como alguns países ex-socialistas, por exemplo, a Hungria, apresentam uma proposta de responsabilidade compartilhada entre a família e o Estado[8]. Ressalta-se que os países que adotaram políticas social-progressistas favoreceram o amadurecimento das experiências inovadoras no setor da educação infantil[10].

Nos Estados Unidos, em 1941, durante a 2ª Guerra, criaram-se muitas creches para filhos dos empregados da indústria de guerra. No final da guerra, contudo, com a retirada do apoio governamental, decresciam as vagas disponíveis[6].

Na década de 50, principalmente nos Estados Unidos e na Europa, começou-se a questionar o papel das creches, por considerá-las fonte de desadaptação de crianças, privadas do convívio materno. A partir de 1960, resultados de algumas pesquisas demonstraram que as creches não eram tão prejudiciais como se afirmava anteriormente. Na América do Norte, movimentos feministas passaram a lutar pelo direito de atendimento a todas as mulheres independente de necessidade de trabalho e classe social[6].

É interessante ressaltar que os Estados Unidos são o único país industrializado do mundo que não dispunha, até o início da década de 90, de licença-maternidade, após o nascimento do filho; esta era uma prerrogativa apenas de 40% das mulheres norte-americanas que trabalhavam fora, garantida por legislação estadual, ou obtida por meio de negociações coletivas entre empregados ou por iniciativa do próprio empregador. No caso norte-americano, a ausência de uma política nacional não significava que o governo fosse omisso. Ele intervinha, seja no financeiro, na regulamentação, na oferta do serviço, na estimulação da privatização do atendimento, impondo ao mercado a aparência de um jogo livre entre oferta e demanda[11].

Com relação aos países latinos, merece destaque a situação da educação infantil em Cuba. Diz-se que a pequena ilha é uma grande escola, pelos notáveis triunfos de seu sistema de ensino, que exibe uma taxa de escolaridade de 99% no período de 2000 a 2001. Notam-se avanços na matéria relacionada à educação pré-escolar - 89,9% das crianças cubanas, até seis anos de idade, obtêm atenção educativa, o que é um recorde na América Latina. Destes, 150 mil estão matriculados em creches (círculos infantis), 146 mil em turnos de pré-escolar, e o restante recebe atendimento por meio de um programa da Organização das Nações Unidas para a Educação, Ciências e Cultura – UNESCO, pelo qual os pais recebem orientações, que são transmitidas por educadores e médicos do bairro onde moram. De acordo com o Fundo das Nações Unidas para a Infância (UNICEF), a partir de 1959, Cuba foi estabelecendo, progressivamente, um sistema nacional de creches diurnas e os programas de educação na primeira infância e pré-escola, e vem evoluindo com destaque neste setor[12].

AS CRECHES NO BRASIL

No Brasil, um longo caminho foi percorrido desde a catequização das crianças índias por Anchieta. As primeiras instituições aqui criadas tinham como objetivo esconder e cuidar dos filhos das mães solteiras abandonadas nas portas e igrejas, diante das casas particulares ou na "roda dos expostos" das Santas Casas de Misericórdia. É importante fixar que a clientela atendida provinha das camadas mais miseráveis da população: órfãos e filhos de indigentes. A história das creches e do atendimento da criança pequena no Brasil foi marcada, também, pela pressão dos Imigrantes (no início do século) e dos trabalhadores urbanos que viam nessa instituição uma complementação salarial e um direito seu e de seus filhos por melhores condições de vida[13].

No ano de 1899, foi criado o Instituto de Proteção e Assistência à Infância do Rio de Janeiro, tendo como uma de suas finalidades, a implantação de creches, destinadas a crianças menores de 2 anos, para que suas mães trabalhassem[2]. Em 1980, no Estado do Rio de Janeiro, foi instituída a legislação do Sistema Estadual de Creches, que considera a creche toda instituição ou estabelecimento prestador de serviço à família por meio da atenção global às necessidades básicas da criança da faixa etária de três meses a seis anos. Nesse Estado, legislou-se, desde então, sobre a natureza da instituição, os tipos de creche, a integração com Secretarias da Saúde e Promoção Social, outros órgãos da administração direta e indireta do Estado e sistema empresarial privado. Essa legislação, no momento, conta com as inovações da LDB/96, que deverá ampliar a discussão sobre creche no Estado, já que vem preocupando-se com a educação infantil legalmente, desde 1980[14].

Em São Paulo, as primeiras creches datam de 1909, e atendiam filhos de operários da indústria. Foi criada a Creche e Escola Maternal Maria Zélia, também destinada a atender filhos de operários de uma indústria, e em 1931, a Creche Catarina Labouré, fundada pelas Filhas da Caridade de São Vicente de Paulo, com o objetivo de atender crianças carentes[2].

Merece menção ainda, em São Paulo, a História da Rede de Creches vinculada à Prefeitura Municipal de São Paulo, hoje ligada à Secretaria de Educação do Município de São Paulo. O início de sua atividade data dos anos 60, destacando-se pela criação de creches pelo Plano Urbanístico Básico de 1969, com a criação das Administrações Regionais e da Secretaria do Bem-Estar Social.

Paralelamente, acontece a mobilização da sociedade civil em torno da expansão do número de creches e de outros dois protagonistas: o movimento popular nos bairros e o movimento feminista que somados deram origem ao Movimento da Luta por Creches. Cada um desses parceiros contribuiu para a formulação da questão que fundamenta a pauta de reivindicações comuns. Ocorre a interação dos movimentos com representantes de grupos políticos, com técnicos de diversos órgãos públicos e movimentos ligados à Igreja Católica. Estes, aliados aos estudos realizados pela Secretaria Municipal do Bem-Estar Social, levaram, por volta de 1979, a Prefeitura a assumir o compromisso de instalar uma rede que se tornou realidade no final de 1982. A evolução ocorreu por intermédio da construção de creches, orientação técnica, administrativa e treinamento aos funcionários com elaboração e melhoria da programação desenvolvida. Até o mês de julho de 2000, a rede contava com 726 creches, entre públicas municipais e conveniadas[15-19].

No Estado de Minas Gerais, Belo Horizonte conta, ainda, com ações da Associação Movimento de Educação Popular Integral Paulo Englert – AMEPPE, que iniciou suas atividades em 1980. É uma organização não-governamental de assessoria e pesquisa no campo das políticas específicas para a criança e no campo das políticas de defesa da infância e da adolescência. Tem como um dos objetivos a elevação da qualidade do atendimento à criança e ao adolescente em Minas Gerais e a capacitação de educadores e técnicos ligados à área. Desde 1990, merece destaque a Lei Orgânica do Município de Belo Horizonte, que apresenta sua abordagem sobre educação infantil. A legislação prevê, para a criança até seis anos de idade, criar, implementar, manter, orientar, supervisionar e fiscalizar os atos na educação infantil. O atendimento nessas instituições deverá ser feito por equipe multiprofissional; cabe também ao município a capacitação de pessoal, estabelecimento de normas de construção, bem como a busca de soluções arquitetônicas adequadas à faixa etária das crianças atendidas e o estabelecimento de política municipal de articulação junto às creches comunitárias e filantrópicas. Define-se nesta Lei que a execução da política de atendimento em creches públicas é de responsabilidade de organismo único da administração municipal[20,21].

É oportuno abordar alguns aspectos da legislação relacionados à educação infantil, no contexto do país, pois a vida infantil entra em cena sob a ótica do amparo e da assistência e não do direito[22]. A visão assistencialista do atendimento de crianças até 6 anos de idade desobrigou o Estado da responsabilidade de tomar para si o compromisso com a educação, o que contribuiu com a visão de que creche é destinada aos pobres; os berçários e pré-escola, às pessoas que têm maior poder aquisitivo. Restou, então, para o Estado, supervisionar o atendimento e subsidiar as entidades que atendiam crianças carentes. Assim sendo, o atendimento à criança de 0 a 6 anos ficou ligado, historicamente, aos Ministérios da Saúde, Previdência, Assistência Social e da Justiça, mas não foi assumido integralmente por nenhum deles, pois não constituía dever do Estado até 1988, ficando, assim, as responsabilidades por conta das empresas empregadoras de mães e entidades sociais, mediante convênios[1].

Desta maneira, as expressões que apareceram no corpo das Constituições Federais foram em 1891, o amparo à infância e, na Constituição de 1937, afirmando que a infância à qual viesse faltar recursos, o Estado deveria providenciar cuidados especiais. Nesse caso, a figura coerente com o Estado Novo é cuidado, e não dever; é amparo e não direito. Em 1946, assume a expressão assistência, e a Constituição de 1967 e da Junta Militar de 1969 introduzem, pela primeira vez, a noção de que uma Lei própria providenciará a assistência à infância, mas continuava havendo a figura do amparo, agora na forma genérica, feita por meio de qualquer tipo de instrumento[22].

É oportuno lembra, que em 1943, com a Consolidação das Leis do Trabalho, aprovada pelo Decreto-Lei nº 5.453, em seu art. 389, parágrafo 1º "fica estabelecido que empresas em que trabalharem pelo menos 30 (trinta) mulheres, com mais de 16 (dezesseis) anos de idade, terão local apropriado onde seja permitido às empregadas guardar sob vigilância e assistência os seus filhos no período de amamentação". E, em seu parágrafo 2º, admite-se que a exigência do parágrafo 1º poderá ser suprida por meio de creches distritais, mantidas, diretamente ou mediante convênios com outras entidades públicas ou privadas, pelas próprias empresas, em regime comunitário, ou a cargo do SESI, do SESC ou LBA, ou de entidades sindicais[23].

A Lei de Diretrizes e Bases da Educação (LDB), nº 4.024 de 1961, afirmava que a educação pré-escolar destinava-se aos menores de sete anos, que seriam atendidos em escolas maternais e jardins da infância. Previa, também, que as empresas que empregavam mães com filhos menores de sete anos, deveriam organizar ou manter, diretamente ou em cooperação com os poderes públicos, educação que precedesse o ensino de primeiro grau. A Lei nº 5.692, de 1971, mantém o que a Lei nº 4.024/61 já determinava, e reforça que as empresas se organizassem e mantivessem toda essa ligação com as mães trabalhadoras com filhos menores de sete anos[22].

Nas décadas de 70 e 80, muitos profissionais passam a atuar na área da criança, com enfoque para criança sadia, em diversas áreas do saber. Com isto desencadearam mobilizações de grupos que trabalhavam em benefício da criança, visando garantir o direito à educação com maior abrangência, como direito de todas as crianças, e não direito das mais favorecidas economicamente ou das mães trabalhadoras[1].

Em maio de 1988, o Ministério da Saúde lança, por meio da Portaria 321, as Normas para Construção e Instalação de Creches, que está em vigor até a presente data. Nela, são traçadas todas as diretrizes, com destaque para o aspecto físico, para a implantação de unidades para crianças da educação infantil. O documento não apresenta restrições para inovações e estabelece requisitos mínimos para assegurar melhores condições ao pleno crescimento e desenvolvimento da criança[24].

A Constituição de 1988 traz algum avanço, incorporando o amparo e a assistência sob a figura do dever do Estado. Essa Constituição inaugurou o direito da criança até seis anos à educação infantil, impôs ao Estado um dever, traduzindo algo que a sociedade já havia manifestado e que advinha dos esclarecimentos e da importância que já se atribuía à Educação Infantil. O que vem ser classificado daí por diante com um aspecto cada vez mais amplo pela (LDB) Lei n° 9.394/96, na qual a educação infantil, primeira etapa da educação básica, tem como finalidade o desenvolvimento integral da criança até seis anos de idade, em seus aspectos físico, psicológico, intelectual e social, completando as ações da família e da comunidade[22,25].

Cabe acrescentar que, neste momento, estão acontecendo mudanças na área da educação infantil, oriundas da LDB/96[25], que entraram em vigor no ano de 1997, com uma margem de dez anos para os ajustes necessários nos serviços de atendimento à criança até seis anos de idade. Dentre elas, a qualificação do educador, o registro na Secretaria da Educação e o credenciamento de todos os equipamentos de educação infantil. Há, também, o Referencial Curricular Nacional para a Educação Infantil, que norteia as implementações no setor, com relação à educação e ao cuidado da criança na creche[26].

Hoje, de acordo com a legislação LDB/96, as creches são responsabilidade da Secretaria de Educação dos municípios, e, de acordo com o art. 18, as instituições de educação infantil pertencem aos sistemas municipais de ensino, sendo mantidas pelo Poder Público ou pela iniciativa privada[25].

Vale ainda considerar a participação da organização não governamental, denominada Organização Mundial para a Educação Pré-escolar – OMEP/Brasil, filiada à Organização Mundial para a Educação Pré-Escolar, entidade consultiva da UNESCO e UNICEF. Tem a finalidade de defender os direitos da criança e, em especial, a educação infantil. Está no Brasil realizando trabalhos em parcerias com as entidades públicas, visando sempre à melhoria da qualidade do profissional que lida com a criança pequena, tendo os seguintes objetivos: defender a criança enquanto cidadã, sujeito de direito; promover, incentivar e contribuir com ações que visem à universalização e à democratização da educação infantil; promover a educação básica, em especial, no âmbito da educação infantil, de forma interdisciplinar e integrada a outros setores da política social, tais como saúde, assistência e cultura. Visa, também, promover a realização, divulgação e o intercâmbio de estudos e experiências por meio de publicações e eventos relacionados com a área; procura, também, manter intercâmbio e cooperação com entidades de direito público e privado que desenvolvem programas de educação no Brasil ou no exterior, em especial, àqueles voltados à educação e cuidados com a infância e melhoria das condições de vida familiar[27].

Como vimos, no Brasil temos entidades voltadas para a questão da educação infantil e legislação para as ações nesta área, porém estar inserido na Lei não garante a efetividade da ação no atendimento à criança, tendo em vista que os recursos financeiros para este atendimento não estão claros na própria legislação nem para a comunidade educacional e tampouco para as autoridades dos setores públicos[1].

Segundo a referida autora, citando Delores, (2000, p.99) resta, portanto, à sociedade civil, por meio dos movimentos organizados, sugerir, pressionar, reivindicar e ressaltar o papel do poder público, para que se apresente uma política que viabilize o atendimento à criança até seis anos de idade, contribuindo, assim, para o desenvolvimento da pessoa, espírito e corpo, inteligência, sensibilidade, sentido estético, responsabilidade pessoal e espiritualidade. Cita também Demo (1998, p.95) quando diz que nosso maior atraso histórico não está na economia, reconhecida como já importante no mundo, mas na educação, num sentido mais abrangente, que realmente possibilite a formação de profissionais cidadãos, espaço para todas as crianças nas escolas e currículo adequado[1].

REFERÊNCIAS BIBLIOGRÁFICAS

1 - Motta MCA. O direito da criança à aprendizagem. www.omep.org.br/artigos/direitodacriança.htm. Disponível em 22/08/03
2 - Augusto, M. Comunidade infantil - creche. São Paulo. Guanabara Koogan. 1985.
3 - Gianni R. Cenaquí AF. Lima ACB. Célia R. Silva VMF. Educação infantil e as leis. www.uff.br/facedu/micorg/10.cd . Disponível em 22/08/03.
4 - Françoise, D. Maguin, P. As creches - realização, funcionamento, vida e saúde da criança. Lisboa. Porto - Livros técnicos e científicos. 1983.
5 - Wajskop G. Atendimento à infância na França. In: Rosemberg, F. Campos MM. Creches e pré-escolas no hemisfério norte. São Paulo: Cortez; 1994. p.235-278.
6 - Pelicione, MCF; Candeias, N.M.F. As creches e as mulheres trabalhadoras no Brasil. Rev. Bas. Cresc. Desenvol. Hum. São Paulo: 7(1), 79-86, 1997.
7 - Almeida OA. A educação infantil na história – a história na educação infantil. www.omep.org.br/artigos/palestras. Disponível em:02/10/03.
8 - Ghedini PO. Entre a experiências e os novos projetos: situação da creche na Itália. In: Rosemberg F, Campos MM. Creches e pré-escolas no hemisfério norte. São Paulo: Cortez; 1994. p.189-210.
9 - Ferreira MCR. Amorim KS. Vitória T. A creche enquanto contexto possível de desenvolvimento da criança pequena. Faculdade de Saúde Pública. www.fsp.usp/ROSSETI.HTM. Disponível em:26/08/03.
10 - Rosemberg, F.; Campos, M.M. Creches e pré-escolas no hemisfério norte. São Paulo: Cortez; 1994. Apresentação.p.7-8.
11 - Rosemberg F. Educação infantil nos Estados Unidos. In: Rosemberg F, Campos MM. Creches e pré-escolas no hemisfério norte. São Paulo: Cortez; 1994.p.15-102
12 - Sanches LMF. Privilegiada por direito: a infância em Cuba. In: Belo JLP. Pedagogia em foco, Havana, 2000. Disponível em: <http://www.Pedagofiaemfoco,pro.br/cub03,htm>. Acesso em 22/08/03.
13 - Conselho Nacional dos Direitos da Mulher. Conselho estadual da condição feminina. Creche urgente, criança compromisso social. Brasília; 1987.
14 - Rio de Janeiro. Leis Ordinárias – dispõe sobre a legislação do sistema estadual de creches. 1985. http://notes.alerj.rj.gov.br/contlei.nsf/. Disponível em 24/02/2003.
15 - Campos MMM. A questão da creche: história de sua construção na cidade de São Paulo. Rev. Bras. Est. Pedag. 1990; 71(169):212-231.
16 - Secretaria Municipal do Bem-Estar Social (SP). Supervisão geral de planejamento e controle. Política de convênios. São Paulo (SP);1991.
17 - Motta MA. A creche: uma instituição a procura de identidade. Rev. Bras. Cresc. Desenv. Hum 1996; 6(1/2): 14-18.
18 - Secretaria Municipal de Assistência Social (SP). Divisão técnica de documentação e informação. Relatório mensal de dados de execução da rede de creches. São Paulo (SP); 2000.
19 - Vico ESR. Estudo da mortalidade de crianças usuárias de creches no município de São Paulo. [dissertação] São Paulo (SP): Faculdade de Saúde Pública da USP; 2001.
20 - Minas Gerais. Lei orgânica do município de Belo Horizonte – da educação. www.amoran.com.br/leiorgânica.htm. Disponível em: 01/09/2003.
21 - Acontecer: uma experiência de formação em serviços de profissionais da educação infantil. AMEPPE, Belo Horizonte: 1997.
22 - Cury JCR. A educação infantil [Apresentado na reunião técnica do projeto de critérios para credenciamento e funcionamento de instituições de educação infantil, 1997 set 29; Brasília].
23 - Augusto M. Comunidade infantil – creche. Rio de Janeiro. Guanabara Koogam, 1979.
24 - Ministério da Saúde (BR). Secretaria de Organização das Unidades do Sistema Unificado de Saúde. Divisão Nacional de Saúde Materno-Infantil. Normas de Construção e Instalação de Creches, aprovada pela portaria 321 de 26/05 88. Diário Oficial da União, 09/09/88. Brasília (DF). 1988.
25 - Brasil. Lei n. 9.394, de 20 de dezembro de 1996 que estabelece as diretrizes e bases da educação nacional. Lei de Diretrizes e Bases da Educação Nacional - LDB. Brasília, 21 dez. 1996.
26 - Ministério da Educação e do Desporto (BR). Secretaria de educação fundamental, Referencial Curricular nacional para a educação infantil. Brasília (DF); 1998, v2.
27 - Organização Mundial para Educação pré-escolar/ Brasil – OMEP/Brasil. OMEP no Brasil. Campo Grande. www.omep.org.br/história.htm. Disponível em: 22/08/03.

3 A ASSISTÊNCIA À CRIANÇA E A EQUIPE DE SAÚDE

LANA ERMELINDA DA SILVA DOS SANTOS
MARINALVA DIAS QUIRINO

Conforme as considerações anteriores, a creche e pré-escola é uma instituição criada para oferecer condições ótimas, que propiciem um crescimento e desenvolvimento integral e harmonioso à criança. Para alcançar este objetivo é necessário que todos estejam voltados para sua consecução. Nesse aspecto, a equipe de saúde deve estar atenta para prevenir e intervir em qualquer situação que traga conseqüências desfavoráveis à saúde tanto das crianças, quanto dos funcionários.

Assim, alguns aspectos são considerados muito relevantes, como a ocorrência de doenças infecciosas, cuja incidência é agravada pela idade, imunidade, tamanho do grupo, hábitos de higiene e grau de contato íntimo entre crianças e pessoas que prestam cuidados. As infecções originadas nas creches e congêneres podem ser disseminadas ao pessoal que cuida e trabalha no local, familiares e à comunidade. As legislações e regulamentações a respeito devem ser observadas e o controle feito com o intuito de se evitar o desencadeamento de doenças na creche e pré-escola[1].

Outro aspecto importante relacionado à saúde é o acidente na creche e pré-escola, este faz parte das intercorrências, pois o início da locomoção, a exploração do meio, a curiosidade natural, a autonomia e as várias brincadeiras são próprias da criança pequena. Cabe à equipe proporcionar-lhe um ambiente seguro, protegê-la de situações e materiais de risco, favorecendo a ampliação de suas explorações e descobertas[2].

Para possibilitar à criança, na creche e pré-escola, um ambiente com o menor risco possível de adoecer e de se acidentar, torna-se necessário que os profissionais de saúde estejam envolvidos com a assistência, visando à promoção da saúde da criança, que se encontra em fase de grande vulnerabilidade.

Um estudo realizado por Santos e Vianna (1999) referente a 33 artigos publicados sobre saúde da criança de creche e pré-escolas, demonstra que 33% estão relacionados à morbidade, predominando os que abordavam parasitoses intestinais, seguidos de infecções respiratórias. Relata-se, ainda, que os problemas de saúde da criança nas creches, muitas vezes são agravadas pelo ambiente e por aspectos inerentes à própria criança. Diante dos numerosos problemas de saúde, é importante que sejam tomadas medidas em relação às instalações, implementem políticas de saúde nas creches, com destaque para treinamento da equipe, a fim de que se possa adotar medidas de prevenção. Outro fator importante para a garantia da qualidade da assistência é a criação de meios de avaliação dos serviços[3].

Para abordar algumas questões relativas à assistência de saúde na creche e instituições similares, parte-se inicialmente, da legislação que normatiza seu funcionamento, as Normas de Construção e Instalação de Creches, aprovadas pela Portaria n.º 321, de 1988, do Ministério da Saúde, MS[4]. Ao analisar as normas elaboradas pelo MS, verifica-se que a normatização nelas contidas se ressente da falta de divulgação eficiente e fiscalização adequada, além de não ser, muitas vezes, apropriada às diferentes realidades regionais. O atendimento às necessidades locais é um fator determinante para a concretização de medidas normativas[5]. Frente a abordagem anterior, pode-se, então, pensar numa revisão da lei, a fim de que possa adequá-la à realidade, em alguns pontos, e em outros, implementa-la para poder oferecer uma assistência de melhor qualidade. Um item que poderá ser revisto é o que discorre sobre a relação de pessoal mínimo para uma creche de 50 crianças. Tal norma recomenda dois auxiliares de enfermagem, e este é o único profissional de saúde que está especificado no quadro de funcionários da instituição.

O(A) ENFERMEIRO(A) NA CRECHE E PRÉ-ESCOLA

Nesta seqüência, ressalta-se a Lei n.º 7.498, de 25 de junho de 1986, regulamentada pelo Decreto n.º 94.406, de 08 de junho de 1997, que dispõe sobre o exercício de enfermagem em todo o território nacional e, em seu art. 13, aborda as ações do Auxiliar de Enfermagem[6].

Baseando-se nos aspectos legais, Decreto n.º 94.406, Art. 13, reitera-se que as atividades desenvolvidas pelo auxiliar de enfermagem e pelo técnico de enfermagem, somente poderão ser exercidas sob supervisão, orientação e direção de Enfermeiro[7].

Nesse contexto, é fundamental lembrar a Resolução n.º 146, de 1992, sobre a presença do(a) enfermeiro(a) em todas as unidades de serviço onde são desenvolvidas ações de enfermagem[8]. A Resolução n.º 158, de 2000, trata da responsabilidade técnica do(a) enfermeiro(a), em virtude de chefia de serviço de enfermagem nos estabelecimentos das instituições e empresas públicas, privadas e filantrópicas em que é realizada assistência à saúde[9] esta legislação amplia a área de atuação do(a) enfermeiro(a).

Com relação à presença do auxiliar de enfermagem e do(a) enfermeiro(a), na creche e pré-escola, essa realidade é muito diversa. Encontra-se enfermeiro trabalhando na assistência, juntamente com o auxiliar de enfermagem; enfermeiros(as) fazendo supervisão a distância a um número variados de creches; auxiliares de enfermagem trabalhando sem supervisão do(a) enfermeiro(a); creches e pré-escolas que têm atendentes de enfermagem, técnico de enfermagem e creches e pré-escolas que não têm em seu quadro de funcionários nenhum profissional de saúde.

Diante da realidade descrita, a interferência dos Conselhos Regionais de Enfermagem COREN(s) é oportuna e propiciará discussões que deverão levantar alternativas para a questão. O COREN poderá acompanhar este segmento da assistência e rever esta normatização para que a saúde na creche e pré-escola venha a ser de qualidade, e que as instituições possam incorporar em seu quadro de funcionários o(a) enfermeiro(a), procurando adequar o serviço às reais necessidades da criança. Talvez até possa surgir uma nova modalidade de atuação para o(a) enfermeiro(a) na creche e pré-escola, tanto para supervisão, como para permanência diária na instituição.

Estudos indicam que os investimentos na criança são mais eficientes e garantem retornos maiores do que qualquer outro investimento público ou privado. Crianças com acesso a boa nutrição, imunização, água potável, saneamento adequado e educação de qualidade estão mais aptas a aproveitar suas oportunidades de educação e de serviços sociais, tornando-se ainda mais saudáveis e capazes de contribuir para o bem-estar; enquanto ajudam a aumentar a eqüidade social e os ganhos econômicos. Baseados em um estudo de caráter longitudinal feito nos Estados Unidos, especialistas têm afirmado que os investimentos em serviços integrados de desenvolvimento geram U$ 7 (sete dólares) de retorno para cada U$ 1 (um dólar) investido[10].

Sendo o(a) enfermeiro(a) o(a) responsável pela assistência de saúde na creche e pré-escola, cabe-lhe garantir a boa qualidade da saúde das crianças, desenvolvendo o atendimento por meio do planejamento, execução, supervisão e avaliação de serviço prestado, de acordo com o Decreto n.º 94.406, em seu art. 8º, que trata das competências do(a) enfermeiro(a) e destaca atividades para serem desenvolvidas na assistência à criança em creche e pré-escola:

- organização e direção dos serviços de enfermagem e de sua atividades técnicas e auxiliares;
- planejamento, organização, coordenação, execução e avaliação dos serviços de enfermagem;
- consulta de enfermagem;
- prescrição da assistência de enfermagem;
- participação na elaboração, execução e avaliação dos planos assistenciais de saúde;
- prescrição de medicamentos previamente estabelecidos em programas de saúde pública e em rotina aprovada pela instituição de saúde;
- participação na prevenção e controle de doenças transmissíveis em geral e nos programas de vigilância epidemilógica;
- participação nos programas e nas atividades de assistência integral à saúde individual e de programas específicos, particularmente daqueles prioritários e de alto risco;
- participação dos programas e atividades de educação sanitária, visando à melhoria de saúde, do indivíduo, da família e da população em geral;
- participação nos programas de treinamento e aprimoramento de pessoal de saúde, particularmente nos programas de educação continuada;
- participação na elaboração e na operacionalização do sistema de referência e contra-referência do paciente nos diferentes níveis de atenção à saúde[6].

O conjunto de atividades acima citado, foi extraído da legislação e selecionado de acordo com o atendimento de saúde realizado à criança na creche e pré-escola. Dentre as competências do(a) enfermeiro(a), destacam-se como relevante a consulta de enfermagem à criança na creche, pois ela deverá favorecer a atuação dos profissionais de enfermagem, de maneira otimizada e, também, os encaminhamentos e a atuação em conjunto com a equipe.

As competências do(a) enfermeiro(a) garantem o diagnóstico de saúde da instituição e das crianças, individualmente. Portanto as ações poderão garantir à criança, família e equipe um atendimento de acordo com as necessidades da população.

Nesse sentido, é de fundamental importância acrescentar que a enfermeira pediatra é a que apresenta melhores condições para o trabalho na creche e pré-escola. Mas, diante do pequeno número de profissionais com esta formação e das diferenças regionais existentes, poderá ser admitido na creche o profissional enfermeiro generalista, mas que apresente a condição indispensável - gostar de trabalhar na assistência à saúde da criança.

PROFISSIONAIS DE SAÚDE DA CRECHE E PRÉ-ESCOLA

Uma forma de ampliar a assistência à saúde na creche e pré-escola e melhor qualificá-la é por intermédio da formação de uma equipe de profissionais, tais como:

1 - **Nutricionista** – para atuar junto a questões nutricionais, com dietas de acordo com as necessidades do grupo e em ações de vigilância alimentar, com destaque para ações educativas.
2 - **Psicólogo** – como membro da equipe de saúde, deverá atuar junto a todo o grupo da instituição, dando atendimento à criança, família e funcionários. A presença desse profissional poderá auxiliar toda a equipe com relação às condutas com crianças que necessitam de atenção especial.
3 - **Médico** – atuar no diagnóstico e tratamento das doenças e ações preventivas. Este profissional poderá participar, também, da equipe por meio de encaminhamentos, desde que tenha uma boa articulação entre os serviços de saúde do município e a equipe da creche.
4 - **Odontólogo** - prestar atendimento na área curativa e preventiva, envolvendo a equipe de atendimento à criança e também a familiares;
5 - **Fisioterapeuta** – as ações do fisioterapeuta são de grande importância na creche, pois problemas de ordem motora são freqüentes e devem ser corrigidos assim que acontecer o diagnóstico. Deverá trabalhar em prevenção, tratamento e reabilitação,
6 - **Assistente Social** – sua atuação facilita as ações de saúde. Não se pode entender a assistência social desarticulada da equipe. Há que se considerar as características desta população que é, com freqüência, de baixa renda, baixa escolaridade e, por essas razões, muitas necessidades precisam ser observadas atentamente durante o planejamento da assistência à criança.

Em face às características da população das creches e pré-escolas, a equipe de saúde poderá comportar uma diversidade de profissionais e formar a equipe de acordo com as necessidades das crianças e as condições regionais.

A justificativa para a melhor qualificação do profissional de saúde na creche e pré-escolas, a presença do(a) enfermeiro(a) e a equipe multiprofissional é baseada no conjunto de atividades e procedimentos que devem ser realizados durante o atendimento à criança. Na assistência prestada e na execução de um programa de saúde para creches, deve haver um responsável pela saúde, o(a) enfermeiro(a), e cada profissional precisa ter suas funções definidas.

Para a superação das questões levantadas, além de maior investimento em recursos materiais e humanos, torna-se necessário um atendimento de acordo com a realidade, implantando processos alternativos na assistência à criança, tais como, programas de vigilância em creches e pré-escolas, grupos operativos, consultas por todos os membros da equipe, atendimento de urgência e, também, ações educativas contínuas, envolvendo a criança e a família [11].

Importa lembrar, ainda, que a assistência realizada por meio de uma equipe multiprofissional abarcará vários aspectos e garantirá uma abordagem globalizada da criança, envolvendo a prevenção de doenças e a preservação da saúde.

Para a garantia da qualidade, a creche e préescola deverá ter, também, uma referência de saúde para a viabilização de diagnóstico e tratamento da população, pois o atendimento é realizado, em especial, à população que apresenta dificuldades socioeconômicas, sendo em alguns casos, crianças provenientes de famílias que vivem em estado de miséria e necessitam do atendimento público de saúde.

A viabilização da referência para atendimento de saúde é respaldada pela Constituição Federal, que diz ser a saúde um direito de todo cidadão e um dever do Estado [12]. A Lei 8.080, de 1990, que dispõe sobre as ações e serviços de saúde em todo o território nacional, em seu art. 7º, parágrafo I, trata da universalidade de acesso aos serviços de saúde em todos os níveis de assistência e, em seu art. 24, diz que, "quando as suas disponibilidades forem insuficientes para garantir a cobertura assistencial à população de uma determinada área, o Sistema Único de Saúde (SUS) poderá recorrer aos serviços ofertados pela iniciativa privada"[13].

Portanto todas as instituições de educação infantil devem estar articuladas com serviços de atendimento de saúde, ambulatorial e hospitalar para que a assistência à saúde da criança possa ser garantida, e as ações de saúde e diagnósticos possam ser viabilizados, independentemente do nível de assistência necessário. Nos municípios, poderá ser estudada a possibilidade de articulação entre a Secretaria de Educação, Saúde e Assistência social, pois esta é mais uma maneira de facilitar e agilizar o atendimento de saúde nas creches e pré-escolas.

PROCEDIMENTO E AÇÕES DE SAÚDE DESENVOLVIDAS NA CRECHE E PRÉ-ESCOLAS

Para o bom atendimento à criança, deverão ser garantidos alguns procedimentos e ações de saúde, tais como:

- o estado vacinal atualizado;
- alimentação equilibrada;
- atendimento psicológico de acordo com as necessidades evidenciadas;
- avaliação e acompanhamento do crescimento e desenvolvimento;
- garantia dos encaminhamentos para o atendimento das questões levantadas;
- atendimento público de saúde;
- educação em saúde para criança e família;
- visitas domiciliares;
- acompanhamento das crianças em período de adaptação e previsão das admissões;
- notificação compulsória das doenças previstas;
- prevenção de problemas visuais e auditivos;
- atendimento às crianças vítimas de violência;
- atendimento às crianças com necessidades especiais;
- previsão para o atendimento das gestantes cujas crianças ingressarão na creche e pré-escola, para que se forme um entrosamento com a equipe de saúde e, desta forma futuramente, facilite o atendimento ao lactente;
- atendimento das emergências;
- prevenção de acidentes;
- ambiente calmo e boas condições de higiene;
- realização de procedimentos básicos de saúde, freqüentes na assistência à criança;
- ações de saúde relacionadas ao controle de doenças transmissíveis;
- educação continuada a toda equipe de assistência à criança para oferecer ensinamentos sobre cuidados diários, higiene e prevenção de infecções e, conseqüentemente, formação de hábitos saudáveis de vida.

Outro aspecto importante que, muitas vezes, está relacionado com a assistência de saúde é a tradição da creche e pré-escola ligada à filantropia. Isso faz presente, com grande freqüência o profissional voluntário. É interessante lembrar que o voluntariado deve ser exercido com responsabilidade, com horário marcado e função definida, para que se possa elaborar um programa de atendimento e possíbilitar o entrosamento do trabalho com os demais elementos da equipe.

Frente às questões de saúde da criança, no que diz respeito à equipe de atendimento da creche e pré-escola, torna-se oportuno lembrar o estudo realizado por pediatras da Suécia, Índia, Kênia, Canadá e Estados Unidos, que descrevem as perspectivas dos programas relacionados à saúde da criança de creche. Nele relata-se que deve respeitar as idéias inovadoras com diferentes abordagens sugeridas por todo os envolvidos no processo. Assim, procura-se encontrar as respostas a todos os questionamentos. É necessário, pois, que as redes nacionais e internacionais partilhem informações, experiências e mobilizem recursos sociais em defesa da educação infantil para que se promova o desenvolvimento às crianças de todo o mundo[14].

Face ao exposto, acredita-se que a inclusão do(a) enfermeiro(a) na creche e pré-escola é indispensável e, de acordo com as possibilidades ou necessidades existentes, que a equipe multiprofissional poderá favorecer as ações mais específicas de saúde. Assim, também, as questões administrativas e o intercâmbio de experiências entre as redes devem ser incorporados pelos responsáveis pelo atendimento à criança de creche, para que se possa oferecer-lhe um atendimento de boa qualidade.

REFERÊNCIAS BIBLIOGRÁFICAS

1. Fredd NA. Enfermarias pediátricas e creches. In: Fernandes AT, Fernandes MOV, Ribeiro N. Infecções hospitalares e suas interfaces na área da saúde. São Paulo: Atheneu; 2000. V.1,p.898-902.
2. Secretaria Municipal do Bem-Estar Social (SP). Políticas de Creches - ações educativas e preventivas de saúde. SÃO Paulo (SP); 1991.
3. Santos LES, Vianna LAC. Uma revisão sobre creches. Rev. Esc. Farm. Odontol. Alfenas ,1999. N.21:79-85.
4. Ministério da saúde (BR) secretaria de Organização das Unidades do Sistema Unificado de Saúde. Divisão nacional de Saúde Materno-Infantil. Normas de Construção e Instalação de Creches, aprovada pela protaria 321 de 26|05|88. Diário Oficial da União, 09|09|88. Brasília (DF).1988.
5. Campos MM, Rosemberg F, Ferreira IM. Creches e pré-escolas no Brasil. Cortez Ed. Fundação Carlos Chagas, 1993.
6. Brasil. Lei n.º 7.498 de 25 de junho de 1986. Dispõe sobre a regulamentação do exercício da Enfermagem e dá outras providências. Diário Oficial da república Federativa do Brasil. Brasília, 26 de jun.1986.
7. Brasil. Decreto n.º 94.406 de 08 de julho de 1997. Dispões sobre a regulamentação do exercício de enfermagem. Legislação e normas – Coren –MG.;2002.
8. Brasil. Resolução n.º 146 de 03 de julho de 1992, que dispõe sobre a normatização em âmbito nacional de haver enfermeiro em todas as unidades se serviço, onde são desenvolvidas ações de enfermagem. Documentos básicos de enfermagem. COREn; São Paulo:2001.
9. Brasil. Resolução n.º 158 de 29 de novembro de 2000, que dispõe sobre as normas de ANOTAÇÃO de responsabilidade técnica do(a) enfermeiro(a). Documentos básicos de enfermagem. COREn; São Paulo:2001.
10. Fundo das Nações Unidas para a Infância - Situação da infância brasileira. Desenvolvimento infantil - Os primeiros seis anos de vida. Brasília. 2001
11. Corrêa EJ, Senna RR, Coelho MCV. O atendimento pela equipe de saúde. In: Leão E, Corrêa EJ, Viana MB, Mota JAC. Pediatria ambulatorial. Belo horizonte: COOPMED; 3º ed. p. 5-13; 1998.
12. Brasil. Constituição Federativa do Brasil.
13. Brasil. Lei n.º 8.080 de 19 de setembro de 1990. Dispõesobre as condições para a promoção e recuperação da saúde, a organização e o funcionamento dos serviços correspondentes e dá outras providências. Brasília, 1990.
14. Olin P, Tandon BN, Meme SJ, Jones ELF, Belsey M, Chang A. A international perspective on child day-care health. Pediatrics: 1994; 94 Suppl 6: 1085-87.

4 ADMISSÃO DA CRIANÇA

ZÉLIA MARILDA RODRIGUES RESCK
ELIZABETH LAUS RIBAS GOMES

1 - PROTOCOLO PARA ADMISSÃO

O processo de admissão da criança na instituição de educação infantil – creche e pré-escola – deve seguir um protocolo que vem a favorecer sua adaptação e garantir maior segurança no atendimento.

O protocolo deve compreender o cumprimento de algumas etapas, já determinadas por autoras que nos idos das décadas 70/80 se preocupavam com a organização administrativa e em operacionalizar o atendimento oferecido neste tipo de instituição. As etapas referem-se a:[1]

- Inscrição
- Seleção (Entrevista)
- Matrícula
- Admissão

Inscrição

No ato da inscrição deve-se estabelecer um relacionamento de empatia com os pais ou responsáveis, buscando prevenir atritos causados pela espera da vaga, esclarecendo-os do processo de seleção ao qual serão submetidos, conseqüente a demanda crescente às creches e pré-escolas.

Deve-se orientar quanto ao preenchimento da FICHA DE INSCRIÇÃO (Anexo 1); informar ou entregar folheto informativo sobre os objetivos da instituição, horário de funcionamento, programas desenvolvidos com a criança, família e comunidade, documentos necessários para efetuar a matrícula, agendar o horário da entrevista e da avaliação de saúde da criança.

Nessa oportunidade, o funcionário responsável, deve estar receptivo às perguntas, procurando esclarecer dúvidas e minimizar ansiedades.

Seleção

Os critérios seletivos devem ser estabelecidos pela instituição e constar no Regimento Interno, como a declaração de residência na área de abrangência, de emprego dos pais ou de estudante, etc...

No entanto, é importante considerar alguns pontos importantes como a avaliação social da família e de saúde da criança (Anexo 2).

A avaliação de saúde da criança deve ser realizada pelo(a) enfermeiro(a), na presença dos pais e/ou responsável, que informarão sobre os antecedentes familiares, hereditários, pessoais, obstétricos, hábitos alimentares, de higiene, sono e repouso, vacina, entre outras e será realizado o exame físico completo, por ocasião da entrevista.

Na constatação de anormalidades, serão feitos encaminhamentos aos serviços e oferecido orientações aos pais sobre a conduta a seguir (Anexo 3).

Matrícula

O preenchimento da FICHA DE MATRÍCULA (Anexo 4) deverá ser feito mediante a apresentação dos seguintes documentos:

- Certidão de nascimento
- Carteira de vacinação
- Avaliação de saúde da criança – realizada na seleção
- Exame protoparasitológico

Uma vez efetivada a matrícula da criança, a data marcada para iniciar será confirmada por carta e/ou telefonema; o não comparecimento não justificado por parte dos pais implicará na perda da vaga.

Por ocasião da matrícula, os pais devem informar mudanças na família, como: nascimento de outro filho, mudança de endereço, morte, gravidez, separação dos pais, doenças, etc...

Admissão

O ingresso da criança na creche e pré-escola pode criar ansiedade tanto para ela, seus pais, familiares, como para os educadores.

As reações podem variar muito, sendo que algumas crianças podem mudar seu comportamento, como alterar o apetite, voltar a urinar ou evacuar na roupa, roer unha. Podem, também, adoecer, isolar-se, criar dependências como da chupeta, da fralda ou "paninho", de um brinquedo.

Deve haver flexibilidade entre educadores – crianças – familiares – estabelecendo uma relação de ajuda recíproca, para superar esta fase inicial de adaptação, assim como, durante a permanência na instituição.

Quando o número de crianças ingressantes for maior, pode-se fazer uma reunião com todos os pais novos para que se conheçam e possam discutir conjuntamente suas dúvidas, preocupações, minimizando as ansiedades e angústias.

2 - ACOLHIMENTO

O acolhimento da criança nos primeiros dias na creche e pré-escola deve ter atenção especial, buscando respeitá-las em sua individualidade.

Neste período, é fundamental planejar a melhor forma de organizar o ambiente, considerando os gostos e preferências das crianças, repensando a rotina em função de sua chegada, oferecendo-lhes atividades atrativas. Deve-se ainda fazer o reconhecimento do ambiente, das demais crianças e dos funcionários que farão parte de seu convívio diário na instituição.

À criança de Berçário, é fundamental sua identificação com o nome, preparar seu ambiente (berço), providenciar os alimentos e/ou leite que deve receber, averiguar sobre os hábitos como chupeta, fralda que usa para cheirar, mordedor ou mesmo o bico da mamadeira a que está acostumada. Nestes casos, pode-se permitir alguns objetos de transição até seu ajustamento nesta fase inicial e sua integração ao novo ambiente ser conquistada com segurança e tranquilidade, com o mínimo de perdas.

3 - ACOLHIMENTO DE FAMÍLIAS

Algumas famílias possuem sérios problemas ligados ao alcoolismo, violência familiar ou problemas de saúde e desnutrição que comprometem a formação e educação das crianças.

Em casos extremos, quando a sobrevivência física e mental está seriamente comprometida pela conduta familiar, ou quando a criança sofre agressão sexual, torna-se necessário o encaminhamento da mesma para o Conselho Tutelar.

No entanto, o suporte à família e à criança por parte da creche, da comunidade, do poder público, das instituições de apoio deve ser garantido como direito legal à vida e à cidadania[2].

REFERÊNCIAS BIBLIOGRÁFICAS

1. Quirino, MD; Kakehashi, S; Pereira, SR. Visa da Criança na Creche IN: Ausgusto, M. *et al*. Comunidade Infantil: Creche. Rio de Janeiro: Guanabara Koogan, 1985.
2. Brasil. Ministério da Educação. Secretaria de Educação Fundamental. Referencial Curricular Nacional para Educação Infantil. Brasília: MEC/SEF, 1998.
3. Augusto, M. *et al*. Comunidade Infantil: Creche. 2ª Ed. Rio de Janeiro: Guanabara Koogan, 1985.

ANEXO 1

FICHA DE INSCRIÇÃO

Entidade: _____
Creche: _____

Identificação da Criança:
Nome: _____ Sexo: _____
Data de nascimento: _____/_____/_____

Dados Familiares:
Nome da mãe: _____ Idade: _____
Nome do pai: _____ Idade: _____
Endereço: Rua: _____
Nº: _____ Bairro: _____

Local de trabalho da mãe: _____
Endereço: Rua: _____
Nº: _____ Bairro: _____
Horário de Trabalho: _____ Telefone: _____

Local de trabalho da pai: _____
Endereço: Rua: _____
Nº: _____ Bairro: _____
Horário de Trabalho: _____ Telefone: _____

Motivos que procurou a creche:
_____

Orientações dadas:
(Objetivos da instituição/Horário de funcionamento/Programas desenvolvidos/Documentos necessários/Agendamento da avaliação de saúde)

Data: _____/_____/_____

Assinatura

Fonte: Modelo adaptado do proposto por Augusto et al, 1985[3].

ANEXO 2

FICHA DE AVALIAÇÃO SOCIAL E DE SAÚDE

Entidade: _____
Creche: _____

1 - IDENTIFICAÇÃO
Nome: _____ Data de Nascimento: ___/___/___
Sexo: _____ Naturalidade: _____
Endereço: Rua: _____
Nº: _____ Bairro: _____ Telefone: _____
Ponto de referência: _____

2 - FILIAÇÃO
Mãe: _____ Data de Nascimento: ___/___/___
Profissão: _____ Naturalidade: _____
Local de trabalho: _____
Endereço: _____ Telefone: _____

Pai: _____ Data de Nascimento: ___/___/___
Profissão: _____ Naturalidade: _____
Local de trabalho: _____
Endereço: _____ Telefone: _____

3 - SITUAÇÃO SÓCIO ECONÔMICA
a) Renda Familiar:
Salário do Pai: _____
Salário da Mãe: _____
Outras rendas: _____

b) Moradia:
( ) Própria ( ) Aluguel
( ) Financiada ( ) Mora com outra família
( ) Outros _____

c) Condições de Habitação:
( ) Alvenaria ( ) Madeira
( ) Pau a pique ( ) Barro
( ) Outros _____

d) Saneamento básico:
ÁGUA
( ) Água encanada
( ) Poço artesiano
( ) Mina d'água
( ) Abastecimento por carros pipa
( ) Outros _____

LUZ
( ) Elétrica
( ) Lampião de gás
( ) Motor a diesel
( ) Outros _____

ESGOTO
( ) Canalizado
( ) Fossa tipo: _____
( ) Céu aberto
( ) Outros _____

LIXO
( ) Coleta pública
( ) Coleta seletiva
( ) Céu aberto
( ) Aterro sanitário
( ) Outros _____

4 - ANTECEDENTES FAMILIARES (doenças na família, como AIDS, Tuberculose, epilepsia, vícios, hábitos e outros comportamentos ...)

• PARENTESCOS PATERNOS (bisavós, avós, tios, primos ...)
_____

• PARENTESCOS MATERNOS (bisavós, avós, tios, primos ...)
_____

• IRMÃOS
_____

5 - ANTECEDENTES OBSTÉTRICOS
Nasceu na data prevista: ( ) Sim ( ) Não
Em caso negativo, qual a época do nascimento:
6 – 7 meses ( )
7 – 8 meses ( )
8 – 9 meses ( )
Tipo de parto: ( ) Normal ( ) Cesariana
Peso ao nascer: _____ Altura ao nascer: _____
Na alta da Maternidade a criança saiu junto com a mãe: ( ) Sim ( ) Não
Se não, dizer a razão: _____
Observações: _____

6 - ANTECEDENTES PESSOAIS
Relação das doenças que tem ou já teve:
Varicela (catapora) ( ) Rubéola ( ) Caxumba (Parotidite) ( ) Meningite ( )
Diarréia frequente: ( ) Sim ( ) Não

Hepatite A: ( ) Sim ( ) Não
Hepatite B: ( ) Sim ( ) Não
Bronquite ou falta de ar frequente: ( ) Sim ( ) Não
Inflamação de ouvido: ( ) Sim ( ) Não
Inflamação de ouvido com secreção: ( ) Sim ( ) Não
Infecção Vias Aéreas Superiores(IVAS): ( ) Sim ( ) Não
Pneumonia / Broncopneumonia: ( ) Sim ( ) Não
Se afirmativo, quantas vezes já teve a doença: _____
Apresenta alguma forma de deficiência. Se afirmativo, anotar qual(is):
Visual: ( ) Sim ( ) Não _____
Auditiva: ( ) Sim ( ) Não _____
Neurológica: ( ) Sim ( ) Não _____
Mental: ( ) Sim ( ) Não _____
Motora: ( ) Sim ( ) Não _____
Tem alergia a algum medicamento: ( ) Sim ( ) Não
Se afirmativo, anotar qual(is): _____
Tem alergia a algum alimento: ( ) Sim ( ) Não
Se afirmativo, anotar qual(is): _____
Faz uso de algum medicamento: ( ) Sim ( ) Não
Se afirmativo, anotar qual(is): _____
Já fez alguma cirurgia: ( ) Sim ( ) Não
Se afirmativo, anotar qual(is) e o tempo de internação: _____
Observações: _____
_____
_____

7 - HÁBITOS ALIMENTARES
(Que tipo de alimentação recebe em casa)
_____
_____
_____

8 - HÁBITOS DE HIGIENE, SONO E REPOUSO
(horário de dormir, horas de sono, dorme durante o dia, horários, banho diário, etc...) _____
_____
_____

9 - HÁBITOS DE FUNCIONAMENTO URINÁRIO E INTESTINAL:
_____

10 - EM CASO DE FEBRE, QUAL MEDICAMENTO É ADMINISTRADO EM CASA:
_____

11 - IMUNIZAÇÕES OBRIGATÓRIAS (Carteira de Vacinação):
Vacina a receber: _____
_____

ADMISSÃO DA CRIANÇA

12 - EXAME FÍSICO DE ADMISSÃO
Peso: _____
Altura: _____
Perímetro Cefálico: _____
Perímetro Torácico: _____
Observações: (cicatrizes, deformidades, assimetrias, falhas, sinais significativos...)

_____
(Assinatura do pai/mãe/responsável)

_____
(Assinatura do Responsável pelo preenchimento (Carimbo)

_____, _____ de _____ de _____
(Local / Data da Entrevista)

Fonte: Adaptação do modelo proposto por Augusto et al, 1985[3].

ANEXO 3

FICHA DE ENCAMINHAMENTO

1 - De:
Entidade: _____
Creche: _____

2 - Para:
Nome da Unidade de Saúde: _____
Endereço: _____
Bairro: _____
Ponto de Referência: _____

3 - Identificação da Criança:
Nome: _____ Idade: _____ Sexo: _____
Endereço: _____
Bairro: _____ Telefone para Contato: _____

4 - Motivo do Encaminhamento (deve incluir os procedimentos realizados):
_____

_____, _____ de _____ de _____
(Local / Data da Entrevista)

_____
Assinatura do Responsável pelo encaminhamento

Fonte: São Paulo (SP). Secretaria Municipal de Assistência Social, Supervisão Geral de Planejamento e Controle. Equipe de Saúde. "Agenda Mínima: Saúde em Creche". São Paulo, 2000.

FICHA DE MATRÍCULA

Entidade: _____
Creche: _____

1 - Dados da Família:

Nome do Pai ou Responsável: _____
Nome da Mãe ou Responsável: _____

Endereço: _____ Bairro: _____
Referência: _____ Fone para contato: _____
Ocupação do Pai: _____ Local de Trabalho: _____
Ocupação da Mãe: _____ Local de Trabalho: _____

2 - Dados da Criança:

Nome: _____ Data de Nascimento: ___/___/___
Data da Matrícula: ___/___/___ Idade: _____ anos
Data de Início: ___/___/___
Data de Desligamento: ___/___/___

3 - Dados Complementares:

Pessoas que podem trazer e buscar a criança na creche:

1. _____

2. _____

3. _____

Pessoas que podem ser procuradas em caso de emergência ou intercorrência:

1. Nome: _____

Endereço: _____ Fone: _____

2. Nome: _____

Endereço: _____ Fone: _____

3. Nome: _____

Endereço: _____ Fone: _____

4. Dados sobre os irmãos (Caso haja mais de uma criança da mesma família matriculada na creche): (problemas de saúde, alergias, uso de medicamentos controlados, vacinação..)

_____
_____
_____
_____

5 - Termo de Compromisso

Declaro estar ciente e concordar com o Regimento Interno da Creche.

_____

Assinatura do Pai ou Responsável

Fonte: Adaptação do modelo proposto por Augusto et al, 1985[3].

5 GERENCIAMENTO EM CRECHE E PRÉ-ESCOLA

ZÉLIA MARILDA RODRIGUES RESCK
ELIZABETH LAUS RIBAS GOMES

Gerenciar é o principal papel da diretoria da creche e pré-escola. Essa função pode ser exercida de maneira autoritária ou democrática, com responsabilidade ou de forma omissa, competente ou empiricamente.

Questiona-se, então, qual a melhor forma de administrar?

É preciso verificar a motivação dos que assumem cargos de direção e coordenação se há de fato compromisso com a instituição ou se a decisão é apenas de caráter pessoal, com propósitos de projeção individual.

A composição e as atribuições da diretoria deve ser discutida com a comunidade, assim como a responsabilidade de cada membro deve ser do conhecimento de todos e a gestão deve-se desenvolver com transparência.

O processo de eleição de diretoria pode incentivar as pessoas a participarem, a refletirem seu papel na instituição, a assumirem uma responsabilidade cidadã.

Manter a harmonia e coesão dos membros, uma boa relação com a equipe executiva e com as famílias atendidas constituem estratégias de gestão que evitam o desgaste e a geração de conflitos[1].

1 - INSTRUMENTOS DE ORGANIZAÇÃO ADMINISTRATIVA

A organização administrativa de uma instituição, regulamenta seu funcionamento, possibilita visualizar sua relação com o macrosistema, as unidades administrativas que a compõem, suas competências, fluxo de autoridade e responsabilidade entre elas, bem como, seu fluxograma operacional[2]. Assim sendo, para a organização da creche é fundamental determinar as bases administrativas e legais, através da elaboração dos principais instrumentos, discutidos a seguir:

- ESTATUTO DA CRECHE;
- REGIMENTO INTERNO DA CRECHE;
- ORGANOGRAMA;
- FLUXOGRAMA.

A fundamentação administrativa de uma creche e pré-escola é precedida por uma demanda que gera discussão de um determinado grupo de pessoas que constituem o Conselho Consultivo, a Administração Superior, cujo teor constitui o primeiro passo para a elaboração do ESTATUTO que formalizará a identificação jurídica da instituição, devendo ser registrado em cartório.

O ESTATUTO sintetiza as diretrizes gerais da instituição, como:

- O nome e endereço da sede da instituição;
- Os seus fins e objetivos;
- O tempo de duração;
- A forma de organização (composição, competências, atribuições da diretoria, associados, conselhos, comissões, etc...);
- O Patrimônio financeiro e material, e o seu destino em caso de dissolução. (Anexo 1)

O REGIMENTO INTERNO é um instrumento muito importante que explicita a forma de organização do atendimento, deve ser um instrumento vivo de referência para o cotidiano; pode e deve ser reformulado, acrescido, de acordo com a renovação das demandas, sendo importante que as decisões sejam coletivas, envolvendo a todos os interessados, mesmo que a mudança pareça insignificante.

Alguns dados do Estatuto figuram também no Regimento Interno, como[1]:

- Nome, endereço e tipo de serviço prestado à comunidade;
- Datas da fundação e da elaboração do Regimento;
- Números de registros no Conselho Municipal dos Direitos e da Criança e do Adolescente e em outros órgãos;
- Principal fonte de financiamento;
- Objetivos e finalidades da instituição;
- Atribuições, direitos e responsabilidades da:
  - Diretoria;
  - Conselho;
  - Coordenações executivas (administrativa e pedagógica);
  - Educadores infantis;
  - Secretaria;
  - Cozinheiras e serventes;
  - Funcionários de serviços gerais;
  - Ou outros grupos, que utilizem o espaço da creche e pré-escola para suas atividades;
- Critérios para admissão de crianças;
- Critérios para admissão de funcionários;
- Horário de funcionamento regular da instituição;
- Mensalidade ou contribuição financeira das famílias (caso houver);
- Nome das pessoas que participaram da elaboração do Regimento.

É fundamental, que este instrumento seja elaborado na lógica do direito à educação, atenção, alimentação, segurança, dignidade, atendendo a necessidade e o direito da criança e não somente a necessidade dos adultos.

É preciso ter cuidado, pois é comum encontrar ainda hoje, no Estatuto e no Regimento, o critério inflexível para admissão, na exigência da mãe ter que trabalhar, não assegurando o direito à cidadania. (Anexo 2).

O ORGANOGRAMA é a representação gráfica das inter-relações departamentais de uma instituição ou de cargos e funções, que compõem um serviço[2].

Pode-se apresentar de forma clássica, elaborado para representar os níveis de subordinação, que é denominado ORGANOGRAMA HIERÁRQUICO (**Figura 5.1**). Também apresenta-se de forma inovada, como é o caso do ORGANOGRAMA CIRCULAR (**Figura 5.2**), proposto como instrumento mais adequado ao gerenciamento dos serviços, pois, no caso da creche, a criança ocupa a posição central, emergindo as atenções, como objetivo primordial da instituição, desmistificando e despersonalizando a hierarquia da instituição e o poder centralizador, fortalecendo parcerias e o trabalho em equipe.

Fluxograma

É a representação gráfica do fluxo do atendimento recebido pela criança na instituição. (**Figura 5.3**)

2 - INSTRUMENTOS DE COMUNICAÇÃO

Para estabelecer comunicação interna e externa a gerência pode utilizar vários recursos, dentre eles:

- Passagem de Plantão

Ao final da jornada de trabalho o plantão deve ser transferido verbalmente e todas as informações pertinentes aos recursos devem ser registradas para efeito de controle em livro ata ou informatizado.

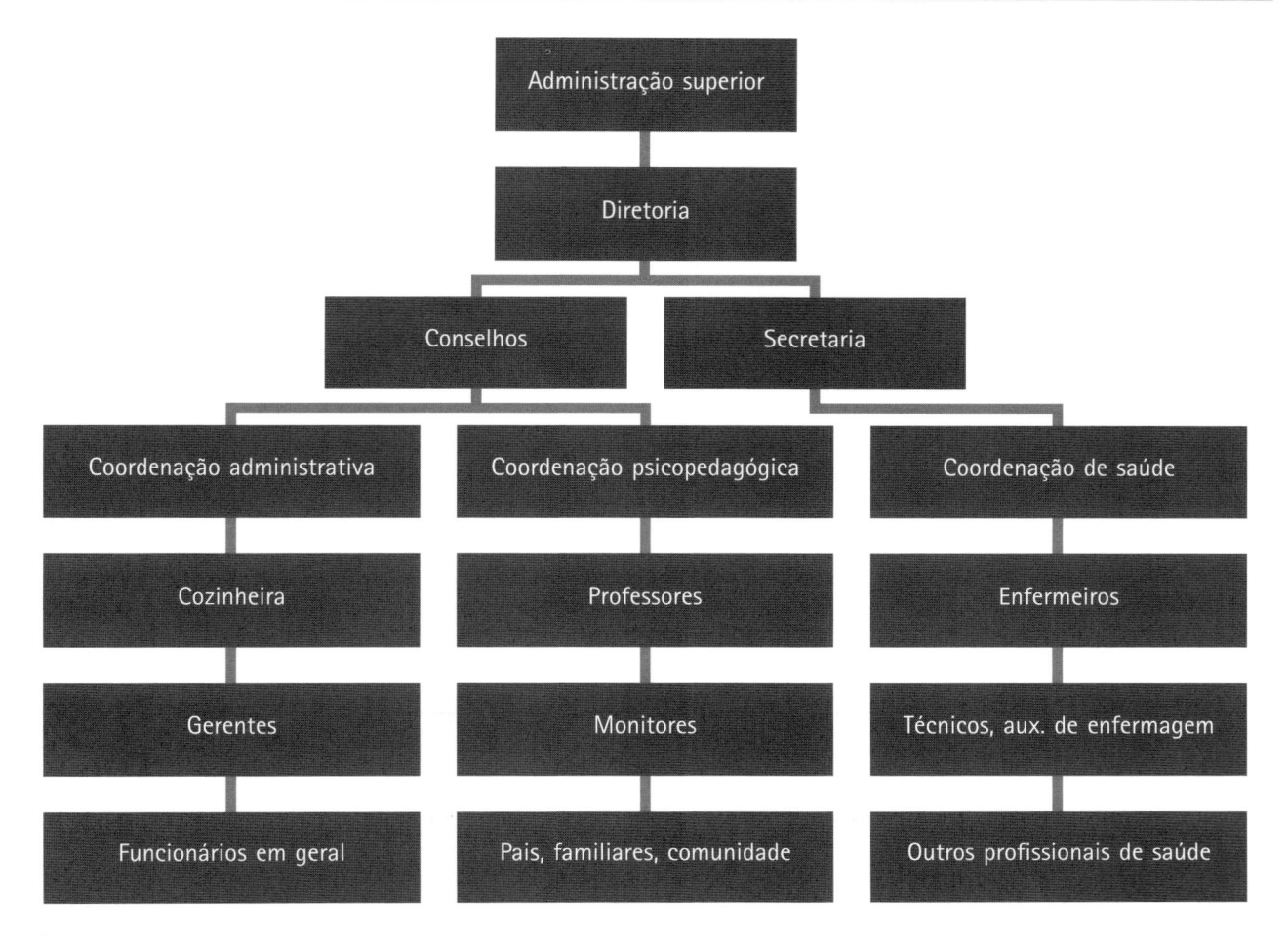

FIG. 5.1
Organograma Hierárquico.

FIG. 5.2
Organograma Circular.

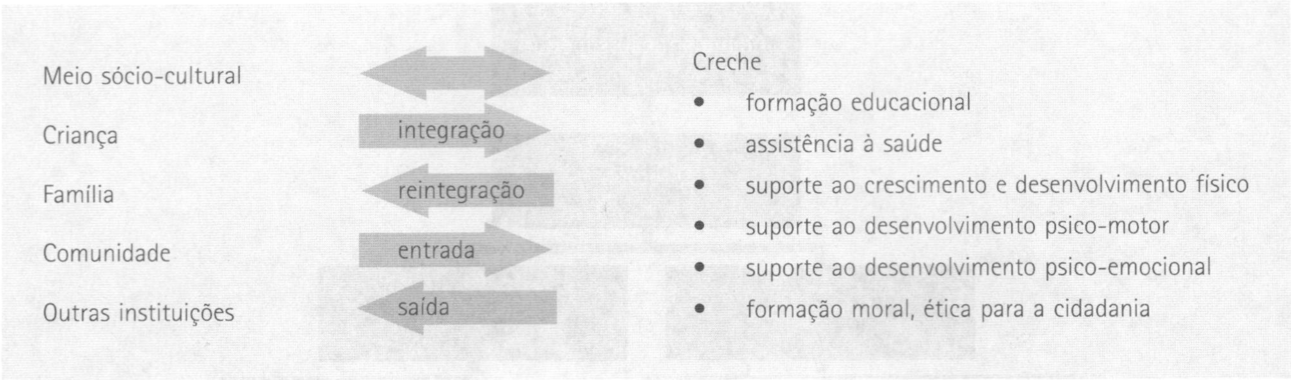

Meio sócio-cultural	←→	Creche
Criança	integração →	• formação educacional
Família	← reintegração	• assistência à saúde
Comunidade	entrada →	• suporte ao crescimento e desenvolvimento físico
Outras instituições	← saída	• suporte ao desenvolvimento psico-motor
		• suporte ao desenvolvimento psico-emocional
		• formação moral, ética para a cidadania

FIG. 5.3

Fluxograma.

- Ficha de Comunicação Interna

COMUNICAÇÃO INTERNA

Entidade: _____
Creche: _____
Data: ___/___/___
De: _____
Para: _____

(explicar o que se pede)

Comunicamos que _____ e solicitamos

(se necessário, especificá-las)

as providências cabíveis. _____ .

Atenciosamente,

_____
Assinatura

- Quadro de Avisos

Trata-se do mural destinado para divulgar comunicados internos, agendamento de reuniões, datas festivas, aniversários do mês, novas orientações administrativas e técnicas.

- Ficha de Encaminhamento

Ver Anexo 3 – do Capítulo 4 – Admissão da Criança.

- Ficha de Controle de Intercorrências

FICHA DE INTERCORRÊNCIAS

Entidade: _____

Creche: _____

DATA	NOME DA CRIANÇA	INTERCORRÊNCIA/PROVIDÊNCIA	OBSERVAÇÃO	ASSINATURA

- Ficha de Controle de Frequência (Entrada e Saída)

CONTROLE DIÁRIO DE FREQUÊNCIA

Entidade: _____

Creche: _____

Frequência: dia _____ mês _____ ano _____

Educador (Monitor): _____

Nº	NOME DA CRIANÇA	ENTRADA	SAÍDA	OBSERVAÇÕES

- Ficha de Comunicação de Doenças Transmissíveis aos Pais ou Responsáveis

---

COMUNICAÇÃO AOS PAIS OU RESPONSÁVEIS

Entidade: _____

Creche: _____

Data: ___/___/___

Srs. Pais ou Responsáveis:

   Informamos a existência na Creche de caso(s) de _____, ao qual seu filho(a) teve contato.
   Pedimos o encaminhamento para avaliação médica (conforme ficha em anexo).
   O retorno à creche fica na dependência da entrega de documento assinado pelo médico (carimbo ou receita personalizada).
   Solicitamos a colaboração para proteção e segurança de seu filho.

Atenciosamente,

_____
Nome

- Relatório Mensal de Doenças Transmissíveis

As creches e pré-escolas deverão enviar, ao final de cada mês, relatório das doenças transmissíveis que ocorreram, identificando nome da criança, idade, tipo de doença. A notificação deverá ser feita à Vigilância Epidemiológica da Secretaria Municipal de Saúde.

- Ficha de Notificação de Óbito

O monitoramento da mortalidade das crianças atendidas na rede de creches, prevê a notificação obrigatória e imediata à Secretaria de Saúde.

RELATÓRIO MENSAL DE DOENÇAS TRANSMISSÍVEIS

Entidade: _____
Creche: _____
Mês: _____ Ano: _____

Nº	Nome Criança	Idade	Caxumba	Conjuntivite	Escarlatina	Hepatite A	Outras Hepatites	Meningite Bacteriana	Meningite Viral	Rubéola	Sarampo	Tuberculose	Varicela	Coqueluche	Outras

FICHA DE NOTIFICAÇÃO DE ÓBITO

Entidade: _____

Creche: _____

Identificação da Criança:
Nome: _____
Data de Nascimento: ___ (dia) / ___ (mês) / ___ (ano)
Sexo: ( ) Masculino ( ) Feminino
Endereço residencial: R: _____
Nº _____ Bairro: _____
Filiação:
Nome do Pai: _____
Nome da Mãe: _____

Informações Complementares:
Data da matrícula: ___/___/___
Data do último dia que freqüentou a creche: ___/___/___
Data do óbito: ___/___/___
Causa morte referida pela mãe ou responsável:
_____

Outras informações:
(foi hospitalizada nos últimos meses?) (tinha algum problema de saúde?)
(quando? Onde? Quem percebeu os primeiros sinais e sintomas) (imunização completa?) _____
_____

Informações sobre o Óbito?
Declaração de óbito expedida por:
( ) IML ( ) Hospital ( ) Médico particular
Causa morte oficial: _____
_____

Morte não natural: ( ) homicídio ( ) atropelamento ( ) afogamento
( ) acidente ( ) suicídio ( ) Outros
Qual: _____

Data: ___/___/___

_____
Preenchido por (Assinatura)

Fonte: São Paulo(SP) Secretaria Municipal de Assistência Social, Supervisão Geral de Planejamento e Controle. Equipe de Saúde. Agenda Mínima: saúde em creche. São Paulo, 2000.

3 - SISTEMATIZAÇÃO DAS ATIVIDADES ASSISTENCIAIS E ADMINISTRATIVAS

Programação das atividades

As atividades desenvolvidas diariamente com a criança na creche e pré-escola devem prever momentos de trabalho orientado, momentos livres, propiciando o alívio das tensões, favorecendo a criatividade, a socialização, a desinibição, motivando as ações independentes, as interações entre os grupos. Assim como, cuidados com a higienização e a alimentação, promovendo ações educativas de promoção à saúde e prevenção de doenças.

Os trabalhos orientados devem promover o desenvolvimento da fala, do corpo, das artes, da música, da dança, da leitura, da escrita, das ciências, do civismo, conforme as características individuais e dos grupos[4].

A programação das atividades deve privilegiar a formação e o desenvolvimento do ser humano de futuros cidadãos, buscando o fortalecimento de valores, guiando/orientando os modos de ação, transformando/mudando a realidade.

As rotinas, ao determinarem a sequência básica dos trabalhos realizados diariamente, organizando as situações e orientando comportamentos, devem ser flexíveis, abertas às novas experiências, criando espaço para a interação e a integração entre as relações humanas, espaços físicos e recursos materiais.

Portanto, os instrumentos administrativos não devem determinar atos obrigatórios, para o controle, como garantia da ordem e da disciplina.

A rotina diária estabelece movimento e ritmo às atividades de ação programadas com as crianças, através da relação entre os acontecimentos e os horários da creche e pré-escola, permitindo modificações evitando-se repetir sempre o mesmo.

Procurando atender a realidade da instituição, é necessário responder algumas questões prévias:

- Qual a melhor rotina para cada clientela?
- O que propor?
- Qual o espaço físico existente?
- O que fazer?
- Como fazer?
- Quais recursos utilizar?
- Como improvisar?

É fundamental refletir o que se quer propor para o cotidiano; para tanto apresentam-se duas propostas de rotina, uma que ocorre na creche A e a outra na creche B para reflexão[5].

ROTINA DOS MATERNAIS

CRECHE A

HORÁRIO	ATIVIDADES
07h:00 às 08h:00	Entrada dos funcionários e crianças. Crianças vão sendo encaminhadas para o refeitório onde esperam o café da manhã.
08h:00 às 08h:30	Café para todos
08h:30 às 09h:00	Funcionários arrumam sacolas, roupas, colchões, e as crianças circulam freneticamente
09h:00 às 10h:30	Atividades dirigidas, controle de esfíncter para algumas crianças, embora todas passam pelo banheiro.
10h:30 às 11h:30	Almoço para todos.
11h:30 às 13h:30	Sono para todas as crianças; escala de almoço para os funcionários.
13h:30 às 14h:30	As crianças brincam livremente no pátio ou nas salas.
14h:30 às 15h:00	Lanche para todos.
15h:00 às 16h:00	Banho para todos.

CRECHE B

HORÁRIO	ATIVIDADES
07h:00 às 07h:30	Entrada dos Educadores. Organização das salas e/ou espaços externos e dos materiais para as atividades do grupo. Registros e reuniões breves.
07h:30 às 08h:30	Entrada gradativa das crianças. Acolhimento pelos educadores, em atividades em sala.
08h:30 às 09h:00	Organização do pátio (corda, peteca, música, caixas, etc) Recreio. Oportunidade de interações, socialização das crianças com outras crianças de faixas etárias diferentes. Escala de café dos adultos.
09h:00 às 09h:45	Momento de planejamento de novas atividades com as crianças
09h:45 às 10h:30	Momento de trabalho e tempo de arrumação (para alguns é até 10h:15, pois há troca e/ou banho)
10h:30 às 11h:30	Almoço.
11h:30 às 13h:00	Sono/descanso das crianças. Reuniões de educadores. Escala de almoço ou troca de turno dos educadores (para as creches em que há contrato de 06 horas).
13h:00 às 13h:30	Arrumação do pátio pelos educadores e crianças que estiverem acordadas.
13h:30 às 14h:00	Preparo do lanche (as crianças que vão acordando se dirigem para o pátio).
14h:30 às 14h:30	Lanche (comemorações dos aniversários).
14h:30 às 15h:00	Recreio. Oportunidade de interações entre crianças de diversas faixas etárias. Escala de intervalo dos adultos, para o café.
15h:00 às 16h:30	Momento de trabalho com as crianças, escala de banho e de jantar.
16h:30 às 18h:00	Saída gradativa das crianças. O educador reúne as crianças para avaliar os trabalhos da tarde. Faz os registros no Relatório ou Diário. Organiza o ambiente para o dia seguinte e/ou reuniões breves.

Diante de ambos exemplos de realidades diferentes, percebe-se que na creche A, privilegia-se o Modelo Gerencial Racionalista priorizando a rigidez na organização, com apego exacerbado às normas, regras, disciplina. É nítida a despreocupação com o indivíduo e suas características particulares, determinada pela mecanização do trabalho.

No entanto, na creche B, percebe-se a presença de flexibilização, acolhimento, espaços para as relações de troca, interações, integrações, socialização, para o desenvolvimento das potencialidades criativas e à iniciativa, características do Modelo Gerencial Participativo, Flexível.

Portanto, a postura que a gerência adota é fundamental para redefinir o sistema de trabalho numa instituição, refletindo na qualidade do atendimento e na satisfação de funcionários e clientela.

Instrumentos administrativos/assistenciais de trabalho

Cada momento do cotidiano de trabalho exige um tipo de instrumento que deve ser utilizado para garantir um processo dinâmico e contínuo no atendimento.

Para tanto, as autoras[4] apresentam:

- Observação

Observar significa saber olhar e compreender o que o outro quer dizer.

Observar a criança é uma responsabilidade ainda maior, pois trata-se de seres humanos em formação.

Daí, a necessidade de olhar, refletir, analisar, registrar e planejar procurando atender as demandas.

- Planejamento

Planejar significa traçar rumos, ações organizadas, é estabelecer o que se quer para e com as crianças.

O planejamento deve ser estratégico, favorecer a discussão sobre as opções de caminhos que podem ser seguidos, avaliar continuamente o que vem sendo desenvolvido e sugerir novos rumos.

O planejamento não deve ser rígido, inflexível, a qualquer preço, numa sequência obrigatória de atos, controlando todas as ações das crianças.

Alguns questionamentos auxiliam na elaboração do planejamento, como:

- As crianças já sabem o quê?
- Ainda não conhecem o quê?
- Devem aprender o quê?
- Como ensinar?
- Quando ensinar?
- Onde ensinar?

- Diário

Trata-se do registro escrito diário dos acontecimentos com a criança.

É um instrumento que leva à reflexão das atividades desenvolvidas pelas crianças, orienta as ações e a observação sobre algumas questões norteadoras como:

- condições de chegada das crianças à creche;
- interesse e iniciativa durante as atividades propostas;
- socialização das crianças nas brincadeiras, durante os trabalhos em grupo e com os educadores;
- o que foi feito nos momentos livres?
- Do que, como, onde, com que materiais elas brincam?
- A autonomia foi estimulada?
- Condições de saída das crianças à creche e pré-escola.

Portanto, as anotações do dia-a-dia das crianças na creche e pré-escola podem subsidiar a elaboração de um Planejamento voltado às necessidades e à realidade.

- Relatório

É o registro diário do próprio fazer profissional, do próprio trabalho. Exercita a escrita para documentar o que se faz, pois se não houver registros não é possível legalmente, comprovar a assistência oferecida. O relatório pode ser individual ou de grupo.

O Relatório Individual consiste no relato síntese do processo de crescimento e desenvolvimento da criança, das características apresentadas, suas conquistas e dificuldades.

Pode constituir-se num Memorial Individual sobre a vida da criança na creche.

A dificuldade da elaboração diária do relatório individual ocorre devido ao quantitativo de recursos humanos, ou seja, a relação educador-criança não atender a demanda, incorrendo em sobrecarga e polivalência de funções.

O Relatório do Grupo de Crianças consiste na síntese do trabalho coletivo realizado, devendo conter algumas questões norteadoras, como:

- as atividades propostas no Planejamento estavam adequadas às demandas do dia e/ou semana?
- Como está a autonomia e a iniciativa das crianças?
- Quais foram as descobertas?
- Quais foram as brincadeiras mais desenvolvidas?
- Os projetos trabalhados: arte, música, linguagem, ciências, civismo despertaram interesse das crianças?
- Como evoluíram as relações de parceria, interação entre os pares e nas outras faixas etárias?
- Como as crianças avaliaram os trabalhos realizados do dia e/ou da semana?

- Reuniões

É o encontro entre os profissionais, os educadores, as famílias e as crianças para refletir, criticar, avaliar, planejar e também, divertir, comemorar, festejar.

As reuniões podem ser realizadas de maneira informal ao início e ao término de cada jornada de trabalho, para planejar as ações do dia, expressando seus desejos e interesses e avaliar o que desenvolveram juntos, como foi a convivência.

Como também as reuniões podem ser agendadas, entre educadores e com os pais/responsáveis/familiares.

A dinâmica das reuniões deve ocorrer de forma participativa, em círculo, com direito à palavra e emissão de opinião(ões), reforçando a co-participação e a co-responsabilidade.

As pautas das reuniões entre profissionais, justificam-se para a troca de conhecimentos, informações, estudo, discussão de problemas, planejamento.

Enquanto que as das reuniões com os pais/responsáveis são para discutir sobre os trabalhos realizados com as crianças – relatórios, diários sobre a aplicação dos recursos financeiros; sobre a participação/colaboração nas atividades comemorativas e sociais, apresentação de sugestões.

- Considerações finais

Os instrumentos apresentados auxiliam a sistematizar as atividades assistenciais e administrativas da creche e pré-escola.

Contudo, a utilização dos mesmos no cotidiano deve ser entendido por todos, e constituir um meio de organizar os trabalhos e não um fim burocrático, que limita as ações e as relações interpessoais.

4 - CONTROLE E AVALIAÇÃO DO ATENDIMENTO SUPERVISÃO EM CRECHE E PRÉ-ESCOLA

O funcionamento de uma creche e pré-escola e a qualidade do trabalho desenvolvido junto às crianças dependem de um conjunto de ações organizadas por um projeto coletivo e do trabalho que cada pessoa da equipe realiza.

Algumas creches e pré-escolas ainda vivenciam em seu cotidiano a indefinição de papéis e funções dos membros da equipe, o que gera sobrecarga de trabalho para alguns, atropelo e improvisão das ações, polivalência de funções e dificuldade de organização do projeto educativo da instituição[1].

Observa-se que a coordenação geral da creche e pré-escola no exercício da supervisão tenta suprir as necessidades mais imediatas, preocupando-se com os problemas administrativos, impedindo-o de dedicar maior atenção à estruturação do projeto educativo e à dinâmica interna da instituição. Acrescenta-se, ainda, que nem sempre possui experiências anteriores de desempenho nessa função, nem de orientações para estruturar e organizar os trabalhos.

Neste contexto de dificuldades e desafios torna-se necessário fazer alguns questionamentos como:

- Como é desenvolvida a coordenação da creche e pré-escola?
- Os membros da equipe têm clareza de suas atribuições e procuram efetivamente desempenhar suas funções?
- Existe valorização quanto ao desempenho de cada membro da equipe e há habilidade em discutir as diferenças e ter um enfrentamento maduro diante dos conflitos que possam surgir?
- Qual a importância atribuída na formação e orientação dos educadores? Existe investimento para a formação e atualização de educadores?
- Existe um Projeto de Trabalho Coletivo e um Projeto Educativo elaborado com a co-participação e co-responsabilidade de todos os envolvidos?
- Qual a postura da família e da comunidade junto à creche e pré-escola?

Através das respostas a esses questionamentos, fazer o diagnóstico do serviço, identificando os pontos chaves para intervir e mobilizar o trabalho coletivo procurando definir os papéis, dando clareza e direção às ações que compõem as atividades do processo de trabalho na creche e pré-escola.

É importante a divisão das atribuições administrativas, psicopedagógicas, de suporte à saúde e zeladoria, definidas no Regimento, apresentadas no Anexo 2.

O Processo de Supervisão deve-se estruturar em três etapas básicas: o planejamento, a execução e a avaliação, devendo-se desenvolver no coletivo, compartilhado.

Assim, o Processo de Trabalho Coletivo deve ser construído fundamentado no melhor desempenho, melhor qualidade no atendimento e satisfação de toda equipe envolvida, assim como, as crianças, familiares e comunidade.

5 - CONSIDERAÇÕES FINAIS

A breve abordagem sobre gerenciamento em instituição de educação infantil - creche e pré-escola, compilada neste capítulo, buscou uma visão dos modelos de instrumentos administrativos necessários à estrutura organizacional do Serviço em creche e pré-escola, para atingir a qualidade no gerenciamento, fundamentais para seu credenciamento e funcionamento.

Os autores referenciados, com rica experiência em comunidade infantil e gestão, oferecem contribuição, fundamental ao desenvolvimento de diretores, gerentes, coordenadores, educadores que procuram desafios e estão envolvidos em processos de mudanças organizacionais.

REFERÊNCIAS BIBLIOGRÁFICAS

1 - Silva, ITFR da (org.). Creches comunitárias: histórias e cotidiano. Belo Horizonte: AMEPPE, 1997.
2 - Marx, LC; Morita, LC. Manual de Gerenciamento de Enfermagem. São Paulo: Rufo, Editores e Associados, 1998.
3 - Santos, MP (Coord.). Noções Básicas em Organização e Gerenciamento de Creches (Curso). Belo Horizonte: AMAS, 1998.
4 - Abramowicz, A; Wajskop, G. Creches: atividades para crianças de zero a seis anos. São Paulo: Moderna, 1995.
5 - Oliveira, ZM et al. Creches: crianças, faz de conta & Cia. Petrópolis: Vozes, 1992.

ANEXOS

O exemplo pode ser aplicado a uma Creche Filantrópica ou Privada.

Nas instituições públicas, a unidade mantenedora pode ser o município, estado ou federação, devendo ser assim especificado nos capítulos pertinentes.

ANEXO 1

ESTATUTO DA CRECHE

Capítulo I

DA DENOMINAÇÃO, SEDE, FINALIDADE

Art. 1º - A(o) _____ (nome da creche) também designada pela sigla _____ (se houver), constituída (o) em ___ (dia) de _____ (mês) de ___ (ano), é uma entidade civil, sem fins lucrativos, que terá duração por tempo indeterminado, com sede no município de _____ _____ Estado de _____ e foro em _____ .

Art. 2º - A(o) _____ (nome da creche) tem por finalidade(s) _____ .

Art. 3º - No desenvolvimento das atividades, a(o) _____ (nome da creche) não fará qualquer discriminação de raça, cor, sexo ou religião.

Art. 4º - A(o) _____ (nome da creche) terá um Regimento Interno, elaborado e aprovado pela Assembléia Geral, o qual regulamentará o seu funcionamento.

Art. 5º - A fim de cumprir sua(s) finalidade(s), a instituição organizar-se-á em tantas unidades de prestação de serviços, quantas se fizerem necessárias, as quais serão regulamentadas e regidas pelo Regimento Interno referido no artigo 4º.

Capítulo II

DOS SÓCIOS

Arti. 6º - A(o) _____ (nome da creche) é constituída(o) por número ilimitado de sócios, distribuídos nas seguintes categorias: (fundador(es), benfeitor(es), honorário(s), contribuinte(s) e outros).

Art. 7º - Os sócios quites com suas obrigações sociais têm direitos a:
I - Votar e ser votado para os cargos eletivos;

II - Participar das Assembléias Gerais, e
III - ... outras que julgarem necessárias.

Art. 8º - Os sócios têm como deveres:
I - Cumprir e fazer cumprir as disposições estatutárias e regimentais;
II - Acatar as determinações da Diretoria, e
III - ... outras que julgarem necessárias.

Art. 9º - Os sócios não respondem pelos encargos da instituição, nem mesmo subsidiariamente.

Capítulo III

DO PATRIMÔNIO

Art. 10º - O patrimônio da(o) _____ (nome da creche) será constituído de bens móveis, imóveis, veículos, ações e apólices de seguro.

Art. 11º - No caso de fechamento da instituição de natureza privada, filantrópica ou pública deve ficar claro como será a distribuição de bens e o destino da clientela.

Capítulo IV

DA ADMINISTRAÇÃO

Art. 12º - A(o) _____ (nome da creche) será administrada(o) por:
I - Assembléia Geral;
II - Diretoria; e
III - Conselho Fiscal

Art.13º - A Assembléia Geral, órgão soberano da instituição, constituir-se-á por representantes dos sócios em pleno gozo de seus direitos estatutários, dos pais das crianças matriculadas e dos funcionários.
Parágrafo único - Os pais das crianças matriculadas e os funcionários poderão se candidatar aos cargos eletivos da entidade, sendo obrigatório no caso dos funcionários o desvinculamento inédito de suas atividades remuneradas.

Art. 14º - A convocação da Assembléia Geral será feita ordinariamente, uma vez por ano, por meio de edital afixado na sede da instituição, publicado na imprensa local, por circulares ou outros meios convenientes, com antecedência mínima de ___(nº) dias.
Parágrafo único - Qualquer Assembléia instalar-se-á em primeira convocação com a maioria dos sócios e, em segunda convocação, com qualquer número.

Art.15º - A Assembléia Geral realizar-se-á, extraordinariamente, quando convocada:
I - Pela Diretoria;
II - Pelo Conselho Fiscal de ___(nº) sócios quites com as obrigações sociais.

Art.16º - A Diretoria será constituída por um Presidente, um Vice-Presidente, primeiro e segundo Secretários, primeiro e segundo Tesoureiros.
Parágrafo Único - O mandato da Diretoria será de ___(nº) anos, sendo vedada mais de uma reeleição consecutiva.

Art. 17º - A Diretoria reunir-se-á no mínimo uma vez por mês.

Art. 18º - O conselho Fiscal será constituído por ___(nº) de membros e seus respectivos suplentes, eleitos pela Assembléia Geral.
Parágrafo Único - O mandato do Conselho Fiscal será coincidente com o mandato da Diretoria.
Parágrafo Segundo - Em caso de vacância, o mandato será assumido pelo respectivo suplente até o seu término.

Art. 19º - O Conselho Fiscal reunir-se-á ordinariamente a cada ___(nº) meses e, extraordinariamente, sempre que necessário.

Art. 20º - As atividades dos diretores e conselheiros, bem como as dos sócios, serão inteiramente gratuitas, sendo-lhes vedado o recebimento de qualquer lucro, gratificação, bonificação ou vantagem.

Art. 21º - A instituição não distribuirá lucros, resultados, dividendos, bonificação, participações ou parcela do seu patrimônio, sob nenhuma forma ou pretexto.

Art. 22º - As rendas, recursos e eventual resultado operacional serão aplicados integralmente na manutenção e desenvolvimento dos objetivos institucionais, no território nacional.

Capítulo V

DAS COMPETÊNCIAS

Art. 23º - Compete à Assembléia Geral:
I - Eleger a Diretoria e o Conselho Fiscal;
II - Decidir sobre reformas do Estatuto;
III - Decidir sobre a extinção da entidade nos termos do artigo 34º;
IV - Decidir sobre a conveniência de alienar, transigir, hipotecar ou permutar bens patrimoniais;
V - Aprovar o Regimento Interno; e
VI - ... outras que julgar necessárias.

Art. 24º - Compete à Diretoria:
I - Elaborar o Regimento Interno da Creche e encaminhar para aprovação em Assembléia Geral;
II - Elaborar e executar o programa anual de atividades;
III - Elaborar e apresentar, à Assembléia Geral, o relatório anual;
IV - Entrosar-se com instituições públicas e privadas para mútua colaboração em atividades de interesse comum;
V - Contratar e demitir funcionários; e
VI - ... outras que julgar necessárias.

Art. 25º - Compete ao Conselho Fiscal:
I - Examinar os registros de contabilidade da entidade;
II - Examinar o balancete semestral apresentado pelo Tesoureiro, opinando a respeito;
III - Avaliar o Relatório Anual da Diretoria com os balanços e inventários;
IV - Opinar sobre a aquisição e alienação de bens e imóveis; e
V - ... outras que julgar necessárias.

Capítulo VI

DAS ATRIBUIÇÕES

Art. 26º - Atribui-se aos membros da Assembléia Geral:

I - Apreciar o Relatório Anual da Diretoria;
II - Discutir e homologar as contas e o balanço aprovados pelo Conselho Fiscal; e
III - ... outras que julgar necessárias

Art. 27º - Atribui-se ao Presidente da Diretoria:
I - Representar a(o) _____ (nome da creche) judicial e extrajudicialmente;
II - Cumprir e fazer cumprir este Estatuto e o Regimento Interno;
III - Presidir a Assembléia Geral;
IV - Convocar e presidir as reuniões da Diretoria;
V - Assinar juntamente com o primeiro tesoureiro a documentação financeira da instituição; e
VI - ... outras que julgar necessárias.

Art. 28º - Atribui-se ao Vice-Presidente:
I - Substituir o Presidente em suas faltas ou impedimentos;
II - Assumir o mandato em caso de vacância, até o seu término; e
III - ... outras que julgar necessárias.

Art. 29º - Atribui-se ao Primeiro Secretário:
I - Secretariar as reuniões da Diretoria e Assembléia Geral e redigir as atas;
II - Publicar todas as notícias das atividades da entidade; e
III - ... outras que julgar necessárias.

Art. 30º - Atribui-se ao Segundo Secretário:
I - Substituir o Primeiro Secretário em suas faltas e impedimentos;
II - Assumir o mandato, em caso de vacância, até o seu término; e
III - De maneira geral, colaborar com o Primeiro Secretário.

Ar. 31º - Atribui-se ao Primeiro Tesoureiro:
I - Arrecadar e contabilizar as contribuições dos associados, rendas, auxílios e donativos; mantendo atualizada a escrituração;
II - Fazer os pagamentos autorizados pelo Presidente;
III - Apresentar relatórios de receitas e despesas, sempre que forem solicitados;
IV - Apresentar o relatório financeiro para ser submetido à Assembléia Geral;
V - Apresentar semestralmente o balancete ao Conselho Fiscal;
VI - Arquivar e responsabilizar-se pelos documentos da tesouraria;
VII - Manter atualizado o controle dos créditos e débitos;
VIII - Assinar juntamente com o Presidente a movimentação financeira da entidade; e
IX - ... outras que julgar necessárias.

Art. 32º - Atribui-se ao Segundo Tesoureiro:
I - Substituir o Primeiro Tesoureiro em suas faltas e impedimentos;
II - Assumir o mandato, em caso de vacância, até o seu término; e
III - Colaborar com o Primeiro Tesoureiro.

Art. 33º - Atribuem-se aos Conselheiros Fiscais exercerem as competências exigidas pelo Conselho Fiscal.

Capítulo VII

DAS DISPOSIÇÕES GERAIS

Art. 34º - A(o) _____ (nome da creche) será dissolvida(o) por decisão da Assembléia Geral extraordinária, especialmente convocada para esse fim, quando se tornar impossível a continuação de suas atividades.

Art. 35º - O presente Estatuto poderá ser reformulado, em qualquer tempo, por decisão da maioria absoluta dos associados, em Assembléia Geral, especialmente convocada para esse fim, e entrará em vigor na data de seu registro em Cartório.

Art. 36º - Os casos omissos serão resolvidos pela Diretoria e referenciados pela Assembléia Geral.

_____ (nome da localidade) , ____ (dia) , _____ (mês) de _____ (ano).

_____
(Assinatura do representante legal)

Fonte: Santos, MP (Coord). Noções Básicas em Organização e Gerenciamento de Creches (Curso). Belo Horizonte: AMAS, 1998[3].

ANEXO 2

REGIMENTO INTERNO DA CRECHE

Capítulo I

DA DENOMINAÇÃO E SEDE

Art. 1º - A(o) _____ (nome da creche), pessoa jurídica de direito privado, sem fins lucrativos, constituída aos ___ (dia), _____ (mês) de _____ (ano), com sede no município de _____ (nome da cidade).

Capítulo II

DOS OBJETIVOS

Art. 2º - A(o) _____ (nome da creche) tem como objetivo oferecer assistência às crianças de zero a seis anos, nos aspectos psicopedagógicos, de saúde e de educação à família e comunidade.

Capítulo III

DO FUNCIONAMENTO

Art. 3º - A Creche funcionará para o atendimento às crianças assistidas e ao público em geral, de segunda à sexta-feira, no horário de 07h:00 (sete às 18h:00 (dezoito) horas, exceto nos dias de feriados, assim considerados pela Lei Municipal.

Capítulo IV

DA COMPOSIÇÃO ADMINISTRATIVA

Art. 4º - Constituem áreas da creche:
I - Administrativa, compreende o controle do funcionamento, das atividades próprias da administração, dos funcionários e do patrimônio.
II - Psicopedagógica, inclui o controle da inscrição, triagem, admissão, regularidade e acompanhamento das crianças e das famílias, bem como, desenvolvimento de projetos educacionais.

III - Saúde, compreende a avaliação social e de saúde da criança e família e acompanhamento de seu crescimento e desenvolvimento durante a permanência na creche.
IV - Apoio à Comunidade, compreendendo o acompanhamento das crianças junto à família e o aconselhamento familiar.
V - Zeladoria, compreende os serviços de cozinha, limpeza, lavanderia e manutenção.

Capítulo V

DAS COMPETÊNCIAS DA ÁREA DA COORDENAÇÃO ADMINISTRATIVA

Art. 5º - Ao Coordenador Administrativo compete:
I - Administrar os recursos financeiros;
II - Zelar pelo funcionamento, bem como pela guarda e manutenção do patrimônio da creche;
III - Controlar e supervisionar as atividades dos funcionários da creche;
IV - Controlar prestadores de serviços, admitir e demitir funcionários, sob orientação da Diretoria.
V - Acompanhar, fiscalizar e prestar contas do desenvolvimento e efetivação de projetos e convênios;
VI - Fiscalizar a chegada e saída de alimentos e materiais da creche;
VII - Fiscalizar a marcação de freqüência e ponto dos funcionários;
VIII - Realizar reuniões periódicas com o coletivo da creche (diretoria, coordenação pedagógica, da saúde, pais, educadores) para planejar, avaliar e assegurar a integração do trabalho.

Art. 6º - Aos funcionários competem:
I - Respeitar e cumprir as obrigações impostas pela legislação trabalhista.
II - Cumprir rigorosamente o horário de trabalho, a marcação mecânica ou manual do ponto, pelo cartão de ponto e/ou livro de presença ou por outra forma estabelecida pela direção.
III - Na falta ou não marcação da freqüência, o funcionário deverá justificar por escrito junto à coordenação administrativa, no prazo de 48 (quarenta e oito) horas, sob a pena de não abonar a falta.
IV - As faltas ao trabalho, dentro das possibilidades, devem ser comunicadas com antecedência à Coordenação Administrativa.
V - Aos funcionários é vedado levar e trazer crianças frequentadoras da creche.
VI - Deverão desenvolver seu trabalho junto às crianças com atenção, carinho e respeito.
VII - Respeitar os dirigentes, os colegas, os visitantes autorizados, familiares, criando relações de harmonia, parceria e solidariedade.
VIII - Manter atualizado o Relatório de Atividades.
IX - Inteirar-se sobre os assuntos referentes ao funcionamento da creche.
X - Buscar a atualização no trabalho.
XI - Participar das atividades programadas da creche.
XII - Cumprir a escala de serviço.

DA ÁREA PEDAGÓGICA

Art. 7º - Ao Coordenador Pedagógico compete:
I - Animar e incentivar o projeto pedagógico.
II - Controlar a inscrição, triagem, admissão e acompanhamento da regularidade das crianças matriculadas na creche.
III - Investir na capacitação dos educadores, estimulando-os a participarem de cursos e outros eventos.
IV - Acompanhar o processo psicopedagógico da criança admitida na creche.
V - Implementar e coordenar as atividades dos educadores através de reuniões pedagógicas com os mesmos, para estudo de caso, troca de experiência, planejar, avaliar e sistematizar as práticas pedagógicas.

VI - Organizar as turmas delimitando o número adequado de crianças por educador, observando a adaptação das mesmas e visando a melhor qualidade do trabalho.
VII - Desenvolver um trabalho de integração creche-família, e sempre que necessário fazer visitas às famílias.
VIII - Promover junto com o coletivo da creche atividades de lazer, recreação, festas, envolvendo crianças, educadores e pais.
IX - Realizar reuniões periódicas com o coletivo da creche (diretoria, coordenação administrativa, pais, educadores) para planejar, avaliar e assegurar a integração do trabalho.
X - Comunicar ao Conselho Tutelar os casos de sua atribuição.

Art. 8º - Aos Educadores compete:

I - Responsabilizar-se pelo grupo de crianças a ele designado, durante o horário de trabalho.
II -Oferecer às crianças o ensinamento e acompanhamento quanto aos hábitos alimentares, higiene pessoal, desenvolvimento psico-motor, valores éticos, morais e de cidadania.
III - Proporcionar às crianças, atividades de lazer compatíveis com as orientações pedagógicas.
IV - Realizar diariamente o controle de frequência das crianças, informando à coordenação sobre a assiduidade das crianças.
V -Manter as salas e local de trabalho em ordem e limpos, como ponto de referência positiva para as crianças.
VI - Zelar pela conservação de todos os materiais existentes nas salas, bem como os pertencentes a creche.
VII - Atender aos pais, familiares e visitantes com cordialidade, atenção e respeito.
VIII - Participar de reuniões psicopedagógicas, estudando e contribuindo na troca de experiências com os demais participantes do trabalho da creche.
IX - Oferecer tratamento igualitário a todas as crianças.
X - Participar dos eventos da creche e extra-horário, com compensação das horas trabalhadas conforme a Lei.
XI - Participar de cursos e eventos externos de interesse da creche.

DO APOIO À COMUNIDADE

Art. 9º - Aos funcionários responsáveis pelo apoio à comunidade compete:

I - Acompanhar a criança em seu meio social, buscando adequá-la ao cotidiano e aos objetivos pedagógicos da creche.
II - Oferecer cursos e eventos aos pais, responsáveis, familiares da criança e a comunidade.
III - Realizar reunião mensal com as famílias das crianças assistidas, para tratar dos projetos envolvendo-as e dos programas desenvolvidos na creche.

DA SAÚDE DA CRIANÇA

Art. 10º - Ao Coordenador da Saúde da Criança compete:

I - Avaliar e controlar a freqüência regular da criança na creche, quando apresentar sintomas de doenças infecto-contagiosas, face o risco de contágio às demais crianças.
II - Avaliar e controlar o retorno da criança afastada das atividades da creche, por avaliação médica.
III - Oferecer cuidados especiais às crianças com uso de medicamentos, dietas especiais, até sua recuperação completa.
IV - Fazer encaminhamentos aos Ambulatórios de referência dos casos detectados de necessidade de assistência de saúde geral e especializada.
V -Orientar os pais, responsáveis ou familiares sobre a conduta tomada e os cuidados que devem ser feitos em casa.

VI - Promover cursos, palestras sobre assistência à saúde da criança aos educadores, funcionários, pais, responsáveis e familiares.

DA ZELADORIA DA CRECHE

Art. 11º - Aos funcionários da cozinha, limpeza, lavanderia, manutenção compete:

I - Manter a ordem e garantir o atendimento de qualidade às crianças, cada um em suas atividades específicas.
II - Zelar pela conservação de todos os materiais existentes em suas unidades de trabalho, bem como os pertencentes a creche.
III - Participar de reuniões com o coletivo da creche (diretoria, coordenação administrativa, coordenação de saúde) para planejar, avaliar os recursos materiais necessários e assegurar a integração do trabalho.
IV - Participar dos eventos da creche extra-horário, com compensação das horas trabalhadas conforme a Lei.
V - Participar de cursos e eventos externos de interesse da creche.

Capítulo VI

DA CLIENTELA

Art. 12º - A inscrição e triagem da criança na creche devem atender aos requisitos:

I - Deve-se especificar a exigência de faixa etária das crianças atendidas pela creche.
II - Os pais ou responsáveis da criança deverão residir na área de abrangência da creche.
III - A criança considerada de família carente, pode ter prioridade para matrícula na creche.
IV - O processo de seleção deverá obedecer os critérios I, II e V e o interesse dos responsáveis em deixar a criança na creche.
V - Após análise de todos os dados, em caso favorável deve ser feita uma avaliação social. Em caso de vagas incompletas, a creche poderá estender seus benefícios às crianças que não preencham a todos os requisitos.
VI - Não permitir informações e confirmação de admissão por via telefônica que não seja oficial feita pela administração.

ART. 13º - Admissão da criança na creche deve atender aos seguintes requisitos:

I - Deve-se respeitar os requisitos exigidos na inscrição.
II - Apresentar xerox da certidão de nascimento da criança.
III - Não será permitido admitir crianças que tenham problemas graves de saúde e necessidades especiais, sem que haja um acompanhamento adequado fora da creche.
IV - Os pais ou responsáveis assinarão o termo de responsabilidade e compromisso perante a creche, como requisito para admissão da criança, em que se compromete a respeitar o Regimento, bem como as atividades extracreche de interesse ao desenvolvimento da criança.
V - A criança somente poderá começar a freqüentar a creche, após a entrevista feita com a mãe, pai ou responsável, tornando-os cientes e esclarecidos sobre as normas de funcionamento da creche.

Art. 14º - A regularidade da criança na creche diz respeito a:

I - Deve-se estabelecer o limite para atrasos.
II - Participação dos pais ou responsáveis nas reuniões de família, realizadas na creche, previamente agendadas no início do semestre.

III - A ausência sem justificativa às referidas reuniões, totalizando duas no mesmo semestre, poderá gerar em prejuízo à criança na creche.
IV - As faltas não justificadas deverão ser apuradas através de visita domiciliar e entrevistas com os pais e responsáveis.

Art. 15º - Aos pais ou responsáveis das crianças diz respeito:

I - Acompanhar o desenvolvimento dos filhos, bem como observar os trabalhos dos mesmos.
II - Inteirar-se com os funcionários da creche.
III - Zelar pelas instalações e materiais da creche.
IV - Participar dos eventos programados pela creche.
V - Participar das reuniões de família, que se realizarão uma vez por mês.
VI - Respeitar os horários de entrada e saída das crianças.
VII - Manter atualizado o cartão de vacinação da criança.
VIII - Respeitar as normas estabelecidas pela creche e as orientações que lhe forem dadas.
IX - Acompanhar a criança nos encaminhamentos que se fizerem necessários, informando à coordenação os sintomas apresentados, a medicação que estiver fazendo uso.

Capítulo VII

DAS DISPOSIÇÕES GERAIS

Art. 16º - As alterações no Regimento Interno da Creche diz respeito a:

I - Qualquer membro da diretoria da creche poderá propor reformulações, mediante apresentação de Projeto escrito e justificado, encaminhado à Presidência.
II - As propostas de modificação serão votadas e consideradas aprovadas por mais de dois terços dos membros da direção e da Comissão Permanente.
III - As emendas serão estudadas e votadas novamente em outra data a ser designada.
IV - A proposta de alteração do Regimento Interno deverá ser fixada em local visível, 15 dias antes da assembléia, para discussão e aprovação.
V - Este Regimento entrará em vigor na data de sua aprovação, fazendo-se sua publicação na própria assembléia que o aprovar, revogando-se as disposições em contrário.

O presente Regimento Interno foi aprovado em Assembléia do dia ____, _____de _____.

Fonte: Santos, MP (Coord). Noções Básicas em Organização e Gerenciamento de Creches (Curso). Belo Horizonte: AMAS, 1998[3].

6 CRECHE E PRÉ-ESCOLA E FAMÍLIA: REVENDO CONCEITOS PARA COMPARTILHAR CUIDADOS E EDUCAÇÃO DAS CRIANÇAS

DAMARIS GOMES MARANHÃO
CONCEIÇÃO VIEIRA DA SILVA

A família constitui um terreno privilegiado para estudar a relação natureza e cultura.
Cynthia Sarti [1]

A família, seja qual for sua conformação, é a matriz onde a criança torna-se sujeito de um gênero, de uma classe social, de uma localidade, de um país, aprendendo uma língua, regras costumes, valores e crenças, tendo acesso ou sendo excluída de bens materiais e culturais.

A princípio, a criança não tem escolha, dependendo totalmente desse contexto e de quem cuidará dela. Na interação com seus familiares envolvidos em seu cuidado e educação, aprenderá sobre si mesma e sobre o meio em que vive, constituindo sua identidade.

Para Henry Wallon, neurologista e educador francês, a família é um meio e grupo, ao mesmo tempo, pois sua existência baseia-se na reunião de indivíduos que mantêm entre si relações que determinam o papel e o lugar de cada um no conjunto. É um contexto de desenvolvimento "natural" e necessário. Natural não no sentido biológico, mas no fato de a criança ao nascer já se encontrar inserida em um grupo de origem, ocupando um lugar determinado na constituição familiar que deveria assegurar-lhe a sobrevivência por meio da alimentação, dos cuidados, da segurança e da primeira educação [2, 3, 4, 5].

O meio é um complemento indispensável ao ser vivo. Representa o conjunto de circunstâncias físicas, humanas ou ideológicas que confluem em um mesmo momento histórico. Há o meio de base, que é físico-químico, o biológico, no qual o organismo coexiste com várias espécies vivas em um mesmo espaço e que determina ações recíprocas e o meio social constituído das condições da existência coletiva, variada e transitória [2, 3, 4, 5].

O meio social pode destacar ou não algumas diferenciações biológicas ou psíquicas que fazem o indivíduo ser aceito ou rejeitado, ser bem ou mal sucedido em seu grupo. De acordo com a forma como a sociedade se organiza, ela coloca o homem em interação com outros e distintos meios, além do familiar, que repercutem em novas sociedades e recursos com outras possibilidades de evolução e diferenciação individual[2, 3, 4, 5].

Assim, a constituição biológica da criança ao nascer não será o único determinante de seu processo de crescimento e desenvolvimento, mas sim, todas as circunstâncias sociais e as possibilidades de escolha a que ela e sua família tenham acesso.

As relações entre o ser vivo e o meio são de transformação mútua[2, 3, 4, 5]. Ou seja, da mesma forma que a criança recebe influências do meio familiar, ela influencia seus membros que passam a exercer novos papéis: mãe, pai, avó, tios, irmãos. Estes papéis vêm mudando ao longo dos anos, principalmente a partir da possibilidade de planejamento dos nascimentos e ingresso da mulher no mercado de trabalho. As crianças passam a ser cuidadas e educadas em outros contextos de desenvolvimento, complementares ao familiar.

À medida que a criança vivencia outras relações e grupos vai ampliando e diversificando suas relações sociais. Estas inserções em grupos extra-familiares proporcionam oportunidades, vínculos e experiências que podem contribuir para que sua vida seja mais rica. Assim, ela vai deixando de ser totalmente dependente das escolhas familiares para fazer suas próprias escolhas, parte do processo de constituição de sua identidade, autonomia e sociabilidade.

Crianças que freqüentam creches e pré-escolas, participam de grupos extra-familiares cujo papel será significativo em suas vidas. Esta experiência acrescentará outras referências, valores e possibilidades de existência, assim como desafios e riscos. Entretanto, este meio também é imposto para a criança que, na primeira infância, não tem ainda poder de escolha sobre seus cuidadores/educadores, embora tenha mecanismos psicológicos para reagir a eles.

Compete à família escolher a instituição de educação infantil mas a insuficiência de creches e pré-escolas públicas, frente à demanda ou o elevado custo das creches particulares, não permite uma escolha com base em princípios e critérios da família, resultando muitas vezes numa relação assimétrica entre usuários e instituição. Neste capítulo, serão abordados os aspectos que permeiam esta relação, baseando-se no direito que toda criança tem à educação infantil.

CRECHE E PRÉ-ESCOLA: DIREITO DA CRIANÇA E DA FAMÍLIA

No passado, creche era um serviço de assistência social às mães pobres. Nesta concepção, as relações estabelecidas eram assimétricas, conforme formulação de Sarti (1998)[6] em pesquisa sobre as relações dos profissionais de saúde com os usuários em uma instituição filantrópica.

Atualmente, no Brasil, o acesso a bens culturais e à educação infantil exercida nas creches e pré-escolas é considerado um direito de toda a criança de zero a seis anos, além daqueles oferecidos no meio de origem. Garantir às crianças o direito de acesso à educação infantil implica considerar a família como base afetiva e de referência primária à sua individualidade e socialização.

Para que o lactente, infante e pré-escolar se beneficiem dos dois contextos de desenvolvimento, familiar e institucional, é necessário que se estabeleça uma parceria entre ambos. O cuidado e a educação de crianças menores de seis anos requerem comunicação diária entre o educador infantil e a família a fim de que seja possível identificar necessidades, saber como atendê-las, combinar determinados cuidados e a forma de oferecê-los.

Conflitos não resolvidos entre as famílias e equipe da creche e pré-escola podem levar à demora na identificação de necessidades e atendimento, das necessidades da criança, levando, inclusive, ao agravamento de seu estado de saúde ou alterações no seu processo de desenvolvimento[7].

Os conflitos decorrentes de diferentes valores e costumes, em relação aos cuidados corporais, não afetam apenas a saúde sob o ponto de vista biológico, mas também no processo integral do desenvolvimento, visto que a criança ao elaborar sua identidade simbólica o faz sobre uma base biológica, construindo primeiro a consciência de ter um corpo diferenciado e separado do outro ser que cuida dela, seja a mãe ou educador.

A criança constrói a percepção do seu corpo por meio dos cuidados e reações dos pais e educadores. As expressões faciais e do olhar de quem com ela se relaciona e cuida, representam seu primeiro espelho que associado às próprias sensações corporais informam-na sobre quem ela é, o meio cultural onde vive e as práticas do cuidado de si e do outro[7].

As relações que pais e educadores estabelecem entre si fazem parte do contexto do desenvolvimento infantil e por isto carecem de muitos cuidados e atenção.

A RELAÇÃO ENTRE FAMÍLIA E INSTITUIÇÃO DE EDUCAÇAO INFANTIL

A relação entre a família e profissionais inicia-se quando a primeira planeja dividir o cuidado e a educação de sua criança com uma instituição. A interação inicial é permeada pela concepção prévia dos membros da família sobre o serviço, que repercute também no processo de adaptação da criança ao novo ambiente.

Algumas famílias ainda podem ter uma representação da creche como serviço filantrópico do qual se espera caridade e um "mal necessário", a quem se recorre em situações de necessidade social extrema. Outras famílias, em decorrência da mudança de mentalidade, podem ter a expectativa de um serviço com o mesmo objetivo da pré-escola, com o qual desejam compartilhar cuidados e educação.

Por outro lado, a equipe da creche também tem suas próprias concepções sobre a instituição e sobre os usuários. Em uma mesma equipe de trabalho podem conviver diversas concepções sobre o ser criança, sobre o processo de desenvolvimento, educação e cuidado infantil.

Há serviços que possuem um projeto educativo e de cuidados consolidados, com uma equipe melhor preparada para acolher as famílias e ajudá-las a superar o medo do desconhecido e os preconceitos sobre a instituição. Há outros que se encontram em fase anterior ou que possuem na equipe profissionais que ainda pensam a creche como um mal necessário, sobretudo para lactentes, repercutindo diretamente na forma como lidam com os seus familiares. Neste caso, a família pode ser vista como incompetente para cuidar e educar a criança.

As instituições de educação infantil podem incluir ou excluir a família no planejamento de seus serviços. Uma ou outra posição determinará o tipo de relação dos pais com os educadores infantis, proporcionando maior ou menor envolvimento no projeto pedagógico e nos cuidados com as crianças.

Os regulamentos da creche relativos aos cuidados com a saúde das crianças podem ser fonte de conflitos com as famílias que têm, às vezes, formas de cuidar com base em valores e práticas diferentes dos educadores infantis. A forma como estes conflitos são encaminhados pelos profissionais de saúde e especialistas em educação repercutem nos cuidados com as crianças, no âmbito da creche e da pré-escola e doméstico.

Com base nestas considerações, é preciso rever os estudos mais recentes sobre a relação família-instituição e, a partir deles, identificar problemas e soluções na construção de uma efetiva parceria entre pais e equipe.

A maioria dos estudos com este recorte, são realizados por profissionais dos campos de psicologia e educação.

Em 1987, Haddad[8] partiu de sua experiência como diretora de uma creche municipal de São Paulo, para realizar pesquisa qualitativa na perspectiva da psicologia social.

"...Minha maior inquietação de início, ponto de partida para essa pesquisa, foi como se dava a relação creche-família. A meu ver era uma relação de distância. Não existia uma interação propriamente dita de troca, de reconhecimento uma da outra. Nem a creche reconhecia a família como legítima, nem a família reconhecia a creche como legítima. Existiam, em geral, muitas reclamações de ambos os lados, em termos de insatisfação com a higiene e saúde da criança..."[8].

A autora analisou esta relação conflituosa como "falta de identidade" da instituição creche que teve sua origem no serviço assistencial destinado às famílias pobres. Esse caráter assistencialista por meio de serviços filantrópicos ou públicos, levava a uma organização do serviço com baixa qualidade, compondo a equipe com cuidadoras leigas que confundiam seu papel com o das mães, tentando substituí-las, competindo com elas. A superação desses conflitos dar-se-ia por meio da definição do papel educativo da instituição, da formação profissional dos educadores que passariam a contar com conhecimentos e não apenas com seu "instinto maternal" e "amor pelas crianças".

Entretanto, outras pesquisas em instituições tradicionalmente consideradas educativas, revelam conflitos entre pais e professores. Um estudo com enfoque etnográfico, realizado com mães e professores envolvidos em movimentos sociais que buscavam a melhoria do ensino fundamental público, aponta divergências e aproximações entre os dois grupos, mas não antagonismos. Conclui-se que é preciso considerar as características que demarcam os dois segmentos, possibilitando que mães e professoras explicitem valores e critérios que os distinguem, convivendo com as diferenças e conflitos que isso implica[9].

Outra investigação sobre a concepção dos profissionais de uma creche pública acerca das famílias das crianças, revela que os educadores falam de um lugar diferente dos usuários tanto no tipo de organização familiar onde se inserem, quanto nas condições econômicas. As expectativas dos profissionais em relação às famílias nem sempre são correspondidas e vice-versa. As mães esperam da creche a substituição, em boas condições, dos cuidados maternos necessários aos filhos pequenos, liberando-as assim para o trabalho fora do lar. Já os educadores concebem a creche como espaço educativo, esperando que as famílias cumpram "seu papel" no cuidado e socialização primária da criança[10].

A situação de conflito era mantida pela falta de reflexão inicial sobre os respectivos papéis dos pais e da creche no cuidado e educação da criança. As informações são restritas as regras e linhas gerais de trabalho da creche. As diferentes expectativas e o não reconhecimento das condições existenciais das famílias pela equipe, originam um ponto de conflito permanente, entre creche-família, ao longo das relações que se estabelecem entre ambas[10].

"...PARECE-NOS QUE SE ESTABELECE UMA RELAÇÃO CRECHE-FAMÍLIA PAUTADA NA DOMINAÇÃO DE UMA CULTURA, A DA CRECHE, SOBRE A OUTRA, A DAS FAMÍLIAS..."[10]. (P.193)

Em outra creche pública verificou-se a existência de diferentes significados sobre a participação das famílias na creche, possibilitando tanto a constituição de uma relação de parceria entre profissionais e famílias quanto uma forma de reiterar a relação de subalternidade, que historicamente está presente na instituição[11].

Outros pesquisadores consideram que o compartilhamento de cuidados de lactentes e crianças, suscitam o aparecimento de emoções e conflitos, que precisam ser elaborados para que se possa construir uma relação efetiva de respeito e parceria. Os conflitos resultam de concepções historicamente construídas sobre o desenvolvimento infantil, a relação mãe-bebê e creche, que permeiam o imaginário das famílias e equipe. Essas concepções determinam a forma como a creche se organiza podendo ser aberta ou fechada à participação das famílias. Tais diferenças refletem as relações que podem ser distantes ou próximas[12].

Estudo de caso com técnicas etnográficas, realizado em creche filantrópica, confirma que a organização dos cuidados com as crianças na instituição reflete a necessidade dos educadores infantis diferenciar seu papel em relação à família.

As dificuldades na relação entre pais e profissionais de educação infantil não é problema exclusivo do Brasil.

Pesquisas realizadas em creches italianas confirmam que o relacionamento entre educadores e pais não é pacífico nem harmônico, sendo um dos aspectos mais problemáticos e difíceis que necessita reflexão e pesquisa. Essa relação vem mudando ao longo do tempo com as transformações que têm ocorrido tanto no interior dos serviços prestados para a infância naquele país, como na própria família e nas comunicações entre ambos. As diferentes "culturas da infância" entre as famílias, em cada época, repercutem na expectativa que os pais têm sobre o serviço oferecido aos seus filhos. As diferentes equipes de creche também têm sua "cultura de infância" que se reflete na organização do cotidiano e nas práticas de cuidado e educação[14,15].

O pesquisador analisa as principais estratégias adotadas pelas equipes de creche no sentido de se estabelecer com os pais um relacionamento satisfatório, classificando-as em três modalidades. A primeira é incluir os pais com o objetivo de participação social, de forma que somem com os educadores e equipe, visando o reconhecimento e a legitimidade social da instituição creche e lutem contra os "inimigos da creche"[15].

A segunda se caracteriza por uma relação didático-educacional com os pais. Os educadores apresentam aos pais o trabalho desenvolvido na creche com as crianças, procurando impressioná-los com a competência dos educadores.

A terceira consiste no envolvimento dos pais no plano da colaboração prática, solicitando alguma contribuição para o serviço da creche que pode ser por meio de doação, construção de jogos ou dedicação de algumas horas de trabalho, de acordo com suas habilidades. Seu significado é o de obter dos pais o reconhecimento pelos serviços prestados a seus filhos.

O motivo dominante que permeia as três estratégias seria o de envolvimento dos pais, fazendo com que participem das várias ideologias da creche: educacional, institucional, organizacional e social, deixando de lado, por ser muito complexo e conflitante, o aspecto relacional, de confronto entre indivíduos empenhados, pautado em pontos de vista diversos de experiências com a criança[15].

Para o autor nas estratégias adotadas "...NÃO EXISTIAM FREQÜENTEMENTE AS POSSIBILIDADES DE UMA TROCA, VISTO QUE A EXPERIÊNCIA DO PAI COM O FILHO NÃO ENCONTRAVAM ESPAÇO, SENÃO COMO CAMPO DE AUTOCRÍTICA EM RELAÇÃO AO MODELO EDUCACIONAL PROPOSTO PELA CRECHE. O RELACIONAMENTO EDUCADORAS-PAIS, FIXADO NESTE MODELO, REVELAVA-SE SEGUIDAMENTE FRUSTRANTE PARA AMBOS OS INTERLOCUTORES..." (p. 162)[15].

Embora a relação creche e pré-escola e família possa ser estudada com base nas várias perspectivas do mesmo objeto de cuidado e educação que é a criança, neste capítulo, a abordagem tem como foco as relações que se estabelecem entre educadores e pais no processo de compartilhar cuidados com a saúde da criança. Este é o tema de uma pesquisa que está sendo desenvolvida em uma creche e pré-escola da zona sul do município de São Paulo.

Resultados parciais desta pesquisa, apontam para uma relação bastante intensa das famílias com os profissionais da instituição para uma rede de parentesco e vizinhança entre as crianças usuárias. A relação da família com os profissionais é permeada por afetos que se modificam ao longo do tempo em que a criança freqüenta a instituição.

A maioria procura vaga na creche e pré-escola por ter referência positiva do serviço, seja pela indicação de outro usuário ou pela observação direta durante o tempo entre a inscrição e a matrícula da criança, mesmo que esta fique longe de seu local de moradia e trabalho.

Mães e pais citam, entre os elementos que os ajudam a avaliar a qualidade e sinalizar na aquisição de confiança na escolha da creche e pré-escola, as condições espaciais do prédio, a formação dos educadores, a existência de um serviço de enfermagem e o projeto pedagógico desenvolvido com as crianças.

Outro aspecto apontado como fundamental para a construção da confiança da família na instituição é o acesso ao espaço interno da creche e pré-escola, possibilitando ver onde o filho vai permanecer durante o dia, conhecer os colegas de classe, conversar com o educador responsável e olhar o local onde as refeições são preparadas e servidas.

Os primeiros tempos de freqüência da criança à creche e pré-escola, segundo os pais, trazem sentimentos ambíguos – de alívio por ter conseguido vaga em um contexto social onde esta possibilidade é muito difícil, dada a insuficiência de instituições de educação infantil. Ao mesmo tempo, de preocupação com o bem-estar do filho que será cuidado por pessoas até então desconhecidas.

As mães sofrem pressões de outros parentes da criança – avó, pai, irmão, no sentido de evitar seu ingresso na creche, pois a visão que ainda têm é de ser local inadequado à criança. Muitas vezes, as próprias mães lutam com seus valores sobre compartilhar cuidados das crianças pequenas com uma creche, o que parece não ocorrer com aquelas em idade pré-escolar.

Existem sentimentos ambíguos na mulher, ao integrar funções maternas e de provedora do lar com as de trabalhadora e estudante. Quando a premência econômica é grande, esta ambigüidade parece ficar diluída atrás da impossibilidade de escolha. Mesmo as mães muito pobres podem ficar ansiosas e decidirem pela retirada do filho da creche diante do primeiro episódio de adoecimento da criança.

No entanto, ao mesmo tempo, a instituição assume, na fala das mães, um papel importante de apoio às funções materna e paterna. Nas famílias urbanas, onde o espaço e o tempo são restritos, elas encontram na creche e na pré-escola, espaço, cuidados, segurança e educação a seus filhos.

Mas a qual família nos referimos? Que famílias pensamos, idealmente, e com quais nos relacionamos no dia-a-dia de uma creche e pré-escola?

CONHECENDO AS FAMÍLIAS

Para que construa um boa parceria com os usuários é preciso rever nossos conceitos e preconceitos, estando abertos para conhecer as famílias reais.

Segundo Mello (1997)[16] "...OS GRANDES ESQUEMAS CONCEITUAIS E EXPLICATIVOS REVELAM-SE FALHOS QUANDO CONFRONTADOS COM A REALIDADE. NÃO A EXPLICAM E, MUITAS VEZES, SERVEM PARA CONFUNDIR MODELOS ABSTRATOS – QUE DIZEM O QUE DEVERIA SER – COM O MODO COMO SE APRESENTAM AS FAMÍLIAS E COMO SE ADAPTAM PARA FAZER FACE À REALIDADE."[16]

A autora sugere que, num primeiro momento de delimitação do conceito, as pretensões de universalidade sejam abandonadas.

"...NÃO EXISTE ESSA ABSTRAÇÃO QUE É A FAMÍLIA. EMBORA, PARA SENSO COMUM, A REPRESENTAÇÃO DA FAMÍLIA SEJA SEMPRE COMPREENSÍVEL, ELA NÃO É IDÊNTICA. AS VARIAÇÕES POSSÍVEIS EXIGEM A QUALIFICAÇÃO, OU SEJA, DE QUE FAMÍLIA ESTAMOS FALANDO, DE QUE PAÍS, DE QUE ESTRATO SOCIAL, DE QUE MOMENTO. OS INSTRUMENTOS DE ANÁLISE DEVEM SER CRIADOS A PARTIR DA PESQUISA..."[16] (P.53)

Para compreender os aglomerados familiares é preciso ampliar o conceito tradicional de família[16]. Essa observação é fruto de pesquisas realizadas em um bairro da cidade de São Paulo, confirmadas em estudos desenvolvidos por outros autores em outras regiões do País.

"...FAMÍLIA E PARENTE DESIGNAM, PELO MENOS, TRÊS TIPOS DE LAÇOS: A FAMÍLIA NUCLEAR PRÓPRIA; A FAMÍLIA COMPOSTA POR VÁRIAS FAMÍLIAS NUCLEARES QUE, POR QUESTÕES DE SOBREVIVÊNCIA, HABITAM JUNTAS; A FAMÍLIA QUE INCLUI PARENTES DE PARENTES E COMPADRES SEM LAÇOS CONSANGÜÍNEOS..."[16] (P.54)

O perfil das famílias pode variar em cada região onde está inserida a unidade educativa, a cada ano, de acordo com as mudanças sociais que afetam direta ou indiretamente a conformação familiar e sua interação com a equipe, e vice versa. As interações podem se dar de forma diferenciada, de acordo com valores, expectativas, necessidades de cada família e dos profissionais.

No estudo de Maranhão (2002)[7] foram encontradas várias conformações familiares. Em sua maioria, são constituídas por casais, com predomínio de uniões estáveis e filhos de outras uniões convivendo juntos. Alguns casais constituem com os filhos o que se denomina família nuclear, outros convivem na mesma casa com outra família ou outros parentes que pode ser classificado como família expandida.

Algumas mães vivem sós com os filhos, outros com a família da avó materna, com parentes, tais como: primos, irmãos, às vezes, do sexo feminino, freqüentemente, incluindo um parente do sexo masculino, o que pode ter o sentido de manter a totalidade da família.

"...NOS CASOS EM QUE A MULHER ASSUME SOZINHA A RESPONSABILIDADE ECONÔMICA DA FAMÍLIA, OCORREM MODIFICAÇÕES IMPORTANTES NO JOGO DAS RELAÇÕES DE AUTORIDADE E EFETIVAMENTE A MULHER PODE ASSUMIR O PAPEL MASCULINO DE "CHEFE" (DE AUTORIDADE) E DEFINIR-SE COMO TAL. A AUTORIDADE MASCULINA É SEGURAMENTE ABALADA SE O HOMEM NÃO GARANTE O TETO E O ALIMENTO DA FAMÍLIA, FUNÇÕES MASCULINAS, PORQUE O PAPEL DE PROVEDOR A REFORÇA DE MANEIRA DECISIVA. ENTRETANTO, A DESMORALIZAÇÃO OCORRIDA PELA PERDA DE AUTORIDADE QUE O PAPEL DE PROVEDOR ATRIBUI AO HOMEM, ABALANDO A BASE DE RESPEITO QUE LHE DEVEM SEUS FAMILIARES, SIGNIFICA UMA PERDA PARA A FAMÍLIA COMO TOTALIDADE, QUE TENDERÁ A BUSCAR UMA COMPENSAÇÃO PELA SUBSTITUIÇÃO DA FIGURA MASCULINA DE AUTORIDADE POR OUTROS HOMENS DA REDE FAMILIAR..." [17] (P.67).

Observa-se que o conceito de família compreende muitas formas que extrapolam o modelo pensado como ideal. Para ampliar um conceito é preciso confrontar o que nos é familiar com o que nos parece exótico e voltar desta "viagem antropológica", relativizando e ampliando nosso ponto de vista inicial[18].

Por vezes, o conceito pode estar expresso em um desenho, semelhante ao observado em um cartaz fixado na lousa da classe de crianças de quatro anos, em uma creche e pré-escola. Fazia parte de um projeto pedagógico sobre família – uma ilustração da figura feminina representando a mãe e da masculina, o pai, de mãos dadas com uma criança no centro.

Ter "pai, mãe e filhinho" parece ser "a família pensada ideal" em contraposição à "família vivida" no cotidiano da lida com as crianças[19]:

"...EM NOSSAS PESQUISAS, AO APROFUNDARMOS AS ANÁLISES DE NOSSAS OBSERVAÇÕES E DOS DEPOIMENTOS, COMEÇAMOS A NOTAR QUE AS PESSOAS, SEMPRE QUE FALAVAM DA VIDA DE SUA FAMÍLIA, PARECIAM A ESTAR A COMPARÁ-LA COM ALGUMA "OUTRA" FAMÍLIA. ESTA PARECIA SER A CERTA, A BOA, A DESEJÁVEL E A FAMÍLIA QUE SE VIVIA ERA A "DIFERENTE"... SE OBSERVARMOS MAIS DE PERTO VEREMOS QUE HÁ ALGO COMUM NESTES "PENSADOS". É A IMPESSOALIDADE. QUER SEJA BASEADO NA TRADIÇÃO, TRAZIDO PELO GRUPO, TRANSMITIDO PELAS INSTITUIÇÕES OU PELA MÍDIA (GERALMENTE TUDO ISTO JUNTO) O PENSADO NÃO É PESSOAL. ISTO É, NÃO FOI A PESSOA QUE CHEGOU A ELE POR UM PROCESSO DE REFLEXÃO; ENTRETANTO ELE É PODEROSO."

Na construção da necessária parceria entre equipe e familiares das crianças, tudo começa com uma reflexão sobre as duas instituições – creche e pré-escola e família. É preciso ultrapassar a impessoalidade e confrontar nossas idéias com a interação entre pessoas reais, com suas histórias, dificuldades e conquistas. Estabelecer parcerias requer revisão de valores, conhecimentos, papéis, criando um projeto pedagógico e de cuidado comum, visando o bem-estar infantil.

Boa comunicação, respeito mútuo, troca de informações cotidianas e em reuniões periódicas ou agendadas segundo a necessidade, apoio contínuo aos pais e equipe, programas de educação continuada extensivos aos familiares e equipe ancorados no conhecimento do desenvolvimento da criança são constituintes desta parceria visando atender a função social que a creche e pré-escola desempenham em comunidade[20, 21].

O(a) enfermeiro(a), inserido(a) nos serviços de saúde ou educacional, pode contribuir com a equipe da creche e pré-escola no sentido de rever com familiares e educadores as concepções sobre o processo de cuidar, estabelecendo com ambos competências e limites frente ao processo de crescimento e desenvolvimento na saúde e na doença.

A consulta de enfermagem realizada periodicamente com cada criança, tanto na fase inicial de freqüência à creche e pré-escola como posteriormente, pode minimizar as ansiedades de educadores e pais. É a base, também, para o planejamento de cuidados individualizados em contexto coletivo, promovendo saúde e qualidade de vida seja no ambiente doméstico, seja na creche ou pré-escola.

REFERÊNCIAS BIBLIOGRÁFICAS

1 – Sarti CA. Família e individualidade: um problema moderno. In: Carvalho MCB, organizador. *A família contemporânea em debate*. 2 ed. São Paulo: EDUC-Cortez; 1997.
2 – Wallon H. *Objetivos e métodos da Psicologia*. Trad. de F Souza. Lisboa: Estampa; 1975.
3 – Wallon H. *Psicologia e educação da criança*. Trad. de A Rabaca e C Trindade. Lisboa: Vega; 1979.
4 – Wallon H. *As origens do caráter na criança*. Trad. de HDS Pinto. São Paulo: Nova Alexandria; 1995.
5 – Werebe MJG, Nadel-Brufert J. *Henri Wallon*. Trad. de ES Lima. São Paulo: Ática; 1986.
6 – Sarti CA. *A assimetria no atendimento à saúde: quem é o necessitado?*. [Apresentado no XX Encontro Anual da ANPOCS; 1998 out 27-31; Caxambu (Br)].
7 – Maranhão DG. *As relações família-creche e os cuidados com a criança*. São Paulo; 2002. [Relatório parcial de pesquisa de doutorado - Departamento de Enfermagem da Universidade Federal de São Paulo].
8 – Haddad L. A relação creche família: relato de uma experiência. *Cadernos de Pesquisa* 1987; 60: 70- 8.
9 – Vianna CP. Divergências mas não antagonismos: mães e professoras das escolas públicas. *Cadernos de Pesquisa* 1993; 86: 39-47.
10 – Franciscato I. *As famílias das crianças atendidas pela creche segundo a ótica de seus profissionais*. São Paulo; 1996. [Dissertação de Mestrado - Pontifícia Universidade Católica de São Paulo].
11 – Monção MAG. *Subalternidade ou parceria? Um estudo das representações sociais sobre a participação das famílias nas creches*. São Paulo; 1999. [Dissertação de Mestrado - Pontifícia Universidade Católica de São Paulo].
12 – Rossetti-Ferreira MC, Amorim K, Vitória T. *Integração família e creche- o acolhimento é o princípio de tudo*. In: Matuano EM, Loureiro SR, Zuard, AW. *Estudos em saúde mental*. Ribeirão Preto: FMRP – USP. 1997. p.107-31.
13 – Maranhão DG. O cuidado como elo entre a saúde e a educação. *Cadernos de Pesquisa* 2000; 111: 115-33.
14 – Ingrosso M. Serviços para a infância e para as famílias entre regulamentação e inovação. In: Bondioli A, Montovani S, organizadores. *Manual de educação infantil: de 0 a 3 anos – uma abordagem reflexiva*. Trad. de RS Di Leone e A Olmi. 9 ed. Porto Alegre: Artmed; 1998. p. 58-72.
15 – Bonomi A. O relacionamento entre educadores e pais. In: Bondioli A, Montovani S, organizadores. *Manual de educação infantil: de 0 a 3 anos – uma abordagem reflexiva*. Trad. de RS Di Leone e A Olmi. 9 ed. Porto Alegre: Artmed; 1998. p. 161- 72.
16 – Mello SL. Família: perspectiva teórica e observação factual. In: Carvalho MCB, organizador. *A família contemporânea em debate*. 2 ed. São Paulo: EDUC/Cortez; 1997.
17 – Sarti CA. *A família como espelho: um estudo sobre a moral dos pobres*. 2 ed. São Paulo: Cortez; 2003.
18 – DaMatta R. *Relativizando. Uma introdução à antropologia social*. Rio de Janeiro: Rocco; 1997.
19 – Szymanski H. *Trabalhando com famílias*. São Paulo; 1992. (IEE-PUC/SP, CBIA/SP - Cadernos de Ação, 1).
20 – Brêtas JRS, Silva CV. Mudanças na vida privada familiar: repercussões para maternagem e desenvolvimento da criança. *Acta Paulista Enf* 1998; 11 (1): 38-45.
21 – Silva CV, Noda MN. Integração família – creche. In: Augusto M, organizadora. *Comunidade infantil creche*. Rio de Janeiro: Guanabara-Koogan, 1985.

7 A ADAPTAÇÃO DA CRIANÇA EM CRECHES E PRÉ-ESCOLAS: UMA QUESTÃO DE SAÚDE

MAGDA ANDRADE REZENDE
MARIA DE LA Ó RAMALLO VERÍSSIMO

Creches e pré-escolas têm se tornado, a cada dia, um local privilegiado para a realização de ações de prevenção de agravos e de promoção da saúde infantil, pois concentram importante parcela dessa população, durante longas jornadas de seus dias. Para que se tenha idéia, segundo o Instituto Nacional de Estudos e Pesquisas Educacionais Anísio Teixeira (INEP), no Brasil em 2001, 5.912.150 crianças freqüentavam 116.152 creches e pré-escolas. É um grande número e continua aumentando.

Estas crianças exigem cuidados e, dentre estes, os relativos à sua adaptação nesses locais. Adaptação é o processo de acostumar-se ao novo ambiente, às pessoas, às rotinas e às novas formas de interação, pois o desconhecido tende a causar medo e insegurança a todas as crianças, em menor ou maior intensidade. Amedrontada, a criança fica menos propensa a explorar o ambiente e a viver novas situações de aprendizagem. Também pode se alimentar de modo pior, ou até, em situações extremas, negar-se a comer. Para os próprios pais, não é fácil deixar seus filhos com pessoas que ainda não conhecem bem. Mas são as crianças que sofrem o maior impacto, devido a suas capacidades e recursos restritos para lidar com situações novas.

As conseqüências destes eventos são bem conhecidas, afetando o desenvolvimento e o crescimento, bem como favorecendo doenças pela diminuição das defesas imunológicas. Assim, apesar de o tema *adaptação* ter sido tradicionalmente afeto à área das ciências do comportamento humano, não se pode deixar de abordá-lo, também, sob a ótica da área de saúde e, nesta, da enfermagem, como disciplina do cuidado humano profissional por excelência.

Em nossa prática cotidiana, como profissionais de saúde e mães, temos percebido que a adaptação da criança a creches e pré-escolas (bem como escolas) é geralmente entendida como algo corriqueiro e que não merece importância. Entende-se que a criança, por si só, deve "parar de ser manhosa", parar de chorar, voltar a comer e brincar com as outras crianças. Enfim, deve, ela própria, realizar esforços para se acostumar com a nova situação. Caso isto não ocorra, entende-se que era um problema da criança, ou, no máximo, da família e que ela (ou elas) não conseguiu resolvê-lo. Os comentários que se ouve refletem bem este ponto de vista: "coitadinha, é melhor esperar ela crescer mais", "é normal, com o tempo passa", "é manha, muito mimo da mãe". Nossa proposta é radicalmente diferente: as instituições devem se organizar para acolher a criança e sua família e para que elas se acostumem ao novo ambiente, às novas rotinas, às novas pessoas de modo atraumático. "Cuidado atraumático"[1] é a provisão de cuidados de modo a minimizar o desconforto físico e psicológico, tanto das crianças, quanto de seus pais. Desconforto psicológico compreende "ansiedade, medo, raiva, desapontamento, tristeza, vergonha ou culpa". O objetivo principal do cuidado atraumático é não causar dano, havendo 3 princípios que embasam este objetivo: 1) prevenir ou minimizar a separação da criança de sua família, 2) promover o senso de controle e 3) prevenir ou minimizar a lesão corporal e a dor. No caso da adaptação à creche ou pré-escola são úteis os dois primeiros princípios.

Assim, vê-se que a adaptação é um problema de saúde, e que todos os profissionais que trabalham na área de educação infantil devem estar preparados para promovê-la. Como profissionais da área de saúde, temos todas as condições para fazê-lo, e bem. Temos pesquisas científicas para embasar e nortear nossas ações. Temos a possibilidade de capacitar os adultos que trabalham na creche e pré-escola para que lidem profissionalmente com esta situação e sabemos que as crianças, se cuidadas de acordo com estes princípios, adaptam-se praticamente sem sofrimento. Este capítulo vai abordar estes aspectos. Entendemos que deixar intencionalmente de cuidar de crianças e famílias que estão passando pela situação de adaptação, com os recursos que temos hoje em dia, é iatrogênico e anti-ético.

FUNDAMENTOS TEÓRICOS DO APEGO

Seres humanos têm necessidade de ser ligar afetivamente a outros seres humanos

A adaptação da criança à creche ou pré-escola tem o objetivo de promover a necessidade que *seres humanos têm de se ligar afetivamente a outros seres humanos*. Acredita-se que devido a esta ligação afetiva seres humanos primitivos (adultos e crianças) e seus parentes próximos, os primatas, conseguiram sobreviver. O afeto está ligado intrinsicamente às suas possibilidades de sobrevivência, ou seja, bebês e crianças pequenas dependem muito de um adulto que os ame para conseguirem sobreviver e para se desenvolverem plenamente. A repercussão desta ligação se estende por toda a vida adulta, embora a maior parte das pessoas não tenha consciência disto. A qualidade da ligação estabelecida na infância molda o padrão das relações afetivas que acontecerão no futuro, bem como determina a condição da criança auto-regular suas emoções e comportamentos. Também influi na sua auto-confiança e independência. A teoria que embasa este ponto de vista é a do apego, que foi organizada por John Bowlby, conhecido psiquiatra infantil britânico, e apresentada ao público na trilogia "Apego e perda"[2-4]. A partir de Bowlby, muitas outras pesquisas foram realizadas explorando outros pontos da teoria permitindo que a conhecêssemos melhor.

O trabalho de Bowlby começou logo após a 2ª guerra mundial, ocasião em que muitas crianças britânicas ficaram separadas de seus pais devido aos bombardeios em Londres, havendo também o caso das que haviam ficado órfãs. Bowlby observou que estas crianças, de até 5 anos de idade, apesar de bem alimentadas e de receberem cuidados de higiene, apresentavam seqüelas no desenvolvimento e na capacidade de ligar-se afetivamente às pessoas. Uma investigação exaustiva permitiu que ele descobrisse que a causa era a ausência de uma experiência de cálida proximidade com suas mães (ou com mães substitutas permanentes). Para chegar a esta conclusão, Bowlby se valeu também de inúmeras outras pesquisas realizadas com primatas. Assim, é possível dizer que a teoria do apego tem uma fundamentação etológica, isto é, baseada no comportamento humano e de outros seres vivos. As pesquisas de Bowlby foram continuadas por outros pesquisadores dentre os quais se destaca Mary Ainsworth[5]. A partir das descobertas de ambos pode-se afirmar que o bebê tem comportamentos que se destinam a fazer com que o adulto (em geral a mãe) lhe responda, cuidando dele. Estes comportamentos são: chorar, sorrir, acompanhar com os olhos e, mais tarde, acompanhar engatinhando. Espera-se, por sua vez, que o adulto se mostre disponível para o bebê, atendendo-o sempre que chora, respondendo quando sorri, e mesmo "falando" com ele em quaisquer outras oportunidades.

Apegos seguro e inseguro

Quando o adulto se mostra disponível para o bebê, e este induz o adulto a prestar atenção nele, há uma forte probabilidade de que a ligação afetiva entre ambos se estabeleça e que se dê o **apego seguro**[2-5]. Isto é, à medida que o adulto cuida do bebê, vai se ligando afetivamente a ele. Este, por sua vez, vai cada vez mais reconhecendo o adulto que o cuida e também se liga afetivamente a este. Assim, pode-se dizer que a ligação afetiva vai se construindo entre o bebê e o adulto que lhe presta a maior parte dos cuidados. Chama-se este adulto que presta ao bebê a maior parte dos cuidados de "cuidador primário". Em nosso meio, em geral é a mãe, mas pode ser outra pessoa. Pode-se dizer que o cuidador primário é um bom cuidador caso: (1) responda ao bebê: seu choro, seus sorrisos, sua "fala", a seu comportamento de tentar acompanhar, e (2) inicie interações com o bebê, isto é, por sua própria iniciativa, "converse" e sorria para ele. Como se vê é muito importante que o adulto responda às evocações do bebê. Espera-se que estas respostas do adultos sejam cálidas, empáticas e que o adulto se mostre verdadeiramente interessado nas reações da criança.

Caso o adulto não se mostre disponível para a criança, a ligação afetiva se faz de modo inadequado, podendo mesmo dizer que "patológico". Assim, constitui-se o **apego inseguro**[2-5]. Há três tipos de apego inseguro: o ambivalente, o evitador e o desorientado.

O apego ambivalente tende a surgir quando a criança está aos cuidados de um adulto insensível a seu ritmo e necessidades. Neste caso, o adulto cuida do bebê baseado freqüentemente em suas necessidades, e não nas da criança. O comportamento ambivalente é manifestado na criança por irritabilidade, dificuldade para abandonar o colo do adulto e mesmo o oposto, aversão pelo mesmo colo. No caso do apego inseguro tipo evitador, a criança tende a ignorar o adulto, mostrar-se irritada, hostil e pouco interessada em agradar. A falta de confiança básica no adulto cuidador repercute na criança fazendo com que estes indivíduos, no futuro tenham tendência a comportamento anti-social. Quanto às crianças desorientadas, apresentam comportamentos contraditórios: afastam-se e aferram-se ao cuidador primário sucessivamente.

Para a criança, o cuidador primário é a base de segurança

Caso o bebê tenha criado um vínculo de apego seguro a seu cuidador primário terá uma **base segura**[2-5] para explorar o ambiente físico e interagir com outros adultos e crianças. O bebê se sentirá seguro para expressar suas emoções, quer sejam afetivas, quer sejam de raiva e frustração, tendo confiança que o adulto as aceitará. O adulto ligado afetivamente ao bebê é disponível para confortá-lo e dar-lhe atenção.

É muito importante que nós, profissionais da área de saúde, tenhamos em mente que o cuidador primário é a base de segurança que a criança tem para explorar o mundo e assim aprender. É devido ao fato de a mãe ficar perto que um lactente pode examinar brinquedos e ambientes, por exemplo, quando está em um local novo e desconhecido como uma creche. Basta que a mãe fique ao alcance dos olhos do bebê. Caso ele se sinta inseguro procura a mãe com o olhar. Encontrando-a, volta a se sentir seguro e prossegue nas suas atividades de exploração do ambiente e, portanto, de aprendizagem. Se o bebê ainda está inseguro não basta procurar a mãe com o olhar, ele vai ao encontro dela procurando contato físico. Tranqüilizando-se, prossegue suas atividades.

Este comportamento normal é observado em bebês e em crianças maiores: infantes (1 a 3 anos), pré-escolares (3 a 6 anos) e, com menor intensidade, em escolares (6 a 12 anos). À medida que a criança cresce e se desenvolve, passa a ter mecanismos mais aperfeiçoados para entender o que acontece a seu redor e já não é tão assaltada pela insegurança e pelo medo. Mesmo assim, é possível ver escolares retraídos junto aos pais quando começam a freqüentar uma nova escola, por exemplo. Este comportamento é normal e também é influenciado pelas experiências anteriores que a criança teve e pelo seu temperamento. Assim, o comportamento de temor e retraimento de uma criança frente a uma situação nova e potencialmente amedrontadora (pelo simples fato de ser desconhecida) é normal. Trata-se de uma resposta que nós, seres humanos, vimos herdando há milhões de anos e é graças a ela que nossos antepassados instintivamente evitavam ambientes novos e potencialmente perigosos. Sabemos que uma creche, pré-escola ou uma escola não causarão danos à criança, mas esta é equipada geneticamente para interpretar situações desconhecidas como perigosas. Assim, nosso papel é mostrar-lhe que é possível sentir-se segura no novo ambiente. O modo mais prático de fazê-lo é criar condições para que faça ligação afetiva com sua educadora e esta com a primeira. Será uma ligação do tipo secundário, em comparação à primária. Além disto, a criança deverá explorar o novo ambiente com a presença do cuidador primário.

Adultos da creche ou pré-escola devem ser cuidadores secundários da criança

Assim, vê-se que a creche ou pré-escola ao receber um bebê ou uma criança deve nortear seus esforços para criar um ambiente que favoreça à criança formar vínculos de apego com o adulto que a cuidará e educará.

Deste modo pode-se dizer resumidamente que o esforço no sentido de promover a adaptação da criança e da família à situação nova da creche ou pré-escola é *um esforço de promover as condições para que laços afetivos sólidos se estabeleçam entre a criança e seus novos cuidadores na creche ou pré-escola*. Isto envolve também os pais. Estes precisam ser tranqüilizados para transmitir segurança à criança.

Para que um sistema afetivo se estabeleça, é necessário que a criança forme o vínculo afetivo e que o adulto também o faça em relação a ela. Não basta que só a criança, ou só o adulto, se ligue afetivamente (ou se apegue, para usarmos a nomenclatura de Bowlby). Ambos têm que se apegar um ao outro[5]. Sabe-se que adultos saudáveis têm a possibilidade de se ligar afetivamente a uma criança, especialmente se podem cuidá-la[6]. É isto que ocorre em uma creche ou pré-escola quando se criam as condições para que crianças e adultos que nela trabalham se conheçam. Segundo Bowlby, é um vínculo secundário, menos forte do que o estabelecido com os pais, que é o vínculo primário, mas tem a importantíssima função de *fazer com que a criança se sinta segura para conseguir executar suas tarefas ligadas ao desenvolvimento, e assim aprender*.

Vê-se, então, que todos os adultos da creche ou pré-escola, especialmente os que interagem diretamente com a criança, têm esta tarefa crucial que é serem disponíveis para fazer vínculos afetivos com a criança. Isto se dá a partir de estratégias já conhecidas e que apresentaremos a seguir.

ESTRATÉGIAS DE PROMOÇÃO DA ADAPTAÇÃO DA CRIANÇA E SUA FAMÍLIA

Promoção da adaptação: itens ligados à criança e à família

A entrada de cada criança deve ser planejada, acompanhada e avaliada, para que ela se sinta acolhida e possa se desligar temporariamente do cuidador primário sentindo-se segura. Pode ser facilitada ou dificultada em função de vários fatores. Vamos apresentar os ligados à criança e à família que interferem mais comumente, e discorrer sobre cada um.

- o período de estranhamento. Chama-se assim a fase na qual o bebê estranha entrar em contato com pessoas que não conhece, manifestando reações de alarme tais como expressão angustiada, choro e retraimento do corpo. O bebê já começa a manifestar este comportamento aos 3 meses de idade, mas é por volta dos 6 a 8 meses que ele já está consolidado. O apego acontece a partir do nascimento, assim que a criança vai progressivamente se acostumando ao ser humano que a cuida, isto é, a seu rosto, sua voz, seu cheiro e seus gestos. Assim, entrar em contato com alguém que tem características diferentes desencadeia no bebê uma reação de alarme.

Considerando esta característica normal do desenvolvimento infantil, é que se recomenda que o bebê passe a freqüentar a creche antes dos 6 meses de idade. Não é possível dizer com exatidão qual a idade em que deve começar a fazê-lo. Aos 4? Aos 5? Talvez nem mesmo se possa ter uma indicação única, uma vez que os bebês nascem com temperamentos diversos e vivem em situações diversas, também. No entanto, é razoável a idade entre 4 e 6 meses: o bebê imunitariamente é mais competente do que ao nascimento, e, em termos legais, é nesta fase que termina a licença maternidade em nosso país. Sem dúvida, a confiança da família tem que ser articulada ao empenho da instituição em envidar todos os esforços para que o ambiente seja saudável, tanto no sentido de prevenir infecções, quanto de garantir possibilidades adequadas de amamentação e alimentação por outros meios.

Caso não seja possível evitar que o bebê comece a freqüentar a creche no período de estranhamento, os pais devem ser preparados para dispender períodos de tempo mais prolongados na instituição, até que a criança comece a formar laços afetivos com uma educadora.

- a fase de entrada da criança. Sabe-se que, quanto menor a criança, menos instrumentalizada está para lidar com situações novas. Isto se deve às características do desenvolvimento infantil. Assim, no caso de crianças até 2 anos de idade, o apoio dado pelos adultos precisa acontecer basicamente através dos sentidos e percepções cinestésicas, uma vez que a criança está vivendo o estágio sensório-motor. De 2 a 7 anos já é possível à criança compreender explicações simples e concretas que sejam dadas, levando-se em conta o egocentrismo próprio desta fase.

- os temperamentos infantis podem ser classificados em 3 tipos principais: flexível, difícil e difícil de se ligar, que compreendem respectivamente 40, 10 e 15% das crianças[1,5]. Os demais 30% têm características de mais de um tipo. As crianças chamadas difíceis são muito ativas, irregulares em sua rotina e irritáveis. Expressam suas emoções intensamente. Têm dificuldade para se adaptar a novas situações. Os cuidadores primários destas crianças tendem a ser mais estressados e a relação com as crianças mais problemática. No entanto, pesquisas mostram que a formação de apego seguro pode ocorrer, especialmente se o cuidador primário recebe ajuda para interpretar as reações do bebê e prover respostas adequadas. Quanto às crianças consideradas difíceis de se ligar, reagem e se adaptam lentamente, assim, também exigem atenção extra dos adultos. Deste modo, percebe-se que o temperamento não é determinante absoluto do tipo de vínculo afetivo que será formado, mas sim a interação que ocorre a partir da capacidade do cuidador em interpretar e atender a criança.
- a situação que está vivendo na família. Qualquer situação que potencialmente coloque em "risco" a posição da criança na família ou que traga a possibilidade dela "perder" alguém que é afetivamente importante faz com que a criança seja potencialmente vulnerável. Por exemplo: a chegada de um novo irmão, a morte de um parente querido, a separação dos pais.
- os sentimentos da mãe frente à necessidade de colocar a criança em uma creche ou pré-escola: a mãe pode se sentir ambivalente em relação à situação e hesitar entre colocar e não colocar, sentindo-se culpada por fazê-lo[7,8]. Esta situação é percebida pela criança e pode dificultar, pelo fato dela compreender que a mãe não está confiando na instituição.
- os sentimentos da mãe frente ao adulto que cuida e educa a criança na creche ou pré-escola. A mãe pode ter sentimentos ambivalentes de hostilidade e colaboração frente ao adulto da creche ou pré-escola[9,10] por sentir ciúmes ou temor de perder o afeto do filho.

Todas estas situações podem acontecer concomitantemente e tornar muito difícil o relacionamento entre a família e a instituição. Eventualmente, caso a situação não seja conduzida de modo cuidadoso, profissional e ético, a criança pode ser prejudicada.

Mesmo que o planejamento da adaptação seja feito criteriosamente podem surgir problemas que devem ser conduzidos evitando um desenlace inadequado como desligar a criança "para que ela retorne em um momento mais favorável". Isto é simplesmente admitir que não houve cuidado. O conjunto das respostas de cada criança e de cada família é variável e desconhecido "a priori", mas tendo-se em mente o objetivo, sabendo-se como organizar a situação para a adaptação, e tendo-se o profissionalismo de ficar sempre em contato com a família para fazer as correções de rumo necessárias, é possível obter sucesso.

Promoção da adaptação: papel das instituições

Além de levar em conta os pontos apresentados anteriormente, a instituição deve implementar um plano para obter boas condições de adaptação. A seguir sugerimos alguns pontos que podem fazer parte de um plano:

- apresentar a instituição aos pais ou responsáveis pela criança. Isto inclui uma visita, apresentação à equipe, apresentação aos pais da filosofia da instituição e de suas normas e rotinas[5,7,11,12].
- organizar a entrada escalonada de crianças novas na creche ou pré-escola para que os adultos possam dar-lhes mais atenção e cuidados durante os primeiros dias. Cada instituição estabelece a periodicidade que julgar oportuna, por exemplo, uma ou duas crianças por semana[2-5,7].
- a instituição deve designar uma educadora fixa para a criança. Isto é válido mesmo que na sala (ou módulo) que a criança vai freqüentar estejam fixadas mais do que uma educadora. Cada criança deve ter sempre uma educadora de referência, durante todo o período em que permanece na instituição. Eventualmente a criança "escolhe" outra educadora, diferentemente do que havia sido previsto. Isto deve ser respeitado pois favorece o que se pretende promover, a ligação afetiva.
- apresentação aos pais do plano de recepção da criança para que sua adaptação aconteça de modo adequado. Explicar ao pais o motivo de cada ação e prontificar-se a eliminar dúvidas em qualquer fase do processo[5,7,11].
- explicar ao cuidador primário a importância de sua permanência com a criança na instituição nos pri-

meiros dias. O afastamento do cuidador deve ocorrer gradativamente, a medida que a criança vai se mostrando segura com a educadora de referência[5,7,11].

- o tempo de permanência da criança na creche deve ser aumentado gradativamente, em comum acordo entre a instituição e a família, iniciando-se com uma a duas horas por dia, e observando-se sua aceitação a esse aumento[5,7,12,13].
- caso seja absolutamente inviável a permanência de um cuidador primário deve-se encorajar a permanência de algum outro adulto ao qual a criança esteja acostumada[5,7,11].
- o cuidador primário sempre deve se despedir da criança antes de ir embora. Isto deve ocorrer mesmo que a criança freqüente a instituição há anos. Deste modo a criança vai percebendo que não mentem para ela, o que contribui para deixá-la mais segura.

Durante o período de adaptação, quando o cuidador primário se despede, a educadora de referência deve estar junto, oferecendo colo à criança e procurando interessá-la em novas atividades.

- nas situações em que for inviável para a família seguir estes cuidados quanto a tempo e permanência de uma pessoa com a criança, os demais cuidados devem ser reforçados. Assim, a educadora de referência precisará ficar próxima e atenta, o objeto de transição deve estar sempre à mão, e o cuidador primário deve reforçar na sua despedida que retornará mais tarde para buscá-la.
- deve-se evitar que neste período inicial da adaptação a criança esteja adoentada, tanto para a segurança das outras crianças, como para sua disponibilidade para conhecer a nova situação.
- caso a criança tenha algum objeto transicional, como um brinquedo ou cobertor, este deve ser trazido à creche ou pré-escola e deve permanecer junto à criança nos momentos em que ela se sentir vulnerável. São exemplos de situações de vulnerabilidade: cansaço, sono, quando o cuidador primário se despede[12].
- os adultos que trabalham na creche ou pré-escola devem ficar atentos à linguagem não verbal da criança. Assim, podem ser observadas reações como choro, recusa alimentar, alteração do padrão de sono (aumentando ou diminuindo o tempo de sono), adoecimento e/ou regressão de comportamentos. Caso algumas destas alterações seja observada, deve-se avaliar todo o plano de adaptação a procura de eventuais falhas: terá o cuidador primário se ausentado antes de a criança formar um laço afetivo com outro adulto da instituição? terá a educadora se mostrado disponível às solicitações verbais e não-verbais da criança que está chegando? não terá havido troca de educadora? não terá coincidido o período de entrada com outra situação difícil na casa da criança, como, por exemplo, nascimento de um irmão? Sempre que uma situação destas é detectada, as eventuais causas devem ser rastreadas e os adultos, da instituição e pais, devem se mobilizar para afirmar à criança, por meio de seus comportamentos, que estão disponíveis para que a criança "os use" como bases de segurança[5,13].

- também é importante levar em conta o temperamento da criança. No caso de crianças flexíveis, a adaptação provavelmente será mais rápida e previsível. Já para as crianças difíceis e que têm dificuldade para se ligar, será preciso levar em conta suas características pessoais. Isto demandará mais trabalho para a equipe e para o cuidador primário[5].
- a adaptação da criança pode demorar dias ou semanas. É impossível pré-determinar sua duração. Pode-se considerá-la encerrada quando a criança apresentar evidências de ligação afetiva com o cuidador secundário: consegue se afastar calmamente do cuidador primário, demonstra confiança na educadora de referência, explora os ambientes da instituição, come e dorme segundo ritmos já anteriormente conhecidos, prossegue seu desenvolvimento de acordo com o esperado para a idade.
- períodos longos de afastamento (férias, por exemplo) podem deixar a criança insegura no retorno. É importante lembrar que a criança precisa voltar a se sentir segura e que, para isto, precisa que o cuidador secundário mantenha, como sempre, as estratégias de promoção de adaptação[12].
- o cuidador secundário deve ser o mesmo tanto quanto possível. Trocas significam situações potencialmente desencadeadoras de estresse para as crianças[5,12].
- a creche ou pré-escola deve registrar o processo de adaptação da criança em impresso próprio. Este registro é importante para toda a equipe da instituição ter subsídios para informar aos pais e fazer modificações se necessário. Além disto, registros sistemáticos são úteis para pesquisas e, portanto, fornecem indicações das situações de risco que devem ser controladas.
- diferentes crianças e diferentes famílias exigem planos de adaptação, que podem ser específicos em duração e nível de exigência. A equipe da cre-

che ou pré-escola deve ter em mente que atender às necessidades diferentes de modos diferentes é imperativo e também um indicador da boa qualidade de um serviço. Indica uma percepção realista e profissional, norteada pelas necessidades humanas das crianças, e não pela rotina.

- realizar com os adultos da creche ou pré-escola treinamentos e momentos de estudo e reflexão sobre desenvolvimento infantil, teoria do apego, importância do apego para os seres humanos e papel da creche ou pré-escola na manutenção das condições para que o apego se estabeleça[14].

Assim, na promoção da adaptação a criança pode conhecer vagarosamente também o novo ambiente físico, as novas rotinas, as novas sensações (cheiros e sons) e os novos colegas.

HABILIDADES PESSOAIS QUE FAZEM PARTE DO PERFIL PROFISSIONAL DO CUIDADOR SECUNDÁRIO

Além de planejamento das estratégias por parte da instituição, é necessário que o cuidador secundário tenha e use capacidades pessoais que compreendem perceber a linguagem corporal da criança e responder a ela, ajudar a criança a compreender e lidar com suas emoções, e criar um ambiente emocional consistente.

A capacidade de interpretar sinais corporais permite que o cuidador entenda desde as crianças muito ativas às quietas. Estas últimas, que eventualmente podem fazer parte das que têm mais dificuldades para formar vínculos, necessitam de olhares atentos que lhes re-afirmem respeito, afeto e consideração. Do mesmo modo, é necessário respeitar a criança que não quer momentaneamente receber novos contatos visuais, táteis ou auditivos.

Além disto é importante que o adulto ajude a criança a entender que está com raiva ou triste. Em geral encara-se estas situações como "negativas". Mas há emoções negativas? Elas são tão dignas de consideração quanto as de alegria. Se o adulto inadvertidamente diz a duas crianças que brigam que devem se beijar e ser amigos, está dizendo: "isto que vocês estão sentindo não é bom e deve ser ignorado o mais rápido possível." Que tal ajudar a criança a refletir sobre o que está acontecendo? "Parece que você está com raiva. É isto mesmo? Conta pra mim o você está sentindo..."

Finalmente, o adulto que é um cuidador secundário potencializa suas habilidades pessoais quando tem um comportamento coerente, isto é, sempre atento e responsivo aos sentimentos das crianças.

CONCLUSÃO

É importante lembrar que o período de adaptação não tem uma duração temporal igual para todas as crianças, pois é aquele necessário ao desenvolvimento de confiança, a segurança emocional necessária para que sua permanência na creche ou pré-escola não seja traumática.

Assim há diversos momentos de interação entre a creche ou pré-escola, a criança e a família, a fim de atender as peculiaridades do processo de adaptação.

Alguns itens são pontos-chave do processo de adaptação e podem ser qualificados como **ações de cuidado à criança e família**: 1) fase de conhecimento recíproco creche ou pré-escola, família e criança, mediante a realização de entrevista e visita às dependências da instituição; 2) indicação de uma educadora de referência, responsável por acompanhar de perto a criança e a família durante o período de adaptação; 3) entrada gradativa das crianças, permitindo maior atenção nos primeiros momentos de sua presença na creche e 4) presença de um membro da família junto à criança até que ela adquira confiança nas educadoras.

REFERÊNCIAS BIBLIOGRÁFICAS

1 - Wong DL. Whaley & Wong Enfermagem Pediátrica: elementos essenciais à intervenção efetiva. Rio de Janeiro (RJ): Guanabara-Koogan, 1999.
2 - Bowlby J. Apego. São Paulo (SP), Martins Fontes, 1990.
3 - _____. Perda. São Paulo (SP), Martins Fontes, 1993.
4 - _____. Separação. São Paulo (SP), Martins Fontes, 1993.
5 - Honig AS. Secure relationships: nurturing infant/toddler attachment in early care settings. Washington (USA): National Association for the Education of Young Children; 2002.

6 - Badinter E. Um amor conquistado: o mito do amor materno. Rio de Janeiro (RJ): Nova Fronteira, 1985.
7 - Cuidados compartilhados: um planejamento para acolher os pais, 2001. Avisalá. 2(5):4-9.
8 - Rezende MA. Amamentação e trabalho na Escola de Enfermagem da Universidade de São Paulo: um estudo sobre representações sociais. [tese]. São Paulo (SP):Escola de Enfermagem/USP;1998.
9 - Bettelheim B. Uma vida para seu filho: pais bons o bastante. Rio de Janeiro (RJ): Campus, 1988.
10 - Veríssimo MLÓR. O olhar de trabalhadoras de creches sobre o cuidado da criança. [tese]. São Paulo (SP): Escola de enfermagem da Universidade de São Paulo, 2001.
11 - Barrios A. Da casa para a escola: uma transição importante para a criança e sua família. Rev Criança do professor de educação infantil 2002; (37):27-30.
12 - Ministério da Educação e do Desporto (BR). Secretaria de Educação Fundamental. Referencial Curricular Nacional para a Educação Infantil. Brasília (DF); 1998. v.1.
13 - Rossetti-Ferreira MC, Eltink CF. Relação afetiva, assunto de berçário. In: Rossetti-Ferreira MC, Mello AM, Vitoria T, Gosuen A, Chaguri AC. Os fazeres na educação infantil. São Paulo (SP): Cortez, 1998. p.37-40.
14 - Bertoloni C, Oliveira MSL. Novo ano, nova turma, nova adaptação. In: Rossetti-Ferreira MC, Mello AM, Vitoria T, Gosuen A, Chaguri AC. Os fazeres na educação infantil. São Paulo (SP): Cortez, 1998. p.51-52.

8
O CUIDADO DA CRIANÇA NA CRECHE E PRÉ-ESCOLA

MARIA DE LA Ó RAMALLO VERÍSSIMO
MAGDA ANDRADE REZENDE

Segundo a Lei de Diretrizes e Bases da Educação Nacional, as creches e pré-escolas têm como finalidade o atendimento em educação infantil, contemplando as necessidades de desenvolvimento intelectual e o acesso ao saber, bem como o direito à socialização, às vivências infantis e aos cuidados assistenciais específicos e necessários. Ainda, de acordo com o Referencial Curricular Nacional para a Educação Infantil[1], dentre os princípios que devem fundamentar a qualidade das experiências oferecidas às crianças, encontra-se "o atendimento aos cuidados essenciais associados à sobrevivência e ao desenvolvimento de sua identidade".

Entendemos que os cuidados associados à sobrevivência e ao desenvolvimento da identidade, além de essenciais, são universais e, portanto, não devem ser negligenciados, desvalorizados, nem postergados. Nesse sentido, todo trabalhador que atua em serviços de Educação Infantil precisa desenvolver competências que o capacite a atender as várias necessidades infantis de maneira global e integrada, isto é, competências para o cuidado.

O QUE É CUIDADO?

É possível enumerar vários significados para o cuidado. Dentre eles, optamos por selecionar alguns que alicerçam os conteúdos aqui expostos:

Cuidado é uma "atitude fundamental, um modo de ser mediante o qual a pessoa sai de si e centra-se no outro com desvelo e solicitude". Essa atitude "pode provocar preocupação, inquietação e sentido de responsabilidade", o que confere à pessoa que tem cuidado sentimento de envolvimento e ligação afetiva com o outro[2].

"Cuidar de outra pessoa, no sentido mais significativo, é ajudá-la a crescer e realizar-se (...) é um processo, uma forma de relação com o outro, que envolve desenvolvimento"[3].

Assim, podemos partir de um conceito abstrato, de *atitude de cuidado*, como a força motriz, a disponibilidade interna de uma pessoa em cuidar de outrem, para chegar aos *comportamentos humanos de cuidado* que favoreçam as potencialidades das pessoas. Tais comportamentos ou ações envolvem, além da *atitude de cuidado*, conhecimentos, valores e habilidades "direcionadas a manter ou melhorar a condição humana no processo de viver e de morrer"[4].

O cuidado pode ser considerado a essência da saúde, pois é uma necessidade para o desenvolvimento e manutenção da sobrevivência do ser humano em todas as culturas do mundo. Assim, a criança precisa ser cuidada na creche e pré-escola independentemente da qualidade do cuidado que ela recebe em casa, e isto não se trata de substituir nem compensar eventuais deficiências dos cuidados oferecidos pela família, à semelhança do que foi preconizado durante anos nas propostas de educação compensatória[5].

QUEM É A CRIANÇA DE QUEM QUEREMOS CUIDAR?

Cuidar é um verbo transitivo. Pede, portanto, um complemento: cuidar de quem? Falamos aqui de cuidar da criança. Vamos então entender quem é essa criança.

- A criança é uma pessoa, e não um projeto para o futuro. É comum ouvirmos que as crianças são o futuro do mundo e, por isso, temos que cuidar da sua proteção. Não é assim que entendemos. Temos que cuidar bem das crianças, não só por aquilo que elas poderão oferecer no futuro, mas também por aquilo que elas já são desde sua existência: seres humanos com todos os direitos inerentes a essa condição. Como ser humano completo, ela possui corpo, mente, sentimento, espiritualidade e, portanto, valor próprio.
- Como pessoa, cada criança tem sua maneira de pensar, sentir e reagir. Cada criança é única, enquanto produto da interação de sua herança genética e experiências de vida. Sua singularidade determina que não é possível cuidar bem de todas as crianças, oferecendo-lhes exatamente as mesmas experiências.
- Toda criança é competente e capaz de fazer escolhas compatíveis com seu estágio de desenvolvimento.
- A criança tem vulnerabilidades decorrentes de suas peculiaridades de desenvolvimento. Embora o ser humano se desenvolva durante toda sua vida, na fase infantil, seu corpo, mente e afetividade encontram-se em estágios de maturação e desenvolvimento os quais são particularmente susceptíveis aos efeitos tanto benéficos quanto maléficos do atendimento que recebe.
- E é um ser relacional, pois aprende e constrói a própria identidade através das relações com as pessoas a sua volta. Disto decorrem dois aspectos muito importantes: ela é amplamente dependente do meio onde vive e é determinada histórica e socialmente, isto é, ela se caracteriza e é compreendida de acordo com cada época e cada sociedade.

Esta última asserção pode ser verificada na evolução histórica dos serviços de atendimento à criança[6,7] e na atual configuração das instituições de educação infantil e outros recursos para o cuidado e educação de crianças no Brasil[8]. O que defendemos e propomos neste texto é que todas as crianças devem ser tratadas e receber oportunidades para desenvolver o máximo de seu potencial, e isso só é possível se tiverem cuidados de boa qualidade.

O CUIDADO COMO ALICERCE DO PROCESSO DE DESENVOLVIMENTO

Consideramos apropriado destacar que estudos recentes de neurociência vêm ressaltando a grande importância do ambiente sobre o desenvolvimento infantil, mediante comprovação da alta responsividade cerebral aos cuidados precocemente oferecidos[9]. Esses estudos verificaram que os estímulos sensoriais provocam a formação das sinapses cerebrais, que se fortalecem quanto mais são utilizadas, e que as sinapses pouco estimuladas vão sendo perdidas. O que deve ser destacado é que a relação afetuosa e interativa dos cuidadores com a criança é que garante todo esse processo, e que sua intensidade é maior durante os três primeiros anos de vida do que em qualquer outro período do desenvolvimento.

Em síntese, alguns aspectos que puderam ser verificados são:

- O desenvolvimento infantil é resultado da interação entre as forças genéticas e ambientais (nutrição, estimulação e afeto)
- Cuidados precoces têm um impacto decisivo e permanente sobre esse desenvolvimento, especialmente sobre a habilidade para aprender e a capacidade para regular as emoções.
- O cérebro humano tem uma grande capacidade plástica, mas *tempo* é um fator essencial: quanto mais jovem, maior a plasticidade cerebral.

- As experiências negativas ou a ausência de estimulação apropriada são particularmente lesivas para o desenvolvimento infantil nos momentos iniciais da vida.

Assim, é fundamental que os cuidadores aprimorem sua observação das necessidades infantis e saibam oferecer as condições apropriadas para que a criança possa atingir o máximo potencial de desenvolvimento.

O CUIDADO E O ATENDIMENTO DAS NECESSIDADES HUMANAS

Todo ser vivo depende do atendimento de suas necessidades para sua sobrevivência e desenvolvimento. No caso do ser humano, em particular das crianças pequenas, as necessidades podem ser divididas em físicas ou biológicas, sociais ou de relações, econômicas, educativas e afetivas.

Exemplificando, as necessidades físicas incluem, minimamente: nutrição, calor, movimentação, manutenção da integridade, prevenção de agravos mediante proteção contra infecções, acidentes e criação de hábitos saudáveis, e tratamento de doenças. As necessidades sociais e de relações compreendem o sentimento de pertença a um grupo familiar e comunitário bem como as trocas que se realizam entre as pessoas. As educativas abrangem a incorporação de comportamentos socialmente aceitáveis que permitam a convivência bem como de conhecimentos que possibilitem desempenhar um dado papel social. As necessidades econômicas correspondem à disponibilidade de recursos que garantam o acesso e atendimento de todas as citadas. E as afetivas, que têm como principal expressão o sentir-se querido, desejado ou amado. Pode-se pensar ainda em outras necessidades, como as espirituais e as de *status* social, mas que são mais evidentes nas fases posteriores da vida.

A demanda para o atendimento de uma necessidade decorre não só da falta, mas também do desejo de algo. Isso porque o ser humano não é apenas natural, ele é cultural, social e histórico. Assim, ao lado de necessidades comuns a todos, como a nutrição, há certas demandas consideradas importantes em uma determinada época e cultura e não em outras. Exemplificando, há países onde a preocupação com o desenvolvimento da autonomia é maior (como os EUA) do que em outros (como os países orientais), nos quais espera-se que as pessoas sejam mais voltadas aos interesses comunitários e, portanto, a forma de cuidar e educar as crianças certamente terá diferenças marcantes entre eles[10,11]. Nesse sentido, não é possível esgotar num rol de intervenções tudo o que pode ser necessário a todas as crianças em qualquer tempo e espaço. Mas, entendemos que é possível ter como ponto de partida as necessidades essenciais da criança para uma construção do cuidado efetivo.

Chamamos de necessidades essenciais àquelas que fornecem os fundamentos para as capacidades emocionais, sociais e intelectuais do ser humano[10]. Todas as crianças, de qualquer origem étnica, classe social, condição física e mental, precisam ser atendidas em suas necessidades essenciais para se desenvolverem. Entendemos que as **necessidades essenciais infantis** são:

- Proteção física e de saúde.
- Relacionamentos protetores contínuos que forneçam segurança emocional, afeto e atenção.
- Cuidados que respeitem as diferenças individuais.
- Cuidados e oportunidades adequados ao processo de desenvolvimento.
- Participar de uma rede social estável e amparadora.

AÇÕES DE CUIDADO À CRIANÇA EM CRECHES E PRÉ-ESCOLAS

Apresentamos a seguir alguns cuidados para o atendimento da criança na creche e pré-escola, relacionando-os às necessidades essenciais.

- Cuidados para proteção física e de saúde da criança

1. Provimento de nutrição

Num serviço de atendimento infantil, a alimentação oferecida deve ser apropriada, em termos quantitativos e qualitativos, à sua fase de desenvolvimento. Além disto, fornecer alimentos à criança é mais do que dar-lhe um aporte nutritivo ou bioquímico, uma vez que a comida tem um papel simbólico importante no cotidiano[12]. Assim, na creche e pré-escola, deve-se ajudar a criança em seu processo de adaptação a novos alimentos e formas de apresentação[13]. Quanto a hábitos culturais específicos, em que pese o fato de que devemos respeitá-los, não se deve perder de vista que precisamos aproximar a criança de padrões culturais hegemônicos, como, por exemplo, o uso de talheres.

No que diz respeito à amamentação, é possível estimulá-la colocando uma sala à disposição da nutriz[14], bem como flexibilizando o horário para entrada das mães no serviço. Quando a mãe não puder deslocar-se em todos os horários das mamadas, fornecer com copinho o leite materno ordenhado favorece a manutenção do aleitamento materno.

2. Provimento de sono e repouso

Há grande variabilidade quanto às necessidades de sono e repouso diurno tanto entre grupos etários diferentes como entre crianças da mesma faixa etária. Por isso, a creche ou pré-escola precisa ter flexibilidade em relação a isto. Assim, quando alguma criança não tenha necessidade de repousar, mesmo que a maioria o faça, o mais apropriado é organizar uma atividade para ela do que forçá-la a permanecer com os demais.

3. Proteção contra doenças transmissíveis e infecções

Tanto a criança quanto os adultos que a cuidam precisam ser protegidos de doenças transmissíveis e infecções. Um primeiro passo, é acompanhar e registrar as imunizações realizadas, zelar para que não aconteçam atrasos, supervisionar possíveis reações, e acompanhar mudanças no calendário vacinal. Outro aspecto é a higiene do ambiente: manutenção de boa circulação de ar e insolação, ausência de umidade. O controle de animais de estimação e de animais invasores deve ser seguido conforme a espécie. E uma medida indispensável é a profilaxia de infecção veiculada pelas mãos, tanto do cuidador como da própria criança. Mesmo quando a criança já é capaz de realizar a lavagem de mãos sozinha, em alguns momentos como antes das refeições e após o uso de sanitário, é importante que ela seja supervisionada. A higiene dental de crianças e de adultos também faz parte desse controle.

Finalmente, os dados epidemiológicos de doenças[15] devem ser rigorosamente registrados e avaliados, para fins de delineamento de ações específicas, caso necessário.

4. Acompanhamento do crescimento e desenvolvimento

As ações de acompanhamento e vigilância de crescimento e desenvolvimento são preconizadas como ações básicas de saúde[16, 17] e há controvérsias a respeito se estas devem ser realizadas nos serviços de educação. Entendemos que essa função deve continuar a ser realizada pelos serviços de saúde, mas a creche ou pré-escola pode valer-se das informações obtidas nesses locais visando implementar ações cotidianas que redundarão em crescimento e desenvolvimento adequados[18]. Assim, no caso do crescimento, por exemplo, deve-se relacionar a curva de peso da criança à sua aceitação alimentar, incentivar no caso de recusas, supervisionar e incentivar mastigação, criar condições e incentivar higiene após refeições, e promover substituição adequada de alimentos.

Para que a criança se desenvolva, o que pode ser avaliado por seus comportamentos psico-motores, de linguagem, de interação, acuidade visual e auditiva, ela precisa de afeto e oportunidades adequadas ao exercício de suas habilidades. Além disso, é no dia-a-dia que é possível identificar melhor os progressos e dificuldades. Assim, a creche e pré-escola são locais nos quais devem ser realizadas ações tanto que favoreçam o desenvolvimento como de acompanhamento ou observação desse processo.

5. Proteção contra acidentes

Para aprender e se desenvolver, a criança precisa olhar, tocar, pegar, levar à boca, experimentar, examinar, desmontar, bater e atirar objetos, arrastar-se, engatinhar, caminhar, correr, saltar, subir e descer. Ao mesmo tempo, sua capacidade para compreender e prever riscos, protegendo-se de acidentes, é muito pequena. Por isso, nos primeiros anos de vida, ela é totalmente dependente de seus cuidadores para sua proteção contra acidentes, os quais são potencialmente evitáveis, conforme a própria definição do Ministério da Saúde[18].

As principais medidas que podem ser tomadas no sentido de protegê-las são a organização do ambiente e a supervisão constante de suas atividades. Conhecer sobre as características do desenvolvimento infantil ajuda os cuidadores a preverem situações de risco e prevenirem danos.

A elaboração de um mapa de risco ambiental, bem como o registro sistemático de acidentes ocorridos na creche ou pré-escola, possibilitam a realização de medidas preventivas específicas[19].

- **Relacionamentos protetores contínuos que forneçam segurança emocional, afeto e atenção**

A função básica do relacionamento dos cuidadores com a criança é promover calor, intimidade, prazer, estabilidade, segurança física, proteção de doenças e ferimentos, nutrição e abrigo, bem como regular a quantidade dos estímulos oferecidos à criança[20].

Diversos estudos têm comprovado que o senso de auto-estima, a motivação para aprendizagem e a própria aprendizagem da comunicação e raciocínio estão muito mais fortemente associados aos relacionamentos e interações emocionais do que a objetos e instrumentos de aprendizagem[21]. Toda criança precisa de relacionamentos seguros, empáticos e sustentadores.

Para que ocorram interações empáticas e sustentadoras, é preciso que a criança seja cuidada por um pequeno número de pessoas que dediquem a ela, em vários momentos, todos os dias, algum tempo de atenção exclusiva[21, 22]. Apenas assim é possível que ela aprenda a interagir, isto é, vá percebendo a sintonia entre suas ações e as respostas recebidas[10].

Sempre é preciso ter em conta a fase de desenvolvimento em que a criança se encontra, pois a forma como ela manifesta tais necessidades e as ações para atendê-las são determinadas por seu desenvolvimento. Por exemplo, nos primeiros meses de vida, manifestação e atendimento de necessidades estão prioritariamente relacionados aos sentidos. Todas as sensações físicas desagradáveis são potencialmente perturbadoras à segurança emocional infantil e as percepções de sensações agradáveis trazem bem-estar. Assim, é possível criar situações de interação ao prover higiene e alimentação, mediante afagos e colo, conversas em tom de voz suave, olhando nos olhos da criança, respondendo a seus comportamentos comunicativos como risadas e balbucios. Nesse cuidado interativo, nas brincadeiras conjuntas, estabelecem-se vínculos afetivos significativos entre a criança e as pessoas que a cuidam. À medida que a criança cresce e se desenvolve, os padrões de interação vão tornando-se mais complexos, incluindo a linguagem verbal, manifestação de emoções e comportamentos variados, como a brincadeira de faz-de-conta, e também as próprias interações ficam mais prolongadas.

Uma questão bastante específica quanto ao estabelecimento de interações seguras na creche e pré-escola é a adaptação da criança, cujos fundamentos e intervenções estão apresentados em capítulo específico.

Enfim, a qualidade das experiências infantis deve permitir-lhes terem confiança em si próprias, sentirem-se aceitas, ouvidas, protegidas e amadas, oferecendo segurança para sua formação pessoal e social, para o desenvolvimento de sua identidade e conquista da autonomia. Para isto, as ações devem procurar considerar o ponto de vista da criança, isto é, voltar-se mais para o atendimento das necessidades peculiares do desenvolvimento do que para um modelo de ser humano produtivo e utilitário. Assim, ter acesso a bens culturais e conhecimentos escolares deve ser garantido à medida da prontidão e interesse da criança e não como uma tarefa que, quando não cumprida, implique em "reprovação" da criança na pré-escola.

- Cuidados que respeitem as diferenças individuais

Os traços fisiológicos não necessariamente definem ou limitam o potencial de uma criança, mas não há dúvidas quanto aos diferentes padrões de temperamento dos seres humanos, perceptíveis desde o nascimento[10]. Os diferentes temperamentos, bem como as diferentes sensibilidades aos estímulos ambientais dos bebês determinam que eles tenham comportamentos únicos aos quais seus cuidadores respondem também de maneira específica, segundo o significado que atribuem a esses comportamentos. Quando as respostas dos cuidadores são apropriadas às necessidades peculiares de cada criança, de acordo com sua individualidade, as interações são mais efetivas. Na verdade, a maneira como a criança é cuidada pode também influenciar essas suas características, amenizando ou acentuando dificuldades, prevenindo ou gerando transtornos[10].

O caminho então deve ser "tomar a criança como ponto de partida para elaborar as propostas pedagógicas"[23]. Isso implica estar atento não só às suas características únicas de como assimilam o ambiente e respondem a ele, como também a seu contexto familiar e social.

- Cuidados e oportunidades adequados ao processo de desenvolvimento

Dissemos que, para prover cuidado de qualidade, é necessário conhecer a quem vamos cuidar. No caso das crianças, conforme descrevemos anteriormente, um importante aspecto a considerar é seu processo de desenvolvimento, que implica características e vulnerabilidades específicas. Assim, saber qual alimento e como ele deve ser oferecido, como segurar a criança e porque é importante aconchegá-la ao colo, a importância de rotinas estáveis e de manter cuidadores fixos, entender as necessidades, as possibilidades e os riscos dos movimentos da criança, enfim, tudo o que deve e não deve ser feito no dia-a-dia, depende de conhecer o processo normal de desenvolvimento infantil e as necessidades decorrentes desse processo. Ainda, não podemos nos esquecer de que cada criança tem seu ritmo próprio de desenvolvimento.

Por exemplo, no que diz respeito ao desenvolvimento emocional, as principais conquistas do nascimento aos 6 anos de vida são a confiança básica, a autonomia e a iniciativa[23]. A aquisição da confiança básica, que deve ocorrer durante a lactência, depende das interações do cuidador com a criança no provimento de alimentação, higiene, conforto, segurança e aconchego. Mediante cuidados consistentes, a criança desenvolve um vínculo de afeto, ou apego, que permitirá a ela experimentar novas situações e relacionamentos no futuro. Entende-se por cuidados consistentes aqueles que são realizados de forma atenta, acolhedora e receptiva aos comportamentos da criança.

Esta necessidade de cuidados consistentes se mantém nos anos subseqüentes, mas outras começam a ter igual importância. No segundo e terceiro anos de vida, a criança experimenta controlar as situações por si mesma e precisa de oportunidades para realizar sua independência, ao mesmo tempo em que precisa de limites consistentes que garantam sua segurança física e emocional. E, aos 4, 5 e 6 anos, ela utiliza as habilidades aprendidas para enfrentar novas situações e o sucesso resulta em autopercepção positiva.

Outro aspecto fundamental para o desenvolvimento emocional é a capacidade de discernir e lidar com os próprios sentimentos. Para a criança poder elaborar seus sentimentos, ela precisa aprender a reconhecê-los, nomeá-los, saber que não há sentimentos feios, e aprender a manifestá-los de maneira construtiva. Essa seria uma visão de lidar com a afetividade de maneira profissional, pois, para que a educadora possa ajudar a criança nessa tarefa, ela também precisa valer-se de todos esses passos. Então ela estará capacitada a relacionar-se afetivamente com cada criança, respeitando suas características únicas.

- **Cuidados voltados a garantir a participação em uma rede social estável e amparadora**

Desde o nascimento, a criança pertence a uma família que se relaciona com parentes, vizinhos, amigos e várias instituições, tais como os serviços onde ela recebe atendimento de saúde. As pessoas que a criança conhece e que fazem parte de sua vida são sua rede social[24]. Os relacionamentos que se constroem entre as pessoas e instituições tecem a rede que cria e mantém a identidade, os hábitos, as crenças, os costumes e os valores que formam a criança.

No que diz respeito às creches e pré-escolas, tradicionalmente, esses serviços e as famílias têm mantido padrões de relacionamento conflitantes, permeados por desconfiança e rivalidades[25]. Várias são as causas desses problemas, mas podemos apontar como alguns dos fatores mais freqüentes, por parte das educadoras, as expectativas idealizadas a respeito das famílias e, por parte das famílias, a sensação de que dividir a responsabilidade educativa e a criação da criança pode implicar renúncia a seu papel. Tais percepções desencadeiam reações fortes, muitas vezes ambivalentes e difíceis de serem decodificadas.

Se creche e pré-escola e família têm papéis complementares na educação e cuidado da criança, é preciso consolidar uma interação saudável, permeada por troca, tolerância e confiança. Considerando que o cuidado da criança compartilhado por vários adultos é uma dinâmica relacional complexa, mesmo entre membros da própria família, fica patente que não há como eliminar o surgimento de conflitos. Assim, a interação saudável demanda o reconhecimento desses conflitos e sua superação.

À medida que creche ou pré-escola e família sejam capazes de estabelecer relações fortes de troca e ajuda mútua, torna-se possível dizer que essa instituição é um elemento da rede de apoio da criança e família.

O PREPARO PROFISSIONAL PARA ATUAR NO CUIDADO INFANTIL

Muitas pessoas consideram que cuidar de crianças é uma tarefa para a qual as mulheres têm um dom natural e que basta ser mãe para estar apta a realizar a missão de criar e educar uma criança, graças ao "instinto materno". Isto se reproduz também nas creches e pré-escolas, onde a função das responsáveis pelas crianças tradicionalmente foi vista, de maneira semelhante, como algo natural e, portanto, destituída de profissionalismo[26]. O que sustenta essa visão é o mito da maternidade, da mulher como educadora e provedora nata[27].

Diversos estudos[27] e até mesmo a observação atenta da realidade mostram que isto não se trata de uma verdade. Homens e mulheres que nunca vivenciaram a paternidade/maternidade biológica, podem cuidar adequadamente de crianças, enquanto há mães naturais que não conseguem ser protetoras e cuidadoras de seus filhos[20]. A capacidade para cuidar bem de uma criança é determinada muito mais pelo aprendizado decorrente das experiências do que pela biologia. Essas experiências definem os conhecimentos, habilidades e práticas que cada pessoa tem em relação à criança. Definem também a disponibilidade interna, isto é, a atitude, a pré-disposição da pessoa para ser uma cuidadora efetiva.

Acreditamos que uma das primeiras metas que pode ser definida para a formação de trabalhadores de instituições de Educação Infantil é superar a representação social de cuidado como naturalizadamente feminino, construindo uma visão de cuidado como trabalho. Nesse sentido, o conteúdo aqui apresentado pode fundamentar, dar segurança e valorizar para a equipe suas ações de cuidado.

Assim, o cuidador/educador deve ser capacitado tanto para cuidar, como para educar. O cuidado não é algo que se realiza empiricamente, pois exige "conhecimentos, habilidades e instrumentos que extrapolam a dimensão pedagógica (...) demandando a integração de vários campos de conhecimento e a cooperação de profissionais de diferentes áreas"[1].

Uma situação corriqueira e bastante simples que é exemplar para dimensionar concretamente a importância de fundamentar o cuidado é a da higiene: no espaço coletivo, a simples higiene torna-se um risco à saúde das crianças e dos trabalhadores, se estes não compreendem processos de contaminação pessoal e ambiental e que o desenvolvimento da criança também está sendo influenciado, seja na formação de sua identidade, seja na incorporação de valores relativos ao cuidado com o corpo[28].

Seja para ações pontuais, como trocar fraldas, seja para questões mais amplas como lidar com as famílias, a prática cotidiana demanda o desenvolvimento de habilidades e competências que tornem o cuidador/educador capaz de realizar esse trabalho. A capacitação do profissional de educação infantil compreende:

- Conhecimento de padrões e necessidades de desenvolvimento, incluindo as diferenças de temperamento, para esperar da criança somente o que ela tem condições de fazer de fato, bem como proporcionar a ela as melhores oportunidades e atenção.
- Habilidade para colocar limites adequados a comportamentos indesejados da criança, que garantam sua segurança física e emocional.
- Disponibilidade para formar vínculos afetivos, ser empático e sensível. Além de tudo o que já foi descrito a respeito da necessidade infantil de vínculos afetivos sustentadores, deve-se considerar que as emoções interferem no cuidado que é prestado à criança e só o reconhecimento e o manejo das emoções envolvidas nas situações do dia-a-dia pode tornar completo o processo.
- Saber proporcionar um ambiente flexível, aconchegante e "desafiante" para a criança. A organização do trabalho, que se expressa no uso do espaço físico, nas rotinas, nas propostas de atividades, nas formas estabelecidas de responder às situações na creche e pré-escola, não deve significar que o trabalho seja estruturado de maneira rígida. Ao invés de arbitrárias, as regras precisam ser passíveis de mudança, tornando o atendimento cada vez mais adequado às necessidades das crianças e de suas famílias e aos objetivos da instituição.

Em síntese, o processo de profissionalização do trabalho do educador compreende modificar a prática do cuidado segundo o senso comum, embebendo-se de saberes eruditos[29], reconstruindo assim o cuidado e seu significado.

REFERÊNCIAS BIBLIOGRÁFICAS

1 - Ministério da Educação e do Desporto (BR), Secretaria de Educação Fundamental. Referencial curricular nacional para a educação infantil. Brasília: MEC; 1998. 3v.
2 - Boff L. Saber cuidar: ética do humano – compaixão pela terra. Petrópolis: Vozes; 1999.
3 - Mayeroff M. On caring. New York: Harper& Row; 1971.
4 - Waldow VR. Cuidado humano e a enfermagem: ampliando sua interpretação. Esc Anna Nery Rev Enferm 1997; 1(2):142-53.
5 - Kramer S. O papel social da pré-escola. Cad Pesq 1985; 58: 78-81.
6 - Kuhlmann Jr M. Instituições pré-escolares assistencialistas no Brasil (1899-1922). Cad Pesq 1991; 78:17-26.
7 - Merisse A. Origem das instituições de atendimento à criança: o caso das creches. In: Merisse A, Justo JS,

Rocha LC da, Vasconcelos MS. Lugares da infância: reflexões sobre a história da criança na fábrica, creche e orfanato. São Paulo: Arte Ciência; 1997. p. 25-51

8 - Avancini M. Pesquisa mostra má qualidade de creches. O Estado de São Paulo 2000 out 30; Caderno A:7.

9 - Shore R. Rethinking the brain: new insights into early development. New York: Families and Work Institute; 1997.

10 - Brazelton TB, Greespan SI. As necessidades essenciais das crianças: o que toda criança precisa para crescer, aprender e se desenvolver. Porto Alegre: Artmed; 2002.

11 - Mussen PH, Conger JJ, Kagan J. Desenvolvimento e personalidade da criança. São Paulo: Harbra; 1977. p.192-3.

12 - Amaral MFM et al. Alimentação de bebês e crianças pequenas em contextos coletivos: mediadores, interações e programações em educação infantil. Rev. Bras. Cresc. Desenv. Hum, São Paulo. v.6,n.1/2, p. 19-33, 1996.

13 - Rezende MA, Fujimori E. Promoção do aleitamento materno e alimentação da criança. In: INSTITUTO PARA O DESENVOLVIMENTO DA SAÚDE- IDS/ UNIVERSIDADE DE SÃO PAULO. MINISTÉRIO DA SAÚDE. Manual de Enfermagem: Programa Saúde da Família. Brasília: Ministério da Saúde, 2001. p. 88-94. (Série A. Normas e Manuais Técnicos, n. 135).

14 - Rezende MA. Aleitamento natural numa creche governamental da cidade de São Paulo. Dissertação (Mestrado) – Escola de Enfermagem da Universidade de São Paulo. 1992.

15 - Donowitz LG. Infection control in the child care center and preschool. Philadelphia: Lippincott Williams and Wilkins, 1999.

16 - Ministério da Saúde. Atendimento integrado à saúde e desenvolvimento da criança: módulo 1. Cartão da criança. Brasília, 1995. 38p.

17 - Organización Panamerica de la Salud. Promoción del crescimiento y desarollo integral de niños y adolescentes: modulos de aprendizaje. Washington, 1999. 142p.

18 - Ministério da Saúde. Política nacional de redução da morbidade e mortalidade por acidentes e violências: portaria MS/MG nº 737 de 16/05/01 publicada no DOU nº 96 seção 1E, de 18/05/01/Ministério da Saúde. Brasília: Ministério da Saúde; 2001.

19 - Cortez JCA. Acidentes infantis e seus riscos em creche e pré-escola da cidade de São Paulo. Dissertação (Mestrado) – Escola de Enfermagem da Universidade de São Paulo. 2002.

20 - Bowlby J. Apego. São Paulo (SP), Martins Fontes, 1990.

21 - Honig AS. Secure relationships: nurturing infant/toddler attachment in early care settings. Washington (USA): National Association for the Education of Young Children; 2002.

22 - Kulhmann Jr M. Educação infantil e currículo. In: Faria ALG de, Silveira MS, organizadores. Educação infantil pós-LDB: rumos e desafios. 2ª ed. Campinas (SP): Autores Associados - FE/UNICAMP; 2000. Cap. 3, p. 51-66.

23 - Erikson EH. Infância e sociedade. Rio de Janeiro: Zahar; 1971.

24 - Soares MLPV, Solymos GMB. Conversando sobre como construir uma sólida rede social. In: Toda hora é hora de cuidar. [Manual de apoio do Projeto "Nossas Crianças: Janelas de Oportunidades"]. São Paulo: Secretaria Municipal de Saúde. Programa Saúde da Família; 2002. p.40-4.

25 - Veríssimo MLÓR, Rezende MA, Fonseca RMGS. Relações creche família segundo educadoras de creches. Rev. Bras. Crescimento Desenvolvimento Humano. , v.13, n.1, p.54 - 68, 2003.

26 - Arce A. Documentação oficial e o mito da educadora nata na educação infantil. Cadernos de Pesquisa, São Paulo, n. 113, p. 167-184, jul. 2001.

27 - Badinter E. Um amor conquistado: o mito do amor materno. Rio de Janeiro: Nova Fronteira; 1985.

28 - Rosemberg F. Formação precária na pré-escola. Disponível em: <http://www.sinpro-rs.org.br/extra/jun98/educa1.htm> Acesso em: 14 maio 2001.

29 - Cipollone L. A atualização permanente nas creches. In: Bondioli A, Mantovani S. Manual de educação infantil: de 0 a 3 anos - uma abordagem reflexiva. Trad de Rosana Severino Di Leone e Alba Olmi. 9ª ed. Porto Alegre: Artes Médicas; 1998. Cap. 7, p. 121-39.

PARTE II

OS CUIDADOS DE SAÚDE

9 CRESCIMENTO E DESENVOLVIMENTO DA CRIANÇA

CIRCÉA AMALIA RIBEIRO
REGINA ISSUZU HIROOKA DE BORBA

PARA QUE CONHECER CRESCIMENTO E DESENVOLVIMENTO?

O modo como a criança é tratada e as políticas de assistência à infância refletem o valor que a sociedade imprime à criança, sendo diferente no transcorrer do percurso histórico.

Na atualidade, a criança é socialmente valorizada e sua assistência baseia-se em algumas premissas bastante difundidas, embora nem sempre presentes em nossas atitudes profissionais, tais como:

- a criança não é um adulto em miniatura, mas um ser em processo de crescimento e desenvolvimento;
- o principal objetivo de qualquer assistência prestada à criança é proteger e favorecer seu crescimento e desenvolvimento;
- a criança é um ser social, que tem direitos e necessidades que precisam ser atendidas, para que possa crescer e desenvolver-se com plenitude e ser feliz.

Desta forma, sendo o processo de crescimento e desenvolvimento a marca característica da infância é imprescindível o conhecimento desse processo para que possamos atender a criança, em qualquer ambiente: no lar, na creche, na escola e nos diferentes serviços de saúde.

Neste conhecimento, todas as ações e atitudes do profissional devem estar respaldadas para que os processos de crescimento e desenvolvimento sejam favorecidos, a fim de que o profissional encontre satisfação para poder compreender as mensagens das crianças e responder de modo adequado.

Antes da abordagem sobre o crescimento e o desenvolvimento propriamente dito, faz-se necessário conceituar a *criança*. Dentre as várias concepções a respeito do que é criança, destacamos duas que são mostradas, a seguir.

A criança é *"o produto de eventos e relacionamentos passados, onde todos os eventos e relacionamentos presentes irão afetar seu bem-estar e relacionamentos futuros.*[1]*"*

"Crianças são seres em crescimento e desenvolvimento, com necessidades específicas em cada fase, pertencendo a classes sociais diferentes, apresentando desigualdades não apenas biológicas, ditadas pelas etapas de amadurecimento de suas funções orgânicas, mas, socialmente determinadas, havendo uma relação direta proporcional entre sua vulnerabilidade, risco de adoecer, danos e suas condições de existência e qualidade de vida[2]."

Estas concepções não só ressaltam a importância do contexto sociocultural no desenvolvimento da criança, como também enfatizam que é dentro de um grupo social, onde ocorrem os eventos e relacionamentos, que o ser humano, como tal, se constitui[3].

Em relação às políticas de assistência à criança, no âmbito da saúde, a partir de 1984, o Ministério da Saúde implantou o Programa de Assistência Integral à Saúde da Criança (PAISC), que visa direcionar as ações de saúde prestadas à criança para um enfoque preventivo, priorizando a atenção aos agravos de maior morbimortalidade no país[4].

Neste sentido, o PAISC preconiza cinco ações básicas na atenção à criança de 0 a cinco anos de idade:

- Aleitamento materno e orientação alimentar para o desmame.
- Atenção e controle às doenças preveníveis, com ênfase na imunização.
- Atenção e controle às doenças diarréicas, com ênfase na utilização da Terapia de Reidratação Oral (TRO).
- Atenção e controle às doenças respiratórias agudas.
- Avaliação e controle do crescimento e desenvolvimento da criança.

Esta última ação enfatiza a importância da monitorização do processo de crescimento e desenvolvimento da criança por meio de instrumentos apropriados e, dentro do programa, é considerada como o eixo integrador de todas as ações.

No âmbito das políticas de educação infantil, em 1998, o Ministério da Educação e do Desporto apresenta o Referencial Curricular Nacional para a Educação Infantil[5], documento que se propõe a subsidiar os sistemas educacionais destinados às crianças de zero até seis anos de idade, na elaboração de suas propostas curriculares e cuidados. Segundo esse referencial, tais propostas devem considerar as especificidades afetivas, emocionais, sociais e cognitivas dessas crianças, garantindo que a qualidade das experiências oferecidas contribua para o exercício da cidadania, e sejam embasadas nos seguintes princípios:

- o respeito à dignidade e aos direitos das crianças, consideradas nas suas diferenças individuais, sociais, econômicas, culturais, étnicas e religiosas, etc.;
- o direito das crianças a brincar, como forma particular de expressão, pensamento, interação e comunicação infantil;
- o acesso das crianças aos bens socioculturais disponíveis, ampliando o desenvolvimento das capacidades relativas à expressão, à comunicação, à interação social, ao pensamento, à ética e à estética;
- a socialização das crianças por meio de sua participação e inserção nas mais diversificadas práticas sociais, sem discriminação de espécie alguma;
- o atendimento aos cuidados essenciais associados à sobrevivência e ao desenvolvimento de sua identidade.

O QUE É CRESCIMENTO E DESENVOLVIMENTO?

Crescimento é o aumento físico do corpo como um todo ou em suas partes. Trata-se de um fenômeno quantitativo que ocorre quando a célula se divide e sintetiza novas proteínas, provocando aumento no tamanho (hipertrofia) e em número (hiperplasia) das células[6,7].

Neste conceito, está implícito o mecanismo pelo qual o crescimento acontece, de natureza físico-química, que se desenrola por meio de três fenômenos seqüenciais ilustrados na **Figura 9.1**.

O crescimento não se dá de modo uniforme em todo o organismo, existindo graus, padrões e velocidades diferenciados entre distintos órgãos e sistemas. Assim, o ritmo do crescimento geral do corpo (crescimento geral ou somático) é diverso do crescimento do sistema nervoso (crescimento neural), do crescimento dos órgãos genitais (crescimento genital) e do crescimento do sistema linfático (crescimento linfóide), como pode ser verificado na **Figura 9.2**, que apresenta os gráficos ilustrativos dos quatro principais tipos do crescimento.

No processo de avaliação do crescimento da criança, a compreensão desses gráficos é fundamental em razão da tomada de decisões de monitorização e intervenções.

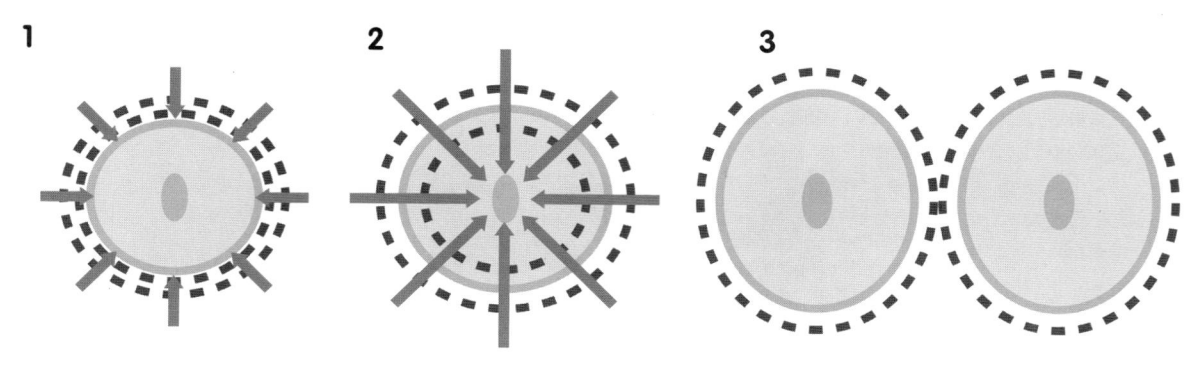

FIG. 9.1

Fenômenos do mecanismo do crescimento.
Fenômeno 1 - acúmulo ou aposição de material extracelular, ou seja, a embebição da célula pelo complexo hidro-salino-protéico, oriundo de nossa alimentação, seguida da incorporação do mesmo pela célula;
Fenômeno 2 - aumento do tamanho da célula, ou seja, sua hipertrofia;
Fenômeno 3 - multiplicação celular, ou seja, hiperplasia que ocorre quando a célula atinge o maior tamanho esperado.

Por exemplo, se numa avaliação física, o profissional de saúde da creche identifica a presença de pêlos pubianos em uma criança de três anos de idade, esta deve imediatamente ser encaminhada para avaliação de um especialista, uma vez que o crescimento genital deve ocorrer por ocasião da puberdade.

Outro exemplo é a importância de monitorizar o crescimento do perímetro cefálico até os dois anos de idade, pois, como mostra a **Figura 9.2**, a maior velocidade do crescimento neural verifica-se até esta idade.

Por sua vez, o **desenvolvimento** é o aumento da capacidade do indivíduo para realizar, progressivamente, funções mais complexas. Trata-se de fenômeno qualitativo que envolve os processos de diferenciação celular e de maturação funcional, sendo resultado da interação entre os fatores biológicos, próprios da espécie e do indivíduo e dos fatores culturais, próprios do meio social onde esse sujeito encontra-se inserido[6]. Dessa forma, a aquisição de novas habilidades relaciona-se diretamente não apenas à faixa etária da criança, mas às interações vivenciadas dentro de seu grupo social.

O desenvolvimento é um contínuo processo de construção, no qual a criança, apesar de sua fragilidade e dependência de cuidados para sobreviver, exerce um papel ativo desde os primeiros momentos de vida, quando já é capaz de influenciar os cuidados e as relações de que participa. É um processo, que ocorre dentro de relações bidirecionais, em que a criança influencia e é influenciada por aqueles que a circundam.

Vale ressaltar que, embora para fins de estudo e avaliação, o crescimento e o desenvolvimento são tratados separadamente, constituem em sua essência um processo indivisível e que, atualmente, o desenvolvimento é considerado como uma unidade maior, englobando o crescimento ou desenvolvimento biológico e o desenvolvimento psicossociológico, conforme o esquema apresentado[6] na **Figura 9.3**.

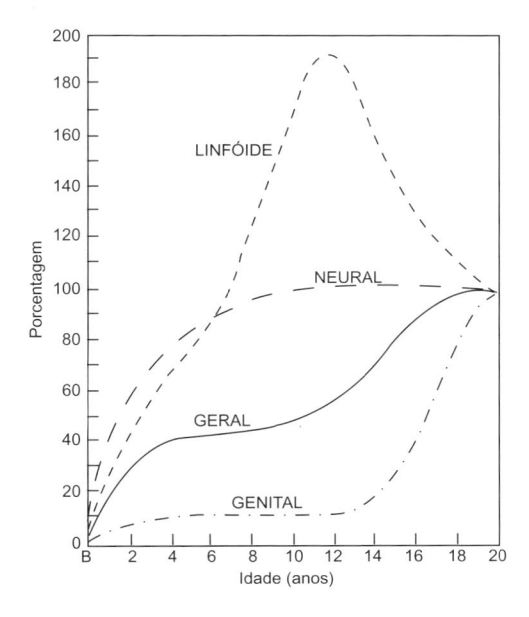

FIG. 9.2

Principais tipos de crescimento, segundo Harris *et al*.
Fonte: Wong DL. Whaley & Wong. Enfermagem pediátrica: elementos essenciais à intervenção efetiva. 5ª ed. Rio de Janeiro. Guanabara Koogan, 1999. p. 76.

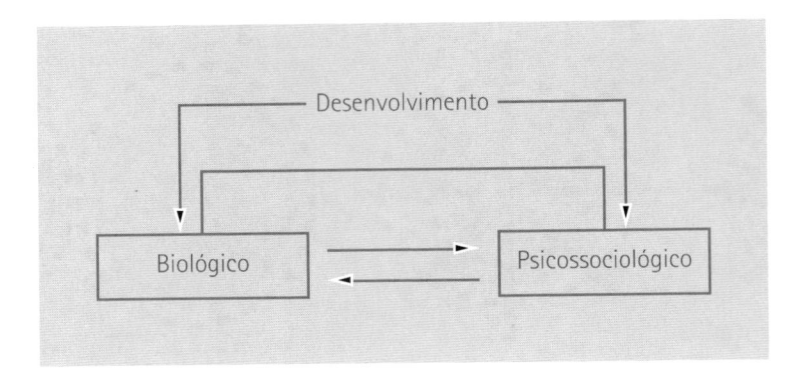

FIG. 9.3
Relação entre crescimento e desenvolvimento.
Fonte: Marcondes E, Vaz FAC, Ramos JLA, Okay Y. Pediatria básica. 9ª ed. São Paulo: Sarvier, 2002. p. 23.

Assim, o crescimento e o desenvolvimento são fenômenos em interação, simultâneos e contínuos que sofrem a influência de vários fatores e obedecem a determinados princípios que serão apresentados nos próximos itens.

QUAIS SÃO OS FATORES DO CRESCIMENTO E DESENVOLVIMENTO?

O crescimento e o desenvolvimento humano constituem-se em um modelo de interação homem-ambiente, sendo o resultado final de um conjunto de fatores que podem ser divididos em **intrínsecos**, representados pelos fatores genéticos e neuroendócrinos e **extrínsecos**, que são os fatores ambientais e nutricionais[6].

Os **fatores genéticos** são representados pela herança, ou seja, pela propriedade dos seres vivos transmitirem seus caracteres à sua descendência, sendo responsáveis não só pela ampla variação dos atributos normais da espécie, mas também pela transmissão de genes anormais capazes de alterar o ritmo de crescimento e desenvolvimento.

As particularidades individuais condicionadas pela herança formam o que se denomina constituição, determinando características peculiares àquele indivíduo como o tipo morfológico, a cor dos olhos, dos cabelos, os traços fisionômicos e as tendências de personalidade.

Em relação ao crescimento, o tipo morfológico é um fator constitucional importante, porque pode constituir-se em uma fonte de preocupação para a família, assim como embasar decisões de conduta do profissional que o está avaliando.

Os **fatores neuroendócrinos** são representados pela complexa interação entre os sistemas nervoso e endócrino. O cérebro, principalmente via hipotálamo, regula a secreção de hormônios que, por sua vez, agem sobre o crescimento ósseo e dos vários órgãos, inclusive, o encéfalo como, por exemplo, a ação dos hormônios tireoidianos no desenvolvimento cerebral do feto e do recém-nascido.

Os principais hormônios que agem sobre o crescimento são: o hormônio do crescimento, os tireoidianos, os andrógenos, estrógenos e a testosterona e a insulina.

O hipotálamo age como um centro receptor e distribuidor de mensagens e controla a função hipofisária na produção e na liberação de hormônios, permitindo a atividade normal de todas as glândulas do organismo, determinando os efeitos diretos ou indiretos de cada hormônio em seus órgãos terminais, ou seja, naqueles onde se verifica o crescimento propriamente dito. Como, por exemplo, as epífises ósseas, onde ocorre o crescimento em altura que é o órgão terminal da ação do hormônio do crescimento.

A ação do hormônio do crescimento sobre o órgão terminal se dá de forma indireta, pois o mesmo estimula, sobretudo, no fígado a formação de substâncias conhecidas com somatomedinas que, por sua vez atuarão na cartilagem, promovendo a incorporação do material necessário ao crescimento ósseo. A ação dos diferentes hormônios sobre a formação de um novo tecido ósseo verifica-se de forma diferente sobre cada uma das fases (condrogênese, calcificação e osteogênese) desse processo conforme **Quadro 9.1**[8].

QUADRO 9.1 AÇÃO DOS HORMÔNIOS SOBRE O TECIDO ÓSSEO

Hormônios	Condrogênese	Calcificação	Osteogênese
HGH	⇑		
HT		⇑	⇑
Hormônios Sexuais		⇑	⇑
Glicocorticóides	⇓	⇓	
Insulina	⇑		

⇑ = estímulo
⇓ = desestímulo
Fonte: Setian N. Endocrinologia pediátrica: aspectos físicos e metabólicos ao recém-nascido ao adolescente. São Paulo: Sarvier, 1989. p. 58.

A influência dos **fatores ambientais** sobre o crescimento e desenvolvimento ocorre diretamente desde o momento da concepção e, indiretamente antes dele. Assim, podem ser subdivididos em pré-natais e pós-natais.

Em relação ao ambiente pré-natal, um grande número de fatores pode afetar o organismo no período da concepção ao nascimento, tais como os *nutricionais*: deficiência de vitaminas e minerais, desnutrição materna; *mecânicos*: ectopia, posição fetal anormal; *endócrinos*: diabetes melito materna; *actínicos*: exposição à radiação; *infecciosos*: rubéola no primeiro trimestre de gestação, toxoplasmose e sífilis no terceiro trimestre; *imunitários*: incompatibilidade sanguínea entre mãe e feto; *anóxicos*: função placentária deficiente; mãe fumante ou usuária de drogas; uso de *drogas teratogênicas* como: a talidomida, *estado emocional da mãe* durante a gravidez, e outros.

Os fatores ambientais pré-natais são tão intimamente integrados com a herança que, muitas vezes, se torna difícil diferenciar suas ações sobre o desenvolvimento do organismo, uma vez que podem determinar problemas bastante semelhantes.

Por sua vez, os fatores ambientais pós-natais variam tão amplamente que são difíceis de serem totalmente controlados. Entre eles, podemos citar: a nutrição, a atividade física, as alterações climáticas e ambientais, os estímulos biopisicossociais, os agravos de saúde tanto físicos como emocionais, ressaltando-se aí a enorme importância da relação afetiva da criança com a família, especialmente sua mãe.

A privação materna pode provocar atraso ou incapacidade tanto ao crescimento como para o desenvolvimento neuropsicomotor e emocional, podendo, em grau extremo, ocasionar uma síndrome denominada *faillure to thrive*, caracterizada como total incapacidade da criança para o crescimento e desenvolvimento, podendo levá-la à morte.

A doença age negativamente e de modo variado sobre o crescimento e desenvolvimento, ou por si mesma, ou em razão da ação do tratamento, como o repouso, que age negativamente sobre a atividade protéica e a formação de novos tecidos ósseos; ou pela ação de medicamentos como a cortisona, além dos traumas emocionais que a exposição aos procedimentos diagnósticos e terapêuticos pode determinar, sobretudo se estes não forem corretamente conduzidos. Ressalta-se que, de forma geral, após essa situação, verifica-se um processo de crescimento rápido, para que a criança retome o padrão do crescimento anterior à doença.

Por sua vez, a nutrição, embora de ordem ambiental, é tão importante, que é tratada como um grupo especial, os **fatores nutricionais**.

Como todo esforço, o crescimento e o desenvolvimento consomem energia, e assim, 40% das calorias no primeiro ano de vida e 20% das calorias, a partir do final dele, são destinadas ao crescimento.

Desta forma, é preciso que os nutrientes básicos: água, proteínas, hidratos de carbono, gorduras, vitaminas e minerais estejam presentes na dieta em determinadas proporções e concentrações, garantindo uma cota calórica suficiente.

As *proteínas* são elementos insubstituíveis, indispensáveis e fundamentais ao crescimento, e de reconstituição incessante porque não se armazenam. *Crescer é proteinizar*, isto é, reter nitrogênio. Embora as necessidades protéicas por Kg. de peso variem, conforme a idade do indivíduo e a qualidade da proteína, sabe-se que para cada 30g de aumento de peso são necessários 6,25 g de albumina e 1 g de nitrogênio.

As proteínas animais devem estar presentes na dieta na proporção de meio a dois terços das ingeridas por serem de alto valor biológico, ou seja, contêm os nove aminoácidos essenciais (histidina, isoleucina, lisina, metionina, fenilalanina, teronina, triptofano e valina) que são indispensáveis ao crescimento.

Os *hidratos de carbono* são fontes de energia mais comuns, baratas e de fácil digestão e absorção. Embora forneçam a maior porcentagem das calorias de uma dieta (cerca de 50%), constituem menos de 1% do peso corpóreo. As necessidades de hidratos de carbono variam com a idade do indivíduo.

As *gorduras* representam 12% do peso corpóreo, são fontes poderosas de energia, material indispensável para constituição do protoplasma e da síntese dos esteróides, veículos de vitaminas lipossolúveis (A, D, E e K), além de contribuírem para o sabor da dieta e a sensação de saciedade.

Quanto aos *minerais*, 12 deles são necessários em quantidades adequadas para formação de novos tecidos, mas seis exercem ação mais direta: o Cálcio, o Fósforo e o Magnésio, que são fundamentais na formação do tecido ósseo; o Potássio, elemento intracelular indispensável à formação protoplasmática; o Ferro na formação da hemoglobina e o Iodo que, em razão de sua participação na composição do hormônio tireoidiano, é imprescindível para o crescimento em altura e desenvolvimento cerebral.

As *vitaminas* são necessárias ao crescimento; as mais importantes são: a Vitamina A, fator estimulante das células endoteliais na zona de ossificação e tem ação reguladora da atividade osteoblástica; a Vitamina D, regula o metabolismo do Cálcio, Fósforo e a Vitamina C, por ser indispensável à manutenção da substância intercelular do tecido conectivo, ossos e dentes e por favorecer a absorção do Ferro dos alimentos. A falta desta vitamina pode levar à alteração da osteogênese, com interrupção do crescimento por impossibilidade dos osteoblastos formarem a matriz óssea, levando à rarefação do tecido ósseo, que é substituído por tecido fibroso e pelo desprendimento do periósteo. Além disso, a Vitamina C talvez tenha alguma ação na prevenção de resfriados e gripes que, se repetidas, vão agir negativamente sobre o crescimento.

Como último nutriente, temos a *água*, obtida pela sua ingestão e pela oxidação dos alimentos, sendo seu consumo proporcionalmente maior na criança que no adulto, conforme os dados do **Quadro 9.2**.

Reforçamos que para garantir um crescimento e desenvolvimento adequados, a dieta da criança deve ser quantitativa e qualitativamente equilibrada, e até o sexto mês de vida, o leite materno deve ser oferecido de modo exclusivo, por ser o alimento ideal porque contém todos esses nutrientes, inclusive, a água, na proporção adequada ao bebê. Assim, seu oferecimento deve ser estimulado e facilitado em todas as instituições de assistência à criança, inclusive, na creche e pré-escola.

QUAIS SÃO OS PRINCÍPIOS DO CRESCIMENTO E DO DESENVOLVIMENTO?

Princípios são constatações científicas sobre as quais se embasam determinados conhecimentos ou fenômenos. Em relação ao crescimento e desenvolvimento da criança, são reconhecidos os princípios que se seguem[9].

QUADRO 9.2 CONSUMO DIÁRIO DE ÁGUA POR IDADE	
Idade	**Consumo diário de água**
Lactente	150 cm^3/Kg
1 a 3 anos	125 m^3/Kg
4 a 6 anos	100 m^3/Kg
7 a 12 anos	75 m^3/Kg
12 anos	50 cm^3/Kg (= adulto)

1 - As crianças são competentes

As crianças são dotadas com qualidade e habilidades necessárias para assegurar sua sobrevivência e promover seu desenvolvimento, desde que haja um ambiente adequado.

O recém-nascido, mesmo com aparência indefesa, está fisiologicamente equipado para ingestão, digestão, respiração, excreção e crescimento e reparação de tecidos; possui um sistema de alarme para solicitar assistência quando tem fome ou está desconfortável e chora para pedir auxílio. Além disso, é capaz de assegurar aos adultos a validade de seus cuidados, parando de chorar depois de ser alimentado, como forma de comunicar que seus esforços foram bem sucedidos.

Estas reações não só fortalecem o relacionamento, como também aumentam a interação adulto-criança, assegurando sua sobrevivência, crescimento e desenvolvimento.

2 - As crianças são parecidas umas com as outras

É comum as crianças apresentarem padrões físicos, funcionais, características psicológicas e comportamentais similares às de outras da mesma idade. Como exemplos, temos a necessidade de sucção acentuada no primeiro ano de vida; estranhar as pessoas pouco conhecidas a partir dos seis meses de idade; fazer birra para demonstrar sua vontade e firmar-se como pessoa, de um a três anos de idade e outros.

Uma aplicação desse princípio foi a constituição de grupos etários, dentre os quais as crianças são agrupadas, conforme suas características comuns. Existem variações propostas de classificação de grupos etários, entre as quais apresentamos, a seguir[7].

Lactente: do nascimento a 12 meses, sendo recém-nascido até 28 dias.
Todler: 1 a 3 anos
Pré-escolar: 3 a 6 anos
Escolar: 7 a 12 anos
Adolescente: 12 a 19 anos

3 - Cada criança é única

Embora seja possível comparar-se uma criança com parâmetros do mesmo grupo etário, sabemos que este critério não pode ser aceito como padrão absoluto, pois as variações não podem ser, de imediato, consideradas como anormalidades. Cada criança possui suas próprias características, o que lhe confere individualidade.

4 - O crescimento e o desenvolvimento são direcionais

O crescimento e o desenvolvimento processam-se em direções ou progressões regulares que refletem o desenvolvimento físico e a maturação das funções neuromusculares. Essas direções são ilustradas na **Figura 9.4**.

- *Cefalocaudal:* a cabeça do organismo desenvolve-se primeiro, sendo muito maior e complexa, ao passo que a porção inferior é pequena e simples e desenvolve-se mais tarde. Da mesma forma, as habilidades motoras e sensoriais do recém-nascido são mais desenvolvidas na cabeça e próximo a ela e, gradualmente, progridem para o pescoço (sustenta o pescoço), tronco (senta com apoio), quadril (senta sem apoio) e extremidades (controla os movimento das mãos, engatinha, fica em pé e anda).

- *Proximodistal ou do centro para a extremidade:* uma clara ilustração é o desenvolvimento embrionário inicial dos membros seguidos pelos dedos rudimentares; no bebê, o controle dos membros e braços precede o domínio das mãos, que são usadas como um todo antes dos dedos poderem ser

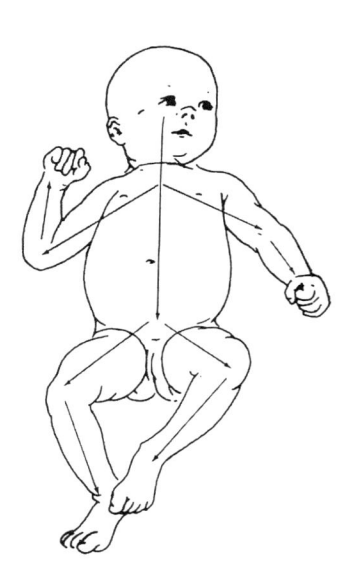

FIG. 9.4

Tendências de crescimento e desenvolvimento.
Fonte: Wong DL. Whaley & Wong. Enfermagem pediátrica: elementos essenciais à intervenção efetiva. 5ª ed. Rio de Janeiro. Guanabara Koogan, 1999. p. 75.

manipulados individualmente. O sistema nervoso central desenvolve-se mais rápido do que o periférico. Estas tendências ou padrões são bilaterais e simétricas: cada lado desenvolve-se na mesma direção e velocidade que o outro.

- *Do geral para o específico:* descreve o desenvolvimento das operações simples para atividades e funções mais complexas, de forma que padrões de comportamentos, grandes e globais, emergem padrões mais refinados e específicos. Todas as áreas de desenvolvimento: física, mental, social a emocional desenvolvem-se conforme esta direção: antes de utilizar palavras, a criança balbucia sons vocais variados e inespecíficos; antes de reagir ao rosto da mãe, reage ao rosto humano.

5 - O desenvolvimento ocorre em um tempo certo (períodos críticos ou sensíveis)

Um período crítico é um período de tempo altamente favorável ao crescimento de um determinado órgão ou célula, ou para aquisição de um novo processo de desenvolvimento. Esta mudança é mais difícil ou, algumas vezes, até impossível de acontecer, antes ou após esse período. Isto acontece porque o organismo interage com o meio ambiente, de modo específico que favorece este crescimento ou aquisição.

Embora os períodos críticos ainda não tenham sido demonstrados nos seres humanos com a mesma precisão com que já o foram em outros animais, temos como exemplo: o desenvolvimento do apego nas primeiras horas de vida do bebê, da confiança básica no primeiro ano de vida e da autonomia de um a três anos de idade, entre outros. Da mesma forma, quando uma criança, cuja mãe teve rubéola durante o primeiro trimestre da gestação, nasce com deficiência visual, é porque as células desse sistema foram afetadas no período crítico de seu crescimento.

6 - O crescimento e os comportamentos ocorrem em ciclos

A observação do comportamento da criança no curso do desenvolvimento indica que as tendências comportamentais seguem um padrão cíclico mais ou menos regular de equilíbrio e desequilíbrio. Esta seqüência de comportamento parece ocorrer de modo repetido durante o amadurecimento da pessoa. Assim, uma criança de quatro anos de idade costuma ser mais irrequieta do que a de cinco, que em geral, é mais introspectiva. Da mesma forma, como se pôde verificar na **Figura 9.2**, o crescimento alterna ciclos de maior e de menor velocidade.

7 - Novas habilidades tendem a predominar

Nos primeiros anos de vida, quando a criança apresenta dificuldade para executar muitas coisas ao mesmo tempo, existe uma tendência e desejo de praticar e aperfeiçoar uma nova habilidade por vez.

Exemplo: crianças entre 9 e 12 meses de idade, que, normalmente, aprendem a ficar em pé, podem estar tão interessadas em exercitar essa nova habilidade, e insistem em permanecer em pé às refeições; mesmo quando estão doentes, estes bebês preferem esta posição a permanecerem deitados.

Quando a criança começa a andar, a emoção da locomoção em pé torna-se maior do que qualquer outra atividade, como falar, e ela pode passar três ou quatro meses sem aprender nenhuma nova palavra.

8 - Os vários aspectos do desenvolvimento estão em interação

Os aspectos físicos, sociais, cognitivos, emocionais ou éticos do crescimento e desenvolvimento agem um sobre os outros extensa e inseparavelmente. Assim, um cuidado dirigido a produzir mudança em um aspecto orgânico ou do desenvolvimento, sem considerar suas causas e conseqüências em outras áreas, tem um alcance limitado para atingir o objetivo de auxiliar a criança a utilizar seu potencial.

Como exemplos temos: a autoconfiança emocional cujo desenvolvimento depende do fortalecimento e da coordenação suficiente para o autocuidado e de raciocínio; o crescimento ósseo que depende de adequação nutricional com acentuados determinantes fisiológicos e socioeconômicos.

COMO AVALIAR O CRESCIMENTO DA CRIANÇA?

Na avaliação do **crescimento** de uma criança[6,7,10,11,12] devemos considerar algumas medidas e a evolução de certas estruturas físicas conhecidas como os **indicadores do crescimento**, sendo os mais comuns: o peso, a estatura, os perímetros cefálicos, torácico e braquial, a erupção dentária, o fechamento das fontanelas e suturas cranianas e, eventualmente, a evolução da idade óssea da criança.

Para monitorarmos adequadamente esses indicadores, é importante conhecer: o quê cada um deles avalia; os pontos de reparo, ou seja, os pontos de referência preconizados para realizar as medidas; a técnica correta de medida, denominada somatometria; o material adequado para realização de cada medida e os instrumentos de avaliação preconizados para detectar a normalidade ou desvio do dado encontrado, tais como: tabelas, gráficos, mapas e índices de avaliação nutricional.

O **peso** expressa a *massa corporal* do indivíduo. Embora seja o indicador de crescimento mais usado, deve sempre ser combinado com outras medidas e a avaliação geral da criança, porque se altera fácil e rápido na vigência de qualquer intercorrência de saúde ou da vida da criança.

Ao nascer, o peso da criança varia entre 2.800 a 3.400 g, refletindo as condições do meio ambiente intra-uterino. Quando este peso é inferior a 2.500 g, o recém-nascido é considerado baixo peso e requer uma observação mais cuidadosa nos primeiros anos de vida.

Nos primeiros dias de vida, o bebê perde cerca de 10% do seu peso de nascimento, que são recuperados entre os 10 e 14dias. No mínimo, o ganho de peso no primeiro ano de vida é:

- 25 g/dia (750 g/mês) no 1º trimestre, sendo comum o ganho de 1.000 g ou mais no 1º mês
- 20 g/dia (600 g/mês) no 2º trimestre
- 15 g/dia (450 g/mês) no 3º trimestre
- 10 g/dia (300 g/mês) no 4º trimestre.

Em geral, o peso do nascimento duplica entre os quatro e cinco meses, triplica aos 12 meses, quadruplica aos 24 e quintuplica entre os quatro ou cinco anos de idade.

Para verificação do peso (**Figura 9.5**), devem ser consideradas as seguintes recomendações:

- o peso da criança deve ser verificado de preferência por uma mesma pessoa e na presença de uma pessoa que seja significativa para ela;
- explicar à criança e à mãe o que irá fazer, demonstrando e deixando a criança dramatizar, se necessário para tranqüilizá-la;
- durante a pesagem, a criança deverá ser distraída com brinquedos ou móbiles pendurados acima da balança;
- determinar o momento habitual do dia para a pesagem, observando o intervalo das refeições, e respeitando o prazo de uma hora, após a alimentação;
- se possível, utilizar a mesma balança, cuja escala deve registrar variações de 10 gramas para lactentes e 100 para crianças maiores;
- manter o local da pesagem aquecido com as portas e janelas fechadas;
- tarar a balança, deixando-a na posição zero;
- colocar a criança deitada, sentada ou em pé na plataforma da balança, de acordo com sua faixa etária;
- os lactentes devem ser pesados sem roupa e as crianças maiores com calcinha ou cueca, para respeitar sua privacidade; caso a criança seja pesada com roupa, tais peças devem ser pesadas e o peso subtraído;
- caso a criança chore ou fique agitada sobre a balança, pesá-la no colo de um adulto, de preferência significativo, que depois deverá ser pesado, verificando-se a diferença entre os pesos;
- nunca deixar a criança sozinha sobre a balança; colocar a mão ligeiramente acima do lactente a fim de evitar quedas acidentais;
- registrar o peso em quilos ou gramas, com a variação mínima de 10 a 100 g, de acordo com o tipo de balança utilizada;
- fazer a curva de peso, atentando para o traçado e as variações do percentil.

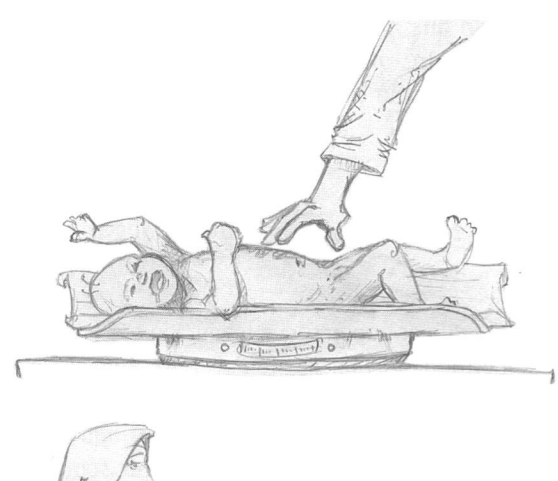

FIG. 9.5

Verificação do peso.

A **estatura** indica *o crescimento linear do corpo*. Resulta do crescimento do esqueleto, em especial, dos ossos longos e consiste na soma dos quatro componentes corpóreos: pernas, pélvis, coluna vertebral e cabeça. Ao contrário do peso, é uma medida estável e regular do crescimento que cessa ao se completar a maturação do esqueleto.

Ao nascimento, a estatura média costuma ser em torno de 49 cm às meninas e de 50 cm aos meninos, variando de 47,1 a 51,3 cm e de 46,6 a 53,6 cm, respectivamente.

No primeiro ano de vida, a criança cresce cerca de 25 cm, observando-se a desaceleração da velocidade do ganho desse crescimento, com o passar dos meses, assim como nos anos subseqüentes:

- no 1º mês _____ 5 cm/mês
- de 1 a 3 meses _____ 3 cm/mês
- de 3 a 6 meses _____ 2 cm/mês
- de 6 a 12 meses _____ 1 a 1/5 cm/mês
- de 1 a 2 anos _____ 1 cm/mês
- de 2 a 4 anos _____ 0,75 cm/mês

Aos dois anos de idade, o menino atinge aproximadamente 50% de sua altura adulta; por sua vez, as meninas, na altura adulta, terão em torno de 5 a 6 cm a menos do que o dobro da altura dos dois de idade.

A partir dos quatro anos de idade, começa uma relativa constância de velocidade do crescimento em altura de cerca de 5 a 6 cm/ano, e algumas crianças têm um aumento desse ritmo aos seis ou sete anos de idade.

Para verificar a estatura, utilizamos a seguinte técnica:

- uma régua antropométrica (chamada toesa ou antropômetro) para crianças até dois e três anos de idade; uma régua vertical acoplada à balança para crianças acima desta idade; esta pode ser substituída por fita métrica ou escala afixada a uma parede sem rodapé;
- tomar os mesmos cuidados relativos ao preparo do ambiente, da criança e da família, descritos na verificação do peso;
- até a idade de dois a três anos, a criança deve ser medida deitada em decúbito dorsal, sobre uma superfície firme, coberta de lençol de papel bem esticado, sem roupa, inclusive, sem fraldas (**Figura 9.6**);
- posicionar a régua antropométrica, acomodando a cabeça à parte fixa e mobilizando a parte móvel até tocar o calcanhar da criança;
- observar os pontos de contato do corpo da criança com a superfície onde ela está deitada: extremidade superior do crânio formando um ângulo reto, quadris e calcanhares;
- a mensuração deve ser feita por duas pessoas, uma segura a cabeça e o queixo, enquanto a outra pressiona levemente os joelhos da criança, para manter suas pernas alongadas e desloca o cursor da régua até que os pés fiquem em ângulo reto;
- nesse momento, a medida situada sobre a régua deve ser lida no nível do calcanhar e na base do cursor;
- para crianças maiores, solicitar que tirem os sapatos e fiquem em pé com o dorso do pé, calcanhar, nádegas e região posterior dos ombros encostados à parede, mantendo as pernas fechadas, a cabeça alinhada na linha média e o eixo do olhar paralelo ao teto ou ao assoalho (**Figura 9.7**);
- evitar que os quadris pendam para frente em hiperlordose, a flexão dos joelhos, a elevação dos calcanhares ou que a criança olhe para cima;
- deslizar um cursor sobre o alto da cabeça da criança e fazer a leitura da medida situada no ponto de encontro entre a régua e o cursor;
- registrar a estatura, preencher sua curva no gráfico do prontuário da criança.

O **perímetro cefálico** avalia o crescimento cerebral. Depende sobretudo do tamanho do cérebro, mas também da espessura do crânio e do couro cabeludo. É ainda um importante auxiliar no diagnóstico de algumas patologias como macrocefalia, microcefalia e hidrocefalia.

Ao nascimento, a medida do perímetro cefálico varia entre 32 e 38 cm, com uma média de 34 cm, sendo a maior circunferência corpórea do recém-nascido, cerca de 2 cm maior que a torácica e 4 cm maior que a abdominal. Na avaliação do crescimento da criança, sua verificação é imprescindível do nascimento até os dois anos de idade, período considerado crítico para o crescimento cerebral.

O perímetro cefálico cresce cerca de 20 cm até a idade adulta; até os seis meses de idade já cresceu quase 50% (10 cm) e até os dois anos cerca de 75% desse valor (15 cm). Os 25% restantes crescem vagarosamente, sendo que por volta dos seis anos seu crescimento já está praticamente completado.

A medida do perímetro cefálico (**Figura 9.8**) pode ser verificada com a criança deitada, sentada, ou em pé, obedecendo aos seguintes passos:

- tomar os mesmos cuidados relativos no preparo do ambiente da criança e da família, descritos na verificação das outras medidas;

CRESCIMENTO E DESENVOLVIMENTO DA CRIANÇA

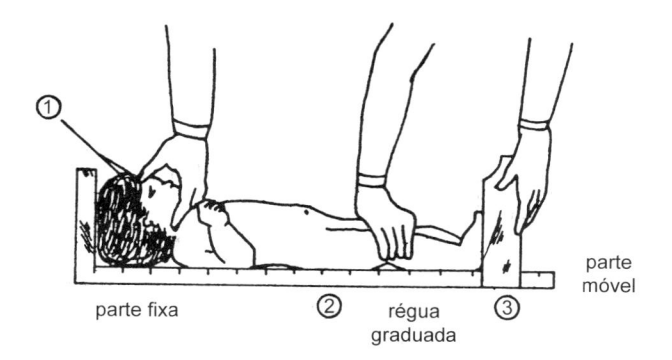

FIG. 9.6

Verificação da estatura em crianças pequenas.
Fonte: Schimitz EM e colaboradores. A enfermagem em pediatria e puericultura. Rio de Janeiro: Atheneu, 1989. p. 4.

- usar uma fita graduada de preferência com 0,5 cm de largura e de material não extensível;
- solicitar a uma pessoa que tenha vínculo com a criança, para segurá-la, sendo, muitas vezes, necessário distraí-la;
- colocar a fita bem firme sobre os pontos de reparo, ou seja, os sulcos supra-orbitários, acima das orelhas (na mesma altura dos dois lados) e sobre a proeminência máxima do occipito;
- ler a medida no ponto de encontro das duas partes da fita medidora;
- registrar a medida no prontuário da criança, preenchendo o gráfico apropriado.

Com a tomada do perímetro cefálico, deve ser feita a **evolução do fechamento das fontanelas e das suturas cranianas**.

A fontanela anterior ou bregmática costuma medir de 2,5 x 2,5 ou 3 cm e deve fechar entre 9 e 12 meses de idade, ou até os 19 meses. A fontanela posterior ou lambdóide, por sua vez, mede 1 x 1 cm; costuma fechar entre um e dois meses de idade.

Nos primeiros dias após o nascimento, as fontanelas podem estar um pouco diminuídas em função do acavalamento das suturas cranianas que podem ocorrer na hora do parto, para diminuir a circunferência da cabeça, facilitando sua passagem pelo canal do parto.

As suturas palpáveis são: coronária, sagital e lambdóide, podem estar salientes ao nascimento por se acavalarem durante o parto, e até os seis meses de idade devem estar achatadas.

O **perímetro torácico** indica o crescimento e o funcionamento dos órgãos da caixa torácica.

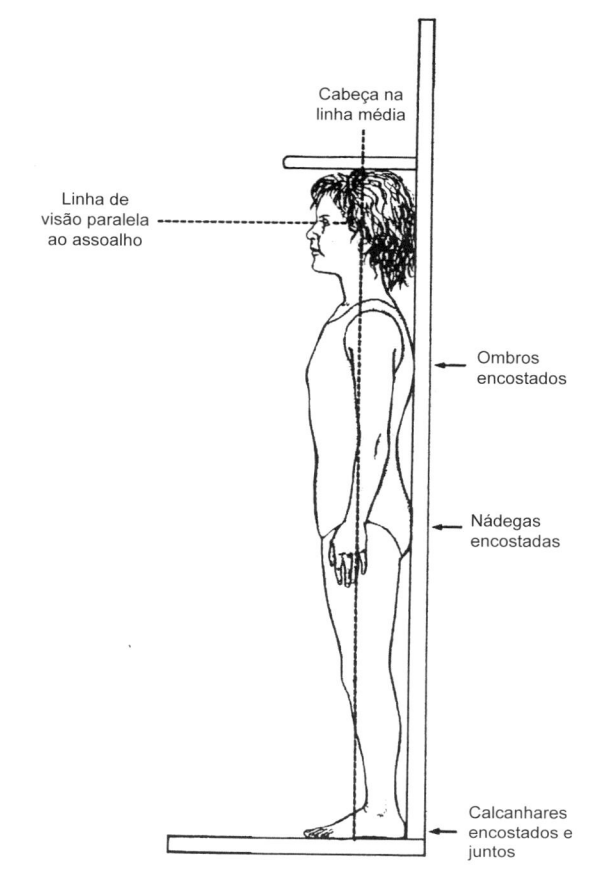

FIG. 9.7

Verificação da estatura em crianças maiores.
Fonte: Wong DL. Whaley & Wong. Enfermagem pediátrica: elementos essenciais à intervenção efetiva. 5ª ed. Rio de Janeiro. Guanabara Koogan, 1999. p. 123.

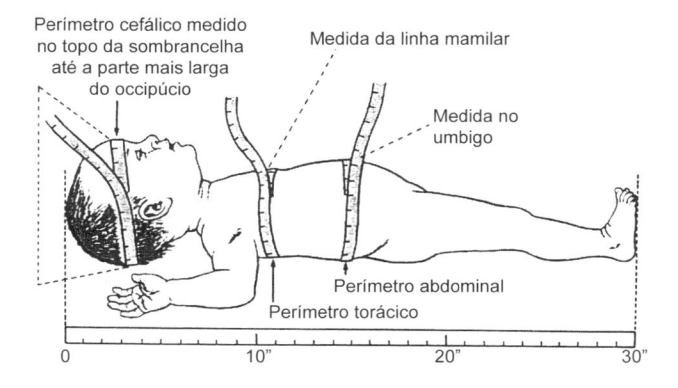

FIG. 9.8

Verificação dos perímetros cefálico, torácico e abdominal.
Fonte: Wong DL. Whaley & Wong. Enfermagem pediátrica: elementos essenciais à intervenção efetiva. 5ª ed. Rio de Janeiro. Guanabara Koogan, 1999. p. 122.

Ao nascimento, o tórax tem um formato circular e seu perímetro é 2 cm menor que o cefálico e 2 cm maior que o abdominal. Entre os três e seis meses de idade, sua medida iguala-se à do perímetro cefálico e, após, passa a crescer no sentido transversal, assumindo progressivamente a forma elíptica. Aos 12 meses é cerca de 2 cm maior que o cefálico e, na idade escolar, 5 a 7 cm maior que aquele.

O perímetro torácico costuma alterar-se quando existem distúrbios cardíacos ou respiratórios, em especial, quando há esforço respiratório crônico que pode determinar a alteração no formato do tórax (tórax em pombo ou em barril).

A medida do perímetro torácico (**Figura 9.8**) pode ser feita com a criança em pé, sentada ou deitada, sem chorar e sem estar com a respiração forçada, tomando-se os devidos cuidados com o preparo do ambiente, da criança e da família, conforme descrito, a seguir:

- colocar a fita medidora, apenas sobreposta, em torno do gradil costal da criança no nível dos mamilos, o ponto de reparo mais utilizado para esta medida;
- quando o bebê apresentar ingurgitamento mamário, ou a criança maior tiver acúmulo de tecido adiposo, ou apresentar crescimento do broto mamário, a medida deve ser feita na altura do apêndice xifóide, que é outro ponto de reparo preconizado;
- fazer a leitura da medida entre a inspiração e a expiração;
- registrar o valor no prontuário da criança, comparando-o com a medida do seu perímetro cefálico, assim como com os dados para idade da tabela de perímetro torácico;
- caso a criança estiver chorando, apresentar esforço respiratório, ou qualquer outra anormalidade torácica, isto também deve ser anotado.

Quanto ao perímetro abdominal, embora não seja indicador de crescimento, costuma ser verificado ao nascimento para servir de parâmetro para avaliação das proporções corpóreas da criança.

O **perímetro braquial** (**Figura 9.10**) indica o crescimento muscular, trata-se de uma medida muito sensível aos agravos nutricionais da criança, alterando-se precocemente na presença dos mesmos. Tem sido referência para a elaboração de instrumentos de fácil manejo para o diagnóstico do estado nutricional, como as tiras de CIMDER desenvolvidas pelo Centro de Investigaciones Multidisciplinarias en Desarrollo da Universidad del Valle – División de Salud.

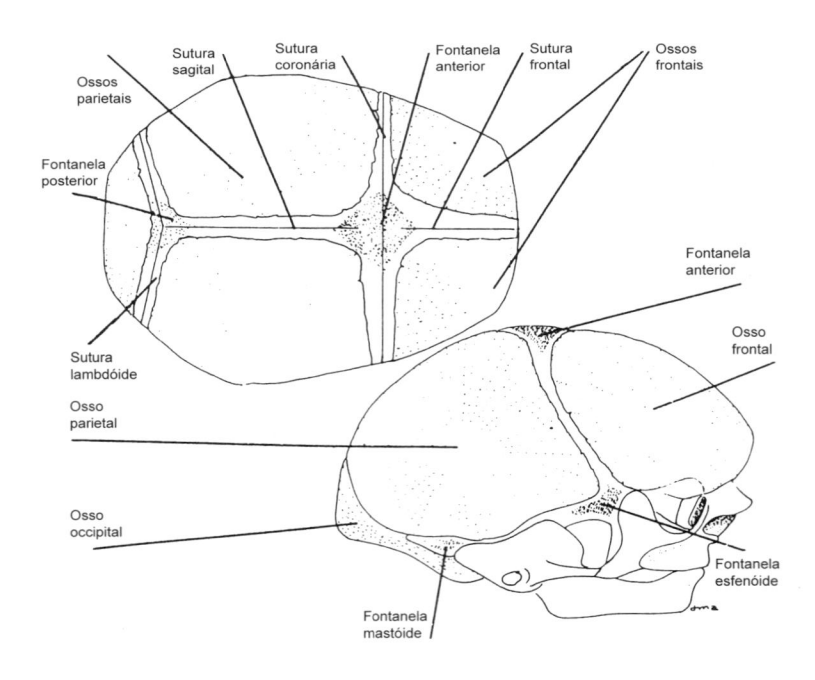

FIG. 9.9

Fontanelas e suturas cranianas.
Fonte: Alexander MM, Brown MS. Diagnóstico na enfermagem pediátrica. São Paulo: Andrei, 1978. p. 45.

CRESCIMENTO E DESENVOLVIMENTO DA CRIANÇA

1 Localize o acrômio

2 Acrômio
3 Cotovelo

4 Coloque a fita no acrômio
5 Puxe a fita até passar o cotovelo

6 Marque o ponto médio

Fita de inserção para medir perímetro braquial
0 cm
0 cm

7 Tensão correta

8 Fita muito apertada

9 Fita muito frouxa

10 Posição correta da fita para medir o perímetro braquial

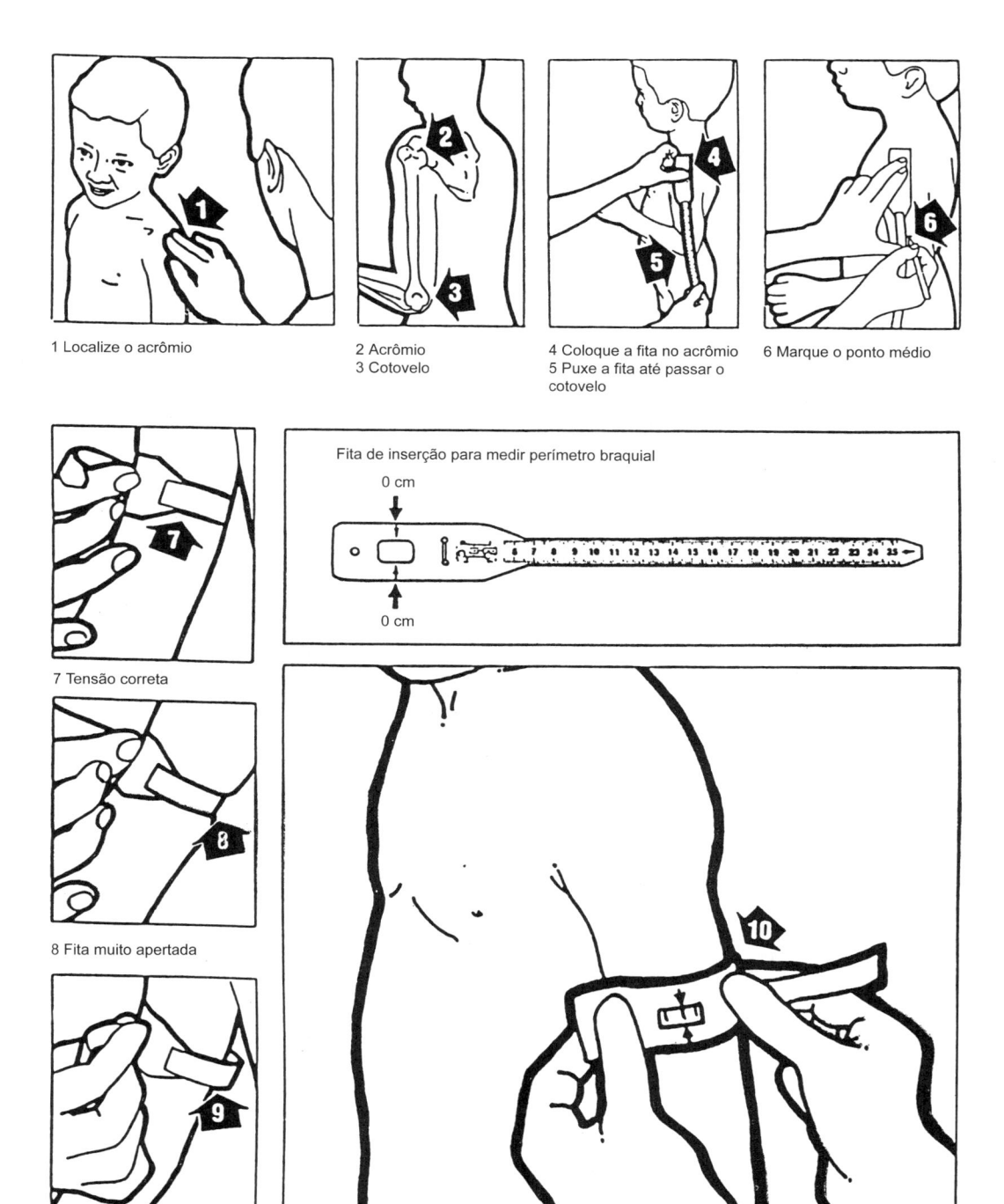

FIG. 9.10

Verificação do perímetro braquial.
Fonte: Barros FC, Victória CG. Epidemiologia da saúde infantil: um manual para diagnósticos comunitários. São PauloL Hucitec – UNICEF, 1991. p. 103.

A medida do perímetro braquial (**Figura 9.10**), assim como dos demais perímetros, pode ser feita com a criança deitada, sentada ou em pé, com os já referidos cuidados relativos ao ambiente, criança e família, sendo realizada no ponto médio do braço, da seguinte forma:

- medir, de preferência, o braço não dominante, o que em crianças pequenas não precisa ser considerado;
- com o antebraço fletido e formando um ângulo reto com o braço, determinar o ponto médio entre o acrômio escapular e o olecrano da ulna, marcando-o com um leve traço de caneta;
- a seguir, com o braço estendido, medir a circunferência sobre o ponto médio determinado com a fita justaposta;
- com crianças pequenas são necessárias duas pessoas, para que possa ser mantido o posicionamento correto do braço;
- anotar o dado no prontuário da criança, comparando-o com os da tabela.

Quanto à **erupção dos dentes**, é o indicador de crescimento que mais tardiamente se altera nos problemas nutricionais, permitindo avaliar a idade aproximada da criança.

Na espécie humana, há duas dentições: a primeira é constituída dos 20 dentes decíduos, popularmente, conhecidos como dentes de leite e a segunda composta dos 32 dentes permanentes.

Na idade de aparecimento dos dentes há uma grande variação, em especial, na primeira dentição. A seqüência costuma ser menos variada, porém a mais comum é a descrita no **Quadro 9.3**.

O primeiro dente permanente a nascer é o primeiro molar, entre seis e sete anos de idade, que nasce antes da queda dos dentes de decíduos, atrás dos segundo molar decíduo, o qual desempenha importante papel na orientação da arcada dentária. Seu nascimento costuma passar despercebido pela criança e família, de modo que é comum não ser adequadamente higienizado.

A troca dos dentes decíduos pelos permanentes inicia-se logo após, seguindo, geralmente, a ordem de nascimento da primeira dentição. No lugar dos molares da primeira dentição, nascem os pré-molares definitivos.

Os terceiros molares definitivos são conhecidos como dentes do ciso e costumam nascer por volta dos 18 anos de idade, quando se completa a erupção dentária.

O hábito da higiene dos dentes deve ser cultivado antes de sua erupção, sendo a creche e pré-escola um espaço educativo importante neste sentido, assim como de detecção e encaminhamento de alterações ortodônticas e cáries.

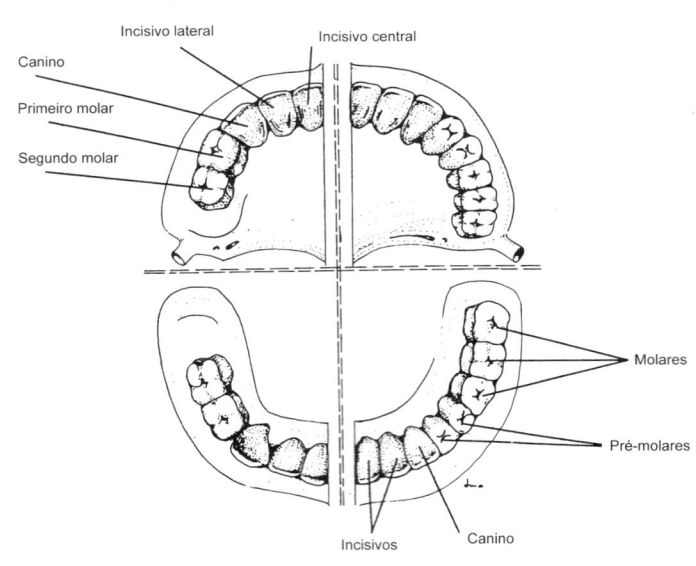

FIG. 9.11

Dentes decíduos e permanentes.
Fonte: Alexander MM, Brown MS. Diagnóstico na enfermagem pediátrica. São Paulo: Andrei, 1978. p. 110.

A **idade óssea** é o índice de amadurecimento esquelético, determinado pelo aparecimento e união dos distintos centros epifisários de ossificação, que seguem uma ordem definida do nascimento até a idade adulta (**Figura 9.12**).

Sua avaliação é feita pelo exame radiológico, comparando-se o aparecimento dos núcleos secundários de ossificação com os mapas da idade óssea. Em casos de desnutrição, a idade óssea costuma estar atrasada e quando ocorre a puberdade precoce, encontra-se adiantada para a idade cronológica.

Para **monitorizar o crescimento** da criança, é indispensável que os dados obtidos sejam lançados nos respectivos gráficos de peso, altura e perímetro cefálico (**Figuras 9.13A a 9.13F e 9.14A a 9.14E**), o que permite construir as curvas de crescimento da criança e determinar seu canal de crescimento.

Isto permite não só comparar seu crescimento com o que é considerado normal para sua idade, como também, acompanhar sua individualidade e, assim, detectar precocemente, qualquer alteração do mesmo, tais como: ganho insuficiente ou excessivo de peso, altura e perímetro cefálico; risco de agravos nutricionais; desnutrição e obesidade.

Na avaliação do gráfico considera-se que:

- a curva ascendente indica um crescimento adequado;
- a curva horizontalizada ou descendente indica, respectivamente, perigo e grande perigo de agravo de crescimento;
- a curva deve manter-se entre as linhas do gráfico correspondente aos percentis 97,5 e 2,5, de preferência entre os percentis 90 e 10;
- as curvas de peso e altura/estatura devem manter uma correlação: quando a curva do peso encontra-se 40 percentis ou mais acima da curva de altura/estatura, indicativa de obesidade

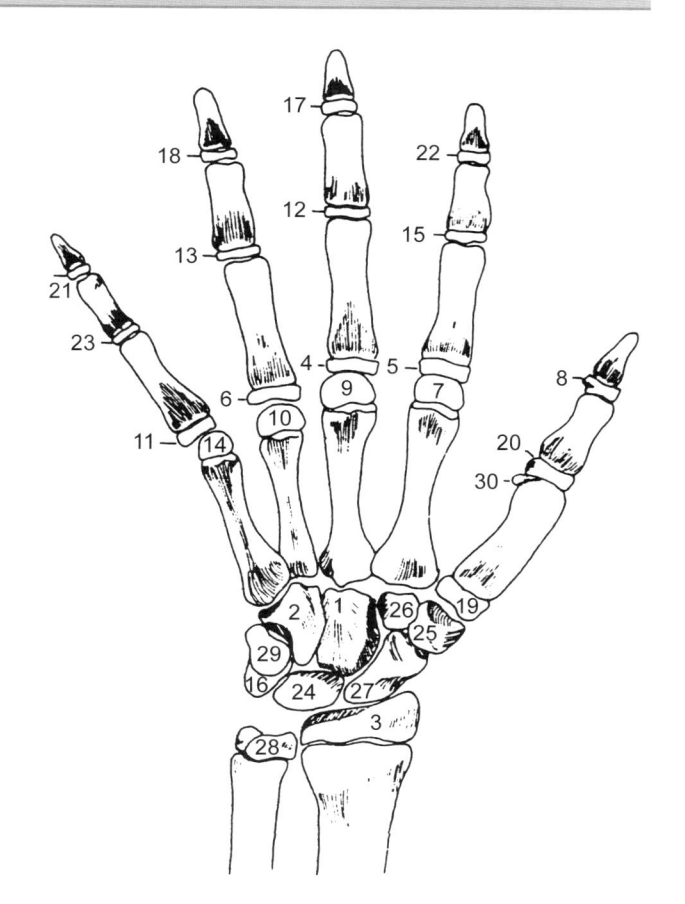

FIG. 9.12

Ordem de aparecimento dos núcleos secundários de ossificação.
Fonte: Setian N. Endocrinologia pediátrica: aspectos físicos e metabólicos ao recém-nascido ao adolescente. São Paulo: Sarvier, 1989. p. 48.

QUADRO 9.3 IDADE DO APARECIMENTO DOS DENTES DECÍDUOS		
Dentes (tipo e nº)	**Arcada Inferior**	**Arcada superior**
Incisivo central (2)	6 m	7 1/2m.
Incisivo lateral (2)	7 m	9 m.
Caninos (2)	16 m	18 .m
1º. Molar (2)	12 m	14 m
2º Molar (2)	20 m	24 m

Advance Data No. 314 • December 4, 2000

**Percentil de comprimento para idade
Meninos: 0 a 36 meses**

Idade (meses)

Fonte: Developed by the National Center for Health Statistics in collaboration with the National Center for Chronic Prevention and Health Promotion (2000).

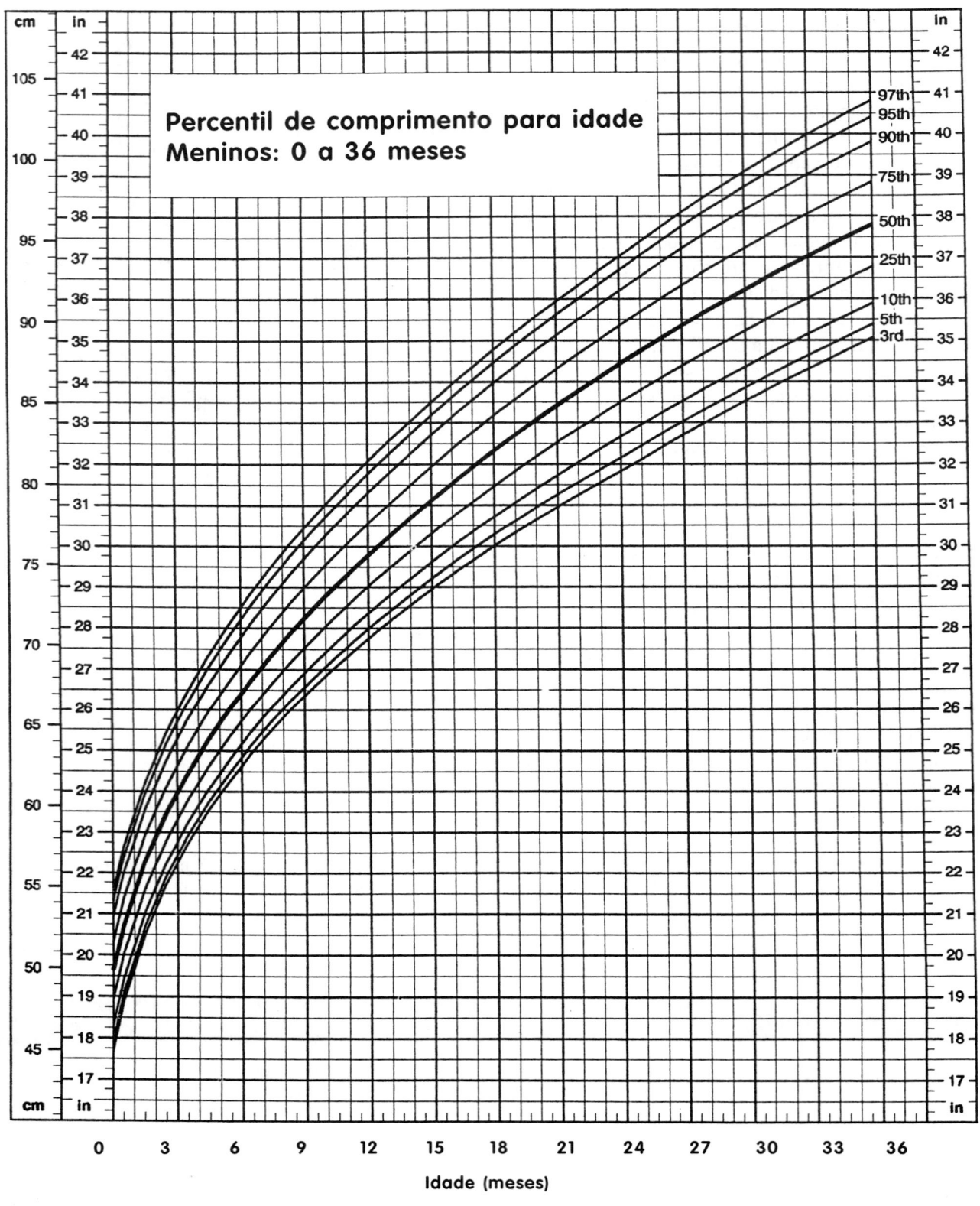

FIG. 9.13A

Curvas de crescimento para meninos: Estatura para idade 0 a 36 meses; (NCHS – 2000).

Advance Data No. 314 • December 4, 2000

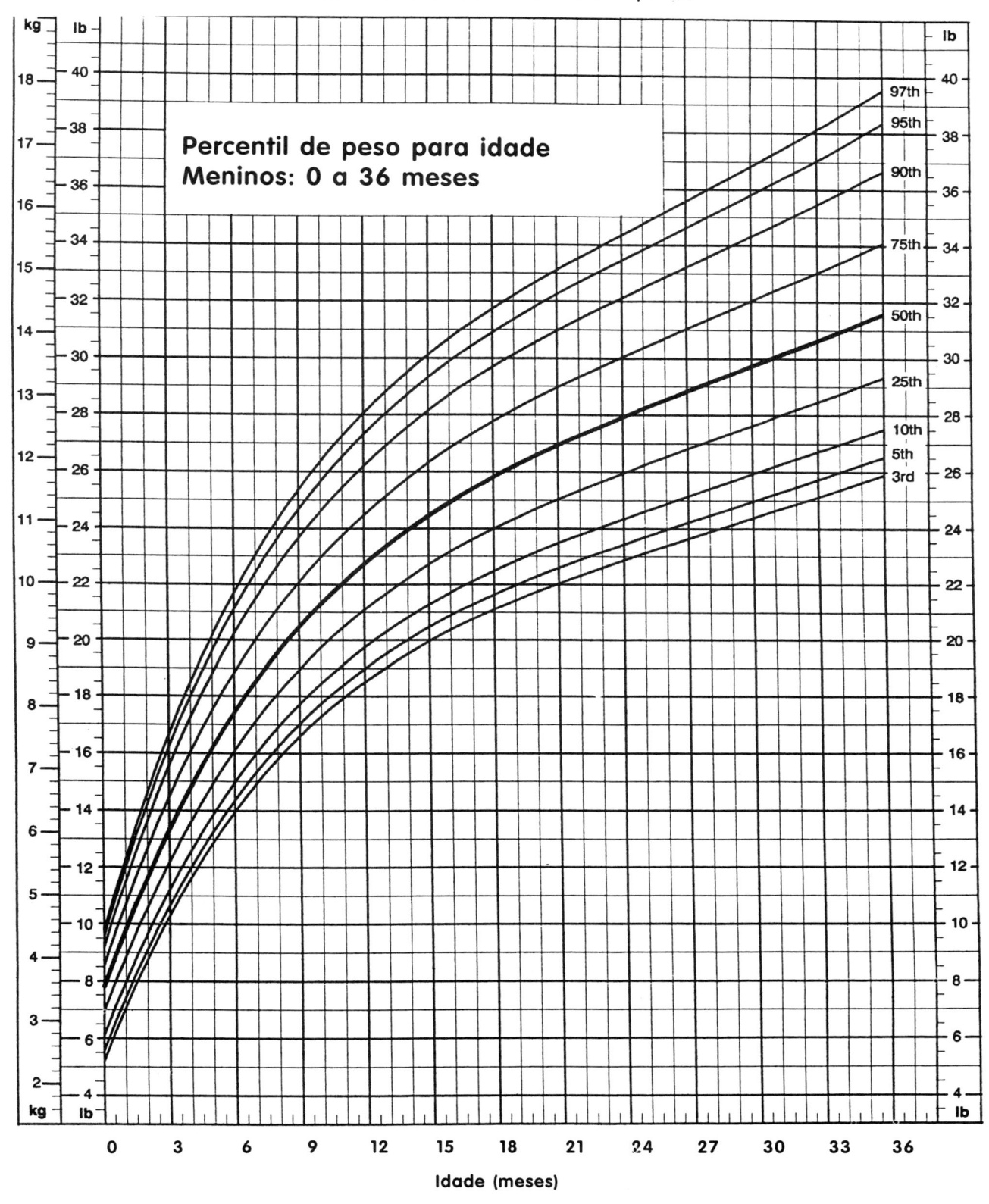

**Percentil de peso para idade
Meninos: 0 a 36 meses**

Idade (meses)

Fonte: Developed by the National Center for Health Statistics in collaboration with the National Center for Chronic Prevention and Health Promotion (2000).

FIG. 9.13B

Curvas de crescimento para meninos: Peso para idade 0 a 36 meses; (NCHS – 2000).

Advance Data No. 314 • December 4, 2000

Percentil de estatura para idade
Meninos: 2 a 20 anos

Idade (anos)

Fonte: Developed by the National Center for Health Statistics in collaboration with the National Center for Chronic Prevention and Health Promotion (2000).

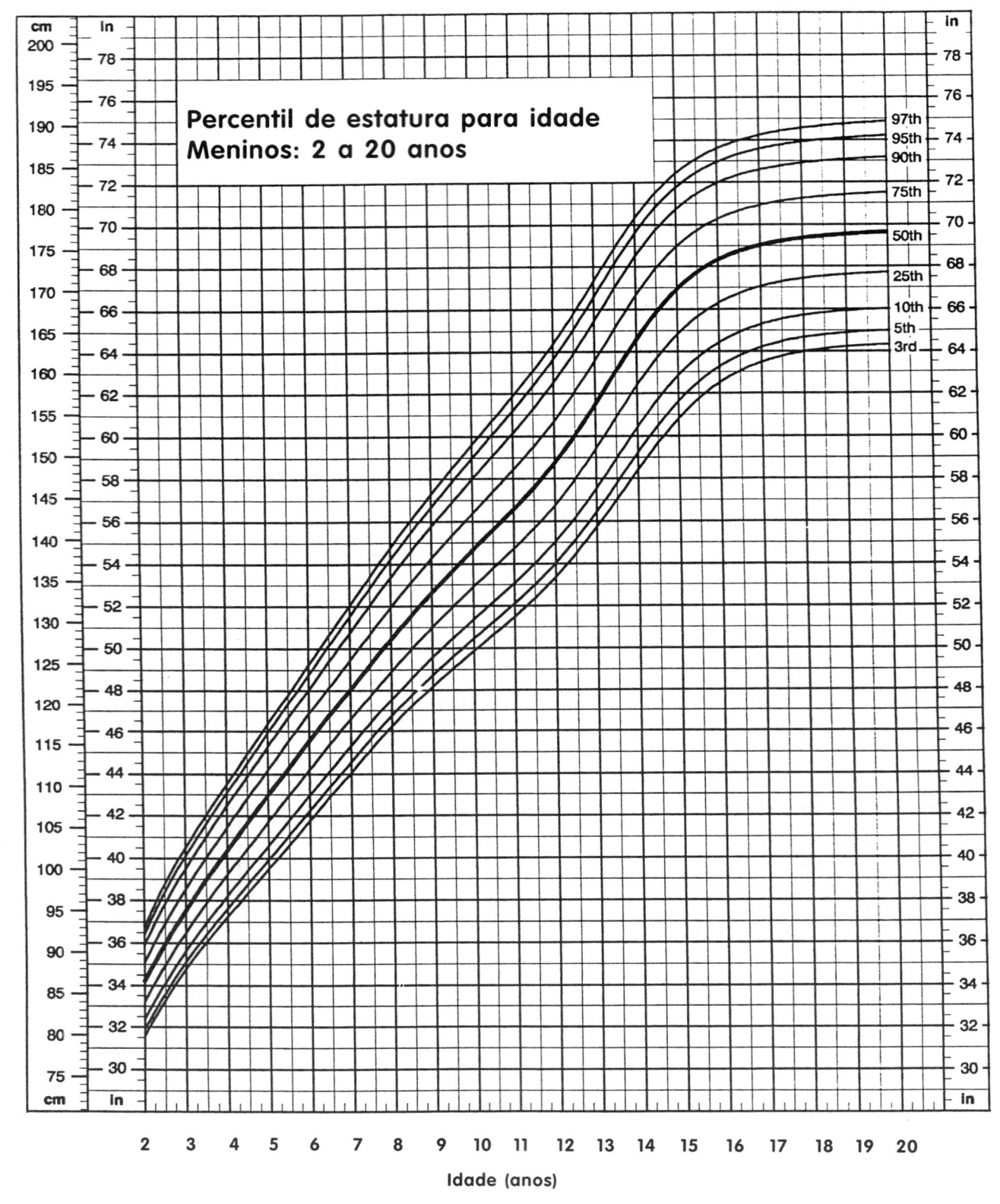

FIG. 9.13C

Curvas de crescimento para meninos. Estatura para idade 2 a 20 anos; (NCHS – 2000).

CRESCIMENTO E DESENVOLVIMENTO DA CRIANÇA

Advance Data No. 314 • December 4, 2000

Percentil de peso para idade
Meninos: 2 a 20 anos

Fonte: Developed by the National Center for Health Statistics in collaboration with the National Center for Chronic Prevention and Health Promotion (2000).

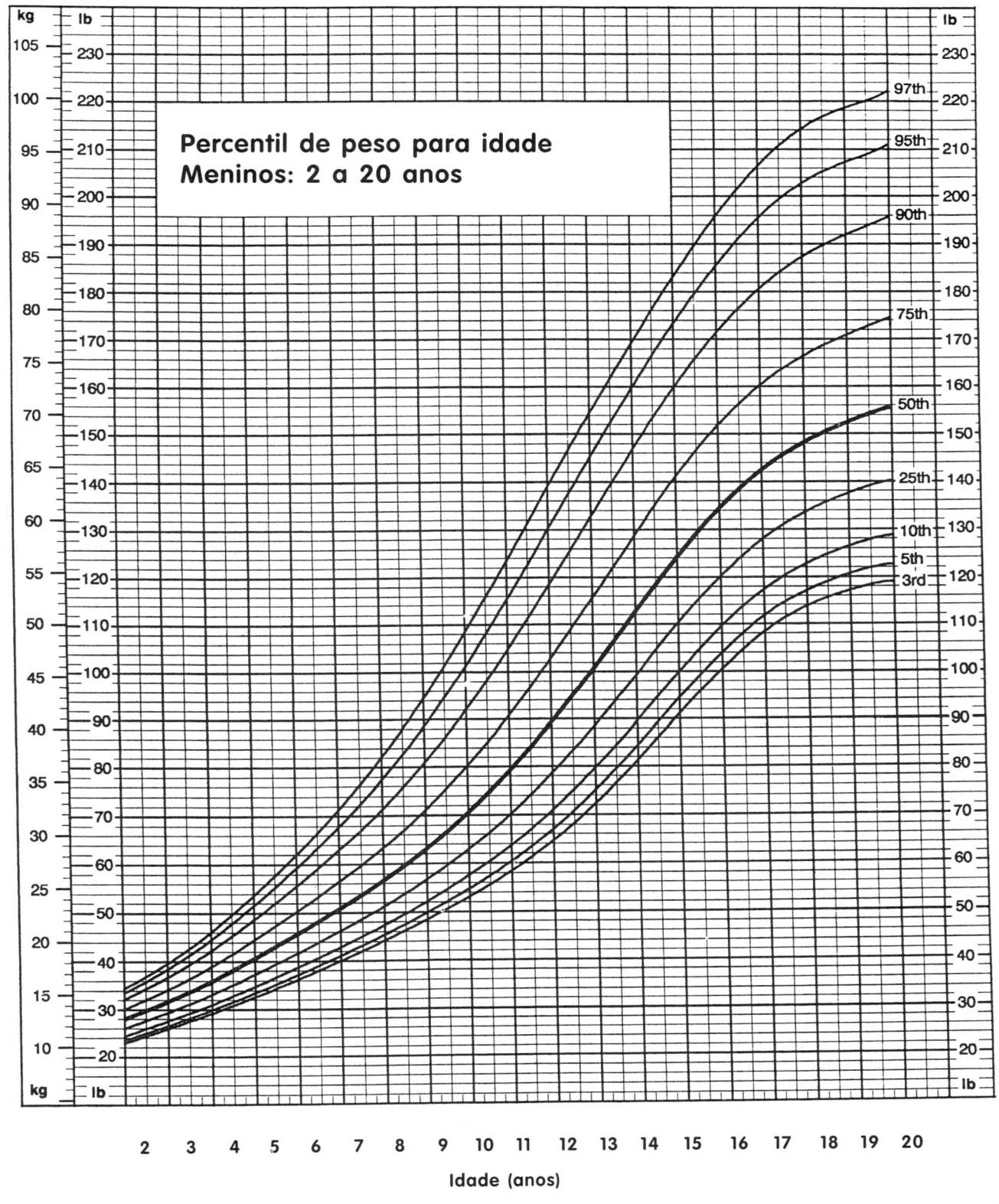

FIG. 9.13D

Curvas de crescimento para meninos. Peso para idade 2 a 20 anos; (NCHS – 2000).

Advance Data No. 314 • December 4, 2000

**Percentil de circunferência cefálica para idade
Meninos: 0 a 36 meses**

Idade (meses)

Fonte: Developed by the National Center for Health Statistics in collaboration with the National Center for Chronic Prevention and Health Promotion (2000).

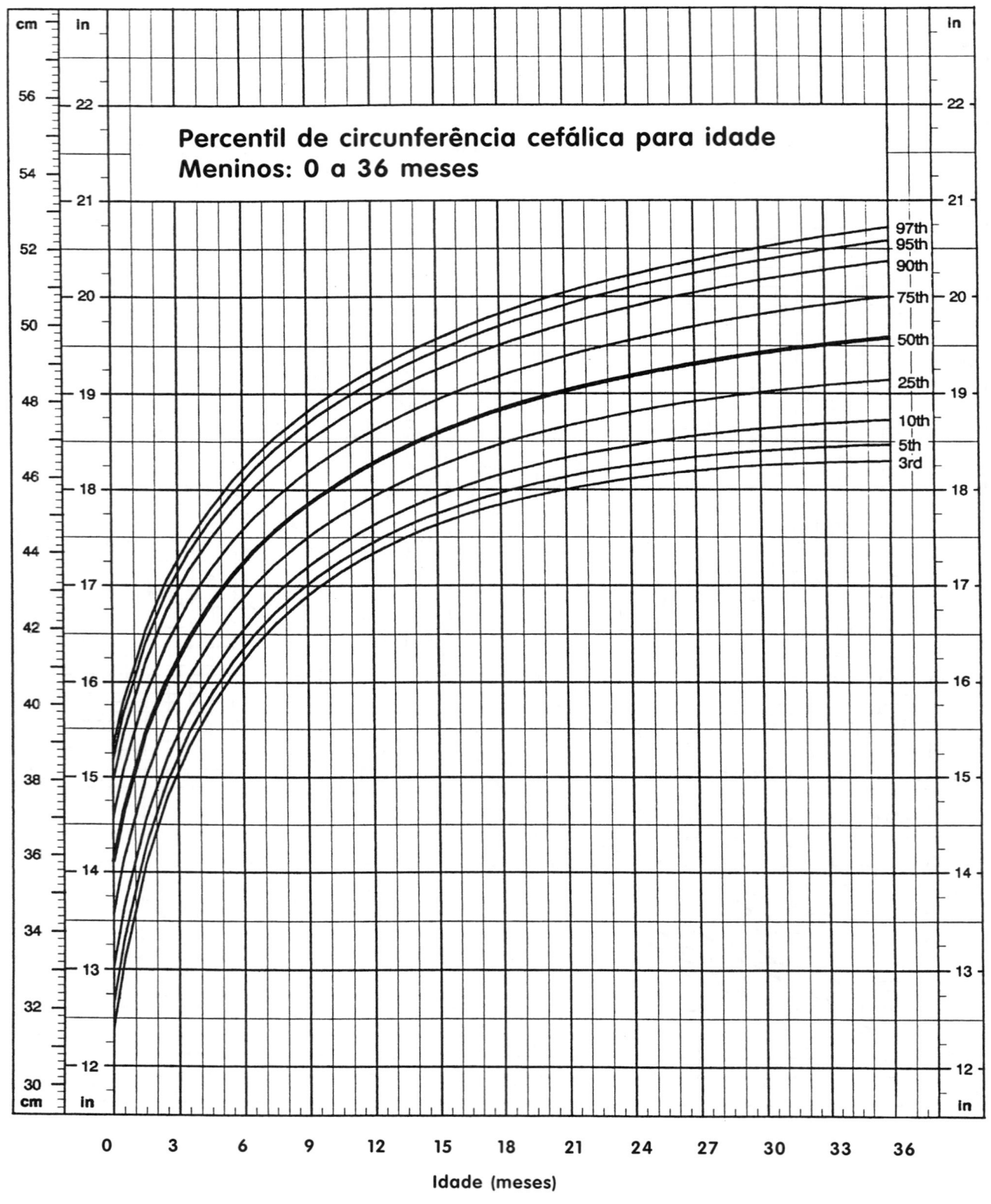

FIG. 9.13E

Curvas de crescimento para meninos: perímetro cefálico 0 a 36 meses; (NCHS – 2000).

CRESCIMENTO E DESENVOLVIMENTO DA CRIANÇA

Advance Data No. 314 • December 4, 2000

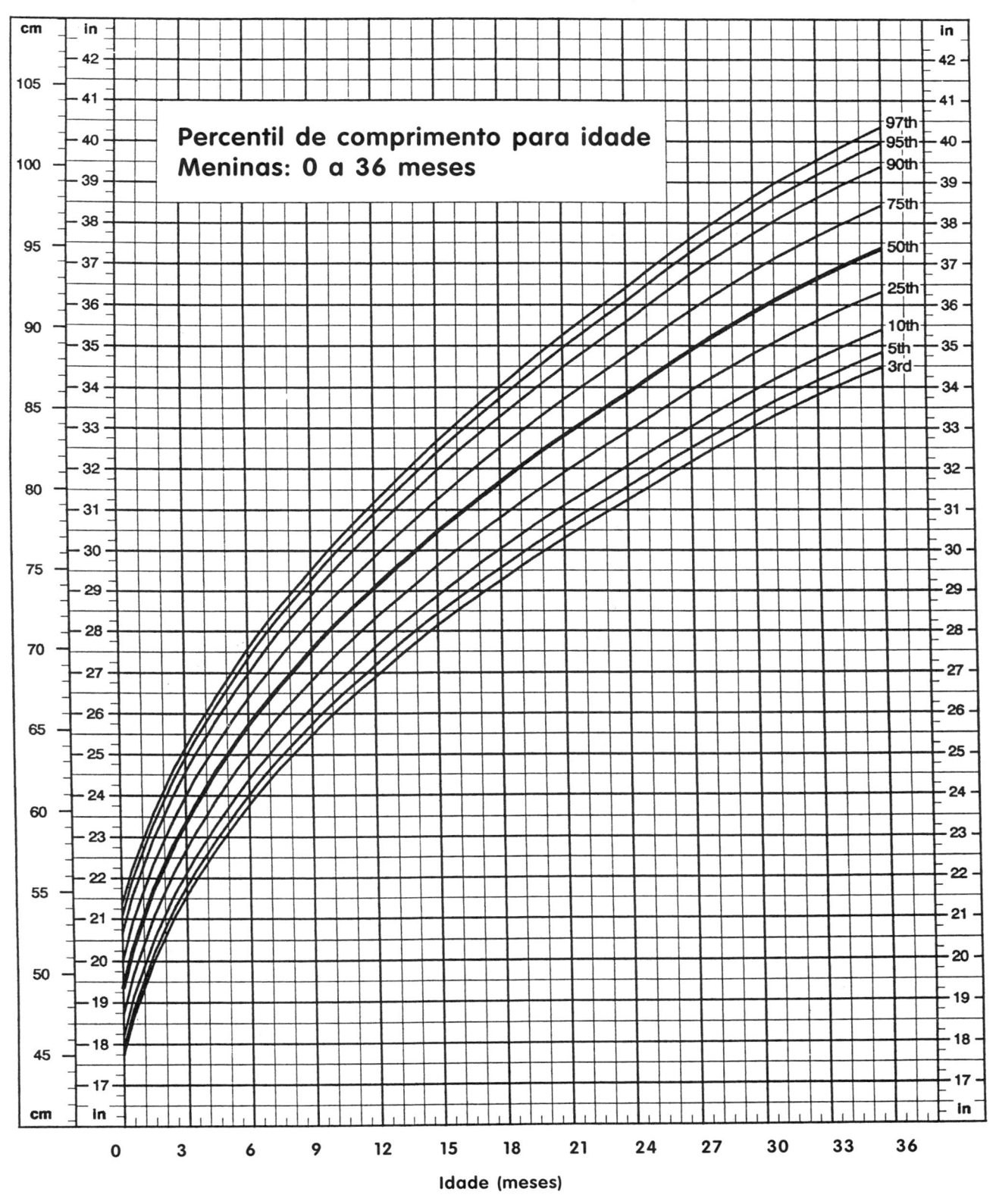

**Percentil de comprimento para idade
Meninas: 0 a 36 meses**

Idade (meses)

Fonte: Developed by the National Center for Health Statistics in collaboration with the National Center for Chronic Prevention and Health Promotion (2000).

FIG. 9.14A

Curvas de crescimento para meninas: Estatura para idade 0 a 36 meses; (NCHS – 2000).

Advance Data No. 314 • December 4, 2000

**Percentil de peso para idade
Meninas: 0 a 36 meses**

Idade (meses)

Fonte: Developed by the National Center for Health Statistics in collaboration with the National Center for Chronic Prevention and Health Promotion (2000).

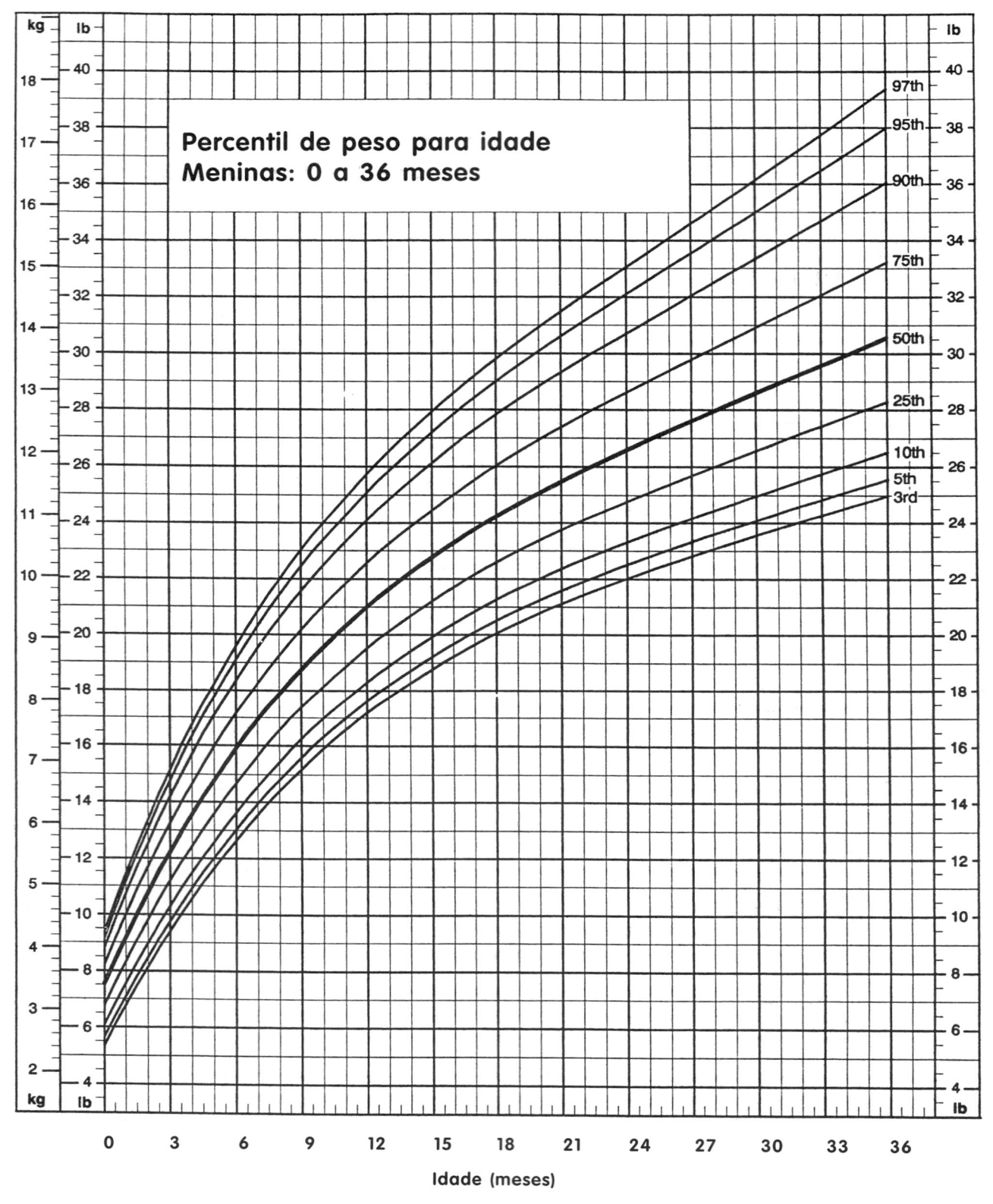

FIG. 9.14B

Curvas de crescimento para meninas: Peso para idade 0 a 36 meses; (NCHS – 2000)

Advance Data No. 314 • December 4, 2000

**Percentil de estatura para idade
Meninas: 2 a 20 anos**

Fonte: Developed by the National Center for Health Statistics in collaboration with the National Center for Chronic Prevention and Health Promotion (2000).

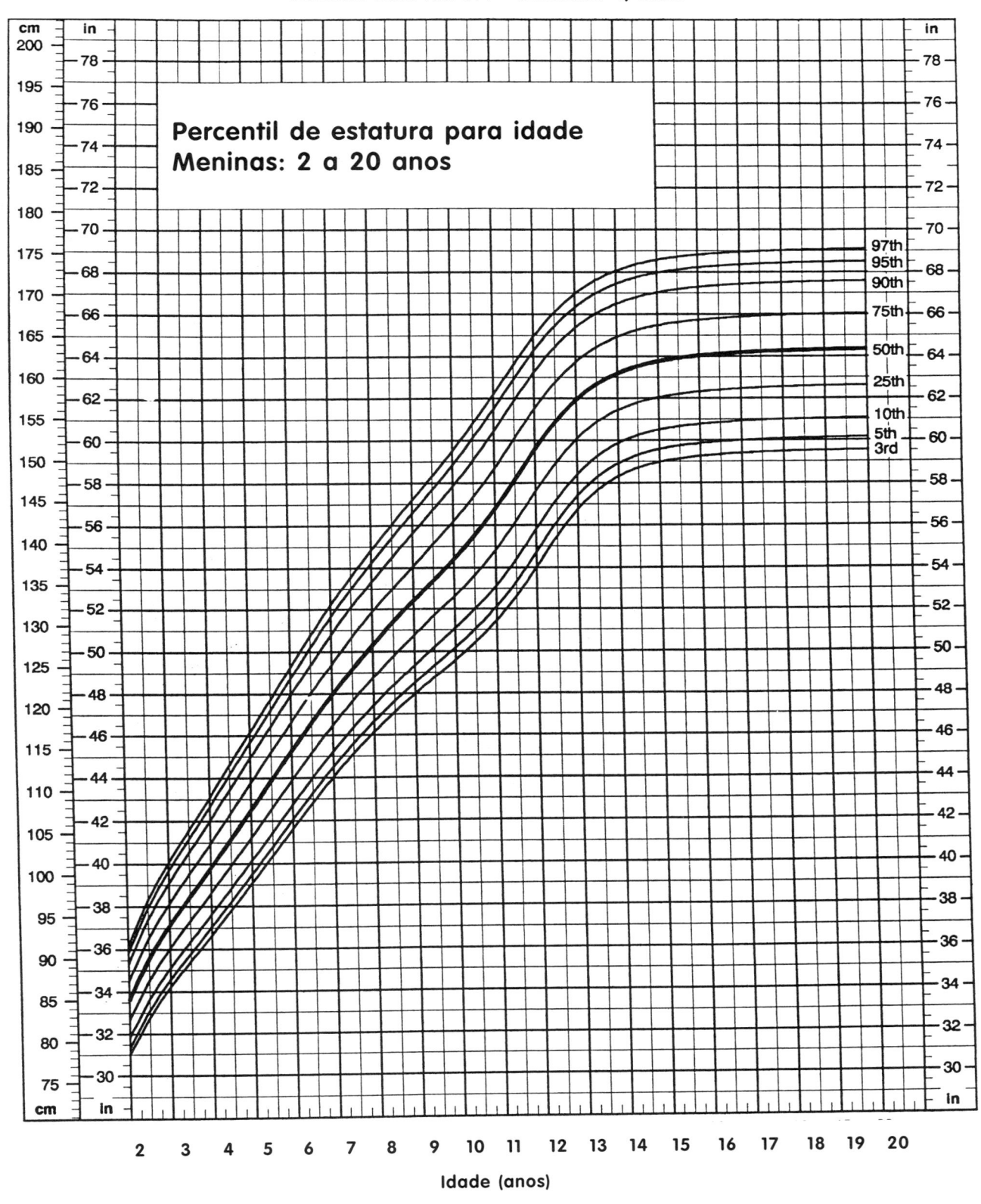

FIG. 9.14C

Curvas de crescimento para meninas: Estatura para idade 2 a 20 anos; (NCHS – 2000)

Advance Data No. 314 • December 4, 2000

**Percentil de peso para idade
Meninas: 2 a 20 anos**

Idade (anos)

Fonte: Developed by the National Center for Health Statistics in collaboration with the National Center for Chronic Prevention and Health Promotion (2000).

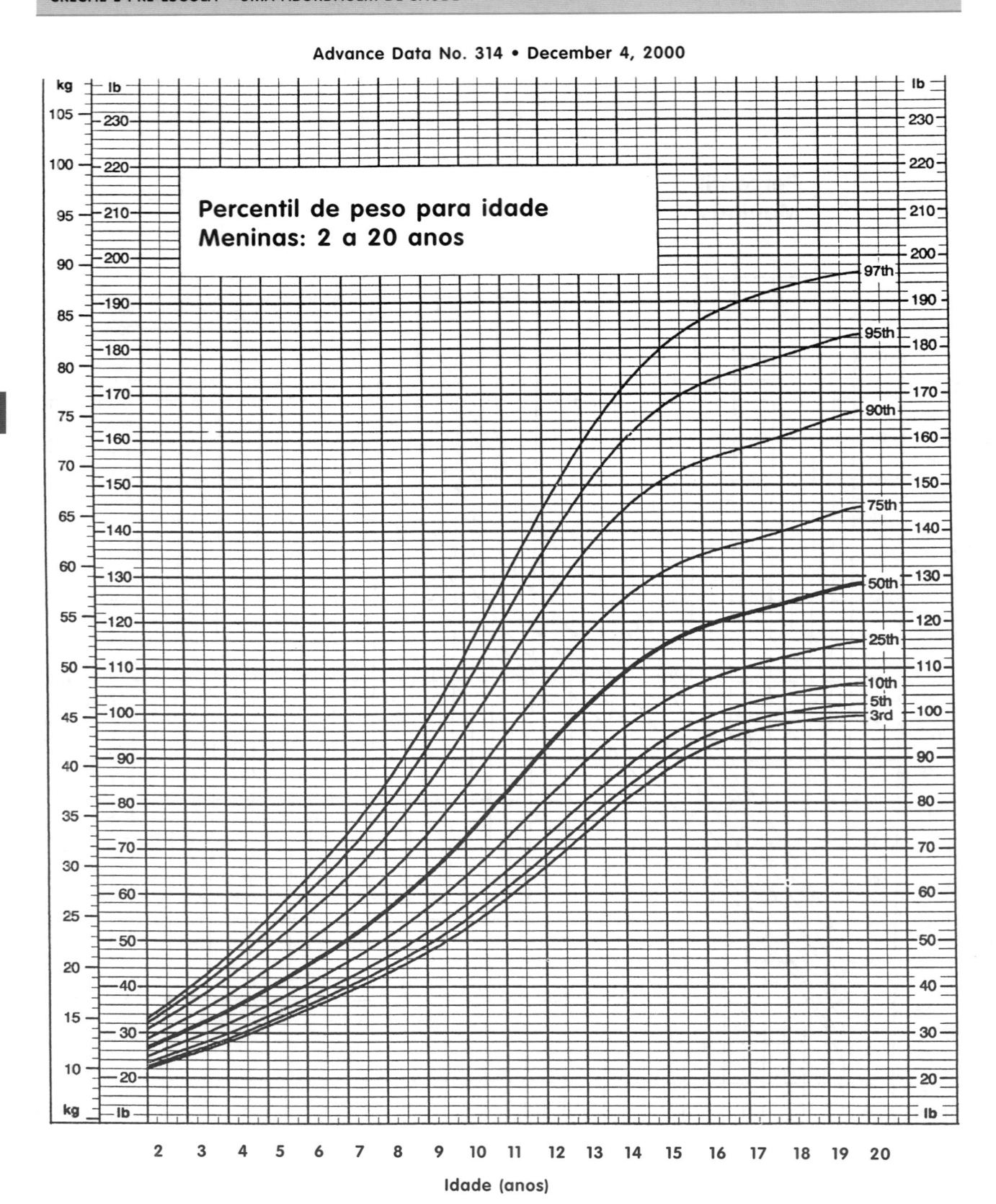

FIG. 9.14D

Curvas de crescimento para meninas: Peso para idade 2 a 20 anos; (NCHS – 2000)

Advance Data No. 314 • December 4, 2000

**Percentil de circunferência cefálica para idade
Meninas: 0 a 36 meses**

Idade (meses)

Fonte: Developed by the National Center for Health Statistics in collaboration with the National Center for Chronic Prevention and Health Promotion (2000).

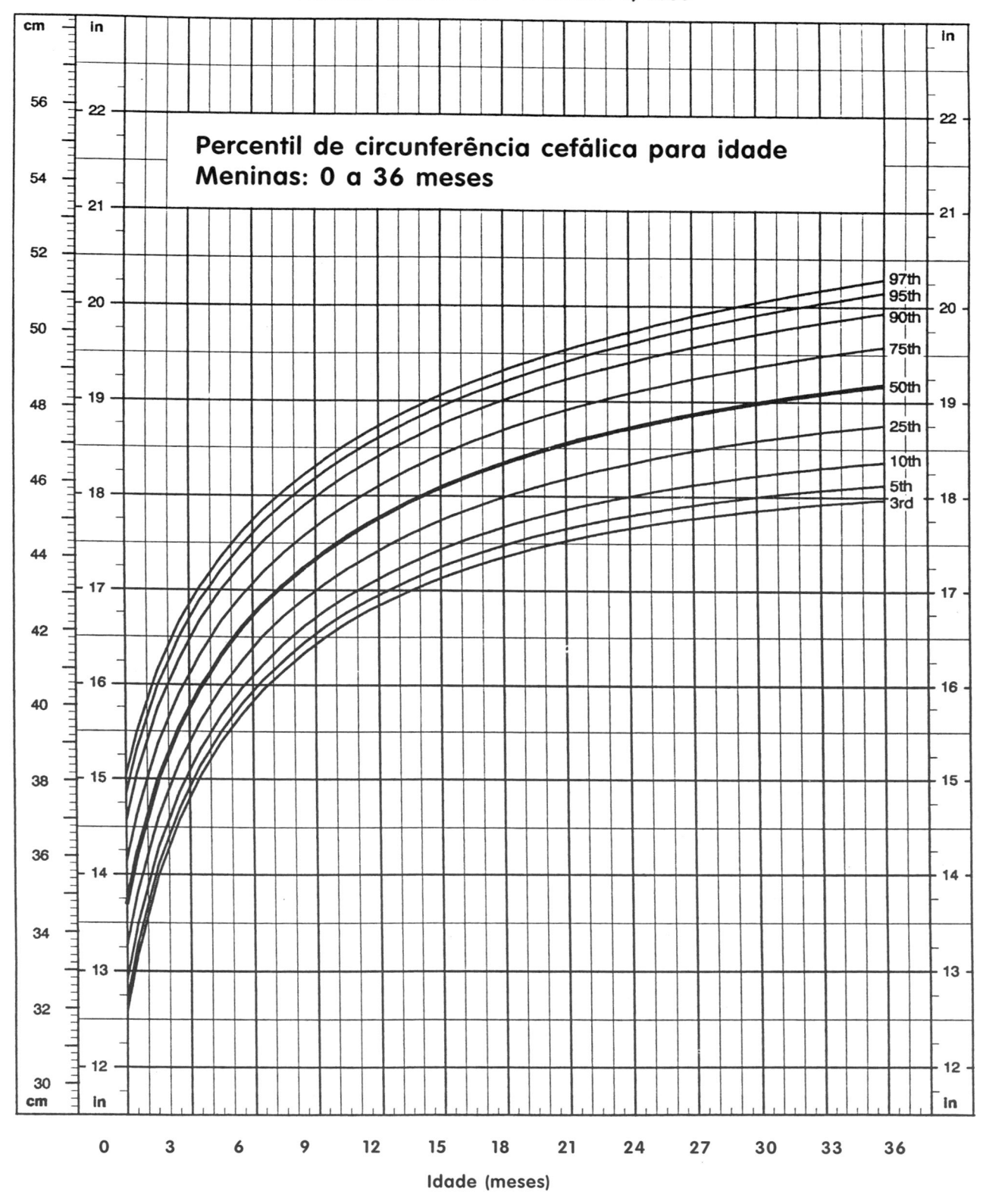

FIG. 9.14E

Curvas de crescimento para meninas: Perímetro cefálico 0 a 36 meses; (NCHS – 2000)

COMO AVALIAR O DESENVOLVIMENTO DA CRIANÇA?

A avaliação do **desenvolvimento**[6,7,9,10,11,12] exige uma compreensão integral da pessoa da criança, podendo ser facilitada pelo conhecimento advindo das diferentes teorias do desenvolvimento infantil. Existem inúmeras teorias, mas nenhuma delas, de forma isolada, satisfaz a necessidade de entendimento de todos os propósitos e para todas as crianças. De forma geral, elas não são contraditórias, mas variam no sentido porque focalizam, com maior ênfase, um aspecto do desenvolvimento.

As teorias de desenvolvimento mais conhecidas e aceitas, e a nosso ver, importantes no sentido de respaldar a assistência à criança são: as teorias de desenvolvimento da personalidade de Freud, com enfoque no desenvolvimento psicossexual e de Erikson, cuja ênfase está no desenvolvimento psicossocial e a teoria do desenvolvimento cognitivo de Piaget.

A seguir, são apresentados os principais aspectos de cada uma delas, ressaltando os que correspondem às faixas etárias das crianças atendidas em creches/pré-escola.

TEORIA DE FREUD

Freud é considerado o pai da psicanálise, cujos conceitos básicos são: a mente inconsciente; os mecanismos de defesa; os estágios ou fases do desenvolvimento baseados nas zonas do corpo; a libido, ou seja, o prazer sexual; as desordens emocionais tendo como origem problemas da infância; as três estruturas da mente: o id, o ego e o superego; e a clássica técnica psicanalítica de retratar experiências passadas para descobrir as causas dos desajustamento da pessoa.

Freud contribuiu sua teoria de desenvolvimento humano ao tratar adultos, cujos distúrbios relacionavam-se a problemas ocorridos em determinadas fases da infância, com diferentes zonas de libido.

Estas fases são: fase oral (primeiro ano de vida), fase anal (1 a 3 anos), fase fálica ou genital (3 a 6 anos), fase de latência (7 a 12 anos) e fase da sexualidade adulta (a partir do início da adolescência).

Na **fase oral**, os sentimentos de prazer e desprazer da criança estão centrados principalmente na boca, e a gratificação é encontrada quando a criança usa a boca para sugar e satisfazer a fome. Como as experiências orais da criança são os fundamentos de sua personalidade, uma gratificação oral muito grande ou pequena pode produzir no indivíduo mais velho uma "personalidade oral", caracterizada por passividade, dependência, desordens na alimentação, na fala, necessidade de mascar e outras.

A **fase anal** coincide com o início do controle neuromuscular sobre o esfíncter anal, quando a criança transfere seu foco predominante da libido para a região anal. As experiências de frustração e satisfação que acompanham o controle de segurar e expelir, contrair e relaxar tornam-se o centro da vida mental da criança, passando a predominar no desenvolvimento de sua personalidade. Possessividade, retentividade, excesso de zelo e ordem, desordem ou asseio, agressividade, vergonha são algumas características de personalidade que podem estar ligadas a problemas da fase anal.

O treinamento do controle esfincteriano requer da criança um compromisso entre seu prazer libidinal da função intestinal e o controle imposto pela expectativa social que costuma ser um problema crucial a ser percorrido durante a fase anal.

Durante a **fase fálica ou genital**, o interesse, a atividade e o prazer da criança focalizam-se ao redor da região genital: auto-estimulação, autoconforto, curiosidade, questionamento, brincadeiras, atividades e relações sociais são vivenciadas no contexto do interesse libidinoso genital. As regiões genitais, especialmente o pênis, são supervalorizadas pelas crianças de ambos os sexos. A intrusão geral e o vigor com que a criança dessa idade ataca seu meio ambiente, são símbolos de positividade da fase fálica. Nesta fase, aparecem os complexos de Édipo (nos meninos) e de Eletra (nas meninas), quando a criança compete com o pai do mesmo sexo a atenção e o amor do pai do sexo oposto.

TEORIA DE ERIKSON

Erikson trabalhou de modo exaustivo com crianças e elaborou uma teoria do desenvolvimento da personalidade que enfatiza as relações sociais do indivíduo, sob a premissa de que este desenvolvimento envolve as reações das crianças às suas mudanças corporais e ao meio ambiente. Assim, embora se baseie na teoria de Freud, enfatiza a personalidade saudável.

A teoria descreve conflitos-chave que devem ser superados, durante períodos críticos no desenvolvimento da personalidade: confiança X desconfiança (nascimento até 1 ano); autonomia X insegurança e dúvida (1 a 3 anos); iniciativa X culpa (3 a 6 anos); indústria X inferioridade (6 a 12 anos); identidade X confusão (12 a 18 anos); intimidade X isolamento (adulto jovem); generatividade X estagnação (adulto); integridade do ego X desesperança (idoso). Ressalta que o domínio de cada um desses conflitos está construído na resolução do conflito da fase anterior.

1 - **Confiança X desconfiança** é a fase em que se estabelece a confiança básica, primeiro e mais importante atributo de uma personalidade saudável, na qual estão ancoradas todas as experiências de satisfação da criança nessa idade. A relação de desconfiança se desenvolve quando as experiências para a promoção da confiança são deficientes, ou quando as necessidades básicas são atendidas inconsistentes e inadequadas.

2 - **Autonomia X insegurança** é a fase centrada no aumento da habilidade das crianças dominarem seu corpo, elas mesmas e seu meio-ambiente; de usarem novas capacidades de desempenhar por si as habilidades motoras como: andar, subir, trepar e manipular e exercitarem as capacidades mentais de selecionar e tomar decisões, trazendo como resultado favorável o desenvolvimento do censo de autonomia, o autocontrole e a disposição para domínio. Os sentimentos de insegurança e dúvida começam quando elas se sentem pequenas e embaraçadas; se suas escolhas forem desastrosas, ou outros as humilham, ou se forem forçadas a ser dependentes em áreas nas quais são capazes de assumir controle.

3 - **Iniciativa X culpa** é um estágio caracterizado por comportamento intrusivo, vigoroso, exploração e imaginação florescente. As crianças exploram o mundo físico com todos os seus sentidos e capacidades, além de desenvolverem uma consciência, ou seja, uma voz interna que as alerta para a escolha entre o certo e o errado, mas que também as ameaça. Como resultado satisfatório desta etapa, temos a capacidade de iniciativa e a formação de direção e de propósito. Por outro lado, quando o pré-escolar sente que seus atos ou imaginações são maus, emerge o sentimento de culpa.

TEORIA DE PIAGET

Piaget foi zoólogo, filósofo e psicólogo, trabalhou intensamente para desenvolver a teoria do desenvolvimento cognitivo, a qual favoreceu a compreensão sobre o desenvolvimento do pensamento da criança. A teoria pressupõe a existência de potencialidades inerentes nas crianças desde o nascimento para o crescimento individual, mas que se desenvolvem mediante sua interação com o meio ambiente. Desta forma, as crianças conseguem processar e agir e começam a entender as relações entre os objetos, entre elas e seu mundo. Com o desenvolvimento, cognitivo os indivíduos adquirem a capacidade de raciocinar abstratamente, de pensar de maneira lógica e organizar as funções intelectuais dentro das mais altas estruturas.

Piaget classificou o desenvolvimento do pensamento lógico do bebê até a idade pré-escolar em dois estágios: o **sensório-motor**, na idade de zero a dois anos e o **pré-operacional** de dois a sete anos. O primeiro estágio é governado pela sensação, por meio da qual acontece o aprendizado simples. É a fase de desenvolvimento da atividade reflexa ao comportamento imitativo e do senso de "causa-efeito", enquanto direcionam seu comportamento aos objetos, e a solução de problema refere-se ao ensaio e erro; a criança manifesta um alto nível de curiosidade, experimentação e satisfação com a novidade; começa a ter senso de posse, conforme se torna capaz de diferenciar-se do meio-ambiente; torna-se ciente de que os objetos têm permanência, e existem no pensamento, mesmo que não sejam visíveis. Neste estágio, a experiência intelectual da criança consiste na observação e na manipulação de si mesmo e de seu meio ambiente, sendo inseparável a experiência motora e sensorial. No final deste estágio, a criança começa a empregar a linguagem, aparecendo o pensamento representacional que imita o comportamento do outro, mesmo em sua ausência.

O estágio seguinte apresenta a característica predominante de egocentrismo, não no sentido de tudo centrado nela, mas de que existe uma incapacidade de colocar-se no lugar do outro; é incapaz de ver as coisas sob uma perspectiva que não seja a sua. A criança interpreta os objetos e eventos conforme se relaciona com eles ou do uso que faz dele. Neste estágio, o pensamento da criança é concreto e palpável, isto é, não consegue raciocinar além do observável e é incapaz de fazer deduções e generalizações. O pensamento é dominado pelo que vê, ouve ou experimenta. No entanto, a criança possui grande habilidade para usar linguagem e símbolos que representam objetos de seu meio-ambiente, e por meio do brinquedo imaginativo, questionamento ou outro tipo de interação, começa a elaborar mais conceitos e fazer associações simples de idéias.

Uma das mais destacadas realizações do pensamento próprio e racional é a falta de conservação ou reversibilidade. A criança desta idade é incapaz de entender que uma bola de argila pode ser quebrada e transformada em uma figura original; ou é incapaz de perceber que dois recipientes de formas e alturas diferentes podem conter a mesma porção de conteúdo. No final do estágio, o raciocínio torna-se intuitivo e apresenta leve noção de peso, altura, tempo e local.

A seguir apresentaremos um quadro representativo destas teorias que permite visualizar cada uma delas conforme as diferentes idades das crianças (Quadro 9.4).

Além das teorias de desenvolvimento é importante o conhecimento da evolução maturacional da criança, cuja principal referência é o estudo de Gesell, que descreve quatro grandes áreas de habilidades de desenvolvimento: pessoal-social, linguagem, motora e adaptativa.

A partir desse estudo, vários outros foram realizados e levaram à construção de instrumentos para avaliação do desenvolvimento da criança, entre as quais destacamos o Teste de Triagem do Desenvolvimento de Denver (TTDD) desenvolvido pelo Dr William Frankenburg e seus colegas da Universidade de Denver, Colorado na década de 60[7,13,14].

O TTDD não é um teste de avaliação de coeficiente de inteligência e nem de diagnóstico de desenvolvimento, e sim um instrumento que tem como objetivo obter uma estimativa do nível de desenvolvimento maturacional atual da criança em quatro áreas: Pessoal-Social, Motor Adaptativo Delicado, Linguagem e Motor-Grosseiro. Pode ser utilizado por qualquer profissional capacitado para a sua aplicação.

O material utilizado deve constar de 01 modelo do teste (**Figura 9.15**) e o folheto explicativo de sua utilização (**Figura 9.16**), 01 lápis preto, folha de papel sulfite branco, 01 pom pom de lã vermelha com fio comprido, 01 frasco de vidro claro com a boca de 1,5 cm de diâmetro, uvas passas ou balas jujubas redondas pequenas, 01 chocalho de cabo estreito, 01 sineta com cabo estreito, 01 bola de tênis, 08 cubos de 2,5 cm pintados de azul, amarelo, vermelho e verde, fichas de papel cartão contendo reproduções das figuras geométricas e dos animais.

Para sua aplicação devem ser consideradas as seguintes instruções [13,14]:

- traçar uma linha vertical na folha do exame, de acordo com a idade cronológica da criança;
- colocar a data do exame acima da linha (linha cronológica);

QUADRO 9.4 ESTÁGIOS EVOLUTIVOS SEGUNDO TEORIAS DO DESENVOLVIMENTO			
ESTÁGIO/IDADE	ESTÁGIOS PSICOSSEXUAIS (FREUD)	ESTÁGIOS PSICOSSOCIAIS (ERIKSON)	ESTÁGIOS COGNITIVOS (PIAGET)
Lactente RN a 1 ano	Oral-sensitivo	Confiança X Desconfiança	Sensoriomotor (nascimento até 2 anos)
Todler 1-3 anos	Anal - uretral	Autonomia X Vergonha	Pensamento pré-operacional, fase-conceitual (raciocínio transdutivo-específico para o específico) (2-4 anos)
Pré-escolar 3-6 anos	Fálico - locomoção	Iniciativa X Culpa	Pensamento pré-operacional, fase intuitiva (raciocínio transdutivo) (4-6 anos)
Escolar 7-12 anos	Latência	Industrialização X Inferioridade	Operações concretas (raciocínio indutivo e início do lógico) (7-11 anos)
Adolescente 12-19 anos	Genitalidade	Identidade X Confusão	Operações formais (raciocínio dedutivo e abstrato) (12-15 anos)

Fonte: Wong DL. Whaley & Wong. Enfermagem pediátrica: elementos essenciais à intervenção efetiva. 5º ed. Rio de Janeiro. Guanabara Koogan, 1999. p. 80.

CRESCIMENTO E DESENVOLVIMENTO DA CRIANÇA

TESTE DE TRIAGEM DO DESENVOLVIMENTO DE DENVER

DATA:_____

NOME:_____SEXO:_____

NASCIMENTO:_____/_____/_____   FICHA Nº_____

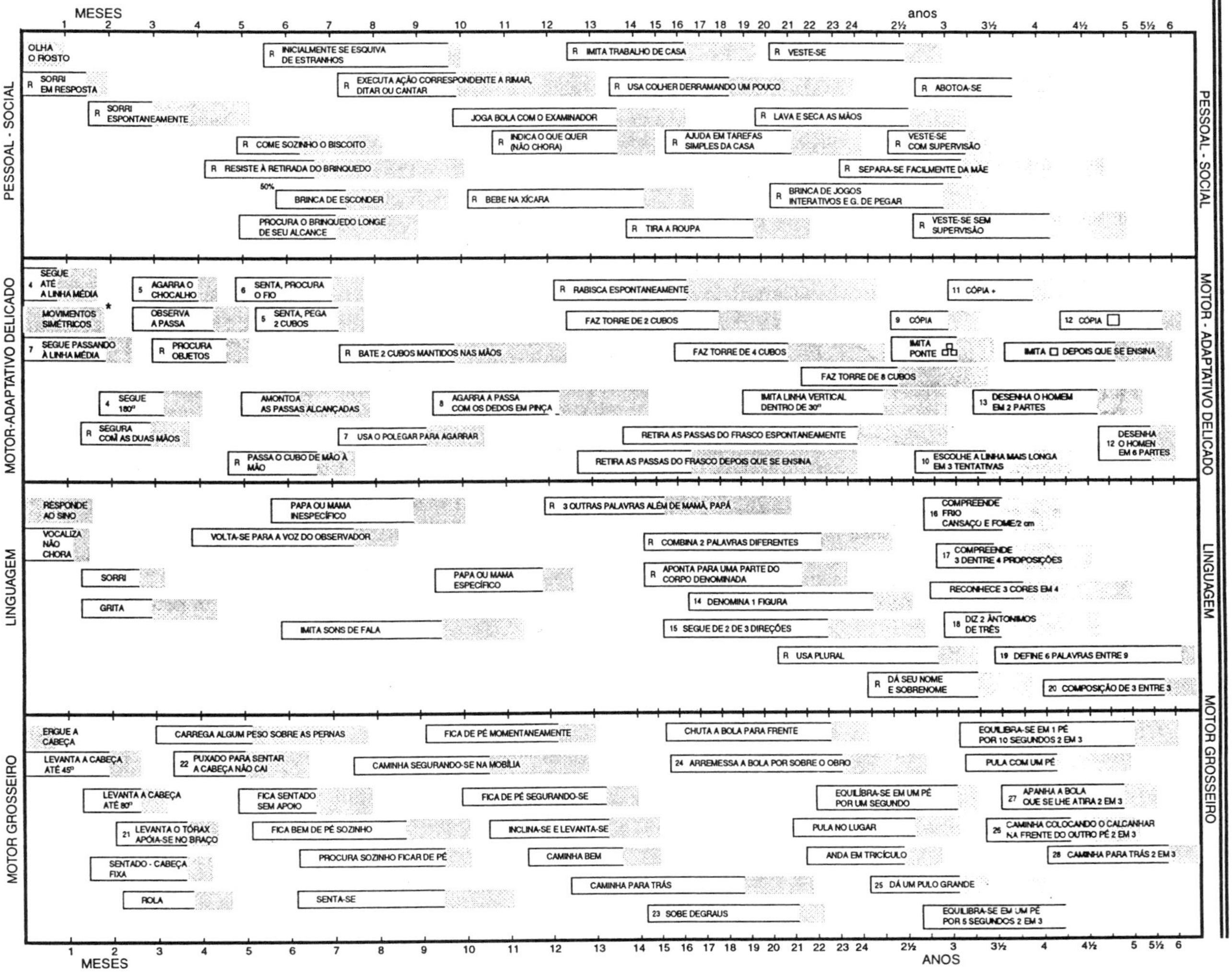

OBSERVAÇÕES:_____
_____
_____

FIG. 9.15

Teste do Desenvolvimento de Denver.
Fonte: Brêtas JRS, Silva MGB, Silva CV. Aplicação do Teste de Triagem do Desenvolvimento de Denver pelo(a) enfermeiro(a) pediatra: relato de um caso. Acta Paul Enf, 1995; 8:9-18.

1. Procure fazer a criança sorrir, sorrindo, conversando ou acenando para ela. Não a toque.
2. Quando a criança estiver brincando com um brinquedo, tente retirá-lo dela. Aprovado, se resistir.
3. Não é necessário que a criança seja capaz de amarrar os sapatos ou abotoar nas costas.
4. Movimente lentamente, em forma de arco, o fio, de um lado para o outro, cerca de 15 cm acima do rosto da criança. Aprovada, se os olhos seguirem até 90° da linha média. (Além da linha média, 180°).
5. Aprove, se a criança segurar um chocalho, quando esse toca as costas ou as extremidades dos dedos.
6. Aprove se a criança continua a olhar o ponto de desaparecimento do fio, ou procura ver para onde foi. O examinador deve retirar o fio da visão, deixando-o cair rapidamente de sua mão, sem movimentar o braço.
7. Aprove, se a criança segurar a passa com qualquer parte do polegar ou indicador.
8. Aprove, se a criança pegar a passa com as extremidades do polegar e do indicador, usando a ajuda da palma da mão.

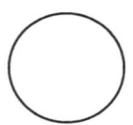

9. Aprovada, com qualquer círculo fechado. Reprovada se continuar a fazer repetidamente outros círculos.
10. Qual é a linha mais comprida (Não a maior). Vire o papel de cabeça para baixo e repita (3/3 ou 5/6).
11. Aprovada, com qualquer linha cruzada.
12. Primeiro faça a criança copiar. Se não conseguir, demonstre.

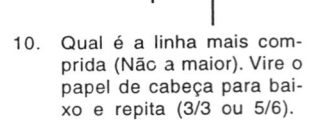

Ao administrar os itens 9, 11 e 12, não dê nome aos desenhos. Não demonstre os itens 9 e 11.
13. Quando contar, cada par (2 braços, 2 pernas) conta como uma parte.
14. Aponte para a figura e pergunte à criança seu nome. (A simples emissão de sons não tem valor).

15. Peça à criança para: entregar o cubo à mamãe; colocar um cubo sobre a mesa; colocar o cubo no assoalho. Aprovado com 2 dos 3.
Não ajude a criança apontando, movimentando a cabeça ou os olhos).
16. Pergunte à criança: O que você faz quando você está com frio?... fome?.... cansado? Aprovado com 2 dos 3.
17. Diga à criança: Coloque esse cubo sobre a mesa; debaixo da mesa; diante da cadeira; atrás da cadeira. Aprovado com 3 dos 4 (Não ajude a criança, apontando, movendo a cabeça ou os olhos).
18. Pergunte à criança: Se o fogo é quente, o gelo é? Mamãe é uma mulher, papai é um? O cavalo é grande, o rato é? Aprovado com 2 dos 3.
19. Pergunte à criança: O que é uma bola?... um lago?... uma carteira?... uma casa?... uma banana?... uma cortina?... o teto?... o muro?... a calçada? Aprovado, se definir em termos de uso, forma, de que é feito, ou a categoria geral (como por ex., dizer: banana é fruta, e não, simplesmente, é amarela). Aprove 6 de 9.
20. Pergunte à criança de que é feita uma colher?... e um sapato?... e uma porta? (Não substituir por nenhum outro objeto). Aprove 3 de 3.
21. Quando deitada sobre a barriga, a criança eleva o peito acima da mesa, firmando-se nos antebraços e/ou nas mãos.
22. Quando a criança está deitada de costas, segure suas mãos e puxe para sentar-se. Aprovada se a cabeça não pender.
23. A criança só pode usar a parede ou a grade, mas nenhuma pessoa. Não pode arrastar-se.
24. A criança deve lançar uma bola a 90 cm do alcance do braço do examinador.
25. Deve saltar acima da largura da folha-teste (24 centímetros).
26. Diga-lhe que ande para frente, ⌒⌒⌒ → colocando o calcanhar a 2,5 cm do grande artelho.
Isso pode ser demonstrado pelo examinador. Em duas de 3 tentativas, a criança deve caminhar 4 passos consecutivos.
27. Lance uma bola para a criança, que deve ficar de pé a cerca de 1 metro do examinador. A criança pode segurar a bola com as mãos, não com os braços, em 2 de 3 tentativas.
28. Diga-lhe que caminhe para trás ← ⌒⌒⌒ colocando o grande artelho a 2,5 cm do calcanhar.
Isso pode ser demonstrado pelo examinador. Em 2 de 3 tentativas, a criança deve caminhar 4 passos consecutivos.

<u>**DATA E OBSERVAÇÕES QUANTO AO COMPORTAMENTO DA CRIANÇA**</u>
(como a mesma se sente por ocasião do exame, o relacionamento com o examinador, seu grau de atenção, comportamento verbal, autoconfiança etc.).

FIG. 9.16

Folheto explicativo da utilização do TTDD.
Fonte: Brêtas JRS, Silva MGB, Silva CV. Aplicação do Teste de Triagem do Desenvolvimento de Denver pelo(a) enfermeiro(a) pediatra: relato de um caso. Acta Paul Enf, 1995; 8:9-18.

QUADRO 9.5 MARCOS DO DESENVOLVIMENTO NAS IDADES CHAVES

IDADE ESPERADA	MARCOS DO DESENVOLVIMENTO	RESPOSTA CHAVE
1 mês	• Reflexo de moro: abre e fecha os braços em resposta à estimulação. • Postura: barriga para cima, pernas e braços fletidos, cabeça lateralizada. • Olha para pessoa que a observa. • Segue até linha média.	1 a 4 1 a 2 1 a 2 1 a 2
2 meses	• Colocada de bruços, levanta a cabeça momentaneamente. • Sorri espontaneamente. • Fixa e acompanha objetos em seu campo social. • Segue após a linha média.	1 a 3 1 a 3 1 a 3 1 a 3
4 meses	• Colocada de bruços, levanta e sustenta a cabeça, apoiando-se no antebraço. • Alcança e pega objetos pequenos. • Emite sons-vocaliza. • Segue 180°. • Rola.	3 a 5 3 a 5 2 a 5 2 a 4 2 a 5
6 meses	• Levantada pelos braços ajuda com o corpo sem pender a cabeça. • Segura e transfere objetos de uma mão para a outra. • Vira a cabeça na direção de uma voz ou objeto sonoro. • Segurado pelas axilas sustenta seu peso nas pernas.	3 a 7 4 a 8 4 a 9 3 a 8
9 meses	• Senta-se sem apoio. • Arrasta-se ou engatinha. • Responde diferentemente a pessoas familiares e estranhas. • Fala papa ou mama não específico. • Pega objetos com os dedos em pinça.	5 a 10 7 a 10 6 a 10 5 a 10 7 a 11
12 meses	• Anda com apoio. • Faz gestos com a mão e a cabeça (tchau, não, bate palmas) • Emprega pelo menos uma palavra com sentidos. • Anda sozinha, raramente cai. • Imita sons de palavras.	7 a 15 7 a 15 9 a 15 11 a 15 6 a 12
18 meses	• Combina pelo menos duas palavras. • Remove as roupas. • Usa colher derramando um pouco • Rabisca espontaneamente.	14 a 24 14 a 21 13 a 23 12 a 24
2 anos	• Corre e sobe degraus baixos. • Em companhia com outras crianças, brinca isoladamente. • Diz seu próprio nome. • Combina duas palavras diferentes. • Nomeia uma figura.	14 a 24 21 a 36 24 a 48 15 a 26 16 a 30
3 anos	• Fica sobre um pé momentaneamente (menos de 1 seg.) • Usa frases. • Veste-se com auxílio. • Lava e seca as mãos. • Usa plurais. • Pedala triciclo.	21 a 48 24 a 48 24 a 48 24 a 39 20 a 39 21 a 36
4 anos	• Pula sobre um só pé. • Brinca com outras crianças. • Reconhece mais de duas cores. • Abotoa roupa. • Pula com um pé só. • Anda para frente calcanhar-pé	36 a 60 21 a 48 24 a 60 30 a 51 36 a 54 36 a 60
5 anos	• Pula alternadamente com um e outro pé. • Veste-se sozinha. • Pede ajuda quando necessário. • Desenha homem de 3 partes. • Reconhece de 3 a 4 cores.	36 a 72 36 a 60 48 a 72 38 a 72 36 a 60
6 anos	• Copia um quadrado. • Desenha um homem de até 6 partes. • Equilibra-se sobre um pé por 10 seg. • Anda para trás, calcanhar-pé.	51 a 72 60 a 72 36 a 72 48 a 72

- testar todas as habilidades que cruzam a linha cronológica, em todos os setores, introduzindo os itens apropriados à idade da criança;
- preparar a criança para cada item, procurando obter e conservar sua atenção;
- apresentar um item ou atividade por vez;
- permitir o máximo de tentativas que a criança desejar, para cada item;
- iniciar, de preferência com a área pessoal-social, para que a criança relaxe, acostume-se ao novo ambiente e comece a procurar o material a ser usado (cubo, papel, chocalho), o que variará com a idade;
- quando necessário, consultar os pais ou responsáveis sobre os itens do setor pessoal-social;
- manter sempre o mesmo tom de voz e expressão facial amigável, independente dos resultados do teste, encorajando-a a continuar;
- abster-se de comentários quando a criança realiza um item; mostrar aprovação e atenção a ela e a seus pais;
- tranqüilizar a ansiedade dos pais no caso de recusa ou de malogro num item e não utilizar juízo de valor ao falar com eles;
- quando a criança se recusar a realizar o item solicitado pelo examinador, pedir aos pais ou adulto significativo para aplicá-lo;
- registrar o resultado de cada item à direita da barra cronológica: A (acerto) E (erro), R (recusou);
- anotar a adaptação de cada criança ao exame (cooperação, atenção, autoconfiança) e o seu relacionamento com a mãe, o examinador e os materiais do teste;
- os números de 01 a 28 registrados à esquerda, canto inferior, no interior das barras das habilidades correspondem às instruções verificação daquela determinada habilidade, conforme descrito no folheto explicativo do teste (**Figura 9.16**);
- cada barra de habilidade contém uma parte preenchida com sombreamento, que indica que 75 a 90% das crianças a realizam;
- quando uma criança não consegue executar a habilidade esperada em um item efetuado por 90% delas (fim da tarja sombreada, pois antes disso considera-se uma habilidade ainda em evolução), deve-se considerar um erro, ou retardo naquela habilidade.
- no caso da criança ser pré-termo (idade gestacional inferior a 38 semanas), esse tempo deve ser descontado para a obtenção da linha cronológica, até que a criança complete 24 meses de idade

Quanto à interpretação dos resultados, o TTDD os classifica em: Normal, Questionável ou Anormal, conforme o número de erros, acertos e recusas registradas em cada um dos setores de habilidades: *Anormal* quando dois ou mais setores apresentam dois ou mais retardos (faixa sombreada), ou se um setor apresenta dois ou mais retardos e um outro setor apresenta um único retardo; *Questionável* quando apenas um ou mais setores apresentam um retardo ou no caso de muitas recusas; Normal quando a criança não apresenta nenhuma das circunstâncias anteriormente descritas.

Quando o desempenho da criança é considerado anormal ou duvidoso, ela deve ser acompanhada e retestada após um mês. Deve-se ressaltar que um sinal isolado não caracteriza problema no desenvolvimento, sendo necessário a detecção de um grupo de sinais para uma intervenção.

Outra forma de avaliar o desenvolvimento é por meio da observação de habilidades que são consideradas marcos de desenvolvimento em algumas idades – chaves paras seu aparecimento, conforme exemplificado no **Quadro 9.4**, adaptado do proposto pelo PAISC[11].

QUAL A IMPORTÂNCIA DESTE CONHECIMENTO NO CONTEXTO DA CRECHE E PRÉ-ESCOLA?

Em função de suas características e de suas finalidades, a creche e pré-escola constitui-se num ambiente apropriado não só para a promoção do crescimento e desenvolvimento da criança, como também para que eventuais desvios sejam precocemente identificados e traçadas propostas de intervenção, com vistas à retomada da normalidade deste processo, por meio de: alimentação balanceada; estimulação e recreação adequadas para cada faixa etária; monitorização do crescimento e do desenvolvimento sistematizado, e outras.

Somente conhecendo como é a criança e o que esperar dele em cada idade, o(a) enfermeiro(a) que estiver atuando na creche e pré-escola poderá responder adequadamente às suas necessidades, o que será benéfico tanto à criança como a ele próprio, por promover maior satisfação profissional e propiciar uma vida plena à criança.

REFERÊNCIAS BIBLIOGRÁFICAS

1 - Whaley FW, Wong DL. The child: the wonder of unfolding. In: Whaley FW, Wong DL. Nursing care infants and children. St Louis: The CV Mosby Company; 1979. p. 47-77.
2 - Rocha SMM, Scochi CGS, Lima RAG, Melo, DF. Memorial do grupo de estudos da saúde da criança e adolescente. Ribeirão Preto: FIERP; 2002. p.11.
3 - Ribeiro CA. Crescendo com a presença protetora da mãe : a criança enfrentando o mistério e o terror da hospitalização [tese]. São Paulo: Escola de Enfermagem da Universidade de São Paulo; 1999. 239p.
4 - Brasil, Ministério da Saúde. Assistência integral à saúde da criança: bases de ação programática. Brasília: Ministério da Saúde, 1984.
5 - Brasil, Ministério da Educação e do Desporto- Secretaria de Educação Fundamental. Referência curricular nacional para a educação infantil.v.1: Introdução. Brasília: MEC/SEF,1998.
6 - Marcondes E, Setian N, Carrazza FR. Desenvolvimento físico (crescimento) e funcional da criança. In: Marcondes E, Vaz FAC, Ramos JLA, Okay Y. Pediatria básica [Coordenação geral Eduardo Marcondes]. 9ª ed. São Paulo: Sarvier, 2002. p.23-36.
7 - Wong DL. Whaley & Wong. Enfermagem pediátrica: elementos essenciais à intervenção efetiva. 5ª ed. Rio de Janeiro: Guanabara Koogan, 1999. p. 73-92.
8 - Setian N. Hormônios que influenciam o crescimento normal. In: Setian N. Endocrinologia pediátrica: aspectos físicos e metabólicos do recém-nascido ao adolescente. São Paulo: Sarvier, 1989. p. 53-8.
9 - Howe J. Principles and theories of child development. In: Scipien GM, Barnard UM, Chard MA, Howe J, Phillips PJ. Comprehensive pediatric nursing. New York: McGraw Hill, 1975, p.69-86.
10 - Stefane JMJ. A enfermagem, o crescimento e desenvolvimento infantil. In: Schimitz EM e colaboradores. A enfermagem em pediatria e puericultura. Rio de Janeiro: Atheneu, 1989. p. 1-24.
11 - Brasil. Ministério da Saúde. Programa de assistência integral à saúde da criança. Acompanhamento do crescimento e desenvolvimento. 3ª ed. Brasília: Ministério da Saúde, 1986.
12 - Alexander MM, Brown MS. Diagnóstico na enfermagem pediátrica. Trad. de Joaquim Clemente de Almeida Moura. São Paulo: Andrei, 1978, 289p.
13 - Brêtas JRS, Silva MGB, Silva CV. A aplicação do Teste de Triagem do Desenvolvimento de Denver pelo(a) enfermeiro(a) pediatra: relato de caso. Acta Paul Enf 1995; 8:9-18.
14 - Brêtas JRS, Cassula DA, Reis LL. Características do desenvolvimento de lactentes e pré-escolares, utilizando o teste de triagem do desenvolvimento de Denver. Temas sobre Desenvolvimento, 2001; 9:5-13.

10 ALIMENTAÇÃO DA CRIANÇA

ANA MARIA DO AMARAL FERREIRA
CECÍLIA VASCONCELOS HOLLAND
MÁRCIA PENTEADO DE OLIVEIRA FARIA

INTRODUÇÃO

A ciência da nutrição tem evoluído em ritmo acelerado nos últimos dez anos, desvendando dogmas e desmistificando tabus em várias áreas, desde a fisiologia da nutrição.

A alimentação é um dos aspectos da assistência integral à criança que merece cuidados especiais por parte da creche e pré-escola, visto que os primeiros anos de vida são fundamentais para seu desenvolvimento. A qualidade do atendimento nas creches e pré-escolas é resultante da combinação de muitos fatores: proposta educativa, saúde, alimentação, recursos humanos e materiais, espaço físico e relação com a família.

As alimentações de boas qualidades e as diversidades dos alimentos são condições fundamentais, assim como a adequação do cardápio às fases do crescimento e desenvolvimento da criança. Para os bebês, a rotina ainda inclui amamentação. A hora das refeições deve ser marcada pela tranqüilidade, pois se trata de um momento de socialização e descobertas que podem ser exploradas posteriormente em atividades pedagógicas.

A princípio, a creche deve estimular o aleitamento materno, porque ele é o melhor e mais completo alimento para a criança nos seus primeiros 6 meses de vida, pois atende a todas as suas exigências nutricionais, desde que a criança seja amamentada sempre que tiver fome e pelo tempo que quiser (livre demanda). A introdução precoce de alimentos de desmame pode ser acompanhada de contaminação, diarréia, alergia alimentar, obesidade e anemia, interferindo nas vantagens do aleitamento materno[1-3]. Por outro lado, a introdução tardia desses alimentos pode levar a um baixo ganho de peso e estatura, dificuldades adaptativas à alimentação da família, anemia e obstipação intestinal. Portanto, o desmame, em situações normais, deve ser iniciado em período não inferior ao 4º mês e não superior ao 6º mês, sempre a partir do acompanhamento regular do ritmo de ganho pondero-estatural do lactente[4].

Assim, quando a criança começa a freqüentar a creche antes dos 6 meses e ainda está sendo amamentada, deverá haver o estímulo por parte dessa instituição para que a mãe continue a aleitar seu bebê antes de ir para a creche e à noite, em casa. O profissional de saúde deve orientar a mãe para que ela retire o leite da mama durante o dia, guardando-o em mamadeiras limpas e previamente fervidas (esterilizadas), armazenando o leite na geladeira para depois ser oferecido à criança durante o dia, juntamente com a alimentação oferecida na creche para essa idade.

ANEMIA FERROPRIVA

Anemia ferropriva é a carência nutricional de maior prevalência em todo o mundo, com maior incidência nos países em desenvolvimento[5]. A anemia ocorre como resultado no balanço entre a quantidade de ferro biologicamente disponível e a necessidade orgânica. Segundo a Organização Mundial de Saúde, atinge 25% da população mundial, e se estima que metade da população de crianças com idade inferior a 4 anos nos países em desenvolvimento sofre de anemia[6,7].

No Brasil, dados nacionais da avaliação de anemia e do estado nutricional mostram que a prevalência média de anemia em crianças brasileiras de 6 meses a 5 anos, que freqüentam creches e pré-escolas municipais em 20 capitais brasileiras, é de aproximadamente 49,5%, com grandes variações regionais[8].

Em nosso meio, alguns estudos têm sido realizados para avaliar a eficácia de uma fórmula láctea infantil fortificada com ferro, na prevenção da anemia ferropriva, em 111 lactentes com 4 a 6 meses, de creches do município de São Paulo, pertencentes a famílias de baixa condições sócio-econômicas. No início do estudo verificou-se que a prevalência de anemia era de 63,24% no grupo experimento e de 67,44% no grupo controle e, ao final do estudo, esse percentual estava reduzido a 33,82% no grupo experimento elevando-se para 72,02% no grupo controle. Concluiu-se que o uso de alimentos fortificados com ferro em lactentes é uma medida efetiva para não só combater a prevalência de anemia, como também de preveni-la[9].

Um dos fatores que favorece a anemia ferropriva é o desmame precoce, substituído pelo leite de vaca *in natura* sem modificações e por alimentos pobres em ferro, de baixa disponibilidade, em geral os cereais[10]. Verifica-se ainda que o leite de vaca pode, em algumas crianças, produzir alergia trazendo, como conseqüência, perdas sangüíneas através de micro-hemorragias intestinais[11-15]. É de grande importância conhecer sob que forma o ferro se encontra na dieta oferecida às crianças quando se quer escolher intervenções adequadas para controle da deficiência de ferro. A mistura de alimentos nas refeições, também influencia o grau de absorção do ferro. Assim, a inclusão de carnes, frutas cítricas e nutrientes como ácido ascórbico, gordura e aminoácidos, principalmente histidina, cistina e lisina, favorecem o mecanismo de absorção, tais como: carnes em geral (vaca, frango, porco, peixe e etc.), os miúdos, contêm grande quantidade de ferro heme e as leguminosas secas, tais como, feijões, lentilha, soja, grão de bico, etc, contém ferro não heme. A assimilação do ferro na alimentação varia de 1% a 22%[16].

O tanino contribui para inibição da absorção de ferro, que é reduzida em aproximadamente 60% pelo chá e 40% pelo café. Os polifenóis, presentes em muitos vegetais e o fitato, presente em componentes da fibra e do farelo de cereais trigo, arroz, milho, em nozes, amendoins, avelãs e em ligninas de plantas, quelam o ferro reduzindo sua absorção. De 5 a 10 mg de fitato, no pão, podem reduzir a absorção de ferro não hemínico em 50%[17].

Além disso, é importante considerar que os aspectos culturais de cada família e da sociedade também agem como mediadores no processo de produção de saúde e doença, transformando as situações vivenciadas em regras, obrigações, proibições, repulsas, desejos, gostos e aversões que, por sua vez, determinam estilos particulares de vida [18].

Por ocasião da admissão da criança na creche e pré-escola, os pais são solicitados a fornecer dados referentes aos hábitos alimentares da criança em casa, como: grupo de alimentos de sua preferência, maneira de preparo, apresentação e aceitação.

As creches e pré-escolas estão recebendo crianças com idade cada vez menor, sendo responsáveis por alimentá-las. Muitas crianças permanecem nas creches de 8 a 10 horas por dia, sendo essas instituições, portanto, que respondem por dois terços da ingestão nutricional total de cada criança[19].

De acordo com a OMS (1963)[20], é preciso que esta parte da alimentação diária esteja em condições de satisfazer às necessidades dietéticas fundamentais. Por isso é essencial que as creches mantenham um regime alimentar que possa suprir as necessidades nutricionais das crianças sob sua responsabilidade.

Um dos fatores que interferem na alimentação da criança, é o impacto de estar fora de casa, com a mudança de rotina, de alimentos e de nutrientes[19].

Como foi dito, a creche e pré-escola oferece uma dieta equilibrada de acordo com a faixa etária. Devem oferecer uma dieta para atingir 100% das necessidades diárias de ferro hemínico, presente nas carnes. Os sucos de frutas ricos em vitamina C devem ser oferecidos após as refeições para que haja maior absorção de ferro não hemínico, presente nos vegetais.

Um fator que vem contribuir para a pequena ingestão da dieta oferecida nas creches são às 5 refeições diárias muito próximas entre si: 8:00 às 8:30 desjejum; 9:30 hidratação (oferta de suco); 10:30 às 11:00 hs almoço; 13:00 hs lanche e às 16:00 hs jantar. Além disso, a faixa etária das crianças menores de 1 ano a capacidade gástrica é menor, a dieta é monótona e as crianças permanecem em ambiente fechado por mais tempo, apresentando um maior risco de infecções de vias aéreas superiores, causas estas que contribuem para diminuir ainda mais o apetite.

Um outro fator observado nas classes menos favorecidas é que a maioria das crianças residem em bairros diferentes dos das creches e pré-escolas, sendo necessário serem transportadas em condução muito cheia e muito cedo, pois os pais têm um horário rígido para trabalhar e necessitam deixar a criança na creche e pré-escola antes do horário do seu trabalho. Portanto, a criança é acordada, muitas vezes, sem dormir a quantidade de horas de sono necessárias para seu desenvolvimento, chegando à creche e pré-escola cansada e irritada e acaba não conseguindo fazer a sua primeira refeição adequadamente, e assim sucessivamente. Na maioria das creches o berçário localiza-se no andar superior do edifício, dificultando a saída das crianças para banho de sol e outras atividades ao ar livre. Desta forma, as crianças permanecem no mesmo ambiente durante todo período, desfavorecendo a criança que necessita dormir no mesmo ambiente com outras acordadas.

Como a maior parte das crianças que freqüentam as creches e pré-escolas constituem o grupo etário mais dependente de cuidados, esses estabelecimentos adquirem de fato a responsabilidade de zelar pela saúde das crianças.

As estratégias para a prevenção de anemia ferropriva têm sido aperfeiçoadas. Devem, portanto, ser aplicadas com abrangência e eficácia, já que a anemia causa danos na capacidade cognitiva e suas conseqüências podem não se reverter a longo prazo[21]. Trabalhos como os de LOZOFF et al (1996)[22] têm denunciado que, mesmo com a recuperação do estado nutricional em relação ao ferro, as crianças permanecem com seqüelas neuro-motoras que poderão repercutir em sua vida adulta.

Além dos sintomas da anemia citados, observam-se outros: debilidade física, irritabilidade, cefaléia de esforços, palpitações e parestesias. A anorexia, que costuma ser um sintoma precoce de anemia e a geofagia também têm sido relatados, constatando-se, porém, que esses sintomas desaparecem após a correção da deficiência de ferro[23].

A educação nutricional assume um papel de extrema relevância na aquisição e modificação de hábitos alimentares que possam contribuir para a prevenção da anemia ferropriva. Trata-se, porém, de um processo lento que depende de fatores sócio-econômicos e de características próprias das populações, tornando-se uma solução difícil a curto prazo.

Portanto, a orientação dietética desde o primeiro ano de vida, incute na criança bons hábitos alimentares para crescimento e desenvolvimento adequado para a plena manifestação de todas as suas potencialidades, evitando que se instalem deficiências de difícil correção em idades posteriores[24,25].

Em 1992, em Nova York, na reunião mundial de cúpula em favor da infância, promovida pela Organização Pan-Americana de Saúde (OPAS), órgão vinculado à Organização Mundial de Saúde, foi aprovada a "Declaração Mundial para Sobrevivência e Desenvolvimento da Criança". Através dessa declaração, os presidentes da OPAS e chefes de Estado de mais de 170 países, entre eles o Brasil, estabeleceram o combate à anemia nutricional ferropriva, reforçando o compromisso de redução a 1/3 da prevalência da anemia carencial em gestantes e crianças até o ano 2003[26,27]. No planejamento de estratégias a curto, médio e longo prazo, foram estabelecidas as seguintes intervenções:

- fortificação de alimentos de amplo consumo, de baixo custo, para a população alvo;
- fornecimento de suplementação de ferro para gestantes e crianças menores de dois anos;
- diversificação de dietas a partir de propaganda e marketing, visando a promover a modificação de hábitos alimentares;
- atividades de educação alimentar através dos meios de comunicação de massa;
- vigilância epidemiológica com monitoramento do impacto de medidas de intervenção[27,28].

Assim, a dieta da criança deve ser cuidadosamente planejada, conhecendo-se e compreendendo-se que os princípios da nutrição e o uso de fortificação de alimentos atualmente são as medidas mais efetivas para combater a deficiência de ferro em uma população. Através dessa estratégia, é possível chegar a todos os grupos sócio-econômicos e a todas as idades.

Na creche a alimentação deve obedecer às 4 leis de nutrição:

Lei da Quantidade – favorecer quantidade suficiente para cobrir as exigências calóricas do organismo e manter seu equilíbrio nutricional. Essas exigências devem estar de acordo com os seguintes fatores: sexo, idade, estatura, atividade física do indivíduo, estado fisiológico e emocional, etc.

Lei da Qualidade – a alimentação deve contemplar todos os nutrientes necessários à formação e manutenção do organismo.

Lei da Harmonia – a relação qualidade e quantidade deve ser harmoniosa, ou seja, apresentar uma proporção correta dos alimentos e seus respectivos nutrientes de acordo com suas funções.

Lei da Adequação – os alimentos ofertados devem estar de acordo com a faixa etária atendida. No caso de crianças pré-escolares os alimentos e suas preparações devem ser neutros, sem muita gordura, sem condimentos fortes, com poucas frituras e sempre muito frescos.

GRUPOS DE ALIMENTOS

Os alimentos possuem quantidades diferentes de nutrientes e podem ser divididos em três grupos:

1 – **Alimentos Construtores** - São aqueles que têm maior quantidade de proteínas e, no organismo, exercem a função de construir e reparar. Fontes de proteínas animais: carnes em geral (vaca, frango, porco, peixe e etc.), os miúdos contêm grande quantidade de ferro heme, leite e derivados, ovos. Fontes de proteínas vegetais: leguminosas secas, tais como, feijões, lentilha, soja, grão de bico, etc. Todas elas contêm ferro não heme.

2 – **Alimentos Energéticos** - São os que fornecem energia para todas as atividades do corpo, como lipídeos e carboidratos. Fontes de carboidratos: feculentos – batata, inhame, mandioquinha; cereais – arroz, flocos de milho; farinhas – pães, bolos, biscoitos, macarrão. Fontes de lipídeos: óleos, banhas, manteiga, margarina, toucinho. Lembrar que gorduras e açúcares devem ser consumidos com moderação.

3 – **Alimentos Reguladores** - São aqueles que regulam as funções do nosso corpo, contribuem para que tenhamos resistência às doenças, pele sadia, boa visão, bom funcionamento dos intestinos e de todo o organismo. Têm maior quantidade de minerais, vitaminas e água. Além desses nutrientes, fornecem as fibras que são as partes do alimento não digeridas, importantes para o funcionamento do intestino, prevenção de doenças do coração, intestino e diabetes. Fontes: hortaliças (verduras e legumes) e frutas.

A PIRÂMIDE ALIMENTAR

A pirâmide alimentar é a representação gráfica do guia alimentar[29] e constitui ferramenta prática que permite ao indivíduo selecionar alimentos e montar uma alimentação adequada e saudável.

Entende-se por alimentação saudável aquela planejada com alimentos de todos os tipos, de procedência conhecida, preferencialmente naturais e preparados de forma a preservar o valor nutritivo e os aspectos sensoriais. Os alimentos selecionados devem ser do hábito alimentar e adequados em quantidade e qualidade para suprirem as necessidades nutricionais e calóricas.

As refeições devem ser realizadas em ambientes calmos. São portanto, instrumento útil na educação alimentar de populações e indivíduos, sendo possível sua adaptação às diferentes culturas alimentares existentes na sociedade [30].

Os seguintes grupos foram estabelecidos para o Guia Alimentar Infantil na Pirâmide:

Nível 1
- Grupo 1 – cereais, pães e tubérculos (de três a cinco porções);

Nível 2
- Grupo 2 – verduras e legumes (três porções)
- Grupo 3 – frutas (de três a quatro porções);

Nível 3
- Grupo 4 – leites (três porções)
- Grupo 5 – carnes e ovos (duas porções)
- Grupo 6 – feijões (uma porção)

Nível 4
- Grupo 7 – óleos e gorduras (duas porções)
- Grupo 8 – açúcares e doces (uma porção)

PIRÂMIDE ALIMENTAR ESQUEMA ALIMENTAR DA CRIANÇA NA CRECHE E PRÉ-ESCOLA

A creche e pré-escola deve promover a saúde das crianças, suprindo suas necessidades nutricionais no período em que estiverem aos seus cuidados, por meio de fornecimento de alimentação adequada.

Algumas recomendações nutricionais diárias devem ser observadas:

Suplementação de Vitamina D

Nos recém-nascidos, o suprimento de vitamina D depende da ingestão e produção maternas. O nível de calcidiol no cordão umbilical reflete o estado nutricional materno. Embora o leite humano seja pobre em vitamina D, é reconhecido que o leite de mulheres com metabolismo de vitamina D adequado, isto é, que passa um tempo suficiente ao ar livre e ingere uma dieta saudável, apresenta um efeito preventivo contra o raquitismo.

Depois dos primeiros meses de vida, as necessidades são preenchidas pela luz solar e alimentos. Os alimentos de origem animal contêm quantidades substanciais de vitamina D. A ausência de vitamina D no leite de vaca "in natura" é corrigida, em muitos países, por meio de produtos enriquecidos e consumidos pela população.

Necessidades Protéicas

Até 6 meses – 2,5 g/Kg de peso/dia
De 7 meses até 4 anos – 2,0 g/Kg de peso/dia
De 4 anos em diante – 1,5 g/Kg de peso/dia
Fontes: leite e derivados, ovos, leguminosas, carnes, peixes e vísceras.

Necessidades Calóricas

Até 6 meses – 120 cal/Kg de peso/dia
De 7 meses a 12 meses - 110 cal/Kg de peso/dia
De 1 a 3 anos – 100 cal/Kg de peso/dia
De 7 a 10 anos – 80 cal/Kg de peso/dia
Fontes: Cereais: arroz, farinha de trigo, macarrão, milho, fubá, maisena, bolos. Feculentos: mandioca, batata-doce, batatas, cará, mandioquinha.

Fontes de Gorduras: manteiga, creme de leite, margarina, óleos vegetais, azeite.

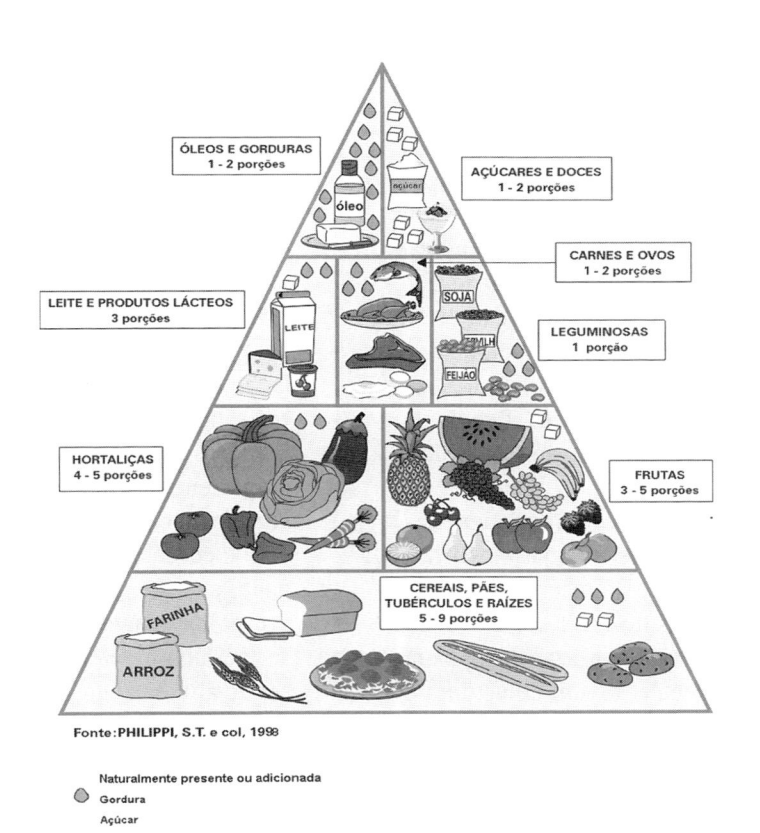

FIG. 10.1

Pirâmide alimentar.

Necessidades de Vitaminas, Sais minerais e Ferro

Vitamina A – 200 UI/dia - 1 mês até 2 anos
Vitamina D – 400 UI/dia - durante 1 ano
Vitamina C – 35 mg/dia – durante 1 ano - 1 mês até 2 anos
    40 mg/dia – de 1 a 10 anos
Ferro – 10 mg/dia, em média.
Fontes de Vitaminas, Minerais e Fibras:
Frutas: laranja, mamão, caqui, abacaxi, banana, maçã, pêra.
Hortaliças:
- Verduras: chicória, repolho, couve, alface, acelga, agrião.
- Legumes: abobrinha, cenoura, beterraba, chuchu, tomate, abóbora, moranga, berinjela.

ALGUNS CUIDADOS NA OFERTA DE ALIMENTOS PARA OS BEBÊS

- Não aumentar os furos dos bicos das mamadeiras, pois o esforço de sugar que a criança realiza prepara sua musculatura facial/bucal para a fala e deglutição.
- Segurar o bebê no colo para dar a mamadeira é, entre outros, um momento de interação afetiva, além de evitar otite, sinusite, acidentes como aspiração de leite, etc.
- Suco de frutas: a introdução deve ser gradativa. Oferecer em colheradas ou copo, até atingir 100 ml. Dar um tipo de fruta de cada vez. Depois de oferecidas separadamente, pode-se misturar dois ou três tipos, de preferência sem a adição de açúcar.
- Papa de frutas: a introdução deve ser gradativa. Deve ter consistência pastosa (amassada ou raspada). Dar um tipo de fruta de cada vez. Depois de oferecidas separadamente, pode-se misturar dois ou três tipos.
- Papas de hortaliças: No início devem ser peneiradas e após o 5º mês, amassadas com garfo. NUNCA DEVEM SER LIQUIDIFICADAS. Oferecer com colher. A introdução dos alimentos deve ser gradativa, ou seja, nas primeiras preparações utilizar apenas um tipo de legume, um de feculento, um de verdura e carne magra. Posteriormente, preparar com dois legumes, um feculento, uma verdura, carne, feijão e um cereal (arroz ou fubá ou macarrão). A vantagem de se introduzir um alimento novo por vez é poder verificar se a criança não se deu bem com algum deles. A carne vermelha poderá ser substituída por frango ou ovo.

A consistência pastosa favorece o desenvolvimento da musculatura facial/bucal, contribuindo para o processo de deglutição e da fala, além de permitir a identificação dos diferentes sabores dos ingredientes da papa.

- Mamadeira – Lavar com água e sabão, enxaguar e desinfetar. Obedecer a diluição e o volume propostos para as diferentes idades. Observar a temperatura adequada do leite.

O CARDÁPIO NA CRECHE E PRÉ-ESCOLA

O objetivo de oferecer alimentação adequada é o de proporcionar à criança o justo equilíbrio entre idade, peso e estatura, além do desenvolvimento físico e psíquico harmoniosos. Para as crianças maiores, já se pode modificar as texturas e consistências das preparações, oferecendo-se um cardápio variado e sempre com alguma novidade estimulante para os pré-escolares, evitando-se a monotonia.

Orientações para o planejamento de um cardápio:

- contar com a disponibilidade de alimentos;
- ao elaborar o cardápio ouvir as sugestões das crianças, funcionários e pais;
- fazer o planejamento do cardápio (das preparações que fazem parte das refeições), por escrito. Podem ser de elaboração semanal, quinzenal ou mensal;
- pensar na composição nutritiva, obedecendo aos grupos de alimentos previstos na pirâmide alimentar;
- garantir equilíbrio entre nutrientes, mantendo relação adequada entre calorias e proteínas;
- ter sabor e odor agradáveis e boa apresentação, para estimular o consumo dos alimentos;
- a apresentação diária dos cardápios deve ter cores variadas, cortes diferentes (ralado, rodelas, palito, etc.) e cocções diversas (crua, assada, cozida, refogada, etc.);
- prever variedade de alimentos;
- ser de fácil preparo e distribuição;
- ser de alto nível de aceitação que propicie a ingestão adequada;
- ter custo compatível com a disponibilidade financeira do local;
- ter padrões de higiene adequados, desde a procedência dos alimentos até os manipuladores, considerando ambiente físico, equipamentos e utensílios;

ESQUEMA ALIMENTAR PARA OS BEBÊS

Idade	Alimentação
0 – 1 mês	- Aleitamento materno/ - Mamadeira de leite integral à 10 %
1 – 3 meses	- Aleitamento materno/ - Mamadeira de leite integral à 10 % - Suco de fruta
4 – 5 meses	- Aleitamento materno/ - Mamadeira de leite integral à 10 % - Suco de fruta - Papa amassada de hortaliças com carne bem desfiada (bovina ou frango) Obs: A partir do 5º mês introdução da gema do ovo cozido. Iniciar a oferta com 1/4 e ir aumentando gradativamente até que o lactente aceite a gema toda. - Papa de fruta
6 – 7 meses *	- Mamadeira de leite integral à 15 %, - Biscoito ou pão - Suco de fruta - Papa amassada de legumes, com carne bem desfiada (bovina ou frango) ou gema de ovo bem cozida, e cereal (arroz, macarrão ou fubá). - Sobremesa: frutas em pedaços. - Papa de fruta
8 – 12 meses *	- Mamadeira de leite integral à 15 % - Suco de fruta - Papa em pedaços de hortaliças com carne (bovina, frango ou peixe), cereal e caldo de feijão. - Sobremesa: fruta em pedaços. - Papa de frutas.

* Sawaya & Solymos, 2002 [32].

- utilizar temperos com moderação;
- dar preferência para hortaliças e frutas da época.

A PARTICIPAÇÃO DO PESSOAL DA COZINHA

As funcionárias da cozinha também têm o papel de educadoras das crianças na creche e pré-escola. Elas devem ser apresentadas às crianças e explicar a elas sua função no trabalho, sendo desta forma respeitadas e valorizadas. Sua participação no dia-a-dia da criança pode e deve ir além da preparação das refeições na cozinha:

- Uma criança de cada módulo poderá ir diariamente à cozinha, perguntar o cardápio do dia, para contar aos colegas. Isso também é um exercício de memória e participação para as crianças;

- No horário das refeições, uma das cozinheiras poderá circular no refeitório, conversar com as crianças, criar um elo com elas, perguntando se estão gostando da comida;
- Quando for preparada alguma coisa diferente, a cozinheira ou outras educadoras poderão levar a novidade até o módulo, mostrando e explicando o que será servido, criando uma abertura, e evitando-se assim o impacto negativo do desconhecido. Dessa forma, pode-se contribuir para a melhor aceitação de algumas preparações, como berinjela, abobrinha, quiabo e pimentão, freqüentemente negligenciados pelos pequenos.
- Para ampliar o universo tanto da cozinheira como das crianças, pode-se instituir um dia da semana para sempre ser feita uma receita nova, em uma determinada refeição. Assim, a cozinheira pesquisa e se atualiza, não caindo na mesmice de uma roti-

MODELO DE ALIMENTAÇÃO SAUDÁVEL PARA CRIANÇAS DE 1 A 6 ANOS*	
Refeição	**Alimentos**
Café da manhã	Leite e derivados Pães, biscoitos, bolos ou outros alimentos ricos em carboidratos
Lanche da manhã	Fruta ou suco de fruta natural
Almoço	Arroz ou macarrão Feijão ou outra leguminosa Carne (vaca, frango, porco peixe) ou ovo Hortaliças refogadas ou cozidas em diversos tipos de preparações Salada, se possível crua Sobremesa (doce ou de preferência fruta)
Lanche da tarde	Leite ou derivados ou preparação à base de leite (arroz doce, doce de leite, pudins, etc.)
Jantar	Arroz ou macarrão Feijão ou outra leguminosa Carne (vaca, frango, porco peixe) ou ovo Hortaliças refogadas ou cozidas em diversos tipos de preparações Salada, se possível crua Sobremesa (doce ou de preferência fruta)
Lanche da noite	Leite ou iogurte

* Sawaya & Solymos, 2002 [31]

na de cardápios, e as crianças vão conhecendo novas preparações.
- Quando houver atividades de oficinas de culinária ou manipulação de alimentos, é interessante a participação da cozinheira, que sempre poderá dar dicas para as crianças, em parceria com a educadora do módulo.
- A refeição poderá ocorrer eventualmente em outro local da creche e pré-escola fora do refeitório, como um piquenique na praça do bairro, ou mesmo um churrasco na área externa da creche e pré-escola, dando oportunidade a todos de terem uma vivência diferente. As crianças adoram essas novidades!

RESULTADOS ESPERADOS NA ALIMENTAÇÃO DE CRECHES E PRÉ-ESCOLAS

- Promover a prevalência e a duração do aleitamento materno.
- Promover alimentação saudável, variada, higienicamente preparada, de consistência, conteúdo e freqüência adequados.
- Reduzir as crenças e tabus prejudiciais à nutrição da criança.
- Reduzir a prevalência da desnutrição energético-protéica, em especial do retardo no crescimento.
- Prevenir o aumento da prevalência da obesidade.
- Reduzir a prevalência da anemia ferropriva.
- Reduzir a prevalência de hipovitaminose A em áreas endêmicas.

O COMPORTAMENTO ALIMENTAR DAS CRIANÇAS NA CRECHE E PRÉ-ESCOLAS

Quando crianças, o ato de comer e a hora das refeições têm um valor simbólico muito forte em nossa mente. É através da comida que absorvemos as primeiras noções de desejo e satisfação, recompensa e castigo, controle e disciplina. Na mesa de refeições aprendemos um pouco sobre quem somos, o que queremos e como o obter; é um lugar onde também se aprende a regatear e negociar algum alimento a mais, ou alguma troca. Inclusive essas ocasiões são oportunidades de se aprenderem limites, compartilhar, esperar a vez e a arte de conversar, enfim, as boas maneiras.

A alimentação não se limita ao mundo doméstico ou ao da creche e pré-escola, ela tem uma conexão com o mundo exterior, sendo um elo que determina como vemos e entendemos o mundo. No trabalho com crianças são considerados uma série de valores sociais que vão sendo passados a elas no dia-a-dia, e que moldam seu caráter e sua personalidade. Durante as refeições, há uma série de condutas esperadas, que devem ser ensinadas às crianças em seu devido tempo.

Foram verificadas muitas influências dos educadores e do ambiente das refeições no comportamento alimentar das crianças, por intermédio da observação direta dos horários das refeições nas creches, e há também várias referências bibliográficas sobre o tema.

O PAPEL DO EDUCADOR E AS ATIVIDADES PEDAGÓGICAS

O papel do educador é essencial na formação das boas práticas alimentares das crianças, e para tal, terá que investir em relação à formação, que deve ser continuada, criando oportunidades para a conscientização quanto a sua função e a da instituição em relação à criança e à família.

Cabe ao educador da creche e pré-escola participar da formação dos hábitos alimentares, que é visto pela criança como um exemplo, cabendo a ele controlar suas atitudes e comentários a respeito da alimentação.

O educador deverá acompanhar as refeições, respeitar o ritmo de cada criança, proporcionar sua crescente autonomia na hora da alimentação, não fazendo promessas ou ameaças para que a criança se alimente.

O alimento nos proporciona elementos afetivos presentes em: emoções, valores, motivos, sentidos pessoais, bem-estar, prazer, convívio, decepção, repulsa e lembranças.

As refeições não são atividades isoladas, devendo ser percebidas como atividades pedagógicas, e como tais, estarem articuladas com o funcionamento das diversas áreas da creche e pré-escola. As atividades ligadas à alimentação desenvolvidas com as crianças inserem-se na filosofia dos *Referenciais Curriculares Nacionais para a Educação Infantil* (RCNEI), que valorizam a criança como sujeito ativo, construtor de seu conhecimento, interagindo em seu meio físico e social, sendo de grande proveito no currículo desenvolvido pela creche e pré-escola.

Os RCNEI, publicados em 1999 pelo Ministério da Educação [32], dão uma direção de como devemos tratar a educação alimentar com crianças de creche e da educação infantil. No volume 2, que trata da formação pessoal e social, está a elucidativa orientação: a de que se deve conduzir a alimentação das crianças de modo a possibilitar-lhes independência e autonomia. Essa postura faz com que tiremos as amarras de um controle excessivo, fixando o foco na educação, além da nutrição da criança em si, que é a construção de sua autonomia e dignidade por meio da alimentação coletiva.

As 4 áreas do conhecimento (língua portuguesa, matemática, ciências e artes), desenvolvidas no plano pedagógico anual para os pré-escolares também podem contribuir, e muito, no desenvolvimento da educação alimentar. Há várias atividades pedagógicas que se utilizam de alimentos e suas respectivas preparações, auxiliando a compreensão e a assimilação de bons hábitos alimentares pelas crianças.

Desta forma, temos, como exemplo de atividade o que se pode chamar de oficinas de culinária, também chamadas de oficinas de manipulação de alimentos, que amplamente trabalham várias áreas do conhecimento. Ao lidar com receitas, há muitas palavras novas para o vocabulário das crianças (língua portuguesa), além das noções de ordenação e seqüência. O número de xícaras, colheres, gramas e quilos, além de volumes solicitados mostram uma boa noção de dados de aritmética que a criança irá observar. A transformação dos alimentos, quando misturados, cortados em diferentes formatos, picados, moídos, levados à ação do frio ou do calor, são a parte prática de ciências aplicadas, mostrando o comportamento das diversas texturas. Na área de artes e criatividade, pode-se fazer muitas atividades com os alimentos, formando as mais variadas figuras com os diferentes formatos de cortes e cores, além de estimular a boa apresentação dos pratos. Desse modo são estimulados todos os sentidos das crianças – paladar, olfato, visão, audição e tato. Todas as atividades devem ter um planejamento prévio, sempre ligado ao plano pedagógico, estando relacionado com o trabalho global do grupo.

Em relação à origem dos alimentos, expor as crianças em diferentes situações, como visitas à feira, sacolão, peixaria, açougue e supermercados, com atividades complementares (desenhos, colagens, culinária, músicas). O cultivo de pequenas hortas, que podem ser até em vasinhos, quando houver limitação de espaço externo, são experiências práticas gratificantes.

Histórias também são sempre muito bem vindas ao universo infantil. Há sempre livros interessantes para complementarem conceitos com personagens do mundo infantil. Bem escolhidas, as histórias dão um sabor especial ao aprendizado. Para dar uma dinâmica diferente, pode-se também contar histórias através de dramatização, utilizando fantoches de alimentos como estímulo às crianças. No final do capítulo, seguem algumas sugestões de livros infantis para auxiliar os educadores a complementar suas atividades pedagógicas com as crianças.

AS REFEIÇÕES, A FORMAÇÃO DE HÁBITOS, A AUTONOMIA E AS BOAS MANEIRAS

O conceito de educação nutricional é "uma busca compartilhada, entre educador e educando, de novas formas e novos sentidos para o ato de comer, que se processa em determinado tempo e local, através da interação e do diálogo, por meio da qual se almeja a qualidade e a plenitude do viver"[33].

Esse conceito é plenamente aplicável no contexto de creches e pré-escolas, onde se observa profunda interação dos educadores com as crianças. Os momentos das refeições na creche são considerados como atividades pedagógicas de grande valor no aprendizado infantil. Nas refeições ocorre cotidiana e paulatinamente uma adaptação ao meio social adulto, transformando as crianças em função do conjunto de realidades coletivas, às quais a consciência comum atribui algum valor, o que comumente chamamos de boas maneiras. É também nesse meio social que a criança vai moldar suas preferências alimentares e sua capacidade de ingestão, o que ocorre entre 2 e 5 anos de idade.

A distribuição das refeições nas creches e pré-escolas pode ser feita de várias maneiras, de acordo com a idade das crianças, os cardápios a serem servidos, o tipo e os horários das refeições, os utensílios utilizados, a disponibilidade e o número de funcionários presentes no refeitório, e, principalmente, a visão e a linha pedagógica adotada na creche e pré-escola em todos os setores.

Após a idade do berçário maior, de onde as crianças saem com dois anos e já se sentam à mesa, passando pelo aprendizado de comerem sozinhas, elas passam para o módulo seguinte, onde são estimuladas a comer sem a educadora dar na boca, havendo ajuda apenas para as crianças com mais dificuldades.

Após os 2 ou 3 anos de idade, as necessidades vão variando individualmente, inclusive quanto ao apetite e às preferências alimentares, uma vez que as crianças têm sua individualidade. Nas creches e pré-escolas onde há o sistema do self-service nas refeições, a criança já começa aos poucos a aprender a se servir de salada, que é passada em uma travessa na mesa, após a criança receber o prato pronto com os outros alimentos. A partir do módulo maternal, quando a coordenação motora das crianças já está mais apurada, o self-service já pode ser total, ou com todos os alimentos circulando pelas mesas nas devidas travessas, ou com todas as travessas em uma única mesa, para onde as crianças se dirigem em fila e vão se servindo, indo sentar-se em seguida para almoçar.

Esse sistema permite que a criança coloque no prato os alimentos de sua escolha nas quantidades que lhe apeteça, dando inclusive sinais aos coordenadores quando certos grupos de alimentos, às vezes não tão aceitos, precisam ser mais trabalhados através de orientações e atividades pedagógicas, para que sejam escolhidos e ingeridos com prazer.

A estimulação constante na oferta dos alimentos pouco aceitos ajudará a criança a formar hábitos alimentares mais saudáveis e lhe dará autonomia para escolhas, que serão mais variadas e contribuirão para a formação de um paladar mais amplo. Durante a primeira infância, formamos nosso acervo de sabores e, por isso, é importante estimular a criança a experimentar sabores diferentes.

Devemos utilizar estratégias que estimulem a criança e proporcionem conhecimento dos diversos alimentos e, principalmente, o prazer de experimentá-los. É possível envolvê-las gradativamente, por meio de atividades práticas, em todos os momentos relacionados à alimentação.

A criança acaba aprendendo a colocar no prato a quantidade que ela quer realmente comer, diminuindo o desperdício; a possibilidade de poder repetir a refeição ou parte dela, mostra o nível de saciedade real da criança. Os adultos precisam acreditar nas crianças com relação aos alertas internos de saciedade e fome, pois as conseqüências de uma alimentação muito controlada, como no prato pronto, pode acarretar várias calorias a menos, ou a mais, ao longo do tempo[34].

Mais importante do que "limpar o prato", sempre solicitado pelos adultos à criança, é o aprendizado dos sinais fisiológicos de fome e saciedade, fatores determinantes de quanto a criança deve comer. As crianças aprendem a se auto-regular quando sentem apoio para responder a seus próprios sinais de saciedade[35].

A formação de hábitos por alimentos gordurosos e doces com alta densidade de energia podem ser estabelecidos na infância como padrão para a vida futura, sendo esse fato uma preocupação para não se compor o cardápio infantil apenas com a presença desse tipo de alimentos[36].

O excesso de controle pode se dar tanto em relação à restrição de alimentos proibidos, como guloseimas, refrigerantes e alimentos gordurosos, como em relação ao excesso de estímulos para o consumo de alimentos saudáveis [37].

As escolhas alimentares também são experiências aprendidas, a familiaridade com o alimento é o fator principal para a aceitação ou rejeição, e aprende-se a gostar do que está disponível[38].

As instituições que abrigam crianças estão atualmente valorizando bastante as refeições servidas no estilo familiar[40, 41], que são justamente as que dão maior ênfase aos rituais, tão necessários à formação dos valores. O estilo familiar de servir as refeições pressupõe alguns itens, tais como:

- arrumação da mesa, com toalha ou jogo americano individual;
- colocação de travessas de tamanho e peso compatíveis com a idade das crianças, com as preparações do cardápio em quantidades suficientes para atender às necessidades de todos os presentes;
- estímulos para a criança se servir de maneira equilibrada, permitindo-a decidir quanto deseja comer naquela refeição, prevenindo desperdícios;
- presença dos educadores sentados à mesa junto com as crianças, comendo a mesma refeição, de maneira que as crianças possam imitá-los, também é uma ótima oportunidade de fornecer educação alimentar;
- conversa amigável dos educadores com as crianças, versando sobre assuntos leves, acontecimentos positivos do dia, estimulando a fala e a participação das crianças, interagindo com elas a respeito do que estão comendo e comentando a respeito de conceitos como cores, números, temperatura do alimento e comportamento alimentar. O ambiente mais tranquilo parece também afetar o apetite das crianças. Um estudo sobre a ingestão de crianças de creche em situações normais, quando as crianças podiam conversar normalmente durante as refeições, e em situações quando as crianças eram proibidas de falar. A imposição do silêncio não fez aumentar o consumo de alimentos; ao contrário, as crianças comeram mais nos dias em que podiam conversar[42];
- repetição dos alimentos sempre que for possível e as crianças o desejarem;
- utilização adequada de talheres e guardanapos;
- envolvimento das crianças na preparação de algum item do cardápio, fazendo-as se sentirem importantes, elogiando-as. Isso tem um efeito bastante positivo em relação à aceitação, principalmente quanto às verduras e aos legumes, ou a alguma preparação diferente, nova para as crianças, quebrando a barreira da não aceitação.

Esse tipo de refeição exige um treinamento prévio dos educadores da instituição, pois muitos adultos ainda percebem as refeições apenas como rotinas alimentares. Sentar junto às crianças para fazer disso uma oportunidade educativa informal solicita do educador algumas alternativas mentais para conduzir a conversa durante a refeição. Essa estratégia mudaria a postura do educador, de supervisor para participante, demonstrando interações e conversações mais relaxantes e soltas. Isso também só é possível quando há adultos em número suficiente e o ambiente não está muito agitado.

Ressaltam-se alguns benefícios, aparentemente de pouca importância quando vistos isoladamente, porém significativos no contexto do desenvolvimento infantil[11]:

- as crianças comem mais e desperdiçam menos comida;
- o ambiente do horário do almoço é mais tranquilo e mais direcionado às atitudes de compartilhar e cuidar do outro, pois não se pode, por exemplo, pegar todos os bolinhos de uma travessa se há mais seis colegas na mesa para se servirem;
- as crianças têm mais vontade de experimentar preparações e alimentos novos;
- as crianças têm oportunidades de negociar tarefas com seus colegas e cooperar com eles;
- envolver as crianças em arrumar a mesa, servir-se e raspar os restos dos pratos, cria maior consciência de pertencer a um grupo;
- o comportamento infantil melhora às refeições, pois é uma ocasião em que várias palavras polidas podem ser exercitadas (por favor, obrigado, desculpe);
- os pais ficam com uma melhor compreensão dos vários papéis que os educadores desempenham.

O aprendizado alimentar infantil e o ato de comer estão intimamente associados ao ambiente proporcionado. Muitas vezes a manipulação do adulto faz com que a criança rejeite certos alimentos, o que acontece quando são prometidas recompensas (como assistir televisão) em troca de, por exemplo, comer verduras; essas acabam não fazendo parte das escolhas espontâneas da criança quando ela não vai usufruir de um prêmio posterior a sua ingestão[37].

O conhecimento e as atitudes dos educadores, bem como seu comportamento na interação com as crianças durante as refeições, são fundamentais no estabelecimento de preferências alimentares e na aquisição de valores culturais. É através dos educadores que se torna possível a integração da nutrição em todas as áreas do currículo, e sua presença à mesa com as crianças, comendo os mesmos alimentos e formando um ambiente agradável e aconchegante, é que vai exemplificar seu papel como líder[43].

A alimentação de forma geral, bem como a introdução e as modificações de hábitos e práticas alimentares são ações bastante complexas, envolvendo aspectos políticos, econômicos, culturais, sociais e emocionais, cuja repercussão acarreta interrogações, questionamentos, desconfiança e muita ansiedade por parte das pessoas envolvidas no processo[34].

OBESIDADE INFANTIL

A obesidade hoje é uma grave doença e um dos maiores problemas de saúde pública nos Estados Unidos e na Europa. A Organização Mundial de Saúde, OMS, reconhece obesidade com uma doença que atinge proporções epidêmicas no mundo todo.

A obesidade vem aumentando gradativamente nos últimos anos. Explica-se esse fato pelas mudanças nos hábitos alimentares, com a utilização cada vez mais freqüente de alimentos industrializados, *fast foods*, com alta densidade energética e por estilo de vida mais sedentário. No Brasil estima-se, que 49% da população encontram-se acima do seu peso ideal e 15% das crianças brasileiras são obesas, sendo maior prevalência em meninas, nas regiões Sul e Sudeste.

É uma afecção considerada grave, na criança e no adolescente, pois vários estudos apontam estreitas ligações entre obesidade nessa fase e doença na vida adulta como diabetes, hipertensão, hipercolesterolemia, problemas ortopédicos, dermatológicos e respiratórios.

Como o excesso de peso vem tornando-se freqüente, inclusive entre as crianças, as complicações também estão começando cada vez mais cedo. Isso porque a oferta de alimentos pouco saudáveis e com grande quantidade de açúcar e gordura é cada vez maior. Assim, refrigerantes, salgadinhos e doces, combinados à televisão e ao computador, fazem com que a criança fique mais tempo parada, em lugar de brincar. A brincadeira é a maneira mais simples e saudável que a criança tem para se exercitar e queimar calorias[44].

Define-se obesidade como um distúrbio do estado nutricional traduzido por um aumento de tecido adiposo, reflexo do excesso de gordura resultante do balanço positivo de energia na relação ingestão/gasto calórico[45].

A obesidade é uma doença de etiologia multifatorial. O seu desenvolvimento, em geral, ocorre pela associação de fatores genéticos, ambientais e comportamentais como sedentarismo e outros. As causas endócrinas, tumorais e as síndromes genéticas, que evoluem com obesidade, são responsáveis por aproximadamente 5% dos casos.

Dentre os fatores determinantes da obesidade que estão relacionados com a alimentação podemos citar:

- **Desmame precoce** - retirada do leite materno e introdução do leite de vaca. O leite de vaca é freqüentemente introduzido em concentração inadequada com acréscimo excessivo de engrossante e açúcar;
- **Hábitos alimentar** - famílias com hábitos alimentar inadequado, influenciando de forma negativa a alimentação da criança. Normalmente utilizam alimentação rica em gordura e açúcar refinado, pobre em fibras. Se esse hábito alimentar não for corrigido na infância vai se manter nas fases posteriores;
- **Acesso à alimentação** – as crianças possuem acesso fácil a alimentos e preparações com alta densidade energética. Na maioria das vezes as crianças têm disponível em casa biscoitos, salgadinhos, guloseimas, pães, enlatados, alimentos de preparo instantâneo, pois são mais fáceis de serem preparados e consumidos;
- **Aspectos psicossocias** - os pais dão carinho e recompensas por meio da alimentação[46].

O diagnóstico da obesidade pode ser realizado por método antropométricos, que são de fácil manuseio, barato e prático. São utilizados o peso e a estatura. Pode ser utilizada a Curva do *National Center of Health Statistics* - NCHS. A vantagem da utilização de curvas é que permite um diagnóstico precoce da obesidade e constitui a melhor referência internacional de avaliação antropométrica na infância apesar de suas limitações. As pregas cutâneas e algumas circunferências também podem ser usadas.

Com os valores do peso e da estatura calcula-se o índice Peso/Estatura (P/E), que é a relação entre o peso encontrado e o peso ideal para a idade estatura no percentil 50 (P50), multiplicado por 100, sendo o resultado dado em porcentagem.

O P/E é geralmente utilizado na infância. Considera-se sobrepeso quando o valor encontrado estiver maior do que 110% e menor do que 120% e obesidade quando ele é igual ou maior do que 120%[47].

Na adolescência, é mais adequado o índice de massa corporal (IMC), que é a relação entre o peso em quilos e a estatura em metros ao quadrado.

No tratamento deve ser realizado um trabalho em equipe multiprofissional, composta de médico, nutricionista, enfermeiro, professor de educação física, psicólogo, assistente social e etc.,

Deve-se orientar uma dieta normal para idade, de acordo com a fase do desenvolvimento. O objetivo da dietoterapia é de perda e/ou manutenção do peso; educação alimentar e mudança de comportamento.

De uma forma geral, recomenda-se não consumir alimentos nos intervalos das refeições, fracionamento de 5 a 6 refeições por dia, aumentar a ingestão de fibras, evitar o consumo de alimentos de alta densidade energética, não ingerir líquidos junto com as refeições, comer devagar e mastigar bem os alimentos e realizar as refeições em ambientes tranqüilo e agradável.

Os pais devem ser orientados quanto à aquisição e o comportamento de preparo dos alimentos. As mudanças de comportamento devem ser incorporadas ao hábito alimentar da criança e da família.

A Alimentação e Necessidades Especiais: a Criança com Síndrome de Down

A alimentação das crianças portadoras da síndrome de Down deverá ser a mesma das crianças normais, balanceada em todos seus nutrientes. Algumas características no manejo de utensílios devem ser levadas em conta, uma vez que o desenvolvimento dessas crianças é mais lento que o usual, e aos quais os educadores deverão estar mais atentos, de acordo com a idade.

Por exemplo, dos 10 aos 12 meses, a criança se propõe a pegar os alimentos com os dedos, pegando a colher em seguida, conseguindo alimentar-se sozinha entre os 12 e 18 meses.

Para facilitar a alimentação da criança com síndrome de Down, deve-se usar a colher torta com alça para pegar, que facilita o movimento com o punho ao levar a colher à boca.

As colheres mais rasas são mais fáceis no início da aprendizagem, sendo as mais fundas mais adequadas para mingaus e pudins.

A criança com síndrome de Down agarra a colher, bem como o lápis, com toda a palma da mão, ficando com esses utensílios um tempo maior que o usual.

Ao iniciar o uso da caneca, esta deve ser o tipo com tampa e furinhos, sem alça, para forçar a posição das mãos em concha para pegar, evitando entornar o líquido.

As dificuldades nessa fase são no nível oro-motor, para coordenar o chupar-respirar-engolir, aprendizado mais demorado nesse tipo de criança, uma vez que elas têm o pouco fechamento dos lábios e palatos.

A fase da protusão da língua para fora é mais demorada, dificultando as transições dos alimentos líquidos para papas e purês, e destes para os sólidos.

Na idade escolar, elas já podem manejar a faca para passar manteiga e geléia no pão ou bolacha e, na seqüência, aprender a cortar coisas mais moles.

Com relação ao conteúdo da alimentação, deve-se tomar cuidado para não exagerar nos carboidratos e gorduras, uma vez que essas crianças têm tendência à obesidade.

Essa tendência talvez se deva ao fato de as crianças terem pouca atividade física, provavelmente por serem mais lentas e menos estimuladas para tal.

REFERÊNCIAS BIBLIOGRÁFICAS

1 - Amaral, MFM.; Morelli, V; Pantoni, RV.; Rosseti-Ferreira, MCR. Alimentação de bebês e crianças pequenas em contextos coletivos: mediadores, interações e programações em educação infantil. Rev Bras Cresc Desen Hum v.6, n 1/2, p.19-3, 1996.

2 - American Academy of Pediatrics. - Committee on Nutrition. The use of whole cow's milk in infancy. Pediatrics, v.89, p. 1105-9, 1992

3 - Birch, L. Psychological influences on the childhood diet. J Nutr, 128 : 407-10 S, 1998.

4 - Boog, MCF., Educação nutricional, orientação alimentar e o papel dos nutricionistas na mídia. Conferência magistral de abertura do XV Congresso Brasileiro de Nutrição, Brasília, DF, agosto de 1998.

5 - Brandalise, SR. & matsuda, E. - Anemias carenciais. In: Nóbrega, FJ. - Desnutrição intra-uterina e pós-natal. 2.ed. São Paulo, Panamed Editorial, 1986. p.427-437.

6 - Branen, L, Fletcher, J. Effects of restrictive and self-selected feeding on preschool children's food intake and waste at snacktime. J Nutr Educ 1994; 26: 273-7.
7 - BRASIL. Ministério DA Educação e do Desporto. Secretaria de Educação Fundamental. Referencial curricular nacional para a educação infantil / Ministério da educação e do Desporto. Secretaria de educação Fundamental. - Brasília: MEC/SEF, 1998. 3v:il
8 - Brown, KH.; Black, R; Romana, GL.; Kanashiro, HC. - Infant feeding practices and their relationship with diarrheal and other diseases in Huascar (Lima), Peru. Pediatrics, 83:31-40, 1989.
9 - Comitê de Nutrição da Sociedade de Pediatria de São Paulo - Alimentação da criança. Rev. Paul. Pediatr., 9:52-4, 1985.
10 - Daros, D.; Duff, R.E. The Benefits of Family Style Meals. Dimensions of Early Childhood, Winter 95, p.17-21, 1995.
11 - Euclydes, M.P. - Nutrição do lactente: base científica para uma alimentação adequada. Viçosa, Jard., 1997.
12 - Escrivão, MAMS.; Oliveira,FLC.; Taddei, JAAC.; Lopez, FA.- Obesidade na infância e na adolescência In: LOPES, F.A & BRASIL, A L.D. Nutrição e Dietética em Clínica Pediátrica.1.ed. São Paulo, Atheneu Editora, 2003. p.187-199.
13 - Fairbacnks, VF. - Iron in medicine and nutrition. In: Shils, ME. ; Olso, N,J. - Modern nutrition in health and disease. 8.ed. Philadelphia, Lea & Febiger, 1994. p.187-213.
14 - Ferreira, AMA.- Prevenção da anemia ferropriva em lactentes que freqüentam creches do município de São Paulo, através de uma fórmula láctea infantil fortificada com ferro.São Paulo, 2000. [Tese - Doutorado - Universidade Federal de São Paulo - Escola Paulista de Medicina].
15 - Fisberg, M. - Anemia afeta 49,8% das crianças no pais. Folha de São Paulo, C10, 20 de julho de 2000.
16 - Freire, WB. - Strategies of the Pan American Health Organization/ World Health Organization for the Control of Iron Deficiency in Latin America. Nutr. Ver., 55 (6):183-188, 1997.
17 - Gordon, SM. - Enjoying Family-Style Meals in Child Care.Child Care Infant Exchange, 5: 40-3, 1997.
18 - Gueri, M. - Estrategias de la Organizacion Panamericana de la Salud sobre micronutrienter. In: TALLER REGIONAL SOBRE DEFICIENCIAS DE VITAMINA A Y OTROS MICRONUTRIENTER EN AMERICA LATINA Y EL CARIBE, 3, USAID, 1993. p.38-40 Resumos.
19 - Gueri, M. - Presentación del número monográfico: Deficiências de micronutrientes el las Américas. Bol. Oficina Sanit. Panam; 117(6): 477-82, 1994
20 - Knight, KB, Bomba, AK. The effect of imposed silence on food consumption at a nursery school. Gordon and Breach Science Publisher AS, Early Child Development and Care, 88: 17-21, 1993.
21 - Lanzkowsky, P.; Karayalc,G.; Miller,F.; Lane,B.P. - Disaccharidase values in iron-deficients. J. Pediatr, 99:605-608, 1981.
22 - Lozoff, B et al. - Iron-deficiency anemia and infant development: effects of extended oral iron therapy. J. Pediatr.,129(3):382-389, 1996.
23 - Monteiro, CA, Szarfarc, S C. - Estudo das condições de saúde das crianças do Município de São Paulo, S.P. (Brasil), 1984/1985. V Anemia. Rev. Saúde Pública, 21:255-60, 1987.
24 - Mogharreban, C.; Nahikian-Nelms, M. Autonomy at Mealtime: building healthy food preferences and eating behaviors in young children. Early Childhood Educ J, 24 (1): 29-32, 1996.
25 - Minayo MC. - Quantitativo e qualitativo em indicadores de saúde: revendo conceitos. In: II Congresso Brasileiro de Epidemiologia; Belo Horizonte; 1994. Anais. P. 25-33.
26 - Ministério da Saúde. - Guia alimentar para crianças menores de 2 anos. Brasília D.F., 2002. (Serie A. Normas e Manuais Técnicos, n.107)
27 - Nahikian-Nelms, M. Influential factors of caregiver behavior at mealtime: a study of 24 child care programs. J. Am. Diet. Assoc. 1997; 97(5): 505-9.
28 - Nascimento, AG Obesidade na Infância e Adolescência. Qualidade em Alimentação Nutrição.,12 (3) : 16-17, 2002.
29 - Organizacion Mundial de la Salud. - La asistencia al niño en las guarderias y residencias infantiles. Ginebra, OMS, 1963. (Serie de Informes Tecnicos, 256).
30 - Oski, F A . - The nonhematologic manifestation of iron deficiency. Am. J. Dis. Child., 133:315-322, 1979.
31 - Popkin, BM.; Adair, L.; Akin,J.S.; Black,R.; Briscoe,J.; Fielger,W. Breast-feeding and diarrheal morbidity. Pediatrics, 86:874-82, 1990.
32 - Philippi, ST. et al. Piramide alimentar infantile. In: CONGRESSO NACIONAL DA SOCIEDADE BRASILEIRA DE ALIMENTAÇÃO E NUTRIÇÃO, 5., 1999. São Paulo. Resumos. São Paulo: Sociedade Brasileira de Alimentação e Nutrição, 1998. p.186.
33 - Philippi, S.T. & Fisberg, R.M. Proposta de guia alimentar: a pirâmide para escolha de alimentos. In: WHORKSHOP ALIMENTAÇÃO EQUILIBRADA PARA POPULAÇÃO BRASILEIRA, 1., 1998, Florianópolis. Anais... Florianópolis: Instituto Danone, 1998.p.101-106.
34 - Saito, MI. et al. Obesidade na Adolescência. In: Sucupira, ACSL. Pediatria em Consultório. 3.ed.São Paulo, 1996. p.601-607.
35 - Sawaya, AL .; Solymos, GMB. Vencendo a Desnutrição. 1ª edição. São Paulo: Salus Paulista, 2002.Coleção "Vencendo a Desnutrição". Ed.Salus Paulista, 2002.
36 - Souza, S.; Szarfarc,SC.; Souza, JMP. - Anemia no primeiro ano de vida em relação ao aleitamento materno. Rev. Saúde Pública, 31(1):15-20, 1997.
37 - Spencer JP. - Pratical nutrition for the healthy term infant. Am. Fam. Phys. 54 (1): 138-44. 1996.
38 - Skinner, J.; Carruth, BR.; Moran, III J., et al. Todde's Food Preferences: Concordance with Family Member's Preferences. J Nutr Educ 1998; 30: 17-22.

39 - Torres, MAA.; Sato, K.; Juliano, Y.; Queiroz, SS. - Terapêutica com doses profiláticas de sulfato ferroso como medida de intervenção no combate a carência de ferro em crianças atendidas em unidades básicas de saúde. Rev. Saúde Pública., 28:410-5, 1994.
40 - Trahms, CM. ; Pipes, PL. - Nutrition for preschool-age children. In: Trahms, CM. ; Pipes, PL. - Nutrition in infancy and childhood. 6.ed. WCB/McGraw-Hill, 1997. p.35-7.
41 - UNICEF. - The State of the World's Children 1998 - Micronutrients - UNICEF Home Information Participation Organization Activities- UNICEF, Home Information Participation Organization Activities,1998.
42 - Victora, CG.; Smith,p.G.; Vaughan, JP. et al. - Infant feeding and death due to diarrhea: a case-control study. Am. J. Epid., 129:1032-41, 1989.
43 - Vilar, APF.; Valverde, MA.; Fisberg, M.; Lemes, SOO que é obesidade - Conhecendo o Inimigo. In: Vilar, AP. F.; Valverde, MA.; Fisberg, M.; Lemes. Uma Medida de Peso - Manual de orientação a criança e adolescentes obesos e seus pais.1.ed. São Paulo. Celebris Editora, 2002.p.7-16.
44 - Wardle, J. Parental influences on children's diets. Proc Nutr Soc 1995; 54: 747-58.
45 - Walter, T. - Impact of iron deficiency on infancy and childhood. Eur. J. Clin. Nutr., 47: 307-16, 1993.
46 - Woiski, j.r. - Nutrição e dietética em pediatria. 4.ed. Rio de Janeiro, Atheneu, 1995. p.109-26.
47 - WORLD HEALTH ORGANIZATION/UNICEF. Protecting, promoting and supporting breast-feeding. Geneva, WHO, 1989.
48 - Ziegler EE., Fomon SJ., Nelson SE., Rebouche CJ., Edwards BB., Rogers RR., Lehman LJ. - Cow milk feeding in infancy: further observations on blood loss from the gastrointestinal tract. J.Pediatrics.; 116(1): 11-8. 1990.

BIBLIOGRAFIA CONSULTADA

1 - Committee on Nutrition. - Iron supplementation for infants. Pediatrics, 58:765-8, 1976.
2 - Vitolo, MR. ; Ctenas, MLB. Crescendo com saúde - o guia de crescimento da criança. C1 Editora e Consultoria em Nutrição Ltda. São Paulo, 1999.

BIBLIOGRAFIA PARA EDUCAÇÃO ALIMENTAR E CULINÁRIA PARA CRIANÇAS PRÉ-ESCOLARES

Livros para Receitas:
- Manual de Receitas da Magali, Estúdios Maurício de Souza, Editora Globo, 1996.
- Manual da Roça do Chico Bento, Estúdios Maurício de Souza, Editora Globo, 1997.
- Fogãozinho - Culinária Infantil em Histórias, Maria Stella Libanio Christo e Frei Betto, 4ª edição, Editora Nova fronteira, 1996. Já sei cozinhar! - Livro de receitas para jovens e crianças. Michele Simonon e Françoise Viroux. Editora Leitura.
- Boca Mole. Ciça Kfouri Moreira Ferreira e Claudia Morales. Editora Terra Virgem, 2001.
- Brinque Book com as Crianças na Cozinha. Gilda Aquino. Brinque Book Editora, rio de janeiro, 1990.
- Anjos na Cozinha - Receitas para as crianças prepararem sozinhas. Rosalina Capuani. Editora Ática, São Paulo, 1995.
- Os Pequenos Cozinheiros - livro de cozinha do mundo inteiro pra rapazes e raparigas, UNICEF.
- Hora do Lanche - livro de receitas para crianças. Theodora Maria Mendes de Almeida. Editora Caramelo, 1999.
- O Livro de Receitas do Menino Maluquinho. Ziraldo e Tia Emma, L&PM, 1996.
- Expedito, o Cozinheiro. Liliana e Michele Iacocca. Editora Moderna, 2000.
- O Castor Cozinheiro. Lars Klinting. Editora Callis.
- Sítio do Pica Pau amarelo - Caderno de Receitas. Editora Globo.
- Come Come - Pais e Filhos na Cozinha. João Alegria. Jorge Zahar Editora, 2002.

Livros com Histórias ligadas à Alimentação:
- Eu me Alimento. Mandy Suhr e Mike Gordon. Editora Scipione, 1996.
- Paladar. Mandy Suhr e Mike Gordon. Editora Scipione, 1998.
- Hummmm! Tatiana Belinky. Edições Paulinas, 1994.
- A Cesta de Dona Maricota. Tatiana Belinky. Edições Paulinas, 1992.
- Saladinha de Queixas. Tatiana Belinky. Editora Moderna, 1991.

- Frutos e Frutas. Sólon Borges dos Reis. Editora Scipione, 1996.
- Menina Bonita do Laço de Fita. Ana Maria Machado. Editora Ática, 1997.
- Toma lá, dá cá. Flávia Muniz. Editora Moderna, 1992.
- O que tem dentro do ovo? Telma Guimarães Castro Andrade. Atual editora, 1997.
- Um Amor de Confusão. Dulce Rangel. Editora Moderna, 1994.
- O Sanduíche da Maricota. Avelino Guedes. Editora Moderna, 1991.
- Um Chá na Casa de Dona Lalá. Lúcia Hiratuka. Editora Scipione, 1995.
- Caroço de Abacate. Luis Camargo. Edições Paulinas, 1994.
- Pão Quente e Cenouras Frescas. Elza César Saloutti. Editora Ática, 1992.
- Armazém do Folclore. Ricardo Azevedo. Editora Ática, 2000.

Livros sobre hortas e plantações:
- A Roça de Milho. Antonieta Dias de Moraes. FTD, 1991.
- Em Cima e em Baixo. Janet Stevens. Editora Ática, 1999.
- Você sabe como a horta cresce? Coleção Dourada. Cedibra, 1987.
- O Grande Rabanete. Tatiana Belinky. Editora Moderna, 1990.
- Pêssego, pêra, ameixa no pomar. Janet e Allan Ahlberg, trad. Ana Maria Machado. Editora Moderna, 1998.
- A Semente e o Fruto. Eunice Braido. FTD, 1994.

Livros auxiliares para a alfabetização:
- Panela de Arroz. Luis Camargo. Editora Ática, 1995.
- A Festa das Letras. Cecília Meireles e Josué de Castro. Editora Nova Fronteira, 1996.

Livros com histórias de festas:
- Camilão, o Comilão. Ana Maria Machado. Salamandra Consultoria Editorial, 1996.
- Mas que Festa! Ana Maria Machado. Editora Nova Fronteira. 1999.
- O Bolo de Natal. Elza Fiúza. Editora Moderna.
- O Bolo. Ana Maria Bohrer. Editora Scipione Histórias tradicionais/conto de fadas/parlendas com conteúdos que podem ser trabalhados na alimentação infantil:
- João e Maria. Série Clássicos. Editora Leitura Ltda.
- Cachinhos de Ouro. Recontado por Ana Maria Machado. Coleção Lê pra mim. FTD, 1996.
- A Galinha Ruiva. Recontado por Elza Fiúza. Editora Moderna, 1996.
- Chapeuzinho Vermelho. Editora Maltese.
- Chapeuzinho Vermelho. Mariana Rocha. Keila & Rosenfeld.
- Branca de Neve e os 7 Anões. Editora Maltese.
- Cadê o Docinho que estava aqui? Maria Ângela Resende. Editora Formato.

Livros para trabalhar a criatividade:
- Brincando com os alimentos. Joost Elffers e Saxton Freymann, Editora DBA, 1999.
- Caras, carinhas e caretas – alimentos com sentimentos. Joost Elffers e Saxton freymann, texto de Pedro Bandeira, Editora Salamandra, 1999.
- Artigo "Beleza se põe à mesa", de Elza Corsi. Revista do Instituto AvisaLá – Revista para a formação de professores de educação infantil e séries iniciais do ensino fundamental, No.12, outubro 2002.

11 HIGIENE E PRECAUÇÕES PADRÕES EM CRECHE – CONTRIBUINDO PARA UM AMBIENTE SAUDÁVEL

DAMARIS GOMES MARANHÃO
ENEIDA SANCHES RAMOS VICO

"... A atenção e os cuidados adequados na primeira infância constituem a garantia de que as crianças sejam fisicamente saudáveis, mentalmente ativas, emocionalmente seguras, socialmente competentes e intelectualmente capazes de aprender ..."[1]

I - INTRODUÇÃO

A origem etimológica da palavra higiene vem do grego *hygeinos, o que é são*. Entretanto, o senso comum lhe atribui significado mais restrito, asseio e limpeza. Nos dicionários da língua portuguesa, higiene significa "o que contribui para a saúde". É definida também como "ciência que visa à preservação da saúde e à prevenção da doença; limpeza, asseio; parte da medicina que visa à preservação da saúde e ao estabelecimento das normas e preceitos para prevenir as doenças; conjunto de condições ou hábitos que conduzem ao bem-estar e à saúde; limpeza corporal"[2,3].

Vigarello (1996)[4], no estudo sobre a história da limpeza, relata que, a partir do século XIX, a higiene passa a ser uma disciplina da medicina, caracterizando-se como um conjunto de saberes e dispositivos que tratam da manutenção da saúde.

Os desafios de natureza sanitária dessa época, marcada por várias epidemias, levaram ao desencadeamento de pesquisas sobre a origem biológica das doenças, sobrepujando as concepções que associavam saúde com condições de vida[5,6,7].

As políticas de saúde pública, com foco no controle das epidemias, regulamentação do espaço urbano e do padrão de higiene das classes populares, vinham sendo implementadas na Europa desde o século XVIII, com o objetivo de evitar a perda da produtividade pela doença e assegurar o crescimento populacional[5,6,7].

Neste contexto surge, no campo da medicina social, o movimento higienista, caracterizado como um misto de assistência médica e social que, posteriormente, torna-se alvo de críticas nos campos da saúde e da educação, dado o seu caráter ideológico e disciplinador[5,6,7,8].

Considerando os diversos significados do termo higiene, a crítica ao caráter disciplinador do movimento higienista não pode ser confundida com a negação dos cuidados que visam conforto, proteção, bem-estar das crianças e da equipe que com elas trabalha. Nem se deve restringi-los apenas à sua dimensão biológica. A complexidade do processo de crescimento e desenvolvimento humano, particularmente na infância, exige que sejam observadas todas as dimensões que o integram, quais sejam, biológica, emocional, cognitiva e sócio-cultural[9].

Os cuidados proporcionam conforto, proteção e bem-estar. São fundamentais no processo de integração do eu, que ocorre com maior intensidade nos primeiros anos de vida. Sua qualidade, também exerce grande impacto sobre a saúde da criança; quanto melhores, maiores os benefícios para ela, sua família e comunidade[9,10,11,12].

> "O manuseio da pele no cuidado do bebê é um fator importante no estímulo a uma vida saudável dentro do corpo, da mesma forma que os modos de segurar a criança auxiliam no processo de integração"[13].

Não é apenas a ótica da psicanálise que considera relacionados os cuidados corporais aos aspectos emocionais e cognitivos. Henri Wallon (1979)[14], neurologista e educador francês, refere que no processo de interação entre a criança que demanda cuidados e aquele que a atende, é construído um conjunto de sinalizações expressivas, feito de mímicas e atitudes, que auxiliam a criança a desenvolver a própria consciência corporal que é a base de sua identidade simbólica. Desse modo, os cuidados de higiene ao mesmo tempo em que promovem a saúde, são atividades educativas[9,15].

Os aspectos culturais relativos à higiene também devem ser considerados. Na visão antropológica, essas regras ou práticas podem revelar outros sentidos tendo em vista a necessidade que todas as culturas têm de ordenação da realidade, de organizar o ambiente e de relacionar forma e função[16].

Hábitos de higiene variam entre grupos e são reveladores de valores diferentes entre pais e educadores. Portanto, é necessário haver constante diálogo entre creche e famílias para que juntas possam cuidar e educar as crianças[15].

Do ponto de vista epidemiológico, as crianças representam um dos grupos etários de maior suscetibilidade frente a agravos de qualquer espécie, ambientais e mórbidos, em virtude de viverem intensas e rápidas transformações, como decorrência natural do processo da vida, e por sua dependência de cuidados alheios, tanto maior quanto mais jovens[17].

Creches são ambientes de ordem coletiva. Proporcionam grande circulação e transmissão de agentes patogênicos por agrupar adultos e crianças em situação de convivência diária e prolongada. Esses fatores predispõem a criança usuária de creche à maior probabilidade de adquirir e desenvolver infecções, sobretudo as de repetição, principalmente as de ordem respiratória, gastrointestinal e cutânea[18,19,20,21].

Considerando todos esses aspectos, neste capítulo a abordagem sobre cuidados terá dois enfoques, o pessoal e o ambiental. Também estão incluídas recomendações de Precauções Padrões, preconizadas pelo *Centers for Disease Control and Prevention* – CDC (1996)[22], que foram adaptadas, pelas autoras, para o ambiente de creche e pré-escola, com vistas à promoção da saúde e à prevenção e controle de doenças.

II - HIGIENE PESSOAL

Creches e pré-escolas são ambientes propícios para a construção de hábitos saudáveis, pois atendem crianças em idades em que as práticas de cuidados pessoais estão sendo aprendidas. Exigem, portanto, profissionais habilitados e sensíveis, facilitadores de vivências diárias que estimulem e promovam o autocuidado da criança. Por vezes, sob a justificativa de deixarem o ambiente em desordem ou receio de que venham a adoecer, caso se molhem ou se sujem, o educador impede ou limita determinadas atividades lúdicas altamente positivas.

Considerando o fato de que várias crianças são cuidadas por um educador, é preciso prever organização espacial e rotina tais que simultaneamente, proporcionem a cada criança e ao conjunto delas conforto e segurança, evitando que esperem por longo tempo entre um cuidado e outro.

Na organização da rotina de higiene das crianças na creche, outro aspecto importante, é a prevenção de acidentes e de doenças transmissíveis.

Tratando-se de espaço coletivo, determinados cuidados diferem daqueles realizados no ambiente doméstico, devido, entre outros motivos, ao aumento de exposição e transmissão de agentes que causam agravos à saúde da criança, constituindo fator de risco para ela[18,20,23]. Exemplificando: procedimentos para troca de fraldas, na creche, precisam ser padronizados a fim de garantir qualidade de atenção à criança e reduzir a veiculação de patógenos que o manuseio de roupas contendo fezes e/ou urina oferece.

A prevenção destes riscos começa no planejamento e manutenção das instalações sanitárias, estendendo-se até a capacitação dos educadores para que empreguem procedimentos adequados para a troca de fraldas, banho, lavagem de mãos, higiene oral e cuidados com o ambiente.

Os quadros a seguir apresentam recomendações elaboradas para facilitar o planejamento, a organização e a execução desses procedimentos na creche e na pré-escola.

QUADRO 11.1 PLANEJANDO O ESPAÇO E MATERIAIS PARA A HIGIENE DA CRIANÇA

1. A instalação de banheiras, trocadores e boxes precisam conciliar condições ergonômicas para o educador e segurança, conforto e autonomia para a criança.
   Exemplo: altura das bancadas, espaço para os pés, escadinhas para crianças subirem nos boxes, barras para se apoiarem. Pisos devem ser antiderrapantes, os revestimentos fáceis de limpar e esteticamente agradáveis para as crianças. Móbiles, espelhos, adesivos de parede ou piso são idéias interessantes, desde que sejam laváveis. Trocadores de fraldas não devem estar localizados na mesma área onde a criança brinca ou se alimenta.
2. Prever:
- Cabides para pendurar toalhas de banho de forma a mantê-las separadas umas das outras, secas e identificadas. A creche e a pré-escola podem estabelecer com as famílias ou com o serviço de lavanderia da instituição a lavagem das toalhas a cada dois ou três dias ou sempre que necessário.
- Prateleiras ou similares, próximas ao trocador, para colocar sacola da criança, fraldas, material de higiene pessoal.
- Cabides e bancos para crianças maiores colocarem suas roupas, toalha, calçados, bem como para servirem de apoio ao se vestirem.
- Bebê conforto ou similar para a criança ficar bem acomodada e em segurança, enquanto o educador lava as mãos, higieniza e enche a banheira, testa a temperatura da água, prepara e/ou guarda o material.
- Lixo apropriado para fraldas descartáveis, próximo ao trocador, evitando contaminação ou acidentes com as crianças. Providenciar sacos plásticos para fraldas de pano.
- Suportes para sabonete líquido afixados sobre a cuba ou box.
- Local para guardar brinquedos laváveis, como patinhos, canecas para encher e esvaziar, usados durante o banho e a troca.
- Pomadas, pentes e escovas de dente devem ser de uso individual e guardados separadamente.
   Buchas/esponjas de banho nunca devem ser utilizadas, pois são potenciais veículos transmissores de doenças e de difícil garantia de uso exclusivo.
- Famílias e educadores devem ser orientados no sentido de manter *nécessaire* da criança individualizada, limpa e seca.

Troca de Fraldas

Algumas creches combinam com os pais que a primeira troca de fraldas que ocorrer dentro da instituição poderá ser feita por eles, de forma que os educadores possam receber outras crianças, organizar a primeira refeição, as atividades do dia, reservando a segunda troca para o meio da manhã. Desta forma, os educadores têm a certeza de que todas as crianças que chegaram estão secas e limpas.

Para a troca de fraldas, dois métodos podem ser adotados - com ou sem uso de luvas descartáveis. É importante que profissionais da creche e pais saibam que o uso de luvas durante os procedimentos de troca de fraldas em creches não é imprescindível, segundo recomendações do CDC[24]. Alguns educadores preferem usá-las pelo desconforto que sentem ao entrar em contato com fezes. Nesse caso, além de orientação sobre a técnica correta de vestir e retirar luvas, precisam saber que **seu uso não substitui a lavagem das mãos.**

Não é aconselhável que os educadores façam a pré-lavagem das fraldas de pano sujas. Essa prática, tradicional no passado das creches, propicia a contaminação do próprio cuidador e do ambiente, pois é grande a chance de respingar material fecal. Neste caso, é necessário prever com os familiares da criança um esquema de acondicionamento e envio das fraldas para lavagem em casa ou na lavanderia da creche.

Banho

Algumas creches e pré-escolas incluem o banho em suas atividades, outras não. Contudo, ele é recomendável para as crianças que usam fralda e/ou permanecem na instituição em período integral, pois proporciona conforto, relaxa e mantém a saúde da pele. Também é aconselhável a todas as crianças nos dias quentes e/ou após atividades com areia, terra, água, tinta.

A criança, ao ser cuidada, vai gradativamente, adquirindo segurança, autonomia e aprendendo a se cuidar, com a ajuda e orientação do educador infantil. Durante o banho, por exemplo, a criança experimenta sensações, realiza movimentos, toca a água e é tocada por ela, interage com o educador. Esses são momentos privilegiados de construção da consciência corporal e do estabelecimento de intimidade e vínculo com as pessoas que regularmente dela cuidam.

O toque é um tipo de linguagem que informa a criança sobre quem ela é, contribuindo para a construção da consciência corporal, da sua auto-imagem e estima.

QUADRO 11.2 PROCEDIMENTOS E ATITUDES PARA A TROCA DE FRALDAS

1. Organizar todo material necessário próximo ao trocador:
- recipiente para lixo e sacos plásticos para roupas sujas
- fralda limpa e troca de roupas, se necessário
- brinquedos laváveis
- material de higiene pessoal da criança, inclusive toalha
- para higiene perianal: lenços umedecidos ou água corrente morna e sabonete neutro líquido
2. Forrar o trocador com a toalha da criança e sobre esta usar papel toalha ou rolo de papel descartável na área sob as nádegas.
3. Conversar e brincar com a criança durante a troca.
4. Se adotar o uso de luvas, vesti-las agora.
5. Colocar a criança sobre o papel toalha.
6. Remover as roupas sujas e fralda, manipulando-as com cuidado para evitar que fezes e demais secreções respinguem e contaminem o educador (uniforme, braços) e o ambiente. Fechar a fralda suja sobre si mesma. Caso seja descartável, jogá-la no lixo. Se for de pano, depositá-la em saco plástico individualizado, sem pré-lavagem, para evitar contaminação.
7. Limpar a pele da região perianal com lenços umedecidos ou, se necessário, lavar com água morna corrente e sabonete líquido neutro. Dar atenção especial às dobras da pele dessa área. Em meninos abaixar, cuidadosamente o prepúcio, que recobre a glande do pênis, limpando-o com delicadeza. Em meninas, higienizar de frente para trás. Depositar o lenço usado no lixo.
8. Remover o forro do trocador e jogá-lo no lixo.
9. **Caso esteja usando luvas, removê-las e jogá-las no lixo.** Lavar as mãos sem deixar a criança sozinha sobre o trocador (a torneira tem que estar próxima).
10. Lavar as mãos da criança com sabonete e água corrente.
11. Secar bem as dobras da pele. **Óleos protetores e/ou pomadas só devem ser utilizados** com prescrição médica ou de acordo com protocolo da instituição.
12. Observar as condições da pele para, posteriormente, registrar possíveis alterações e aspecto das eliminações.
13. Colocar a fralda limpa e, se for o caso, calça plástica. Verificar se ficou confortável.
14. Colocar a criança em local seco, limpo e seguro (por exemplo, bebê conforto) para que possa desinfetar a superfície de troca imediatamente após o seu término. Organizar o ambiente.
15. Lavar as mãos e retornar, com a criança, para a sala de atividades.

QUADRO 11.3 PROCEDIMENTOS E ATITUDES PARA UM BANHO PRAZEROSO E SEGURO

1. Contar à criança que ela irá tomar banho.
2. Retirar a fralda suja. Remover os resíduos com lenços umedecidos descartáveis ou água corrente **antes de colocá-la na banheira**. Crianças maiores podem ter os resíduos retirados na água corrente do chuveiro (quando estes não forem excessivos).
3. Verificar a temperatura da água, com a parte interna do antebraço, em primeiro lugar. Colocar a criança na água, gradativamente.
4. Permitir que ela usufrua o contato com a água, brinque, toque e sinta seu próprio corpo. Ao tocar a criança, faça-o com carinho e suavidade.
5. A técnica do banho depende da idade da criança, seguindo a seqüência de lavar a face, cabelos, tórax, costas, membros e genitais.
6. Usar xampu neutro, que não irrite os olhos. Lavar os cabelos com as pontas dos dedos e enxaguar até eliminar todos os resíduos. Evitar que a água entre nos ouvidos.
7. Ensinar as crianças a higienizar seus genitais (meninas de frente para trás e meninos abaixando cuidadosamente o prepúcio que recobre a glande do pênis).
8. Secar bem dobras, espaços interdigitais, região retroauricular. Observar e registrar possíveis alterações da pele.
9. Vestir a criança com roupas adequadas ao clima e às atividades que irá realizar.
10. Deixar a criança em local confortável e seguro para organizar e limpar o ambiente.
11. Lavar as mãos antes de retornar à sala com a criança.

Aprendizagem do uso do sanitário e retirada das fraldas

A criança começa se interessar por suas excreções por volta dos 18 a 24 meses de idade. Nesta fase do desenvolvimento humano é maior a consciência das sensações provocadas pela contração e relaxamento dos esfíncteres, anal e vesical, e a capacidade de reter urina na bexiga por mais tempo. O controle motor, devido às aquisições da postura ereta e da marcha, e a comunicação, por meio de gestos e da linguagem oral, também estão mais desenvolvidos. Este conjunto de condições é sinal indicativo de prontidão maturacional para o início da retirada das fraldas e aprendizagem do uso do sanitário.

Neste período, a criança está vivendo um processo de aprender a diferenciar-se do outro, primeiro reconhecendo os limites do seu próprio corpo e as substâncias eliminadas por ele. Pode sentir atração por fezes e urina como produtos que, gradativamente, reconhece separados dela. Isto é observado em sua reação ao olhar seus próprios dejetos no vaso sanitário e aceitar que sejam levados embora pela descarga.

O desenvolvimento da autonomia de controle dos esfíncteres pode durar semanas ou meses e retrocessos fazem parte deste importante processo. Por isso, deve-se evitar qualquer situação de constrangimento ou de humilhação para a criança.

Atitudes de aceitação ou de aversão, por parte daqueles que cuidam da criança, também são expressas por meio da mímica facial, gestos e movimentos, e contribuem para que ela desenvolva sentimentos de auto-estima, confiança ou vergonha, medo e insegurança.

É sempre oportuno lembrar que em creches e pré-escolas os elevados riscos de contaminação e de disseminação de doenças de transmissão fecal-oral demandam cuidados específicos para evitá-las.

Recomendam-se instalações sanitárias apropriadas ao tamanho da criança, equipadas com sistema de descarga, proporcionando higiene, conforto e segurança. Não é aconselhável o uso de penicos ou cadeiras sanitárias, por ser difícil mantê-los devidamente limpos e fora do alcance das crianças. Quando seu uso for imprescindível, recomenda-se os procedimentos apresentados nos **Quadros 11.4** e **11.5**.

Higiene Oral

Considerando que a primeira dentição (decídua ou de leite), constituída de 20 dentes, estará completa próximo aos três anos, é preciso construir hábitos saudáveis de cuidados com a boca a partir do nascimento.

QUADRO 11.4 RECOMENDAÇÕES RELATIVAS AO USO DE PENICO

1. Os penicos deverão ser usados somente na área do banheiro, observando que fiquem dispostos em lugar seguro, distantes de cestos de lixo ou vaso sanitário para evitar que as crianças neles coloquem suas mãos e venham a se contaminar.
2. Antes do uso, forrar o fundo com papel higiênico.
3. Após o uso, esvaziar seu conteúdo, **imediatamente,** dentro do sanitário, tendo cuidado para que não respingue. Não deixar o penico tocar a água contida no vaso.
4. Enxaguar o penico com água de torneira utilizada exclusivamente para limpeza.

Nunca enxaguar o penico em torneira usada para lavar as mãos ou escovar os dentes!

5. Despejar a água do interior do penico dentro do vaso sanitário.
6. Providenciar para que o penico seja lavado e desinfetado (ver higiene ambiental).
7. Lavar e desinfetar a torneira e toda a superfície exposta.
8. Lavar as mãos cuidadosamente, com água e sabonete.

QUADRO 11.5 CUIDADOS COM AS CRIANÇAS EM PROCESSO DE RETIRADA DE FRALDAS

1. É recomendável iniciar este processo nos meses quentes, quando é menor a quantidade de roupas usadas.
2. Estabelecer com os pais o início da retirada de fralda e também as atitudes e procedimentos que serão adotados na creche e no domicílio da criança.
3. Organizar brincadeiras com água, areia, argila, lama, permitindo que a criança manipule estes materiais que têm consistência semelhante às fezes, ajudando-a a elaborar a nova experiência.
4. Propiciar momentos em que elas vejam outras crianças maiores usando o vaso sanitário.
5. **Evitar que as crianças permaneçam sentadas no vaso sanitário mais do que desejem ou necessitem. Não ultrapassar de 10 minutos.**
6. Permitir que a criança observe suas fezes dentro do vaso sanitário antes de dar a descarga.
7. Ajudar a criança a se higienizar com o papel higiênico ou com chuveirinho higiênico.
8. Ajudá-la a lavar e secar as mãos após o uso do sanitário.

QUADRO 11.6 RECOMENDAÇÕES PARA A ESCOVAÇÃO DE DENTES

1. É desejável que o educador supervisione a escovação de dentes de todas as crianças.
2. Cada criança deve ter uma escova de dente macia, individual e identificada com seu nome.
3. Colocar pequena quantidade de creme dental (porção de um grão de ervilha) sobre a escova seca ou auxiliar a criança a fazê-lo.
4. Orientar cada criança sobre como escovar os dentes e a não engolir o creme dental. Para enxaguar a boca, usar copo de papel (feito pela própria criança) ou descartável.
5. **Nunca desinfetar escovas de dente. Caso alguma criança utilize a escova de outra, jogá-la fora e dar uma nova.**
6. Escovas de dente devem ser substituídas a cada 3 ou 4 meses.
7. Orientar as crianças a conservarem suas escovas em capas individuais e secas, acondicionadas em suportes apropriados ou em nécessaire pessoal.

Mesmo antes da erupção dos dentes, é preciso limpar a gengiva e a língua do bebê após cada mamada utilizando gaze umedecida em água, enrolada no dedo indicador do adulto responsável por este cuidado.

A partir de um ano, na medida em que as crianças já possuam habilidades para andar e manter-se em pé com segurança, é possível iniciar com elas a prática de escovar os dentes, desde que recebam ajuda do educador e, em casa, dos pais. Estes devem ser responsáveis pela principal escovação do dia, ou seja, aquela antes de dormir.

Crianças que fazem uso de medicamentos adocicados necessitam de higiene oral após sua ingestão, em razão de estas drogas serem cariogênicas.

Higiene das mãos das crianças e da equipe da creche

A lavagem das mãos é princípio básico de higiene. Constitui recurso simples e altamente eficaz na prevenção de doenças, bem como importante prática social a ser aprendida pelas crianças no processo de socialização. Entretanto, essa prática é uma das mais difíceis de ocorrer em creches, seja pela equipe de trabalho, seja pelas próprias crianças, tanto na freqüência desejável, como no modo correto de realizá-la[12, 15, 18, 25].

O profissional de educação infantil tem o papel de orientar e acompanhar crianças que estejam aprendendo este comportamento, sem que isto seja rotina impositiva e obsessiva. Lactentes devem ter as mãos lavadas pelo próprio educador.

É possível e desejável que as crianças, com atividades lúdicas e prazerosas, lavem as mãos na freqüência necessária e de modo correto, mesmo porque "adoram mexer com água" e gostam de observar muitas coisas, entre elas a espuma do sabonete em suas mãos.

A aprendizagem de atitudes e procedimentos de cuidados com o próprio corpo e com o ambiente está previsto no Referencial Curricular Nacional de Educação Infantil[11].

Mãos mal lavadas de crianças e funcionários, ao tocarem superfícies e objetos como brinquedos, torneiras, pias, mesas, cadeirões para refeições de lactentes, corrimãos, ou o próprio corpo, veiculam diversos patógenos, disseminando-os no ambiente e gerando um círculo vicioso progressivo de contaminação- transmissão.

As mãos constituem o mais importante veículo de transmissão de doenças entéricas em creches. O nível de contaminação nas mãos das crianças é proporcional ao índice de contaminação das mãos dos adultos[26].

Desenvolver o hábito de lavar as mãos – nas crianças e nas equipes da creche e pré-escola - após cuidados pessoais, atividades, uso do sanitário e antes das refeições, requer condições materiais e, acima de tudo, educadores cientes da importância da própria higiene pessoal, a fim de servirem de modelo para as crianças e não serem agentes veiculadores de doenças no coletivo infantil.

Como estratégias para incentivar a equipe e crianças a terem atitudes e procedimentos corretos de higiene das mãos, recomendam-se campanhas e treinamentos constantes, além de lembretes sobre a técnica de lavagem das mãos fixados sobre pias e demais locais estratégicos, renovados freqüentemente.

A disponibilidade de pias em locais estratégicos e acessíveis às crianças e adultos, com água corrente abundante, acionada por pedais ou sistema de célula automática, sabonete líquido, papel toalha de qualidade, constituem recursos estimulantes e ideais para que esta prática efetivamente aconteça no ambiente da creche e pré-escola.

Instituições que não têm as condições acima mencionadas precisam adaptar pias, torneiras e providenciar material para que as disposições do ambiente estejam coerentes com as normas de higiene estabelecidas.

O custo-benefício do uso de toalha descartável, em relação à toalha de tecido lavável, é observado não só na redução de doenças, como nos gastos com água, sabão, energia elétrica, desinfetantes e tempo que o trabalhador despende nessa tarefa. Quando não for possível a aquisição de toalhas descartáveis, é imprescindível que as toalhas de tecido sejam trocadas com muita freqüência, mantendo-as, constantemente, secas e limpas.

Manipuladores de alimentos devem dispor de pias exclusivas para lavagem das mãos.

Em suma, a higiene das mãos constitui a prática que mais integra os cuidados com a criança e com a própria equipe da creche.

III - PRECAUÇÕES PADRÕES PARA PREVENÇÃO E CONTROLE DE INFECÇÕES EM CRECHES E PRÉ-ESCOLAS

O crescente atendimento à criança em ambientes coletivos como creches e pré-escolas gerou a necessidade de se construir um corpo específico de conhecimentos epidemiológicos para melhor orientar procedimentos e ações relativas ao monitoramento e controle de agravos nestes espaços[25].

Embora seja esperado que as crianças usuárias de creche e pré-escola estejam saudáveis, na maior parte do tempo, isto não impede que o risco potencial de transmissão de patógenos exista, mesmo porque muitas das infecções que afetam crianças menores de cinco anos podem ser assintomáticas.

No Brasil, as primeiras publicações sobre higiene ambiental em creches visando o controle de infecções foram elaboradas por profissionais de saúde da antiga Secretaria Municipal do Bem-Estar Social de São Paulo[27,28,29].

A maioria destes documentos se baseou em literatura especializada no controle de infecções hospitalares. O conceito de controle de infecção, do modo como é adotado para hospitais, pode servir como um modelo para entender a epidemiologia das doenças infecciosas na creche. Porém, são significativas as diferenças entre um e outro local, embora haja alguns elementos comuns[30].

Um aspecto comum refere-se ao fato de que tanto crianças usuárias de creche e pré-escola como as hospitalizadas dependem de cuidados realizados por profissionais que, inadvertidamente, podem ser veículos de transmissão de patógenos às crianças e a eles próprios[30].

A principal diferença é que crianças hospitalizadas, na maior parte do tempo, estão restritas ao leito. Já na creche e pré-escola, brincam e exploram diferentes ambientes e materiais, interagem intensamente entre si, compartilhando brinquedos e outras coisas. Desse modo, as medidas de controle dependem não apenas dos profissionais, mas da maturidade das crianças.

Os tipos de patógenos veiculados em creches, pré-escolas e hospitais também diferem. O **Quadro 11.7** apresenta os principais vírus e bactérias encontrados em creches.

Parasitas também estão presentes no ambiente de uma creche, destacando G*iardia lamblia e Cryptosporidium* que, com grande freqüência, causam diarréia[31,32]. Outros microrganismos como rotavírus, *Shigella, Escherichia coli* igualmente causam diarréia, mostrando-se o primeiro mais comum entre lactentes e os demais entre crianças que já andam[26].

O maior ou menor risco de diarréia por estes agentes está associado à idade da criança, ao seu tempo de permanência diária na instituição e às condições ambientais, principalmente à qualidade das práticas de higiene[20,21,23,30,31].

O mais significativo meio de transmissão de patógenos em creche é **pessoa-a-pessoa**[30]. Isto porque é característico da criança, na fase oral, explorar o ambiente com as mãos e boca. Assim, de modo não intencional, acaba compartilhando suas secreções com as demais crianças e também se contaminando com patógenos disseminados no ambiente por meio das mãos de outras crianças e educadores. Esse risco é ainda maior nos grupos em que a continência fecal não está totalmente estabelecida. Por exemplo, crianças que já têm certa autonomia e podem usar o sanitário sozinhas muitas vezes esquecem de lavar as mãos e, ao retornarem à sala, manipulam brinquedos em comum com outras crianças.

Para que o ambiente da creche ou da pré-escola seja seguro, sob o ponto de vista sanitário, recomenda-se, a exemplo do que já ocorre em outros países, a adoção das Precauções Padrões, elaboradas pelo CDC (1996)[22], cujos princípios foram adaptados para creches. Tais precauções aplicam-se a sangue, pele (íntegra ou não), mucosas, todos os fluídos do corpo, secreções, excreções, exceto suor, não importando se contenham sangue visível ou não. Têm por objetivo reduzir as possibilidades de transmissão de patógenos cujas fontes de infecção sejam conhecidas ou não.

Adaptar as Precauções Padrões para creches e pré-escolas requer considerar a dinâmica de funcionamento deste serviço e suas dimensões físicas, funcionais, temporais e relacionais.

Muitas vezes, as preocupações relativas à transmissão de doenças estão voltadas, quase que exclusivamente, para o espaço físico, resultando em orientações de rotinas rigorosas de higiene e desinfecção das paredes, mobiliário, utensílios e brinquedos.

Entretanto, o que vai determinar maior ou menor grau de exposição aos patógenos são, principalmente, os modos como as pessoas se relacionam, organizam e utilizam o espaço, realizam a troca de fraldas, o preparo e a oferta de refeições, sucos, água e fórmulas lácteas, a higiene oral e pessoal da criança, a remoção das secreções nasais e demais cuidados.

Com base na literatura relativa às Precauções Padrões para hospitais e creches[22,30,33,34], as autoras deste capítulo elaboraram quadros de precauções para prevenção dos principais modos de transmissão de agentes patogênicos entre crianças usuárias de creche e de pré-escolas.

QUADRO 11.7 PRINCIPAIS AGENTES PATOGÊNICOS ENCONTRADOS EM CRECHES. FRANÇA, 1999

Bactérias
* *Streptococcus pneumoniae*
* *Haemophilus influenzae* b
* *Bordetella pertussis*
* *Neisseria meningitidis*
Staphylococcus aureus
Enterobactérias

Vírus
Rotavirus
** Vírus respiratório sincicial (VRS)
*** Enterovírus
* Vírus influenza
Vírus para-influenza
* Vírus varicela-zoster
* Sarampo
* Caxumba
* Rubéola
* Vírus da hepatite A
Citomegalovírus (CMV)

Fonte: Vigneron e Bégué, 1999[21] (adaptado).
* Doenças preveníveis por vacinação
** Doença prevenível por imunobiológico
*** Dentre os enterovírus, existem vacinas para o vírus da poliomielite

QUADRO 11.8 PRECAUÇÕES PARA PREVENÇÃO DE DOENÇAS TRANSMITIDAS POR SANGUE

Quais são as doenças de transmissão por contato com sangue?

As principais são aquelas transmitidas pelos vírus HIV (SIDA), Hepatites B e C, entre outros.

Como são transmitidas?
- Por contato direto do sangue ou fluídos do corpo contendo sangue da pessoa infectada, com mucosa ou pele não íntegras de uma pessoa vulnerável por contato sexual, uso de seringas em comum, da mãe para o feto (transmissão vertical).
- Na creche o contato com sangue é possível quando a criança:
- sofrer acidentes
- apresentar epistaxe (perda de sangue pelo nariz)
- apresentar sangue em excreções e secreções
- usar a mesma escova de dentes de outra que tenha sangramento gengival ou lesões na mucosa, às vezes não percebida
- ser mordida por outra criança de modo a fazer escoriações significativas na pele
- Os vírus transmitidos através do sangue e fluídos do corpo podem vir de qualquer pessoa, em qualquer tempo. Nem sempre se sabe quando alguém está infectado com uma bactéria ou vírus. Até mesmo a própria pessoa infectada pode não saber.
- Por estas razões é preciso agir como se cada **pessoa** pudesse estar infectada com algum **germe**, em **todas** as situações em que possa ocorrer contato com sangue e fluídos do corpo.

Precauções com sangue

Lavar as mãos por 30 segundos após contato com sangue e outros fluídos corporais contaminados com sangue
- Antes e depois de prestar socorro ou cuidados (como limpeza de cortes e arranhões ou sangramentos nasais)
- Após limpar os fluídos do corpo caídos no chão ou em objetos contaminados.

Usar luvas de látex descartáveis quando
- Entrar em contato com sangue ou fluídos do corpo que contenham sangue (fezes ou vômitos) claramente visíveis.
- Houver lesões na pele das mãos, como cortes, arranhões ou erupções cutâneas.

Cobrir cortes e arranhões com uma bandagem

Usar material absorvente e descartável para conter sangramento nasal de uma criança ou ensiná-la o modo correto de fazê-lo.

Limpar imediatamente as superfícies sujas de sangue. Utilizar álcool a 70% ou solução de hipoclorito de sódio a 1,0% (= 10.000 ppm)

Acondicionar as roupas sujas de sangue
- colocar em dois sacos (duplo) bem fechados.
  Mandar essas peças para a casa da criança, ou lavá-las separadamente com água quente e detergente.

Descartar material contendo sangue em saco plástico selado (se não houver sistema de coleta especial para lixo contaminado, desinfetá-lo jogando sobre ele solução de hipoclorito de sódio a 1,0% (= 10.000ppm).

QUADRO 11.9 PRECAUÇÕES PARA PREVENÇÃO DE DOENÇAS TRANSMITIDAS POR VIA RESPIRATÓRIA

Quais são as doenças de transmissão respiratória?
- Resfriados, gripes, varicela, sarampo, parotidite, escarlatina, meningococcemias, meningites, rubéola, tuberculose e outras.

Como são transmitidas?
- Por contato direto com a respiração da pessoa que está com o vírus ou bactéria na orofaringe (garganta), nariz ou pulmões.
- Por contato com secreções nasal e pulmonar eliminadas pela tosse, espirro, coriza.
- Contato com fungos presentes na poeira ambiental, mofo e sistema de ventilação são algumas das causas de alergias respiratórias que também propiciam a entrada de vírus e bactérias no organismo.

Como se pode evitá-las?
- Adotar medidas de estímulo ao aleitamento materno.
- Assegurar uma alimentação balanceada.
- Oferecer água e suco de frutas naturais diariamente.
- Garantir o banho de sol.
- Alternar atividades ao ar livre e dentro da sala, evitando o confinamento.
- Manter a imunização das crianças atualizada.
- Limpar o nariz das crianças com lenços descartáveis e jogá-los em lixeira própria.
- Ensinar as crianças maiores a limpar o próprio nariz.
- Adotar toalhas de papel para rosto e mãos.
- Lavar as mãos e ajudar ou orientar as crianças a fazer o mesmo, logo após haver contato com secreções nasais.

Quais os cuidados ambientais?
- Adequar a área física da sala ao número de crianças (2,0 m^2/criança, acomodando no **máximo 15 crianças de 0 a 2 anos** por sala e, 1,5 m^2/criança, nas outras faixas etárias).
- Manter a renovação do ar nos ambientes.

  No frio agasalhar as crianças e evitar correntes de ar, mantendo, porém, a ventilação não fechando todas as janelas e portas.
- Evitar materiais que criem ácaros como tapetes felpudos, cortinas e bichos de pelúcia.
- Manter salas de atividades, biblioteca, ateliês, brinquedos, objetos e livros limpos, ventilados, abrindo portas e janelas para entrada de ar e raios solares.
- Manter ambiente livre de poeira, fazendo a limpeza apenas com pano úmido.
- Não varrer, nem espanar. Isto evita a dispersão de poeiras e de partículas ressecadas que estejam depositadas no mobiliário e piso.
- Limpeza imediata, com água e detergente, de superfícies e brinquedos sujos por secreções respiratórias (coriza, catarro).
- Todos os brinquedos de tecido devem ser mantidos limpos por meio de aspiração do pó, lavagens periódicas e exposição diária ao sol.
- Não usar, na presença de crianças, desinfetantes clorados ou outros que sejam irritantes primários.

QUADRO 11.10 PRECAUÇÕES PARA PREVENÇÃO DE DOENÇAS DE TRANSMISSÃO FECAL-ORAL

Quais são as doenças de transmissão fecal-oral?
- As principais são diarréias, cólera, febre tifóide, hepatite A, verminoses, estomatite, poliomielite.

Como são transmitidas?
- Por contato direto com mãos, alimentos, água, objetos ou brinquedos contendo patógenos eliminados nas fezes de pessoa portadora ou doente.
- As mãos são a principal via de transmissão destas doenças em creches.
- Pias, torneiras, brinquedos e superfícies são locais na creche com maior concentração de parasitas, vírus e bactérias que causam estas doenças, pois são tocadas, em alta freqüência, por mãos de crianças e adultos que podem estar contaminadas.

Como se pode evitá-las?
- Estimular o aleitamento materno.
- Controlar e manter a imunização das crianças atualizada.
- Ensinar e acompanhar crianças no sanitário para que aprendam a se limpar e a lavar as mãos antes de saírem do ambiente.
- Orientar as crianças maiores a lavar as mãos antes das refeições e após o uso do sanitário e de brincadeiras no parque.
- Crianças que usam fraldas devem ter suas mãos lavadas por educadores após cada troca, antes e depois das refeições.
- Cuidados especiais com o ambiente e higiene pessoal na fase do desfraldamento.
- Formação e orientação dos educadores sobre técnicas seguras de troca de fraldas e lavagem de mãos.
- É contraindicado a trabalhadores de creche que trocam ou manipulam fraldas preparar refeições ou manipular fórmulas lácteas, mesmo que seja apenas o envasamento de leite ou sucos. Estudos associam esta prática à ocorrência de surtos de diarréia em creches.
- Educadores que trocam fraldas e que também oferecem alimentos devem ser rigorosos com sua higiene pessoal, após as trocas que realizam e antes da oferta de alimentos.

Cuidados com água, preparo e oferta de alimentos
- Seguir rigorosamente as normas técnicas orientadas pelo serviço de nutrição e Vigilância Sanitária sobre recebimento, armazenamento, pré-preparo, preparo e distribuição dos alimentos e fórmulas lácteas.
- Realizar controle microbiológico de amostras das preparações culinárias.
- Realizar controle de saúde periódico de cozinheiros e educadores infantis.
- A circulação na cozinha deve ser restrita aos funcionários deste setor.
- Controlar a qualidade do fornecimento da água local.
- Manter os reservatórios de água sempre fechados, limpos e desinfetados.
- Manter o sistema hidráulico interno íntegro.

Cuidados com o ambiente
- Limpeza imediata de superfícies, objetos e brinquedos contaminados com fezes e/ou urina, com água e detergente neutro, seguida de desinfecção.
- Limpeza diária e rigorosa de sanitários, trocadores, banheiras, saboneteiras, pias, torneiras, mesas, maçanetas, pisos.
- Seguir procedimentos para troca de fralda e banho.
- Limpar o trocador com água e detergente, após cada troca.

Cuidados na lavanderia
- O Ministério da Saúde recomenda que se deve evitar o trabalho manual no processamento de roupas.

QUADRO 11.11 PRECAUÇÕES PARA PREVENÇÃO DE DOENÇAS TRANSMITIDAS POR CONTATO PESSOAL OU POR USO DE OBJETOS PESSOAIS COMUNS

Quais são as doenças transmitidas por contato pessoal ou por uso de objetos comuns?

- Pediculose (piolhos), escabiose (sarna), impetigo, micoses, conjuntivites, são as mais comuns em creches e pré-escolas.

Como são transmitidas?

- Por contato corporal direto com a pele do portador e uso comum de forro dos colchonetes ou almofadas, lençóis, fronhas, toalhas de rosto e banho, toucas, bonés, pentes, escovas de cabelo, buchas e sabonetes.

Existem doenças que se "pegam" no copo, talheres, chupetas e brinquedos que são levados à boca?

- Embora a maioria das pessoas atribua a estes utensílios a responsabilidade da transmissão de determinadas doenças e ainda porque vírus, bactérias e fungos estejam presentes na cavidade oral, nem sempre esta forma de transmissão é significativa, devido ao poder germicida que a saliva possui. Entretanto, são necessários cuidados em razão do risco de a mucosa oral apresentar lesões que sangram (ex. gengivite, estomatite, ferimentos).
- Lesões na mucosa da boca causadas por fungos oportunistas como o que causa a monilíase ou o vírus do herpes simples, podem ser transmitidos quando há contato direto ou indireto, por meio de batom, mordedores, chupetas, escovas dentais e brinquedos que as crianças levam à boca.

Precauções

- Evitar o uso de buchas e sabonete em barra.
- Lavar banheiras antes de cada banho.
- Lavar as mãos sempre que necessário.
- Usar toalhas de mão descartáveis
- Colchonetes forrados com tecido impermeável que permita limpeza semanal.
- Uso de lençóis limpos e individualizados.
- Toalhas de banho diariamente mantidas, limpas, secas, separadas e identificadas.
- Almofadas, travesseiros, brinquedos de tecido, forros de colchonetes para atividades ou repouso devem ser mantidos limpos com lavagem periódica e exposição diária ao sol.

Precauções com brinquedos e chupetas levados à boca

- Oferecer a chupeta quando a criança estiver necessitando. Evitar deixá-la pendurada em fraldas ou cordões.
- Providenciar **porta chupetas individuais** (potinhos hermeticamente fechados).
- Lavar chupetas e mordedores em água corrente e detergente neutro antes de guardá-los.
- Ter brinquedos em número suficiente para que se possa alternadamente, substituir aqueles que precisam ser lavados por outros que estejam limpos.
- Providenciar local apropriado, material e escala diária de lavagem dos brinquedos.

Copos para água, pratos e talheres

- Lavar em água quente corrente e detergente .
- Copos para água devem ser descartáveis ou lavados após cada uso, com detergente e água corrente.

Escovas de dentes

- Providenciar local protegido e seco para mantê-las separadas após o uso.
- Não desinfetar com produtos a base de cloro porque as cerdas são afetadas e os resíduos químicos podem causar lesões na boca.
- Quando, por engano, a escova for usada por outra criança substituí-la de imediato, devido ao risco de transmissão de doenças.

IV - HIGIENE DO AMBIENTE

O termo ambiente refere-se ao conjunto do espaço físico e às relações que nele se estabelecem. O ambiente é constituído por dimensões físicas, funcionais, temporais e relacionais do espaço da creche[I] que como instituição educativa, tem por principal objetivo aproximar a criança da cultura[35].

Acima de tudo, a organização e a manutenção do espaço de uma creche e pré-escola devem possibilitar *"...um espaço de vida, no qual a vida acontece e se desenvolve"*, conforme refere Enrico Battini, da Faculdade de Arquitetura da Universidade de Turim[35].

A(o) enfermeira(o), ao planejar ou orientar as rotinas e procedimentos de limpeza e conservação do espaço da creche e da pré-escola precisa considerar, além da dimensão física, as demais dimensões. Não basta adotar, exclusivamente, precauções padronizadas para o controle de infecções, mas pensá-las acontecendo em um contexto ambiental que é promotor da aprendizagem e do desenvolvimento infantil.

O planejamento da rotina de limpeza deve envolver a(o) enfermeira(o), educadores e equipe de limpeza, buscando sua adequação às atividades pedagógicas e demais cuidados desenvolvidos com os diferentes grupos etários. Por exemplo, para a limpeza das salas é preciso orientar, aos profissionais encarregados dessa tarefa, que "os cantos de interesse"[II] devem ser limpos, porém preservados respeitando as produções das crianças, sua estética e preferências de uso do espaço.

É necessário também considerar as características etárias, os riscos de toxidade no emprego de determinados produtos e procedimentos de limpeza. É o caso das salas que agrupam crianças que usam fraldas e têm maior risco de contaminação, necessitando de limpeza seguida de desinfecção com maior freqüência que outras onde as crianças já aprenderam a usar o vaso sanitário e a lavar as mãos.

A limpeza e desinfecção da creche e da pré-escola têm como objetivos manter e restaurar a aparência dos objetos, utensílios e ambientes, resultando em conforto e segurança para crianças e equipe. Buscam também a prevenção e o controle de agravos à saúde por meio da adoção de precauções padrões.

Planejar a rotina de higiene ambiental requer conhecimento de conceitos e princípios básicos que norteiam cada fase desse processo[36].

Sujeira ou Sujidade

- Constituída, em sua maioria, por matéria orgânica - restos de alimentos, secreções, pele, gordura, suor, fezes, catarro, sangue e outras. Favorece o crescimento e a multiplicação de macro e microrganismos (em tempos distintos, de acordo com suas características).
- Esses resíduos orgânicos também formam uma barreira entre o produto desinfetante e aquilo que se quer desinfetar ou esterilizar, chegando, inclusive, a inativar a ação de desinfetantes químicos a base de cloro e de compostos quaternários de amônia. Por essa razão, é fundamental, antes do processo de desinfecção ou esterilização, a limpeza prévia de superfícies, objetos e tecidos.

Limpeza

- Processo de remoção de resíduos visíveis, poeiras, manchas, microrganismos presentes em qualquer superfície, mediante a aplicação de energia mecânica, térmica, química durante determinado tempo.
- A limpeza, com água e detergente, é suficiente para manter confortável e seguro a maioria dos espaços e objetos da creche e pré-escola. Já a desinfecção e a esterilização são processos indicados apenas para áreas e situações especiais que ofereçam maior risco de crescimento microbiano ou de disseminação de infecções.
- Em creches e pré-escolas recomenda-se a limpeza úmida.

Descontaminação

- Processo que antecede à limpeza, utilizando-se alta concentração de desinfetante clorado.
- Consiste em procedimentos para a desinfecção prévia de superfícies e objetos contendo sangue, secreções e excreções humanas como fezes, urina, vômito, pus.

[I] *Para aprofundar o estudo sobre o tema consultar Forneiro LI. A organização dos espaços na educação infantil.In: Zabalza M. A Qualidade em Educação Infantil. Porto Alegre: Artmed; 1998.*

[II] *Cantos de interesse são organizações do espaço educativo que sugere às crianças tipos diferentes de atividades onde elas podem inserir-se por vontade própria, de acordo com seu interesse. Exemplos: casinhas com objetos de cozinha, bonecas, mesa de passar roupa, etc; consultório médico; cantos com blocos para montar; cantos de leitura (N.A.).*

QUADRO 11.12 PROCEDIMENTOS PARA DESCONTAMINAÇÃO

O local deve ser isolado para evitar o acesso de crianças e adultos
- Este procedimento requer o uso de equipamentos de proteção individual do trabalhador (luvas e óculos).
- Aplicar sobre o sangue, secreções, excreções e área comprometida solução clorada contendo 10.000 ppm de cloro (1%).
- Aguardar o tempo de ação do cloro que, nesta concentração, é de 10 minutos.
- Remover os resíduos com pano que possa ser desprezado ao final da operação.
- Limpar com água e detergente, enxaguar e secar.
- Fazer a desinfecção final conforme o tipo de superfície ou objeto.

- Visa a segurança do trabalhador em virtude dos riscos de exposição que o contato direto com estas substâncias oferece.
- É recomendada em situações onde haja grande quantidade de material orgânico humano a ser removido.

Desinfecção

- Destruição dos microrganismos na forma vegetativa por meio de aplicação de calor ou produtos químicos em superfícies, objetos e utensílios de cozinha que requeiram maior rigor na redução desses agentes.

Limpeza e Desinfecção simultâneas por meio de calor

- A utilização de água quente (60° a 95°) durante 10 a 30 minutos, associada à ação mecânica consiste em um dos mais eficazes métodos de limpeza e desinfecção simultâneos.
- É utilizado em máquinas de lavar louças, lavadoras de roupas com ciclos de água quente, máquinas descontaminadoras utilizadas em hospitais.
- Procedimentos de limpeza e desinfecção relacionados a equipamentos e utensílios de cozinha e lactário devem seguir recomendações específicas[37].
- Máquina de lavar louças não deve ser considerada artigo de luxo para uma creche ou pré-escola. É recurso bastante útil tendo em vista a qualidade que oferece no processo de lavagem e desinfecção de canecas, pratos, copos e talheres. Seu maior benefício é a secagem sem contato manual, que poderia contaminar novamente os utensílios. Desaconselha-se a utilização de panos de prato para esta finalidade, pois pode ocorrer contaminação cruzada. Este equipamento também é recomendado para a prevenção de tendinites e dermatoses ocupacionais, em cozinheiras e lactaristas, desencadeadas pelo grande volume de utensílios que lavam após cada refeição. Quanto ao custo-benefício, há que se considerar a economia de água, detergente e tempo/trabalho do pessoal de cozinha, embora haja aumento do consumo de energia elétrica.
- Lavanderias de creche que processam fraldas, babadores, lençóis e toalhas devem ser planejadas e organizadas para a redução da contaminação pessoal, ambiental e das roupas processadas nesse setor. Recomenda-se consultar literatura especializada e normas do Ministério da Saúde para funcionamento de lavanderias em serviços de saúde. O programa de creches e pré-escolas da extinta Secretaria de Estado do Menor de São Paulo publicou normas específicas para este setor, ainda válidas[38].

Limpeza e Desinfecção simultâneas por produtos químicos ou em processos subseqüentes

- Alguns produtos clorados têm ação detergente simultânea, o que torna mais prática sua aplicação. Porém, é preciso considerar tempo de ação e eficácia do produto na redução dos riscos biológicos. Geralmente, o tempo de ação mínima é de 10 minutos de contato entre a superfície e o produto.
- Via de regra, as creches e pré-escolas utilizam o método de limpeza seguida de desinfecção. Neste caso é preciso prever o tempo gasto na limpeza úmida com detergente, seguida de enxágue com sucessivos panos limpos e úmidos, até sua total remoção, a aplicação final do produto clorado e a secagem espontânea.

- Não é necessário enxágüe posterior ao uso do produto clorado quando sua concentração for de até 250 ppm[39].
- Concentrações superiores a 250 ppm, quando aplicadas em superfícies que entram em contato com a pele, mãos ou boca das crianças, devem permanecer apenas durante o período recomendado para a efetiva desinfecção (mínimo de 10 minutos dependendo da concentração e dos microrganismos possíveis de serem veiculados no ambiente). Após esse tempo, enxaguar utilizando água corrente ou pano umedecido em água limpa [39].
- Outros tipos de desinfetantes devem seguir as recomendações do fabricante, lembrando que os indicados para ambientes industriais e/ou hospitalares não devem ser usados em creche e pré-escolas sem antes se avaliar sua potencial toxidade e eficácia.

Esterilização

- Destruição de todas as formas de microrganismos por meio de calor, pressão ou outros processos tecnológicos e químicos associados.
- Em creches pode ser aplicável, apenas, às mamadeiras e bicos.

Desinfetantes químicos mais utilizados em creches

Os desinfetantes mais indicados, para uso em creches e pré-escolas, são os que apresentam menor toxicidade e maior eficácia contra os microrganismos mais freqüentes nestes ambientes.

O cloro e seus compostos têm sido os mais utilizados tanto por oferecer menor risco de toxicidade, se comparado aos desinfetantes fenólicos[III], quanto por sua eficácia em eliminar os patógenos mais freqüentes em creches (desde que utilizados de forma adequada e sempre sob supervisão).

A ação do cloro sobre esses agentes vai depender da concentração, PH, temperatura, tempo de ação e teor de matéria orgânica na superfície ou objeto a ser desinfetado. Com base nisso, Rutala (1999) [39] recomenda as seguintes concentrações:

- 200 ppm de cloro, a 25°, por 10 minutos, são suficientes para inativar 25 diferentes tipos de vírus.
- Para inativar o vírus da hepatite B bastam 500 ppm, a 20°, por 10 minutos.
- Para inativar o vírus HIV, 50 ppm, a 25°, durante 10 minutos.
- Para desinfecção de equipamentos e utensílios de cozinha e lactários - concentrações abaixo de 300 ppm (são consideradas saneantes por sua baixa toxicidade oral).
- Reiterando, concentrações até 250 ppm não necessitam de enxágüe posterior.

Estudos realizados em creches verificaram que o uso do cloro não é eficaz para a remoção dos cistos de *Giardia lamblia*, parasita de alta prevalência em crianças que freqüentam creches. Só a limpeza mecânica, com água e detergente neutro, é capaz de fazê-lo. Informam também que os locais de maior concentração desses cistos são torneiras, mesas, cadeiras, brinquedos[32].

V - USO DE UNIFORME PELA EQUIPE

Recomenda-se adotar uniformes confortáveis e adequados às diferentes funções de trabalho. Para os educadores que seguram crianças no colo, cuidam da higiene e alimentação, brincam e promovem atividades que exigem constante movimentação, calças e camisetas de malha fáceis de lavar e secar são os mais adequados, incluindo agasalho para o período de inverno.

É aconselhável evitar anéis e relógios de pulso, pela constante necessidade de lavar as mãos, e também adereços que possam enroscar nas crianças ou serem puxados por elas. Cabelos precisam estar presos pelo mesmo motivo. Unhas devem estar aparadas e limpas.

Sapatos macios e fechados têm a função de proteger os pés. Precisam ser confortáveis e de uso apenas no ambiente da creche. Utilizar sapatilhas no ambiente de berçário é discutível – instituí-las significa planejar ambiente equipado com local acessível para descartá-las na saída, lavando as mãos a seguir, assim como local para colocar novas sapatilhas ao retornar ao ambiente, também lavando as mãos a seguir. Sem estes cuidados, elas podem aumentar a contaminação pelo contato das mãos com a sola dos pés ou do sapato.

[III] No início da década de 90, Maranhão e col., recomendaram o uso de desinfetantes fenólicos para sanitários de creches com bases na literatura e consultoria ao Instituto Adolfo Lutz de São Paulo, que foi revista considerando os riscos de toxicidade versus eficácia. Maiores informações consultar Secretaria de Estado do Menor de São Paulo. Limpeza. In: Creches/pré-escolas: três anos de experiência. São Paulo (SP); 1990.

As equipes de cozinha e limpeza precisam ter uniformes completos e devem trocá-los diariamente. Touca e/ou redinha para prender os cabelos são de uso obrigatório a todos que circulem no ambiente da cozinha.

Exames admissionais e periódicos devem ser de acordo com a respectiva função, segundo legislação específica, postos de trabalho e programa de prevenção de riscos ambientais.

QUADRO 11.13 CONCENTRAÇÕES EM PPM[IV] (PARTES POR MILHÃO) UTILIZADAS EM CRECHES

Áreas, equipamentos, utensílios e objetos	Quantidade em ppm a ser usada
• Bicos, mamadeiras, mordedores, chupetas	125 ppm
• Frutas e legumes	50 a 150 ppm
• Equipamentos e utensílios de cozinha	250 ppm
• Mesas, cadeiras, colchonetes, tanques de brincar com água e brinquedos	250 ppm
• Demais superfícies, sanitários e pias de banheiro • Áreas de serviço, lixeiras	500 ppm – necessita enxágüe posterior se for superfície que entre em contato com as mãos como torneiras, tampo das pias e tampo do vaso sanitário.

Fonte: Rutala WA, 1999 [39] (adaptado).

QUADRO 11.14 CUIDADOS NO USO DE DESINFETANTES CLORADOS

1. Aquisição de produto de qualidade, estabilizado, em embalagens adequadas, prevendo-se data de validade, estocagem, diluição e aplicação. Compostos clorados em apresentação líquida têm menor tempo de validade.
2. Estocagem em ambiente protegido de umidade e luz solar.
3. Orientar e supervisionar os procedimentos para diluição, para evitar uso inadequado e acidentes com os trabalhadores.
4. Não utilizar soluções diluídas a mais de 24 horas.
5. Evitar o uso em borrifadores em aerossol para evitar dispersão das partículas e inalação do produto que é irritante da árvore respiratória e pode aumentar o risco de crises de asma em crianças e trabalhadores com sensibilidade respiratória.
6. Não misturar produtos clorados com outros produtos químicos ou detergentes para evitar reações químicas indesejáveis, acidentes e também porque poderão interferir na ação desinfetante.

[IV] 1 ppm = 1 mg de cloro ativo por litro.
Exemplo: Para se obter uma solução clorada entre 200-250 ppm, utilizar 20 ml de hipoclorito de sódio a 1%, em 1 litro de água[37].

QUADRO 11.15 ASPECTOS IMPORTANTES PARA A ELABORAÇÃO DA ROTINA DE LIMPEZA DA UNIDADE

1. **horários em que as crianças utilizam os espaços:** a limpeza e desinfecção devem ocorrer em horários diferentes daqueles em que as crianças e adultos ocupam os espaços. Crianças não devem ser expostas a produtos de limpeza e também têm o direito a espaços previamente limpos, sem riscos de acidentes e intoxicações que podem ser causados por chãos escorregadios, aspiração de ar contendo partículas de limpadores e desinfetantes.
2. **tempo que cada procedimento de limpeza leva para ser executado:** calcular o tempo que a equipe leva para limpar e/ou desinfetar um ambiente.
3. **freqüência com que cada local ou objeto precisa ser limpo:** brinquedos, torneiras, pias, sanitários, trocadores e superfícies de mesas precisam ser limpos várias vezes ao dia. Pisos de salas de crianças que engatinham e usam fraldas precisam ser limpos mais vezes que pisos das salas de crianças maiores de dois anos.
4. **espaços diferentes são limpos e desinfetados com procedimentos diferentes:** os sanitários e salas de troca de fraldas demandam procedimentos diferentes das salas de atividades das crianças, assim como do refeitório. As salas onde permanecem crianças que usam fraldas exigem procedimentos de limpeza e desinfecção diferentes daquelas onde permanecem crianças em idade pré-escolar.
5. **apenas alguns espaços e materiais são desinfetados:** o critério para definir estes espaços é o maior ou menor contato com excreções humanas, como fezes e urina, ou com alimentos. Os espaços que requerem desinfecção são cozinha, lactário, sanitários, trocador, salas de crianças que usam fraldas, brinquedos para crianças menores de dois anos, pias e bebedouros.
6. **processos de esterilização, na creche, são indicados apenas para mamadeiras e bicos.**
7. **processos de desinfecção são indicados para** sanitários, banheiras, trocadores, bebedouros, pias e algumas áreas e utensílios usados na cozinha e lactário, brinquedos de crianças menores de dois anos, mesas do refeitório, lavanderia e áreas de serviço.
8. **o uso de desinfetantes e esterilizantes químicos em creches devem sempre ser orientados e supervisionados por enfermeiras(os).**

Procedimentos e produtos utilizados podem mudar de acordo com novas pesquisas e a epidemiologia das doenças transmissíveis em ambientes educativos e comunidade. É fundamental que se considere sempre, a toxicidade dos produtos utilizados em ambientes onde crianças realizam atividades.

REFERÊNCIAS BIBLIOGRÁFICAS

1 - UNICEF. *Situação mundial da infância – 2000.* Brasília (DF); 2000. p.55.
2 - Ferreira ABH. *Dicionário Aurélio básico da língua portuguesa.* Rio de Janeiro: Nova Fronteira; 1988.
3 - Houaiss A, Villar MS. *Dicionário Houaiss da língua portuguesa.* Rio de Janeiro: Objetiva; 2001.
4 - Vigarello, G. *O limpo e o sujo: uma história da higiene corporal.* São Paulo: Martins Fontes; 1996.
5 - Rosário Costa NR. *Lutas urbanas e controle sanitário: origens das políticas de saúde no Brasil.* Petrópolis: Vozes; 1985.
6 - Costa JF. *Ordem médica e norma familiar.* Rio de Janeiro: Graal; 1989.
7 - Rocha SMM. *Puericultura e enfermagem.* São Paulo: Cortez; 1987.
8 - Oliveira ZMR, Mello AM, Vitória T, Ferreira MCR. *Creches: crianças, faz de conta e cia.* Petrópolis: Vozes; 1992.
9 - Maranhão DG. O processo saúde-doença e os cuidados com a saúde na perspectiva dos educadores infantis. *Cad Saúde Pública* 2000; 16: 1143-48.
10 - Goodman RA, Osterholm MT, Granoff DM, Pickering LK. Infectious diseases and child day-care. *Pediatrics* 1984; 74: 134-9.
11 - [MEC]. Ministério da Educação e do Desporto. Secretaria de Educação Fundamental. *Referencial curricular nacional para a educação infantil.* Brasília (DF); 1998. 3v.
12 - Régnier F, Floret D. Mesures préventives d'hygiène dans les crèches. *Arch Pédiatr* 1999; 6 Suppl 3: 636-8.
13 - Winnicott DW. *Natureza humana.* Trad. de DL Bogomoletz. Rio de Janeiro: Imago; 1990.
14 - Wallon H. *Psicologia e educação da criança.* Trad. de A Rabaca e C Trindade. Lisboa: Vega; 1979.
15 - Maranhão DG. *O cuidado como elo entre a saúde e a educação.* São Paulo; 1998. [Dissertação de Mestrado – Universidade Federal de São Paulo – Departamento de Enfermagem].
16 - Douglas M. *Pureza e perigo.* São Paulo: Perspectiva; 1966. (Coleção Debates, 120)
17 - Puffer RR, Serrano CV. *Características de la mortalidad en la niñez. Informe de la investigación interamericana de mortalidad en la niñez.* Washington (DC); 1973. (OPAS - Publicação Científica, 262).

18 - Barros AJ, Ross DA, Fonseca WV, Williams LA, Moreira-Filho DC. Preventing acute respiratory infections and diarrhoea in child care centres. *Acta Paediatr* 1999; 88: 1113-8.

19 - Collet JP, Burtin P, Kramer MS, Floret D, Bossard N, Ducruet T. Type of day-care setting and risk of repetead infections. *Pediatrics* 1994; 6 Suppl 2: 997-9.

20 - Fuchs SC, Maynart RC, Costa LF, Cardozo A, Schierholt R. Duration of day-care attendance and acute respiratory infection. *Cad Saúde Pública* 1996; 12: 291-6.

21 - Vigneron P, Bégué P. Quel est l'âge d'acquisition de l'immunité contre les principaux agents pathogènes dans les premières années de vie ? Y a-t-il un âge idéal pour entrer en collectivité ? *Arch Pédiatr* 1999; 6 Suppl 3: 602-10.

22 - Garner JS, RN, MN, Hospital Infection Control Practices Advisory Committee (HICPAC). Guidelines for isolation precautions in hospitals. *Infect Control Hosp Epidemiol* 1996; 17: 53-80. Available from <http:/www.cdc.gov/ncidod/hip/ISOLAT/Isolat.htm> [2001 jul 18]

23 - Berg AT, Shapiro ED, Capobianco LA. Group day care and the risk of serious infections illnesses. *Am J Epidemiol* 1991; 133: 154-63.

24 - Hale CM, Polder JA. *The ABC of safe an healthy child care. A handbook for child care providers.* Department of health and human services. U.S. Public Health Service. National Center for Infections Diseases. Centers for Disease Control and Prevention; 1996. Available from <http:/www. cdc.gov/ncidod/hip/abc> [2000 apr 06].

25 - Vico ESR, Laurenti R. Mortalidade de crianças usuárias de creches no município de São Paulo. *Rev Saúde Pública* 2004; 38 (1): 38-44.

26 - Laborde DJ, Weigle KA, Weber DJ, Sobsey MD, Kotch JB. The frequency, level and distribution of fecal contamination in day-care center classrooms. *Pediatrics* 1994; 6 Suppl 2: 1008-11.

27 - [FABES] Secretaria Municipal da Família e Bem Estar Social. *Creche – manual de saúde.* São Paulo (SP); 1984.

28 - [FABES] Secretaria Municipal da Família e Bem Estar Social. *Política de creches: ações educativas e preventivas de saúde.* São Paulo (SP); 1991.

29 - [SAS] Secretaria Municipal de Assistência Social. *Manual de sanitização. Ações educativas e preventivas no controle das doenças contagiosas na creche. Ações educativas e preventivas de saúde.* São Paulo (SP); 2000.

30 - Cordell RL, Solomon SL. Infections acquired in child care centers. In: Mayhall CG, editor. *Hospital epidemiology and infection control.* 2 ed. Philadelphia: Lippincott Williams & Wilkins; 1999. p. 695-716.

31 - Churchill RB, Pickering LK. Infection control challenges in child-care centers. *Infect Dis Clin North Am* 1997; 11: 347-65.

32 - Cody MM, Sottnek HM, O'Leary VS. Recovery of *Giardia lamblia* cysts from chairs and tables in child day-care centers. *Pediatrics* 1994; 6 Suppl 2: 1006-8.

33 - Black SM. HIV/AIDS in early childhood centers: the ethical dilemma of confidentiality versus disclosure. *Young Children* 1999; 54: 39-50.

34 - Dailey L. *'Universal Precautions' in the childcare setting.* California Childcare Health Program. Available from <http:/www.ucsfchildcarehealth.org/childillness/univsp.pdf> [2001 may 2]

35 - Forneiro LI. A organização dos espaços na educação infantil. In: Zabalza MA. *Qualidade em educação infantil.* Porto Alegre: Artmed; 1998. p. 229-81.

36 - Teixeira OLS, Peraccini MH. Limpeza hospitalar. *Rev Hosp Adm Saúde* 1991; 15 (2): 66-70.

37 - Silva Jr. EA. *Manual de controle higiênico-sanitário em alimentos.* São Paulo: Varela; 1995.

38 - [SEM] Secretaria de Estado do Menor. *Creche/pré-escola. Três anos de experiência.* São Paulo (SP); 1990.

39 - Rutala WA. Selection and use of disinfectants in healthcare. In: Mayhall CG, editor. *Hospital epidemiology and infection control.* 2 ed. Philadelphia: Lippincott Williams & Wilkins; 1999. p.1161-87.

12 VACINAÇÃO DA CRIANÇA

MARINALVA DIAS QUIRINO

A assistência de saúde na criança na creche abrange um conjunto de medidas preventivas, curativas e de reabilitação. No que se refere às medidas preventivas a imunização constitui uma das formas mais eficaz na prevenção de doenças infecto-contagiosas. Evita os sofrimentos físicos, psicológicos e os prejuízos com as seqüelas, com as perdas sociais e reduz os recursos que seriam gastos com as internações hospitalares[1].

Além da proteção média de 90% dos vacinados, a elevada cobertura vacinal promove a proteção dos não vacinados – imunidade de grupo - uma vez que interrompe a cadeia reduzindo a disseminação dos agentes infecciosos[2].

Nesse sentido, a criança que freqüenta a creche e pré-escola merece atenção especial, pois sua convivência em grupo durante um período longo diariamente, propicia a disseminação de infecções e sua rápida propagação para os educadores infantis, familiares e comunidade, ou seja, onde houver o indivíduo susceptível.

Ressalta-se ainda que o esforço para proteger as crianças das doenças imunopreveníveis, caracteriza um dos avanços nas práticas de atenção à saúde, com foco nos cuidados básicos, significando uma verdadeira revolução na saúde pública.

Desse modo, o controle da vacinação das crianças na creche e pré-escola é imprescindível e rigoroso, tem início por ocasião de sua admissão na instituição de educação infantil, com a verificação do cartão da criança pela(o) enfermeira(o). Caso ainda não tenha iniciado as vacinas e/ou esteja em atraso de algumas delas, a mãe ou o responsável deve ser orientado para ir à unidade de saúde a fim de iniciar ou atualizar as vacinas do seu filho.

Para que haja um controle efetivo da vacinação sugere-se a elaboração de um arquivo ou de um mapa, no qual constem a situação vacinal da criança, o mês e as datas em que as vacinas devem ser aplicadas. A mãe deve ser lembrada da data do retorno do filho à unidade de saúde, e o(a) enfermeiro(a) ficará atenta para prestar assistência à criança nas reações adversas que possam ocorrer. Posteriormente, solicitar-se-á o cartão da criança para atualização na creche e pré-escola. Estes cuidados devem ser feitos com atenção, principalmente durante o primeiro ano de vida pelo número de vacinas e de doses vacinais administradas nessa faixa etária.

É importante lembrar que a(o) enfermeira(o) deve conhecer o calendário oficial. Mas também é necessário que ela oriente as famílias para outras vacinas existentes no país, disponíveis em caráter particular como a vacina contra a varicela e outras doenças para as quais existem vacinas gratuitas para crianças soropositivas e com outros problemas relacionados à imunidade, nos centros de referências de imunobiológicos especiais (CRIEs)[3].

QUADRO 12.1 CALENDÁRIO DE VACINAÇÃO

Calendário Básico de Vacinação

IDADE	VACINAS	DOSES	DOENÇAS EVITADAS
Ao nascer	BCG - ID Vacina contra hepatite B	dose única 1ª. dose	Formas graves de tuberculose Hepatite B
1 mês	Vacina contra hepatite B	2ª. dose	Hepatite B
2 meses	VOP (vacina oral contra pólio) "1"Vacina tetravalente (DTP + Hib) 1	1ª. dose 1ª. dose	Poliomielite ou paralisia infantil Difteria, tétano, coqueluche, meningite e outras infecções causadas pelo *Haemophilus influenzae* tipo b
4 meses	VOP (vacina oral contra pólio) "1"Vacina tetravalente (DTP + Hib) 1	2ª. dose 2ª. dose	Poliomielite ou paralisia infantil Difteria, tétano, coqueluche, meningite e outras infecções causadas pelo *Haemophilus influenzae* tipo b
6 meses	VOP (vacina oral contra pólio) "1"Vacina tetravalente (DTP + Hib) 1 "2"Vacina contra hepatite B 2	3ª. dose 3ª. dose 3ª. dose	Poliomielite ou paralisia infantil Difteria, tétano, coqueluche, meningite e outras infecções causadas pelo *Haemophilus influenzae* tipo b Hepatite B
9 meses 3	Vacina contra febre amarela	dose única	Febre amarela
12 meses	"4"SRC (tríplice viral) 4	dose única	Sarampo, rubéola, síndrome rubéola congênita e caxumba
15 meses	VOP (vacina oral contra pólio) DTP (tríplice bacteriana)	reforço reforço	Poliomielite ou paralisia infantil Difteria, tétano e coqueluche
6 a 10 anos 10 a 11 anos	"5"BCG - ID 5 "6"DT (dupla adulto) 6 Vacina contra febre amarela	reforço reforço reforço	Formas graves de tuberculose Difteria e tétano Febre amarela
Mulheres de 12 a 49 anos 7	SR (dupla viral)	dose única	Sarampo, rubéola e síndrome rubéola congênita
A partir de 60 anos 8	Vacina contra influenza Vacina contra pneumococos	dose única dose única	Gripe (Influenza) Pneumonias

OBSERVAÇÕES

Vacina tetravalente (DTP + Hib)

1. A partir de 2002, a vacina tetravalente (DTP+Hib) passa a substituir as vacinas DTP e Hib para as crianças menores de 1 ano de idade que estão iniciando esquema de vacinação. Assim, a criança receberá aos 2, 4 e 6 meses de idade uma dose da vacina tetravalente e aos 15 meses faz o reforço com a DTP.

Vacina contra hepatite B

2. Até 2003, a vacina contra hepatite B estará sendo oferecida aos menores de 20 anos. Em todo o país vacina-se grupos de risco em qualquer idade.

9 meses - Vacina contra febre amarela

3. A vacinação para os residentes e viajantes à área endêmica (estados do Acre, Amapá, Amazonas, Distrito Federal, Goiás, Maranhão, Mato Grosso, Mato Grosso do Sul, Pará, Rondônia, Roraima e Tocantins) deverá ser realizada a partir dos 6 meses de idade. Para residentes e viajantes à área de transição (alguns municípios da Bahia, Minas Gerais, Paraná, Piauí, Rio Grande do Sul, Santa Catarina e São Paulo) a vacina está indicada a partir dos 9 meses de idade. Uma dose de reforço é necessário a cada 10 anos.

SRC (tríplice viral)

4. Deve ser vacinada toda a população entre 1 e 11 anos de idade.

BCG - ID

5. Em alguns estados, esta dose ainda não foi implantada.

DT (dupla adulto)

6. A dT requer um reforço a cada 10 anos, antecipado para 5 anos em caso de gravidez ou acidente com lesões graves.

Mulheres de 12 a 49 anos

7. Mulheres ainda não vacinadas. Além disso, as mulheres desta faixa etária devem manter em dia o esquema de vacinação com a dT (dupla adulto), ver observação 6.

A partir de 60 anos

8. As vacinas são oferecidas durante a campanha nacional do idoso, em geral no primeiro quadrimestre de cada ano. A vacina contra pneumococos é administrada nos indivíduos que convivem em instituições fechadas, tais como casas geriátricas, hospitais, asilos, casas de repouso, etc. na ocasião da campanha. A vacina contra influenza requer uma dose a cada ano e a vacina contra pneumococos uma única dose, com reforço após 5 anos.

Fonte: www.funasa.gov.br.

Como pode ser observado neste calendário houve acréscimo de algumas vacinas assim como do número de doses vacinais, decorrentes das freqüentes pesquisas que são realizadas nesta área de conhecimento. A seguir, serão feitas algumas considerações sobre os imunobiológicos administrados, fundamentados no Ministério da Saúde que é o órgão que define as vacinas de caráter obrigatório em todo o território nacional ou em determinada região do país, segundo o comportamento das doenças preveníveis por vacinas.

Vacina BCG – contra a tuberculose, é administrada logo após o nascimento, dose única. Tem por finalidade prevenir as formas graves de tuberculose – a miliar e a meningea. Deve ser observada a evolução da lesão vacinal que ocorre da seguinte forma: alguns dias após a aplicação da vacina, no local surge um nódulo que evolui para pústula e em seguida para crosta e úlcera. Esta lesão regride em média entre a quinta e a décima segunda semana deixando pequena cicatriz. Quando estas reações não ocorrem é necessário levar a criança à unidade de saúde para avaliação, ou seja, revaciná-la.

Vacina contra a hepatite B – previne a hepatite B. É administrada a partir do nascimento junto com a BCG. São preconizadas três doses. A segunda dose é um mês depois da primeira e a terceira seis meses depois da primeira. As reações que podem ocorrer são: dor no local da administração, febre, mal-estar e fadiga. Não deve ser colocada compressas quentes no local.

Vacina contra a poliopmielite – previne a poliomielite, sua via de administração é oral, geralmente não provoca reação. São cinco doses, sendo a primeira dose a partir do segundo e mais duas doses com intervalo de dois meses. Posteriormente, é feito o primeiro reforço um ano depois da terceira dose e um segundo reforço quando a criança tiver quatro a seis anos de idade.

Vacina tetravalente é indicada para prevenir a difteria, tétano, coqueluche e contra a infecção por Haemophilus influenzae tipo b (Hib). Deve ser aplicadas três doses com intervalo de dois meses a partir do segundo mês de vida da criança e aos 15 meses a criança deverá receber o primeiro reforço e entre o quarto e o sexto ano o segundo reforço feito com a vacina tríplice – contra tétano, difteria e coqueluche.

Os eventos adversos destas vacinas tetra e tríplice são geralmente, sob a forma de dor local, vermelhidão, edema e enduração, febre e mal-estar geral.

Quando a febre atinge 38,5°c recomenda-se que nas dose subseqüentes a criança receba antitérmico profilático, ou seja, quatro a seis horas antes de receber a vacina. Para as reações locais é recomendado compressa fria 24 horas após sua aplicação. Se houver choque anafilático a criança não deverá receber as vacinas DPT, DT, dT e TT.

Vacina contra a febre amarela - previne a febre amarela. Pode ser administrada a partir do sexto mês de vida e repetida a cada dez anos. Os efeitos adversos em geral, são benignos, compreende dor no local da aplicação, febre e cefaléia. Não deve ser administrada quando a criança apresentou reação anafilática a ovo.

Vacina tríplice viral - protege contra sarampo, caxumba e rubéola é administrada em dose única a partir dos 12 meses.

Os eventos adversos que podem ocorrer são hipertermia entre o 5° e o 10° dia da administração; exantema após o 7° e o 10° e parotidite após a 2ª semana.

É contra indicada quando a criança apresentou reação anafilática ao ovo.

Dessa forma, acredita-se que as crianças tendo recebido todas as doses das vacinas recomendadas pelo Ministério da Saúde ficarão protegidas das doenças que são extremamente graves, principalmente quando as acometem durante o primeiro ano de vida, podendo levá-las à morte ou deixá-las com seqüelas graves[4].

REFERÊNCIAS BIBLIOGRÁFICAS

1 - Quirino, M. D. Vacinação da criança no primeiro ano de vida: conhecimentos das mães e ações educativas desenvolvidas pelos funcionários das unidades básicas de saúde do município de São Paulo. São Paulo, 1998. 143 p. Tese (Doutorado) - Universidade Federal São Paulo.

2 - Brasil. Ministério da Saúde. Fundação Nacional da Saúde. Centro Nacional de Epidemiologia. Coordenação do Programa Nacional de Imunizações. Manual de Procedimentos para Vacinação. Brasília. 2000. 341p.

3 - Gonzaga, MA. Orientação não pode se limitar ao Calendário Básico. Rev. Vacinação. n.1. p. 30, 2003.

4 - Brasil. Ministério da Saúde. Fundação Nacional de Saúde. Programa Nacional de Imunização. Disponível em:<http//www.funasa.gov.br.> Acesso em 22 de outubro de 2003.

13 SAÚDE BUCAL

JOÃO BOSCO OLIVEIRA RIBEIRO DA SILVA
MÁRIO SÉRGIO OLIVEIRA SWERTS

INTRODUÇÃO

O quadro da saúde bucal em nosso país não é animador, devido à alta prevalência da cárie e da doença periodontal, exigindo que as ações de saúde, tanto educativas como curativas propiciem às pessoas uma melhora de saúde e qualidade de vida.

Tradicionalmente, a Odontologia tem sido muito curativa, no entanto, é um modelo falido, devendo o profissional do novo século adotar o paradigma com perspectiva de promoção de saúde.

Trabalhar a educação e a prevenção o mais precoce com a criança em seu núcleo sócio-familiar é estar investindo na possibilidade de melhorar o quadro de saúde, e como a saúde começa pela boca, espera-se que o conhecimento adquirido reverta em saúde da criança como um todo.

ERUPÇÃO DENTÁRIA

O primeiro dente decíduo deve surgir na cavidade bucal em torno dos seis meses de vida, sendo que a dentição decídua estará completa por volta dos 24/30 meses de idade. Os dentes decíduos são em número de dez para cada arcada (totalizando 20 dentes decíduos), sendo quatro incisivos, dois caninos e quatro molares para cada arcada. Os dentes permanentes são em número de 16 para cada arcada e começam a erupcionar em torno de seis anos de idade. Pode ocorrer a presença de dente natal (presente no nascimento) e o dente neonatal (presente nos primeiros 30 dias) podendo ser da série normal ou extranumerário. Um correto exame clínico e radiográfico poderá indicar a permanência dental na cavidade bucal. Algumas alterações locais e sistêmicas poderão ser observadas, durante a erupção do dente, tais como aumento da salivação, diarréia, febre, entre outras[1].

PLACA BACTERIANA OU BIOFILME DENTAL

A placa bacteriana ou biofilme dental é o resultado da má higiene bucal. Ela é constituída de bactérias, restos de alimentos e fluídos bucais. A sua remoção é muito importante para garantir a saúde bucal. Ela é removida pela escova e pelo fio dental, bem como soluções enxaguatórias bucais com antimicrobianos complementares à higiene bucal[2].

GENGIVITE

A gengivite é a inflamação do tecido gengival. No bebê, quando ela ocorre está associado a má higiene bucal. Ela pode estar presente também quando o bebê foi acometido de alguma doença da infância como sarampo, catapora, rubéola e outros[2].

A CÁRIE DENTÁRIA É UMA DOENÇA COM ETIOLOGIA CONHECIDA

A cárie e a doença periodontal têm sido grandes preocupações da Odontologia, em especial da Odontopediatria, não só pelo comprometimento estético, mas também pelas implicações de ordem geral, que afetam as crianças, além do alto custo que a reparação dessas lesões acarretam.

O conhecimento científico que se obteve nos últimos anos em relação à etiologia, tratamento e aspectos de prevenção à cárie e doença periodontal, permitem que estratégias preventivas e educativas sejam usadas para que essas doenças tenham um controle, não só impedindo seu início, como também evitando sua evolução.

A cárie dentária é uma doença multifatorial e para se instalar necessita da interação de três fatores: dieta cariogênica, o hospedeiro e uma microbiota específica, constituída na grande maioria por Estreptococos do Grupo Mutans (EGM), atuando concomitantemente em um determinado tempo. A cárie dentária é uma doença bacteriana e transmissível em que fatores culturais e educacionais são considerados importantes quando se quer estabelecer medidas preventivas[4].

A cárie de mamadeira (Cárie Precoce da Infância) é um tipo peculiar de cárie severa que afeta a dentição decídua em criança bem jovem[3]. Possui um aspecto típico e segue um padrão definido, afetando precocemente os dentes anteriores superiores, seguindo para os molares superiores e inferiores e os caninos inferiores[5]. Tem sempre um componente sócio-cultural relacionado com alimentação noturna e ausência de limpeza. Nos casos mais graves afeta também os incisivos inferiores. As lesões mais graves estão relacionadas com o consumo abusivo de carboidratos, de amamentação noturna e falta de limpeza[4].

Embora a cariologia tenha avançado muito rapidamente nos últimas décadas, na primeira infância, os desafios ainda são imensos, nos quais a cárie em bebês manifesta-se de forma agressiva com progressão acelerada acarretando a destruição completa do elemento dentário num curto espaço de tempo[6]. Sendo assim, a Odontologia vem se voltando para o atendimento de bebês, tentando instituir precocemente medidas educativas e preventivas[7], pelo alto grau de desinformação por parte da população.[8]

A CÁRIE COMO UMA DOENÇA TRANSMISSÍVEL

Uma das questões mais discutidas atualmente na Odontopediatria, na relação mãe/filho, é o papel materno na transmissão de bactérias cariogênicas associada a influência que a mãe possui na determinação precoce dos hábitos alimentares e de higiene, e, conseqüentemente, o impacto desses fatores na atividade de cáries do bebê [9].

A mãe com altos índices salivares de EGM é uma fonte de infecção muito próxima da criança. Por conseqüência, a mãe usando sua própria colher para alimentar sua criança pode introduzir a cada vez, centenas de UFC (Unidade Formadora de Colônias) do grupo *mutans*, na boca da criança. Objetos que a mãe leva a boca da criança podem conter EGM por várias horas[10].

O padrão e o grau de transmissibilidade microbiana dependem de diversos fatores: o nível de infecção dos pais, bebês ou qualquer pessoa que cuida das crianças; a freqüência do contato; a dieta oferecida e o próprio estado de imunidade individual[11].

Estudos experimentais demonstram que os riscos de contágio da cárie aumentam substancialmente quando mães e adultos mal informados beijam as crianças na boca ou alimentam-se com os mesmos talheres. As crianças com menos de dois anos de idade são vítimas mais indefesas na transmissão bacteriana[12]. A cavidade bucal é, portanto, o reservatório de EGM que é transmitido por meio da saliva, sendo a mãe a principal fonte de transmissão para a criança[13].

No caso específico de EGM, foi observado que a não contaminação da criança com grande números desses microrganismos, até aproximadamente os quatro anos de idade, a implantação dessas bactérias seria dificultada, pois a microbiota bucal já estabelecida encontra-se em equilíbrio[14].

O período de maior susceptibilidade da contaminação e transmissão de bactérias bucais é chamado de janela de infectividade e ocorre entre 18 a 26 meses[15]. Um aumento especialmente marcante nos EGM na boca da criança, dar-se-á após a erupção dos segundos molares decíduos[16].

A EDUCAÇÃO COMO UM MEIO DE SE EVITAR A CÁRIE

A cárie é um problema de tal magnitude que obriga a profissão odontológica a adotar todos os recursos educativos, preventivos e curativos na tentativa de minimizá-lo[17].

A educação tem sido uma grande arma dessa nova visão, conferindo um papel de educador para o Odontopediatra, pois trabalha não só no aspecto comportamental, mas também na orientação da necessidade da prevenção das doenças.

Nesse aspecto, a cárie dentária, com evolução e etiologia conhecida, pode ser erradicada ou com desenvolvimento controlado, implementando medidas educativas mais precocemente. O trabalho multidisciplinar envolvendo o odontopediatra, o médico pediatra, a(o) enfermeira(o), a professora e todas as pessoas que trabalham com a criança, podem contribuir para melhorar a saúde bucal da criança, orientando, desde hábitos de higiene e à dieta ideal, o uso racional do flúor e outros fatores.

Por outro lado, as medidas preventivas como orientação de higiene bucal, uso de flúor e controle da dieta são muitas vezes instituídas às crianças tardiamente, em épocas nas quais, já adquiriram hábitos inadequados de cuidados com a higiene bucal, tornando-se assim, difícil a mudança de comportamento[18].

A educação em saúde bucal deveria iniciar-se nos primeiros anos de vida, pois torna-se importante uma abordagem integrada incluindo os meios de comunicação social e os profissionais de saúde bucal e geral, buscando conscientizar as famílias, e, em especial as mães[19].

Há grande interesse na educação para a saúde bucal, na qual, a Odontologia voltada para a promoção de saúde, a educação é de fundamental importância. Em Odontopediatria a educação do paciente é um dos pontos mais altos dentro do quadro da prevenção[20].

A quem se deve orientar inicialmente? A população ou profissionais de saúde? Recomenda-se que: deve-se orientar o profissional inicialmente, pois esses, estando convencidos do valor do método, a sua divulgação e aceitação pelo público será uma conseqüência[4].

É necessário a conscientização de toda a população e de todas as pessoas que se dedicam direta ou indiretamente ao seu atendimento ou à educação (pais, pediatras, odontopediatras, babás, educadores infantis e professores), em torno da promoção de saúde das crianças. Esses profissionais precisam estar cientes e conscientes das inúmeras vantagens da promoção da saúde, devendo existir uma comunicação eficiente que permita aprendizado e educação[21].

A primeira modificação que deve ocorrer entre os profissionais da área da saúde e do meio (profissional e acadêmico) para a população, é acreditar e confiar no produto ofertado: saúde[22].

Quando as crianças de creches e pré-escolas recebem atenção por parte da equipe odontológica, são oferecidas orientações de práticas diárias, de higienização supervisionada e/ou executadas por educadores infantis, tendo nessas ações educativas e preventivas a caracterização do atendimento integrado da criança na creche e pré-escola[23].

O CONTROLE DA DIETA

Em relação à dieta de uma criança, estudos mostram que um padrão alimentar abusivo é aquele que: a criança ingere carboidratos mais de cinco vezes por dia, mama dormindo e/ou mama durante a noite, e ainda, a amamentação noturna vai além de 24 meses. A cárie de mamadeira também pode estar associada a hábitos introduzidos pela mãe, em criança de pouca idade, adoçando chupetas com mel, açúcar ou xaropes, e usando a mamadeira por um tempo prolongado[24].

O aparecimento da cárie aguda de mamadeira ocorre precocemente, por conseqüência seu tratamento é difícil. É preciso ter atenção, para a necessidade dos pais de recém-nascidos conhecerem a importância dos cuidados dos dentes, especialmente a respeito da dieta e as mamadeiras noturnas[25].

Quando as crianças têm com freqüência uma dieta não balanceada, normalmente com grande quantidade de açúcar, mel ou cereais, associados ao leite que predispõe a colonização precoce de *Strep-*

tococcus mutans, aumenta o risco de cárie na dentição decídua[26, 27].

São fatores agravantes da doença cárie[28]: o uso prolongado de leite industrializado, alimentos e líqüidos adoçados; falta de higiene dos dentes, ausência de fluoretação dental e presença de estreptococos do grupo *mutans*; além de pouco conhecimento por parte de médicos pediatras e de outros profissionais de saúde, sendo que não passam recomendações sobre a saúde bucal para seus pacientes e seus pais, como a retirada da mamadeira noturna depois dos 18 a 20 meses e a implementação da higiene bucal, entre outras observações.

QUANDO E COMO HIGIENIZAR A BOCA DA CRIANÇA?

A maioria dos procedimentos de higienização da boca da criança é realizada por pais e na creche por educadores, não impedindo de ser realizada por qualquer pessoa que trabalhe com ela. O ato de higienização deve ser realizado de modo tranqüilo, criando na criança um relacionamento emocional positivo.

A higienização da cavidade bucal deve ser iniciada mesmo antes da erupção dos dentes decíduos, limpando-se gengivas e língua. Realiza-se a limpeza da boca dos bebês dissolvendo uma colher de sopa de água oxigenada 10 volumes, em quatro colheres de água fervida e guardar a solução preparada para uso em frasco devidamente limpo. Com uma gaze ou mesmo a ponta de uma fralda, envolve-se o dedo indicador e umedecendo-se na solução, limpando a boca do bebê, inclusive a língua, friccionando nas faces dos dentes caso os tenha[4].

Essa limpeza deve ser feita no mínimo uma vez por dia, principalmente após a mamada noturna, pois quando a criança adormece, a quantidade de saliva diminui, o leite acumula em volta dos dentes criando condições para o surgimento da cárie. Deve-se observar que essa mamada noturna deve ser retirada o mais cedo possível.

Após os 18 meses de idade, a limpeza se faz pela escovação dos dentes, feita pela mãe ou educador infantil, pois a criança não tem habilidade para fazê-la de forma eficiente. A criança deve, no entanto, escovar os seus dentes para familiarizar-se com a escovação, adquirindo um bom hábito.

Para a criança que já apresenta dentes, recomenda-se, após a limpeza, antes de dormir, a aplicação de flúor. A aplicação do flúor deve ser feita com um cotonete umedecido com o flúor a 0,02% sobre os dentes durante aproximadamente um minuto. Em crianças de até 2 anos, usar 4 gotas, umedecendo o cotonete para cada arco (superior e inferior). Em crianças maiores de 2 anos, 4 gotas para cada hemiarco. Deve-se deixar a criança engolir o excesso (chupar o cotonete)[4].

Em criança que está começando a andar, a melhor maneira de fazer a higienização é usar escova de dentes com cerdas macias umedecidas. Havendo contato entre os dentes, os pais devem começar a usar fio dental nessas áreas.

Uma das posições mais eficientes é aquela que os pais ficam sentados de frente à criança, e essa deitada sobre o colo do pai ou da mãe. Nessa posição, um dos pais se encarrega da escovação enquanto o outro impede a movimentação da criança.

HÁBITOS BUCAIS

Os hábitos bucais normalmente têm início nos primeiros anos de vida. Dentre os mais comuns na infância, pode-se citar a sucção do polegar, chupeta, e dos lábios e respiração bucal. A sucção do polegar nos primeiros anos de vida pode estar relacionada à mamada rápida demais ou durante um período de tensão. Na maioria das vezes, os hábitos bucais são esquecidos entre as idades de 3 a 8 anos. Normalmente, quando um hábito bucal persiste, há algum tipo de má oclusão (exemplo: mordida aberta e/ou mordida cruzada). A mais comum é a mordida aberta anterior, com a projeção para fora dos incisivos decíduos superiores, palato profundo e inclinação dos incisivos inferiores[2].

USO RACIONAL DO FLÚOR

A descoberta do efeito anticariogêncico dos fluoretos é bastante recente e se originou da associação entre o flúor e água de abastecimento, com significante redução na incidência da cárie e a ocorrência de distúrbios na formação dentária, conhecida como esmalte mosqueado[29]. Essa alteração do esmalte é chamada de fluorose dental, considerada um defeito não só do esmalte mas também da dentina, sendo produzida pela ingestão crônica de quantidades excessivas de fluoreto de uma ou mais fontes, tais como suplementos alimentares, formulas infantis, alimentos e bebidas[30].

Portanto, não se deve permitir o uso indiscriminado do flúor, um importante agente preventivo e terapêutico da cárie. Assim, cabe aos profissionais de saúde, médicos e dentistas, prescreverem regimes alimentares com maior rigor na avaliação das diversas fontes usadas por seu paciente[30]. Dependendo basicamente do conhecimento sobre a fluoretação da água de abastecimento da região. Em conclusão, caso a fluoretação seja adequada (1.0 ppm), não haverá necessidade de prescrever flúor adicional[31].

TRAUMATISMO EM DENTES DECÍDUOS

Os traumatismos dentários em pacientes infantis representam um capítulo importante da atividade profissional do cirurgião-dentista, em especial do odontopediatra, não só pelos aspectos relacionados às diversas técnicas que envolvem várias áreas da Odontologia, mas também, pelo envolvimento emocional da criança e de seu núcleo sócio-familiar.

Nesse sentido, a identificação do tipo de choro da criança e o manejo correto são importantes para que haja uma atitude por parte do profissional, de transformar uma criança de comportamento definitivamente negativa, em positiva, ou em definitivamente positiva.

Muitos são os fatores relacionados com os traumatismos dentários nas crianças, tais como: quedas (andar ou correr), cair de objetos (camas e berços), bater em objetos (camas, mesas, escadas), cair de objetos móveis (carrinho de bebê, voador), acidente automobilístico e até mesmo devido a espancamento ou síndrome da criança espancada que acontece sempre relacionado a um despreparo dos pais devido a um descontrole emocional[4].

A consulta quase sempre tem um caráter de urgência e os aspectos anamnésicos devem ser realizados com muita objetividade nas quais, perguntas: *como ?, onde ? e quando ?* devem ser priorizadas. Deve-se também, em momento oportuno, levantar dados sobre a cobertura de vacina antitetânica e observando se a criança apresenta alguma alteração de ordem geral, fazendo ou não uso de medicação controlada. Em algumas situações é necessário a avaliação e acompanhamento do médico, porque o trauma pode apresentar alteração geral na criança, tornando a consulta, não mais de urgência, mais sim de emergência.

Sendo assim, é importante que o comportamento da criança seja observado, apesar da limitação de cooperação, para que a alteração depressiva ou de excitação, fotofobia, vômitos, dor de cabeça, dilatação de pupila entre outros aspectos que podem representar alteração mais grave, não sejam negligenciados.

Os aspectos clínicos da consulta devem observar não só o trauma dentário mas, a correta manipulação da mandíbula e da maxila com o intuito de perceber alguma possível fratura. Deve-se observar possíveis envolvimentos dos germes sucessores.

O que fazer? como fazer? e porque fazer? Devem ser uma norma clínica, ser um diferencial do odontopediatra ou mesmo do cirurgião-dentista comprometido em oferecer o melhor possível ao seu paciente. Os traumatismos dentários podem ser de vários tipos, pois cada caso requer tratamento específico devendo considerar o tempo de permanência do dente e o envolvimento ou não com o dente permanente.

Algumas alterações tais como: mudança de cor, mobilidade e presença de dor devem ser criteriosamente analisadas pelo cirurgião-dentista devendo estar atento, pois um dente que tenha sofrido um trauma e que aparentemente mostra-se sem alteração poderá apresentar algum tempo depois.

Desse modo, pode-se afirmar que é necessário o acompanhamento da criança por um determinado tempo, estando ligado ao tipo de traumatismo ocorrido, com a importância reconhecida pela criança e seu núcleo sócio-familiar.

CONSIDERAÇÕES FINAIS

O acompanhamento e o atendimento da criança é multiprofissional, revelando a necessidade da interação de esforços e a busca constante de aperfeiçoamento de todos. A Odontologia pode contribuir, promovendo a desmonopolização do saber odontológico, onde informações passam ao domínio de profissionais, como educadores infantis, professores, enfermeiros, médicos-pediatras entre outros, formulando um novo paradigma para a promoção de saúde. A criança que passa grande parte de seu dia em creche e pré-escola é alvo de inúmeras atenções tendo o objetivo de oferecer cuidados de saúde e de educação. Certamente, uma criança com uma boa saúde bucal e geral será também um adulto de melhor saúde e com uma qualidade de vida melhor.

REFERÊNCIAS BIBLIOGRÁFICAS

1. WoelfeL, JB; Scheid, RC. Dental Anatomy: it's relevance to Dentistry. 5. ed. Baltimore: Willians & Wilkins, 1997. 449p.
2. Morais, ITDR; Moreira, SC. Guia Prático para Palestras. Uma opção na abordagem para Bebês. J Bras Odontopediatr Odontol Bebê, Curitiba 1998. 14: 110-114.
3. Kaste LM, Gift HC. Inappropiate infant bolhe feeding. Status of the healthy people 2000 objetive. Arch Pediat Adolesc Med 1995. 497; 786-91.
4. Walter, LRF; Ferelle, A; Issao. M. Odontologia para Bebê Odontologia do nascimento aos 3 anos. São Paulo: Artes Médicas 1996.
5. Mac Donald, RE; Avery, DE. Odontopediatria. 5. ed., Rio de Janeiro: Guanabara Koogan, 1991.
6. Barbosa, ARS; Medeiros, UV; Correlação entre experiências de cárie e níveis salivares de estreptococos grupo mutans em bebês de 06 - 36 meses de idade. Rev Bras Odontol, 2000 574: 246-9.
7. Schalca, MMS; Rodrigues, CRM; A importância do médico-pediatra na promoção da saúde bucal. Rev Saúde Pública. 1996. 302:179-86.
8. Gama RS, Abreu FV, Primo, LG, Souza IP. Avaliação da Educação sobre saúde oral em creches municipais. ROE 1996 13:145-146.
9. De Benedetto. MS. et al. Correlação Epidemiológico de Prevalência e necessidade de tratamento de cárie dentária entre mães e bebês de 6 a 24 meses de vida de São Paulo. J. Bras Odontopediatr Odontol Bebê. Curitiba. 1999. 29: 357-361.
10. Kölher. B; Bratthal. D; Krasse. B.; Preventive measures in mothers influence the establishment of. The bacterium S.M. in their infants. Arch Oral Biol, Oxford, 1983. 283:225-31.
11. Fritcher, AMS. et al. Avaliação comparativa dos Índices de Cárie, Placa Visível e sangramento gengival de 50 pares mãe/filho. J. Bras Odontopediatr Odontol Bebê 1998. 14:34-42.
12. Pimenta, A; O beijo e a transmissibilidade de doenças. Revista da APCD.1994..48 4:359-368.
13. Cruz. I. et al.; Estudo comparativo da relação transmissibilidade da doença cárie entre mães e filhos naturais & filhos adotivos. Anais Aboprev. Belo Horizonte p.10.2000.
14. Matumoto, MSS. et al. Alterações microbiológicas na contagem de Streptococus Mutans e Lactobacillus com erupção dentária. Revista de Odontopediatria.1995.44 Out/Nov/Dez.
15. Caulfield, PW et al. Initial acquisition of mutans streptococus by infants: evidence for a discrete window of infectivity. J Dent Res, Chicago, 1993.72 1:37-45.
16. Fujiwara, T. et al. Caries prevalence and salivary mutans streptococci in 0-2-year-old children of Japan. Community Dent. Oral Epidemiol, Copenhagen, 1991.19 :151-4 .
17. Bijella, MFT et al. Avaliação clínica da aplicação do diamino fluoreto de prata a 8% (Bioride. na dentição decídua e seu efeito na incidência de cáries em molares permanentes.Rev Paul Odontol 1991. 135:45-55.
18. Ando, T., Friggi, MNP. Aspectos odontológicos na infância, In MARCONDES, E. Pediatria Básica. 8ª Ed. São Paulo; Sarvier. 1991.
19. Freire, MCM. et al.; Conhecimentos, atitudes e práticas dos médicos pediatras em relação a saúde bucal. Pesq. Odont. Bras, São Paulo, 2000 141:39-45.
20. Ferreira, S.L.M.; Guedes-Pinto, A. C.; Educação do paciente em odontopediatria. In Guedes-Pinto, A.C. Odontopediatria 5ª Ed. São Paulo: Santos, p-437-52, 1995.
21. Todescan, LA.; Todescan, CDR. Promoção de saúde da criança: programa prático para ser executado em consultórios odontológicos.In Todescan, FF.; Bottino, M.A. Atualização na Clínica Odontológica - A prática na Clínica Geral. São Paulo: Artes Médicas, 1996.
22. Miasato, J. M.; Estudo comparativo da prevalência da cárie em crianças que receberam ou não atenção odontológica na Primeira infância. Tese de Doutorado em Odontologia - Área de concentração em Odontopediatria. F.O.U.F.R.J. 2.000
23. Rocha FCL. et al. Participação das funcionárias da Creche/uem na saúde bucal infantil. Anais II Encontro Nacional de Odontologia para Bebês. 16-17-18 Nov. 1998
24. Babeely et al. Severy of nursing-botle syndrome and feeding patterns in Kuwait. Community Dent Oral Epidemiol, Copenhagen, 1989. 175:.237-9.
25. Galache, MJM.; Guedes-Pinto, A. C.; Santos, NP.; Correa, MSNP. Cárie de mamadeira, aspectos clínicos. Rev Bras Odontol, 1989. 461:2-8.
26. Eronat, N.; Eden, E.; Sucking a comforts dipped in honey or jam J Clin Pediatr Dent, Birmingham, 1992. 416: 275-79.
27. Marsh, PD. Antimicrobial strategies in the prevention of dental caries. Caries Res, Basel, 1993. 21:72-6.
28. Matus, CA.; Bravo, RMFZ. de; Participación del Pediatra en la salud dental infantil. Associam Dental Mex. 1995. 52 5:299-42.
29. Maltz, M. Prevenção das doenças cárie e periodontal In: TOLEDO, A. O. Odontopediatria: fundamentos para a prática clínica. 2. ed., São Paulo: Editorial Premier: 1998. p135-173.
30. Bittencourt, LP et al. Identificação de fatores de risco a fluorose. J Bras Odontopediatr Odontol Bebê, 1998. 14:17-23.
31. Maluf, EMC. Entrevista: Condutas pediátrica para o odontopediatra. J. Bras Odontopediatr Odontol Bebê 1998. 12:7-10

14 REQUISITOS PARA UM AMBIENTE SEGURO NA CRECHE E PRÉ-ESCOLA

MARIA DE JESUS C. S. HARADA
JOÃO LUÍZ KOBEL

A criança, principalmente nos seus primeiros anos de vida, devido às características próprias do rápido crescimento e desenvolvimento, mantém-se susceptível a presença dos fatores ambientais, dentro e fora de casa. Elas interagem no ambiente onde vivem, recebendo influências positivas e negativas sobre suas vidas.

No ambiente da creche e pré-escola estes aspectos se revertem como um motivo de grande importância, para os educadores envolvidos no cuidado da criança, no sentido de garantir um local seguro, de forma que os possíveis riscos a saúde das crianças sejam os menores possíveis.

Existe atualmente considerável número de crianças pré-escolares sendo cuidadas, diariamente, em instituições junto com um grande número de outras crianças fora destas. Entretanto, a proporção de crianças freqüentando creches, varia entre 16% e 32% em países desenvolvidos. No Brasil, esta proporção também é substancial, entre 5% e 15% em cidades como Campinas, São Paulo e Fortaleza, e vem aumentando de forma rápida[1,2].

Estes dados por si só já poderiam justificar o interesse sobre os ambientes de creches no contexto da pediatria e da saúde pública em nosso país. Por outro lado, existe também evidência razoável de que as crianças que freqüentam creches apresentam taxas de morbidade mais altas do que aquelas cuidadas exclusivamente em casa, destacando-se as infecções respiratórias, infecção do ouvido e diarréia principalmente no grupo de crianças de 0 a 2 anos[2,3].

Existem ainda, outros riscos oriundos deste ambiente, e em torno, relacionados a questões de segurança da criança, que merecem atenção no mesmo nível, que os anteriormente citados, dada a sua morbidade. Porém, pela quantidade de estudos a ele relacionados o que se observa, é que não se tem dado a devida importância, considerando-se a magnitude do tema, como um problema de saúde pública, que tem um custo sócio-econômico elevado, bem como emocionais, incapazes de serem medidos.

Em investigação realizada, sobre o perfil das creches de uma cidade no sul do Brasil, com relação ao item de segurança e estrutura física, os autores referem que a preocupação com segurança precisa aumentar. Citam que a maioria das creches e pré-escolas tem extintores de incêndio, porém poucas dispõem de pelo menos um funcionário treinado para atender estas situações, da mesma forma, não existe em boa parte destas, pessoal capacitado para prestar assistência em casos de primeiros socorros. Apesar da preocupação dos autores com relação à segurança, o que se percebe é que estes estão ainda voltados principalmente para tratamento das lesões, assim, a prevenção não é realizada, na maioria das vezes, neste ambiente e quando ocorre, geralmente não atinge alvos corretos na cadeia das causas dos acidentes[3].

Assim, considera-se oportuno a abordagem sobre segurança neste capítulo, ressalta-se que as recomendações específicas sobre segurança de acordo com o desenvolvimento da criança em creche, já foram abordados anteriormente. Deste modo, o enfoque aqui, será voltado às Normas Técnicas relacionadas ao ambiente, estrutura física, (dependências mínimas, padrões de construção, áreas de laser) da criança na faixa etária que freqüentam creche e pré-escola.

Deste modo, acreditamos que a abordagem adotada neste capítulo, poderá contribuir na orientação sobre alguns aspectos que envolvem a segurança no ambiente da creche e pré-escola, visando atender as necessidades e os interesses das crianças usuárias.

NORMAS TÉCNICAS RELACIONADAS AO AMBIENTE E ESTRUTURA FÍSICA

Especial atenção deve ser dada ao ambiente físico da creche que merece observação, interferência e manutenção, e esta deve estar concentrada nas instalações sanitárias, no local de preparo e de servir os alimentos, nas salas de amamentação, nos espaços de recreação, dormitórios e na adequação do número de funcionários em relação a quantidade de crianças e suas faixas etárias[4].

De acordo com o Código Sanitário de 2001, as creches devem ser providas de banheiros destinados às crianças e aos funcionários separadamente. Mantendo condições de conservação e limpeza adequados. Os vasos sanitários e os lavatórios devem estar dimensionados em função do tamanho e da idade das crianças, além de estarem proporcionados em relação ao número de freqüentadores: um vaso sanitário para cada vinte e cinco crianças, um mictório e um lavatório para cada quarenta alunos. Chuveiros na proporção de, no mínimo, um para cada quarenta crianças[5].

Devem ser providos de água encanada, se de poço, com a devida cloretação (pode ser usado dosímetros de cloro no encanamento do poço) e com inspeção e limpeza a cada seis meses. O reservatórios de água obedecem ao mesmo prazo, devendo estar com cobertura adequada, que impeça a deposição de detritos e a exposição direta ao calor solar. Deverão conter cinqüenta litros por criança, além da capacidade exigida para combate a incêndio.

As creches e pré-escolas devem, ainda, estar providas de esgoto encanado ou fossa, estando esta a pelo menos doze metros de distância do poço, se este existir. O recipiente para lixo deverá ser fechado, e este aí acomodado em sacos plástico próprios. Especial cuidado deve ser tomado com as fraudas usadas, pois estas são grande fonte de contaminação infecciosa, sendo responsáveis, na maioria das vezes, pela alta prevalência de diarréia nas crianças.

Quanto aos locais de preparo de alimentos, estes deverão conter pia com duas cubas e pelo menos uma torneira de água quente. O fogão deverá ser provido de proteção lateral de tal modo que impeça o contato direto com panelas quentes ou chama. Caso exista forno, este deve ser provido de trava de segurança. A área da cozinha deverá ser de quatro metros quadrados no mínimo, com pisos e paredes revestidos, até a altura mínima de um metro e meio, de material liso, resistente, impermeável e lavável. Deverá haver barreira física que impeça a entrada de crianças no local. A conservação de alimentos deverá ser feita através de uma estocagem adequada, uma dispensa arejada, ventilada e com superfícies lisas de fácil limpeza, além do uso de geladeiras e freezers para os alimentos que necessitem desse tipo de conservação.

Os utensílios deverão ser de fácil lavagem, sem rugosidades, não permitindo o acúmulo de resíduos após sua higienização. Devem ser inquebráveis, evitando lesões corto-contusas com as crianças e os funcionários. Cuidado primordial está na higiene geral do preparo dos alimentos, ao servir as crianças (lavagem das mãos, toalhas de mão e de mesa, guardanapos, etc) e no destino da louça suja.

Os refeitórios exigem o mesmo tipo de material construtivo das cozinhas e devem prover insolação, ventilação e iluminação adequados. E ainda estar protegido de poeira, sol direto e intempéries.

Outro ponto importante que merece ser destacado dentro deste contexto, é o controle de higiene das manipuladoras de alimento, assim como o controle de doenças e de saúde destas. O pessoal que trabalham na creche e pré-escola deve, obrigatoriamente, ter Carteira de Saúde controlada pelo Serviço Público de Saúde.

A respeito dos espaços internos da creche e pré-escolas, deve-se prestar atenção a temperatura ambiente: elevada, mínima ou com possibilidade de mudanças bruscas. A ventilação deve ser cruzada e todos os cômodos devem abrir-se para o exterior do edifício, excetuando-se, apenas, os corredores. Atenção e eliminação de locais com umidade e mofo. A luminosidade deverá ser, preferencialmente, natural e quando não possível será admitida a zenital, estando sempre na proporção de um para cinco da área iluminada em relação à superfície do piso.

Outro ponto importante que não deve se esquecido quanto a segurança do ambiente da creche diz respeito aos ruídos, este deverá ser controlado no sentido de que não venha a prejudicar a audição de funcionários e crianças, e que não atrapalhem a atividade pedagógica. Assim, preocupam os ruídos oriundos das crianças nos intervalos, principalmente, e os de origem externa por, eventualmente, estarem próximos a vias públicas com excesso de veículos, fábricas, clubes, casas de música, etc. Sendo nestes casos, necessário uma monitorização dos ruídos, por meio do decibelímetro, com a finalidade de observar por meio destas medidas, principalmente nos horários de "picos" de barulhos, a necessidade de intervenções quanto a redução deste no ambiente.

Sobre o mobiliário, como berços, camas, mesas, cadeiras, poltronas de amamentação, deverão estar adequados ao tamanho e à faixa etária das crianças, além de serem ergonômicos.

Vale destacar ainda, o estado de conservação da construção é preocupação constante. Assim deverá, sempre, ser vistoriado, procurando por rachaduras no reboco, perfeito estado da pintura, vazamentos de água ou esgoto, bom estado da fiação elétrica, exposição de fios ou acesso de crianças a tomadas desprotegidas, piso com solução de continuidade e outros.

Outro risco a ser considerado é a segurança no caminho da creche e pré-escola: ruas e avenidas com trânsito intenso, necessidade de semáforos, faixa de pedestres e guardas, vielas perigosas, picadas no mato, e a presença de animais bravios no entorno.

Cabe, ainda, chamar a atenção para como se dá o relacionamento do pessoal da creche e pré-escola: diretores, funcionários, monitores, pais, crianças e a comunidade local. Essas relações são muito importantes na prevenção de questões afetivas e emocionais que possam prejudicar o desenvolvimento das crianças e as relações de trabalho dentro da instituição.

REQUISITOS QUANTO A METRAGEM DOS ESPAÇOS NA CRECHE

A metragem em creches deverá ter os seguintes requisitos: berçário, com área de no mínimo seis metros quadrados, devendo haver entre os berços e entre estes e as paredes, a distância mínima de cinqüenta centímetros. Saleta de amamentação com área mínima de seis metros quadrados, provida de cadeiras ou banco-encosto. Cozinhas dietéticas para preparo de mamadeiras e suplementos dietéticos com tamanho de quatro metros quadrados, no mínimo. Compartimento de banho e higiene das crianças com área de três metros quadrados, no mínimo.

Nos locais destinados a recreação infantil há de ter-se atenção especial aos locais com risco de acidentes, tais como buracos, madeiras ou material de construção abandonados (comum após construções ou reformas), objetos pontiagudos ou cortantes, mato (dentro ou ao redor do espaço da creche), arame farpado, escadas (não deverão ter espelho que ultrapasse dezesseis centímetros, nem piso com menos de trinta centímetros, bem como trechos em leque, e deverão, obrigatoriamente, serem dotadas de corrimão), rampas (com declividade não superior a doze por cento), superfícies lisas, abertura inadequada de portas (devem, sempre se abrir para fora, por conta de situações de pânico em que todos queiram sair ao mesmo tempo e com pressa), extintores de incêndio (com validade atualizada e com conhecimento de uso).

O dimensionamento das áreas de recreação deverão ser, no mínimo, de um terço da área do espaço coberto. Ainda nessa área deverá se observar a presença de cercas ou muros, existência de mato, de grama (devidamente tratada e conservada), de acimentado e o risco de aparecimento de animais peçonhentos (roedores, cobras, aranhas) e de vetores.

PRÁTICAS DE SEGURANÇA COM BRINQUEDOS

Os brinquedos e as brincadeiras são importantes para criança no processo de crescimento e desenvolvimento, oferecendo a oportunidade de socialização, de conhecimento acerca de seu mundo e como lidar com ambiente de objetos, tempo, espaço, estrutura e pessoas[6].

A escolha dos brinquedos deve ser feita pela criança junto com os pais, porém a responsabilidade sobre segurança é dos pais, responsáveis e fabricantes. Compartilham desta responsabilidade os profissionais que prestam cuidado à criança em consultórios, creches e pré-escolas, escolas, clubes e serviços de saúde, dentre outros[7].

Cabe aos profissionais da área de saúde orientar aos pais para adquirirem brinquedos apropriados para idade e desenvolvimento da criança. Deve-se considerar ainda, a capacidade da criança para manipular com segurança seus brinquedos, sua maturidade pode ser mais importante do que sua idade cronológica.

O conhecimento dos estágios evolutivos da criança, e dos riscos que cada faixa etária apresenta comumente, facilita a escolha apropriada dos brinquedos para os diversos grupos etários.

Os brinquedos podem oferecer uma diversidade de situações de risco para as crianças. Dentre os quais, os mais freqüentes na literatura são: aspiração ou ingestão, queimaduras, choque elétricos, acidentes de captação (dedos, roupas, cabelos – provocados por molas rodas denteadas ou dobradiças), explosões, intoxicações, lacerações, acidentes com projéteis, estrangulamento.

Deste modo, tornam-se importantes as práticas de segurança com brinquedos, que estão alicerçadas em quatro princípios básicos: seleção, supervisão, manutenção e armazenamento; assim, consideram-se importantes as recomendações abaixo descritas.

Inicialmente, selecione brinquedos de qualidade e siga recomendações do fabricante sobre segurança e idade. É importante considerar idade, habilidades, capacidades e interesse das crianças, selecionando brinquedos leves que não causarão perigo caso caiam sobre a criança, que não produzem ruídos altos, e que sejam confeccionados de materiais atóxicos (tinta e material). Para crianças com menos de cinco anos, evite brinquedos com pontas, bordas afiadas, ou que possua qualquer objeto de arremesso ou lançamento, ou ainda, brinquedos com correntes, tiras e cordas com mais de 15 cm.

Para lactentes evite brinquedos com partes pequenas, que podem oferecer risco de sufocação ou aspiração. Considere utilizar testadores de peças pequenas de brinquedos. Dica: utilize uma embalagem de filme fotográfico como referência. Chama-se atenção também, quanto a brincadeiras com balões, recomenda-se que descarte-os juntamente com eventuais pedaços, para evitar risco de aspiração.

A supervisão durante as brincadeiras é um ponto que merece destaque principalmente quando envolve lactentes, sendo recomendado, portanto, uma supervisão de perto a todo momento, não esquecendo de manter um ambiente seguro em torno do local onde se desenvolvem as atividades, portanto, deve-se remover e descartar imediatamente os envoltórios de plástico e embalagens dos brinquedos. Mantenha ainda, caixas, acolchoados fora da área de lazer para não servirem como meio de escalar ou cair.

Ensine as crianças sobre como usar os brinquedos de forma apropriada e segura, principalmente quando envolver eletricidade. Instrua, por exemplo, a puxarem a tomada e não o fio, para manterem estes brinquedos fora do alcance dos irmãos e amigos mais jovens. Supervisione ainda, para que brinquedos dirigidos pela criança não sejam usados próximos às escadas, tráfegos, piscinas etc.

Quanto à manutenção, inspecione os brinquedos novos e antigos com regularidade. Observe ruptura, partes soltas e outros riscos potenciais, faça os reparos imediatamente ou tire-os do alcance das crianças. Use tintas "atóxicas" para repintar brinquedos, caixas ou móveis de crianças, verifique, também, as partes móveis, para certificar-se de que elas estão presas com segurança.

O armazenamento é o último ponto a ser destacado, porém não menos importante, sendo necessário inicialmente que se tenha um local seguro para que as crianças guardem brinquedos. Selecione, então, um baú ou caixa que seja ventilada, isenta de dispositivos de travamento que possa prender os dedos ou cair sobre a cabeça da criança.

Ensine as crianças a: guardarem os brinquedos após o uso, de modo a evitar lesões quando tropeçam, escalam ou caem sobre eles; não colocarem objetos ou substâncias estranhas junto aos brinquedos, e por último, brinquedos destinados a crianças com mais idade devem ser guardados em prateleiras altas ou em armários fechados.

SEGURANÇA DE PARQUE INFANTIS

Nos Estados Unidos da América, cerca de 200.000 acidentes com pré-escolares e escolares, ocorrem em parque infantis anualmente. Estima-se que a cada 2 minutos e meio ocorre um acidente neste local, cerca de 35% destes são graves e 3% requerem hospitalização.[8]

Não obstante, o risco para injúria física em *playground*, no ambiente da creche e pré-escola, freqüentemente é ignorado tanto pelas crianças como pelos responsáveis, entretanto, estes podem representar um perigo para as crianças quando não se encontram adequadamente estruturados. Todavia, crianças são vítimas de acidentes em parque infantil e observa-se que, na maioria das vezes, estes poderiam ser evitados com medidas simples de prevenção.[9]

Na investigação de Barros[3], em todas as creches investigadas havia uma área externa para recreio. Houve variação entretanto, quanto ao tipo de equipamentos disponíveis. Destacando-se brinquedos com balanço, gangorra, escorregador e caixa de arreia[3].

Baseados nos achados de Barros[3], e tendo consciência que existe uma grande variação em termos de disponibilidades de brinquedos em áreas de recreação nas creches e pré-escolas em nosso país, citaremos a seguir as principais normas de segurança para estes equipamentos estabelecidos pela Associação Brasileira de Normas Técnicas (ABNT), destacando-se os brinquedos mais comuns no estudo acima citado, acrescentando o gira-gira por ser bastante utilizado nesta faixa etária.

- Escorregador

Os escorregadores devem possuir corrimão, sendo preciso prover o topo do escorregador de encosto, com um espaço plano que permita um acesso adequado. Devem, ainda, serem confeccionados de material que evite acúmulo excessivo de energia solar, de forma a prevenir queimaduras e que a parte deslizante seja constituída de chapa única, evitando escoriações, cortes ou ainda que a criança possa enroscar peças do vestiário, o que aconteceria no caso de mais de uma placa, pois o espaço que surge entre estas favorecem o aparecimento de tais achados. No final da descida, é necessária uma discreta elevação para amortecer a queda, não ultrapassando 15 cm do chão, destacando-se que a superfície deve ser de baixo impacto.

- Balanço

Ao redor do grupo de balanço devem ser erguidas barreiras de segurança e a entrada deve ser projetada de forma a restringir a velocidade de entrada dos usuários. Os assentos para lactentes devem ser do tipo berço ou cadeira, com encosto e proteção nas laterais e com alças para a criança se segurar.

- Gangorra

As gangorras devem possuir alças, que permitam a criança segurar-se adequadamente. O mecanismo de suspensão deve ser fechado para evitar acesso indevido, e promover um movimento contido progressivamente até chegar aos pontos extremos de movimento, de maneira que nenhuma parada, ou repentina reversão do movimento, possa ocorrer. A superfície superior não deve ultrapassar o limite de um metro acima do nível do chão, e deve possuir uma cadeira no local de assento da criança.

- Tanque de areia

A areia deve ser limpa regularmente, realizando a retirada de objetos, materiais estranhos e desinfecção, deve ainda ser trocada a cada dois anos e revirada a uma profundidade de 50 cm anualmente. Usar produtos adequados para desinfecção.

- Gira-gira:

Equipamento do tipo gira-gira deve possuir encaixe perfeito da parte giratória com o eixo do brinquedo, com um dispositivo que limite à velocidade de rotação em 5m/s a 30 rotações por minuto (rpm). Deve existir uma barreira física para evitar acesso indevido e possuir alças para a criança se segurar em todo local de acesso.

No sentido de ampliar a dimensão deste contexto na abordagem de segurança de parques infantis, citamos a seguir as recomendações do Plano de Ação Nacional para a prevenção de acidentes em *playgrounds* (EUA) do ano 2000[8].

1 - Designar idades apropriadas para utilização dos equipamentos.
2 - Utilizar superfíceis de baixo impacto abaixo, ao redor dos equipamentos.
3 - Supervisionar as crianças durante brincadeiras.
4 - Realizar manutenção dos brinquedos e parque.

IDADE APROPRIADA

Os brinquedos dos parques infantis devem possuir identificações que determinem a qual faixa etária é destinado e sugere-se que os equipamentos para a faixa etária semelhante sejam agrupados na mesma área. Compete aos supervisores fazer com que as crianças brinquem nos equipamentos apropriados para a sua idade.

SUPERFÍCIES

É extremamente importante a existência de superfícies que absorvam o impacto, tais como borracha, produtos de cortiça e de madeira, areia e cascalho fino. Estas devem estar em baixo e ao redor do equipamento. Evite a instalação dos brinquedos em locais com asfalto, concreto e superfícies sujas em baixo do equipamento. Para brinquedos fixos, a área a ser coberta por material superficial absorvente de impacto deve estender-se por pelo menos 1,75 m a partir da extremidade do equipamento, já para os brinquedos móveis a área a ser coberta deve ser de

1,75 m além do deslocamento máximo do equipamento.

Atenção especial deve ser dada para os possíveis perigos que podem resultar da sujeira produzida pelos animais, devendo-se remover o entulho e repor o material sempre que necessário.

SUPERVISÃO

As crianças devem ser supervisionadas a todo instante, principalmente quando elas estão subindo, balançando e escorregando nos equipamentos, além de prevenir comportamentos como: empurrões, agarra-agarra e multidões em volta do equipamento.

Acessórios como capuz e cachecol devem ser removidos das crianças, sendo imprescindível que elas estejam calçadas. Faz-se necessário checar a temperatura das superfícies de metal antes das crianças utilizá-las, pois a luz do sol pode causar queimaduras em poucos segundos.

Os educadores infantis devem certificar-se da existência de uma barreira física para impedir a saída das crianças para a rua, evitando assim possíveis atropelamentos. Ainda, devem certificar-se de que não há ciladas para as cabeças das crianças ou riscos óbvios ao redor dos equipamentos, devendo também ser treinados para atender a qualquer tipo de emergência.

MANUTENÇÃO

Em relação à manutenção, sugere-se que haja três tipos de inspeções: a diária, a registrada (realizada a cada 1 a 3 meses) e a inspeção certificada que deverá ser realizada por profissional especializado (a cada 8 a 12 meses). Sendo que os defeitos observados devem ser comunicados imediatamente aos responsáveis pelo parque e, se necessário, o brinquedo deve ser interditado. Para garantir que as inspeções sejam executadas sistemática e minuciosamente, recomenda-se organizar uma lista de verificação cobrindo o exame de todos os itens.

CONSIDERAÇÕES

A segurança na infância de modo geral constitui um problema de difícil operacionalização, pois não envolve somente o conhecimento sobre as normas de segurança e código sanitário, é preciso o engajamento dos profissionais que trabalham com crianças e a participação da sociedade como um todo para exigir de seus legisladores ou representantes o cumprimento de normas legais de segurança e vigilância sanitária.

Ressalta-se, ainda, que educadores e usuários devem incorporar a cultura de exigir locais de trabalho e de estudo que proporcionem um ambiente saudável e seguro para exercerem suas atividades: é um direito de todos.

O trabalho de manutenção de um ambiente seguro é contínuo e renovável em todos os seus aspectos. Por isso ele precisa ter, necessariamente, o envolvimento da comunidade da creche e pré-escola (educadores infantis, pais, crianças e comunidade local). Necessita de reciclagem, exemplos e modelos de comportamento adequados.

REFERÊNCIAS BIBLIOGRÁFICAS

1 - Jorm LR, Capon AG. Communicable disease outbreaks in long day care centers in western Sydney: occurrence and risk factors. J Paediatr Child Health. 1994; 30:151–54.
2 - Barros AJD, Halpern R, MENEGON OE. Creches públicas e privadas de Pelotas, RS: aderência à norma técnica. J Pediatr 1998; 74 5: 397-403
3 - Barros AJD, Gonçalves EV, Borba CRS, Lorenzatto CS, Motta DB, Silva VRL, Schiroky VM. Perfil das creches de uma cidade de porte médio do sul do Brasil: operação, cuidados, estrutura física e segurança. Cad. Saúde Pública, 1999; 153:597-604.
4 - Kobel JL, Harada J, Conceição JAN, Mascaretti LAS, Aguiar RMP, Miranda VLA. Diretrizes Básicas em Saúde Escolar. Rev Paulista de Pediatria, vol 15, nº 3, Supl. Set.1997, p 9.
5 - Código Sanitário. Lei nº 10.083, de 23 de setembro de 1998. 4ª. Decreto nº 12.342, de 27 de setembro de 1978. Normas técnicas e Legislação Complementar. Edição 2001. Revisada, Ampliada e Atualizada até 28.2.2001
6 - Wong DW. Papel do jogo e brincadeira no desenvolvimento. In: Whaley Wong DW Enfermagem Pediátrica elementos essenciais a interação efetiva. Guanabara Koogan. 5º ed p. 73-92, 1999.
7 - Harada MJCS. Práticas de segurança de brinquedos. Boletim informativo da Sociedade Brasileira de Pediatria, maio de 2002.
8 - National Center for Injury Prevention and Control. Toy-related injuries among chlidren and teenagers-United States, JAMA 1996; (279) 4, 265-6.
9 - Harada MJCS, Pedreira MLG, Trevisan JA. Segurança de brinquedos de parques infantis: uma introdução ao problema. Rev. Latino Am. de Enfermagem 2003; (11)3, maio-junho.
10 - Save Kids. Práticas de segurança com brinquedos. Acessado em 07/2002. *www.criancasegura.org.br*

15 CONDUTAS FRENTE A AGRAVOS DE SAÚDE NA CRECHE E PRÉ-ESCOLA

VALÉRIA FERNANDES FERREIRA BONFIM
CÉLIA SIMÕES CARVALHO
TEREZINHA AYAKO SUGAI

ACIDENTES

A Organização Mundial de Saúde - OMS - define acidente como um acontecimento independente da vontade humana, desencadeado pela ação repentina e rápida de uma causa externa, produtora ou não de lesão corporal e/ou mental.[1]

Na creche e pré-escola, os mais freqüentes são:

- contusão;
- lesão;
- corpo estranho;
- picada de insetos.

As situações de vigilância no trabalho com crianças vão se modificando de acordo com seu desenvolvimento, porém mais importante do que saber o que fazer diante de um acidente é ter a visão de como preveni-lo, respeitando a autonomia da criança, buscando a promoção de espaços seguros e o investimento em hábitos e atitudes saudáveis de adultos e crianças que ali convivem. Muitos desses acidentes estão diretamente relacionados com a capacidade de movimentação da criança, sua necessidade de independência, seu desconhecimento do perigo e sua curiosidade.[2]

Contusão

É causada por quedas e pancadas; geralmente após o trauma, forma-se um hematoma no local, que pode ser tratado com compressas de gelo, em média 10 minutos de aplicação seguida de pomada à base de ácido Mucopolissacárido Polissulfúrico[3]. Se a contusão for na cabeça, observar se a criança vomitou, ficou tonta, sonolenta ou confusa. Nesses casos, encaminhar, imediatamente, a criança ao Pronto Socorro para avaliação médica.

Lesão

Em caso de acidentes com lesão ou corte em pele íntegra, avaliar a gravidade do quadro e, se necessário, encaminhar para atendimento especializado.

Nos casos mais simples, estancar o sangramento pressionando com uma gaze, fazendo a limpeza da lesão com água e sabão ou solução fisiológica, observando se não há presença de corpo estranho; curativo se necessário. Ao cuidar de uma criança, o educador deve estar atento com sua segurança (luvas se for preciso).

Em caso de fraturas, observar edema no local, dor e dificuldade de movimentação do membro.

Primeiro, movimentar o local afetado e depois fazer a criança repetir o movimento. Ao observar dificuldade da criança movimentar-se, há suspeita de fratura e esta deverá ser encaminhada ao Pronto Socorro.[4]

Nas escoriações, que são ferimentos superficiais ou arranhaduras da pele, lavar o local com água e sabão, aplicando um curativo, se necessário.[2]

Corpo Estranho

Com determinada freqüência, o serviço de enfermagem é chamado para atender crianças com presença de corpo estranho.

A criança pode estar sujeita à introdução dos mais diferentes objetos pequenos, como areia, poeira, insetos, sementes no nariz, olhos, ouvidos e órgãos genitais.[3]

Nesse momento, deve-se proceder com cautela e segurança, evitando, assim, complicações maiores.

1 – Nos Olhos:

Os olhos podem ficar congestionados, irritados, avermelhados, com sensibilidade anormal à luz, lacrimejamento, prurido, e a criança chora de dor.[5]

Procure acalmá-la e identifique os detalhes do que aconteceu.

Cerca de um terço de todos os casos de cegueira em crianças acontecem em acidentes evitáveis.[6]

Na creche e pré-escola, o tipo de acidente mais comum é decorrente do lançamento de brinquedo ou areia, que atinge o olho de criança próxima, ou, nas quedas, durante as brincadeiras.

Conduta:
- procurar sempre acalmar a criança em todas as situações de acidentes;
- lavar bem suas mãos e as da criança;
- verificar como foi o ocorrido (detalhes), examinando bem os olhos com auxílio de uma luz direta;
- não deixar a criança esfregar os olhos;
- pingar soro fisiológico ou água filtrada no olho, lentamente, pedindo à criança que vire a cabeça para facilitar que o líquido escorra e ajude na saída do corpo estranho;
- puxar a pálpebra superior sobre a inferior e deixe por alguns minutos;
- levantar a pálpebra superior e virar a inferior ou solicitar à criança que olhe em todas as direções, na tentativa de encontrar o corpo estranho;
- se o objeto for visualizado, tente removê-lo delicadamente do canto dos olhos com uma gaze. Não forçar a saída do corpo estranho; caso não consiga retirá-lo, encaminhar para atendimento médico;
- pedir para a criança piscar várias vezes;
- estimular e orientar as crianças para terem cuidado durante as brincadeiras, evitando jogar areia ou arremessar brinquedos.

2 – No Nariz

Caso o corpo estranho esteja visível, com o auxílio de uma pinça adequada, tentar retirá-lo.

Se encontrar resistência ou dificuldade, não insistir no procedimento. Encaminhar a criança para avaliação médica.

Se retirar com êxito, mantê-la em observação e orientar a família, pois poderá existir outro corpo estranho que não tenha sido visto.

Observar se a narina apresenta-se obstruída, com secreção fétida e sanguinolenta.[5]

3 – Na Garganta

Não introduzir os dedos na boca da criança para retirar corpos estranhos na garganta, exceto se o objeto for longo e possível de ser puxado.

Caso não consiga retirá-los e a criança continuar engasgada, encaminhá-la imediatamente ao Pronto Socorro, por se tratar de situação de emergência.[4]

Deve-se estar atento a outros sinais de complicações: agitação, tosse, chiado no peito e alteração na coloração da pele, que se torna pálida e arroxeada.[3]

PICADAS DE INSETO

As picadas de inseto representam uma perturbação comum em crianças, o que torna muitas vezes difícil detectar sua origem.[7] Podem ocorrer como lesões solitárias ou múltiplas.

O incômodo maior nas picadas é a dor, dependendo do agente causador, e o prurido, que pode ser leve, intenso, transitório ou persistente.

A manifestação mais grave é sentida quando a criança é hipersensível, vindo a apresentar reações locais agudas ou, ainda, edema de face e vias aéreas, situação extremamente grave, que necessita atendimento médico imediato.

As reações de hipersensibilidade imediata e tardia oriundas da alergia a insetos são quase exclusivamente causadas por abelhas (abelha doméstica, mamangaba), vespídeos (marimbondo, vespa, vespa-amarela) e raramente por formigas. Cerca de 0,4 a 0,8% das pessoas têm história de reação sistêmica a insetos.[8]

Sinais e Sintomas: Por apresentar significativas manifestações - dor, desconforto, prurido e complicações – os sinais e sintomas estão mais relacionados à detecção e conduta do agente causador e ao acompanhamento da reação das crianças.

Como causadores, podemos mencionar: mosquitos, pernilongos, pulgas, carrapatos, formigas, abelhas, marimbondos, aranhas, escorpiões e outros animais peçonhentos.

Conduta: Na creche e pré-escola a principal conduta é a manutenção de um ambiente o mais livre possível desses agentes, através da instituição de uma rotina rigorosa, como:

- limpeza freqüente das calhas e rufos;
- pneus de carros, utilizados na área externa, deverão ser furados com diâmetro adequado e guardados, protegidos da chuva, para não acumularem água;
- matos e gramas aparados periodicamente;
- nos períodos que apresentem queda de folhas ou frutos das árvores, manter o local sempre varrido e seco. Recomenda-se oferecer solução de citronela como repelente natural para os servidores que executam esta atividade, pois estarão mais sujeitos a picadas;
- guardar em local protegido os brinquedos utilizados na área externa;
- inspeção rigorosa da área externa antes de liberá-la para utilização das crianças;
- utilização de telas com tules nas portas e janelas dos quartos nos momentos de sono;
- desestruturação de formigueiros, jogando água quente e sabão sobre eles. Recomenda-se a não aplicação de veneno contra formigas em área utilizada por crianças;
- atenção especial em períodos pós chuvas, ocasião em que aumentam a quantidade de formigueiros.

Ocorrendo a picada, observar o estado geral e de desconforto da criança aplicando medidas de alívio:

- na presença de ferrão, retirá-lo com uma pinça;
- higiene local com água e sabão;
- aplicação de gelo ou compressa fria no local;
- aplicação de solução calmante a base de mentol (pasta d'água mentolada) ou fenol;
- administrar analgésico, se necessário, de acordo com rotina preestabelecida pelo serviço ou recomendação médica, comunicada ao usuário no ato da matrícula da criança. Deve-se orientar os responsáveis a não utilizar anti-histamínico tópico, o que poderá sensibilizar a criança, além de não possuir nenhum papel no tratamento das reações a picada de insetos ou outras doenças de pele[7];
- em caso de picada por marimbondo ou abelhas e, de acordo com os antecedentes da criança e familiares, solicitar a presença do responsável na creche e pré-escola;
- reitera-se a importância da observação do estado geral da criança junto aos educadores e responsáveis;
- em caso de carrapato, procurar torcer ao retirá-lo, evitando, assim, o desprendimento de sua glândula bucal;
- administração de corticóide pelo pediatra quando necessário;

Concluindo, o atendimento ao desconforto e dor apresentados pela criança picada, a observação de seu estado geral às complicações decorrentes, associados a um controle ambiental adequado, são as condutas mais seguras a se propiciar em ambiente coletivo.

FEBRE

Ocorre quando a temperatura corporal se eleva acima de 37,5° C, sendo um mecanismo de defesa do organismo, que aumenta a eficiência de combate às infecções.[9]

Através do uso de termômetro medir a temperatura axilar da criança, sempre observando o seu estado geral.

Se a temperatura for maior que 37,5° C, oferecer o banho de imersão com água morna para fria, entre 3 a 5 minutos, colocando, após, roupas leves, mantendo-a sob observação em local arejado.

Oferecer mais líquidos à criança, mantendo controle de temperatura a cada 2 horas.

Se a temperatura for superior a 38° C, medicar a criança conforme prescrição preestabelecida pelo serviço de enfermagem da creche e pré-escola, desde que não haja contra indicação do pediatra e seja de consenso com a mãe e definido no ato da matrícula.[10]

VÔMITO

É a expulsão do conteúdo gástrico através da boca, acompanhado de náuseas e contração da musculatura da parede abdominal.

Nas crianças pequenas, freqüentemente, o vômito é expelido também pelo nariz.[10]

Observar, no cotidiano, se o vômito está associado à febre casos em que, provavelmente, a criança pode estar desenvolvendo um quadro infeccioso.

Em menor quantidade, acontece o vômito decorrente de erros alimentares, tais como: alimentos impróprios para crianças, quantidade excessiva de alimentos, crianças que comem rapidamente e não mastigam bem.[11]

Conduta: Avaliar o estado geral da criança, observando se o vômito está associado a algum quadro infeccioso, atentando para o conteúdo e característica do mesmo.

Oferecer uma quantidade menor de alimento dando preferência a líquidos (sopa, sucos). Aumentar o intervalo entre as refeições, não forçando a criança a comer.

Verificar se a criança está fazendo uso de algum medicamento que possa causar mal estar gástrico.

Movimentar a criança o mínimo possível e, prevenindo, a aspiração posicioná-la em decúbito ventral ou lateral direito. [12]

SANGRAMENTO NASAL

É a perda de sangue através das narinas em pequena ou grande quantidade, decorrente da ruptura de vasos sangüíneos devido a esforço físico, excesso de exposição ao sol, conseqüência de algumas doenças ou pancadas.[13]

O sangramento nasal de pouca intensidade é raro em bebês e comum na segunda infância. A grande maioria cessa espontaneamente ou com uma leve pressão no nariz.

As causas são: traumatismo, exposição prolongada ao sol e, no inverno, quando o ar seco irrita a mucosa nasal, formando fissuras e crostas.

Condutas:
Colocar a criança sentada com a cabeça levemente fletida para a frente e não para trás, evitando engolir o sangue.[14]

Pressionar levemente o nariz, por alguns minutos, do lado em que está sangrando e observar.

Aplicar compressa fria no local.

ALGUMAS PATOLOGIAS E SITUAÇÕES DIÁRIAS

Moniliase oral

É uma infecção oportunista causada por fungo, sendo o tipo mais comum em bebês a *Candida albicans*, que apesar de ser habitante normal da pele e trato gastrointestinal, pode se tornar patogênica em situações decorrentes do uso de antibióticos, lesões de pele e deficiência imunológica.[15]

Ocorre na mucosa da boca, então mais conhecida como sapinho ou no períneo, caracterizando-se como uma assadura.

Nas crianças, quando ocorre na boca, apresenta-se na forma de aspecto de leite coalhado, apresentando alguma dificuldade de ser removida com um pano macio ou gaze; porém, após esta remoção, a mucosa evidencia-se bastante avermelhada, podendo até sangrar.[16]

Quando a *Moniliase* ocorre na forma de assadura perineal, pode ser em decorrência de uma assadura simples, a dermatite amoniacal, que por não ter sido tratada adequadamente, sofreu uma infecção secundária pelo fungo; ou pode ser ocasionada por este mesmo fungo, que, através do trato gastrointestinal, contamina o períneo.

Na forma de assadura, a pele apresenta-se extremamente avermelhada, com lesões puntiformes, brilhante, de bordas irregulares, bem delineadas e espessas.

Conduta:[16]
Quando localizada na boca:

- limpeza da boca da criança com gaze e solução anti-fungicida prescrita pelo pediatra;
- na creche e pré-escola, quando detectado, utilizar solução de Nistatina quatro vezes ao dia, por 7 dias, preferencialmente após a alimentação de acordo com o protocolo;
- orientar maior atenção na lavagem de brinquedos, copos e talheres utilizados pela criança;
- lavagem freqüente da chupeta com água e sabão e fervura em água uma vez no período;

- com a mãe, orientar a importância da continuidade em casa das mesmas condutas estabelecidas na creche, reiterando a importância do período de tratamento e dos cuidados necessários, como a fervura de chupetas e bicos e lavagem dos brinquedos, evitando, desta forma, a manutenção da infecção e conseqüente resistência do fungo à medicação estabelecida;
- caso a mãe esteja em aleitamento natural, orientar a aplicação do mesmo anti-fúngico no seio, após a amamentação, como medida de proteção a ela própria e ao bebê;
- orientar o educador e a mãe quanto à observação da região perineal no momento das trocas de fralda, atentando para a possibilidade do aparecimento de assadura por *Moniliase*.

Quando localizada no períneo:

- trocar freqüentemente as fraldas, mantendo a criança seca;
- evitar sabonetes, restringindo seu uso quando houver troca por fezes. Lavar somente com água corrente e após todas as trocas por urina; e não utilizar cremes diversos ou pós não apropriados, que só tenderão a mascarar as características para o diagnóstico apropriado;
- aplicar creme à base de Nistatina após as trocas, conforme protocolo.

INFECÇÕES RESPIRATÓRIAS

As infecções do aparelho respiratório são agravos que mais acometem as crianças no primeiro e segundo anos de vida, podendo ocorrer de 5 a 8 episódios por ano.[17]

Em levantamento realizado pelo CCI (Centro de Convivência Infantil) do Instituto "Dante Pazanese", dentre todos os agravos de saúde das crianças, o mais freqüente, independente do período sazonal, foram as infecções de vias aéreas superiores.[9]

Pode ser freqüente a rinorréia em crianças. Muitas vezes isso é decorrente da poluição, alergias, ambiente coletivo, e não há muito que fazer, além do tratamento sintomático.

As infecções respiratórias podem ser causadas por vírus ou bactérias, manifestando-se nas vias aéreas superiores ou inferiores:[18]

- Vias Aéreas superiores – acometem o sistema respiratório acima da laringe - mais comum e menos grave. Incluem-se resfriado, faringite, amigdalite.

Sinais e sintomas: tosse, espirro, catarro, dor de garganta, febre baixa (menos que 38° C), congestão nasal (líquido claro e em grande quantidade). Dura de um a três dias.

- Vias Aéreas inferiores – acometem o sistema respiratório da laringe para baixo - menos comum e mais grave. Incluem-se laringite, bronquite, asma, bronquiolite, pneumonia e coqueluche.

Sinais e sintomas: tosse, chiado, febre, dor de garganta, respiração acelerada. Dura de três a sete dias.

É importante saber também distinguir, dentre as viroses, os sintomas da gripe: febre alta (maior que 38°C), congestão nasal (líquido espesso e em pequena quantidade), olhos vermelhos, dor de garganta, tosse seca, dor de cabeça, dores musculares intensas, durando de três a sete dias.

Vírus associados a síndromes específicas, como sarampo, rubéola e varicela, também causam sintomas semelhantes aos do resfriado comum em crianças.[19]

O ambiente coletivo e o convívio muito próximo entre crianças e profissionais pode facilitar a transmissão de doenças infecto-contagiosas, sendo portanto as infecções respiratórias comuns em creche e pré-escola.

A criança fica mais quieta, abatida e sem vontade de brincar. A seguir, aparece com nariz escorrendo ou obstruído, com espirros, rouquidão, irritabilidade, febre, perda de apetite, tosse, sono alterado, dor no corpo, na cabeça e mal-estar geral.

A transmissão pode ocorrer por gotículas infectadas transportadas pelo ar ou por contato direto.[20]

Conduta e Recomendações na Creche e Pré-escola:

- aumentar a oferta de líquidos. O melhor expectorante, sem dúvida, é a água, tornando a secreção mais fluida, facilitando sua eliminação. A tosse é um mecanismo de defesa que auxilia na eliminação da secreção;
- fazer inalações. A inalação com Soro Fisiológico 0,9%, com ou sem medicamento, é realizada na creche e pré-escola sempre através de prescrição médica. Ela é útil na fluidificação e eliminação do catarro;
- realizar higiene nasal. Desde que não haja contra-indicação médica ou materna, e de acordo com o protocolo, aplicar de rotina Soro Fisiológico 0,9%

com cloreto de benzalcônio 0,1 mg durante o banho da criança, como medida de higiene e profilaxia das infecções respiratórias.[14]

A aplicação durante a troca, com a criança em decúbito dorsal, propicia uma posição mais adequada. Em crianças até dois anos, a aplicação é diária, e para os maiores, por solicitação específica ou em casos de obstrução ou excesso de secreção nasal.

Todos os frascos deverão ser rotulados com o nome da criança, data em que foram abertos, permanecendo em local fresco e acessível ao educador.

- evitar locais fechados e aglomerados;
- evitar o uso de copo e talheres comuns a outras pessoas;
- não soprar os alimentos;
- higienizar as mãos com muita frequência – principalmente após limpeza de secreção nasal;
- manter a criança protegida com roupas adequadas para a estação, assegurando seu conforto.
- quando há piora do estado geral da criança, orientar os pais para levá-la para atendimento médico;
- evitar assoar o nariz - este gesto empurra o muco carregado de vírus para dentro do seio nasal. A saída é retirar o excesso sem fazer muita força.

OTITE MÉDIA AGUDA

É um processo inflamatório do ouvido médio, de início súbito, geralmente acompanhada de infecção de vias aéreas superiores[6], podendo ser de origem viral ou bacteriana.

A incidência da doença tende a diminuir após os 6 anos. É mais frequente no inverno.

Quando acometida, a criança fica mais irritada, com dor ao mover a cabeça de um lado para outro e esfregando a orelha.

Apresenta dificuldade para sugar ou interrompe a mamada com choro.[21]

A otite poderá vir acompanhada de febre e/ou drenagem de secreção pelo ouvido.

Alguns fatores possibilitam o surgimento das otites, tais como:

- aleitamento artificial, por não transmitir os anticorpos que o leite materno oferece;
- posição inadequada da criança ao receber alimentação, possibilitando o refluxo da secreção para o espaço do ouvido médio;
- alergias por provocar infecções das vias aéreas com frequência;
- tabagismo passivo, por predispor a criança às infecções das vias aéreas superiores;
- refluxo gastroesofágico, por facilitar o retorno do conteúdo do estômago para a cavidade oral e ouvido médio.

Condutas e Recomendações na Creche e Pré-escola:

- colocar a criança em decúbito lateral, com a cabeça apoiada em uma bolsa de água morna (aprox. 46°C)[22];
- evitar a entrada de água no ouvido da criança durante o banho ou outro procedimento;
- administrar analgésico, em caso de dor e/ou febre, com prescrição médica ou por protocolo;
- administrar medicamentos conforme prescrição médica quando necessário;
- orientar mães e educadores quanto à posição correta na alimentação.[14] Não oferecer mamadeira, papa ou suco com a criança deitada.

DIARRÉIA AGUDA

É uma doença comum em crianças pequenas, caracterizada pela perda de água e sais minerais, apresentando aumento do volume e da frequência das evacuações, com diminuição da consistência das fezes.[23]

Geralmente as evacuações caracterizam-se por apresentar odor fétido, cor esverdeada e presença de elementos[16] anormais (muco, pus, sangue e restos alimentares).[24]

Pode ser ocasionada por vírus, bactérias, parasitas intestinais e também por intolerância à ingestão de determinados alimentos, após tratamento com antibióticos ou por alteração do mecanismo intestinal.[25]

Em bebês, o desmame precoce, com a introdução de mamadeiras e outros alimentos, aumenta o risco de se contrair diarréia decorrente da contaminação da mamadeira, utensílios domésticos ou mesmo do próprio leite artificial.

Assim que a criança nasce, seu intestino está livre de bactérias, estando sujeito a desenvolver um quadro de diarréia, mesmo com bactérias comuns,[24] sendo, portanto, importantes os cuidados com higiene.

O principal sintoma da diarréia são as fezes aquosas em consequência da não absorção de água pelo organismo.[26] Pode ser acompanhada de vômitos, cólicas e febre. A principal preocupação com o quadro de diarréia é a desidratação e a desnutrição, que podem acometer a criança.

Os sinais da desidratação que podem ocorrer são:

- sede;
- olhos fundos;
- boca seca;
- oligúria;
- perda de elasticidade da pele;
- fontanela anterior deprimida (característica para crianças menores de 18 meses);
- aumento da temperatura corporal;
- apatia;
- perda de peso.

A diarréia é um mecanismo que o organismo utiliza para eliminar o agente agressor e para o qual não se indica o uso de medicamentos.

É importante que todo caso de diarréia seja notificado à creche e pré-escola, pois, a partir destas informações, serão tomadas medidas indispensáveis para o controle da doença.

Condutas e Recomendações na Creche e Pré-escola:

- estimular o aleitamento materno;
- aumentar oferta de líquidos, tais como: água, água de coco, limonada e água de arroz;
- fazer reidratação oral[26], respeitando a fórmula da OMS/Unicef - solução glicoeletrolítica, disponível em forma de pó, em envelopes pré pesados - ou usar soro caseiro: 4 colheres de sopa de açúcar mais 1 colher de chá de sal em 1 litro de água fervidá; oferecendo à criança de acordo com sua aceitação;
- oferecer alimentos de acordo com a aceitação da criança, diminuindo a oferta de alimentos laxativos;
- não restringir gordura, já que a manutenção da alimentação impede a desnutrição e permite a regeneração do epitélio intestinal;
- promover rigorosamente higiene pessoal e das mãos;
- usar luvas descartáveis durante as trocas de fraldas comprometidas por fezes é permitido; mas a lavagem das mãos ainda é o mecanismo principal para evitar a transmissão da doença;
- limpar rigorosamente as banheiras:[16]
    - lavar com água corrente e sabão
    - esfregar adequadamente com bucha
    - utilizar álcool 70% após a limpeza e no trocador, após as trocas de fraldas.
- Encaminhar a criança ao pediatra em caso de piora do quadro, fato esse que irá definir afastamento, se necessário;

REFLUXO GASTROESOFÁGICO (RGE)

É a passagem involuntária do conteúdo gástrico para o esôfago devido ao mau funcionamento da válvula do estômago, chamada cárdia. Normalmente, a cárdia se fecha após a passagem do alimento, impedindo sua volta para a boca, o que não ocorre em situação de RGE.[27 e 28]

Para melhor compreensão do RGE, é importante diferenciar vômito e regurgitação.

Vômito: É a eliminação do conteúdo gástrico precedido de náusea. É involuntário, exige esforço e, geralmente, é mais abundante em volume.[27]

Regurgitação: É o retorno, de menor quantidade do conteúdo gástrico, sem esforço para a boca.[27]

O RGE é tido como normal, quando ocorre nos primeiros meses de vida do bebê em decorrência da válvula do esôfago ser imatura.

Considera-se normal, porque não prejudica o desenvolvimento físico do bebê e geralmente está relacionado ao excesso de ar deglutido durante a mamada, que, ao sair, traz consigo o leite e o choro excessivo ou a alimentação forçada.

O RGE é anormal quando inclui ganho de peso insuficiente, recusa alimentar, problemas respiratórios (pneumonias de repetição, chiado no peito, laringites, otites e sinusites), anemia, choro excessivo e injustificado do bebê. Parte desses sinais são decorrentes da esofagite, provocada pelo contato do ácido gástrico com o esôfago.[29]

Condutas, orientações e recomendações na Creche e Pré-escola:

- orientar os pais sobre o caráter benigno da maioria desses casos, procurando, assim, diminuir a ansiedade nessa situação;[29]
- Obs - o tratamento do refluxo anormal depende de sua intensidade e complicações, podendo incluir medicamentos, alteração na alimentação e posicionamento da criança e até mesmo cirurgia;
- fracionar a alimentação das crianças com refluxo (volumes pequenos servido várias vezes ao dia), e acompanhar a mamada, garantindo uma boa pega (aréola e bico) evitando que o bebê engula muito ar;

- evitar alguns alimentos – frutas cítricas, refrigerantes, chocolate, doces, balas, iogurtes, chás, salgadinhos, tomate, frituras, comida condimentada, pois estimulam a secreção ácida gástrica;
- trazer o dormitório em condições ideais: colchão e travesseiro firmes (espuma sólida);
- agasalhar bem a criança de maneira confortável, evitando super aquecimento (uso de manta, cobertores e edredons);
- manter vigilância durante o sono da criança;
- atentar para o seu posicionamento na cama:
  - posição lateral esquerdo elevado a 30° até os 4 meses de idade;
  - posição dorsal elevada a 30° após os 4 meses de idade;
  - para as crianças maiores, apenas 30° (obs: não é necessário erguer tanto a cama. O recomendável é que elas não comam antes de dormir, comam devagar, não tomem líquidos durante ou próximo às refeições);
  - o tratamento postural pode ser interrompido após terem sido registrados seis semanas sem sintomas.[30]
- permanecer com a criança em posição ereta por algum tempo, após alimentação e no colo até arrotar;
- evitar ficar chacoalhando a criança após a mamada;
- evitar manobras que aumentem a pressão intra-abdominal; não elevar demais os membros inferiores nas trocas, após as refeições;

Quanto ao uso do bebê-conforto, sabe-se que, nesta posição, ocorre a piora do refluxo gastroesofágico, por aumentar a pressão intra-abdominal. A força da gravidade exerce um fator importante na proteção contra RGE [31].

- o tipo de alimentação, a quantidade que ingeriu, a pressão que é exercida no abdômem da criança e a posição da mamada podem influenciar na intensidade do refluxo;
- quanto à administração da mamadeira, ela deve ficar levantada de forma que a região do bico esteja sempre preenchida com leite, que deve gotejar e não jorrar;
- administrar medicação prescrita pelo médico nos horários estabelecidos, quando necessário.

CONVULSÕES FEBRIS

Também chamada de convulsão febril benigna ou simples[6], é o tipo mais comum de distúrbio convulsivo na criança e são raras antes de 9 meses e depois de 5 anos.

A convulsão ocorre em decorrência de uma elevação rápida de temperatura, atingindo 39° C ou mais, com duração de alguns segundos a 10 minutos, seguida por um breve período de sonolência.[32]

Conduta:

- proteger a criança durante a crise, evitando que se machuque;
- não segurá-la, tentando impedir os seus movimentos;
- afrouxar suas roupas;
- evitar aglomerações de pessoas ao redor da criança;
- virar sua cabeça de lado, para não haver aspiração de vômito ou secreção;
- introduzir um pano limpo dobrado entre os dentes, evitando que morda a língua;
- encaminhar ao Pronto Socorro caso persista a convulsão, tranqüilizar e orientar os pais na busca de auxílio médico para a detecção da causa da febre;
- tranquilizar a equipe, procurando acalmar as crianças que presenciaram a convulsão;
- caso haja histórico de criança predisposta à convulsão febril, antecipar o banho de água morna (mais para frio do que para quente), usar compressa de água fria nas axilas e virilhas e oferecer antitérmico prescrito pelo pediatra.

REFERÊNCIAS BIBLIOGRÁFICAS

1 – Organização Mundial de Saúde. Definição Acidentes. www.emro.who.int/publications/emhs/0503/17.htm/ 04/09/03/21:00h

2 – Thompson E D, Ashwill J W .Criança de 1 a 3 anos de idade. In: Uma Introdução à Enfermagem Pediátrica. 6ª Edição. Porto Alegre: Artes Médicas; 1996. p. 178-199.

3 – Centro de Criação de Imagem Popular (CECIP), Associação Brasileira de Creches (ASBRAC). Na hora do Acidente. In: A Creche Saudável; 1997.p.96-99

4 – Ribeiro CDM. Acidentes. In: Doenças e Acidentes Infantis. Rio de Janeiro: MCR Gráfica; 1993. p. 47-57.

5 – Armond LC,Vasconcelos M,Martins MD. Prevenção de Acidentes. In: Carvalho A, Salles F, Guimarães M, Armond L. Saúde da Criança. Belo Horizonte: Editora UFMG; 2002. P. 88-92.

6 - Nelson WE, Kliegman RM, Behrman RE, Vaugham VC. Distúrbio do Olho e do Ouvido. In: Tratado de Pediatria. 14ª edição. Rio de Janeiro: Guanabara Koogan SA; 1994. p. 1391-422.
7 - Nelson WE, Kliegman RM, Behrman RE, Vaugham VC. A Pele. In: Tratado de Pediatria. 14ª edição. Rio de Janeiro: Guanabara Koogan SA; 1994. p. 1471-87.
8 - Nelson WE, Kliegman RM, Behrman RE, Vangham VC. Imunidade, Alergia e Doença Inflamatórias. In: Tratado de Pediatria. 14ª edição. Rio de Janeiro: Guanabara Koogan SA; 1994. p. 529-38.
9 - Almeida FA, Confaloniere AMMM, Silva LJ. Assistência à Saúde da Criança no Centro de Convivência Infantil – Abordagem dos Agravos de Saúde Comuns à Criança Sadia. 1995. p. 1-22. Trabalho apresentado no 48º Congresso Brasileiro de enfermagem; outubro 1996; São Paulo, Brasil.
10 - Serviço de Enfermagem da Creche Área de Saúde. Ata de Reuniões Científicas, 1990-93. Campinas: Unicamp; 2002.
11 - Boehs AE. Subsídios para observação e avaliação das características das fezes, urina, vômitos, secreções traquiobrônquicas, choro e alterações relacionadas à pele. In: Schmitz EM, Silva ATR, Boehs AE, Oliveira AS, Mello D, Stocco ECL, Seibert. A Enfermagem em Pediatria e Puericultura. Rio de Janeiro: Livraria Atheneu; 1989. p. 138-39.
12 - Thompson E D, Ashwill J W. Disturbios da Criança. In: Uma Introdução à Enfermagem Pediátrica. 6ª Edição. Porto Alegre: Artes Médicas; 1996. p. 157.
13 - Serviço de Enfermagem/ Centro de Saúde da Comunidade Cecom. Noções de Primeiros Socorros para Funcionários da Creche Área de Saúde. Campinas: Unicamp; 1998.
14 - Ribeiro CDM. Outros Problemas. In: Doenças e Acidentes Infantis. Rio de Janeiro: MCR Gráfica; 1993. p. 46-59.
15 - Nelson WE, Kliegman RM, Behrman RE, Vaugham VC. O feto e o recém nascido. In: Tratado de Pediatria. 14ª edição. Rio de Janeiro: Guanabara Koogan SA; 1994. p. 465-66.
16 - Serviço de Enfermagem da Creche Área de Saúde. Manual de Enfermagem. Campinas: Unicamp; 1999.
17 - Xavier CC, Vasconcelos M, Martins MD. Alguns Problemas de Saúde na IEI. In: Carvalho A, Salles F, Guimarães M, Armond L Saúde da Criança. Belo Horizonte: Editora UFMG; 2002. P. 103-11.
18 - Ribeiro CDM. Infecções Respiratórias. In: Doenças e Acidentes Infantis. Rio de Janeiro: MCR Gráfica; 1993. p. 27-29.
19 - Panutti C, Lopes MH. Doenças que se escondem atrás do rótulo "Virose". Folha de São Paulo. 2000 maio 19.
20 - Thompson E D, Ashwill J W .Disturbios do Pré-escolar. In: Uma Introdução à Enfermagem Pediátrica. 6ª Edição. Porto Alegre: Artes Médicas; 1996. p. 273.
21 - Centro de Criação de Imagem Popular (CECIP), Associação Brasileira de Creches (ASBRAC). O Controle de Doenças. In: A Creche Saudável; 1997.p.108.
22 - Thompson E D, Ashwill J W .Criança de 1 a 3 anos de idade. In: Uma Introdução à Enfermagem Pediátrica. 6ª Edição. Porto Alegre: Artes Médicas; 1996. p. 147-194.
23 - Ribeiro CDM. Diarréia. In: Doenças e Acidentes Infantis. Rio de Janeiro: MCR Gráfica; 1993. p.33-41.
24 - Prado FC, Ramos J, Valle JR. Diarréia Aguda. In: Manual Prático de Diagnóstico e Tratamento. São Paulo: Artes Médicas; 2001.p.424-25
25 - Barbieri D. Diarréia: Conceitos e Mecanismos Patogênicos.In: Barbieri D, Koda YKL. Doenças Gastroenterológicas em Pediatria. São Paulo: Ateneu; 1996.p.154-55.
26 - Guenter JK. Desidratação na Síndrome Diarréica. In: Moraes MB, Silvestrini WS Tratado de Medicina Interna. Rio de Janeiro. Guanabara; 1990. p. 1150-51.
27 - European Journal Pediatrics. *A proposition for the diagnosis and treatment of gastro-oesophageal refluxe disese in children: a report fron a working group orgastro-oesophageal refluxe disease.* European Journal Pediatrics; 1993. 152: 704-11.
28 - Nelson WE, Kliegman RM, Behrman RE, Vaugham VC. O Sistema Digestivo. In: Tratado de Pediatria. 14ª edição. Rio de Janeiro: Guanabara Koogan SA; 1994. p. 830-32.
29 - Refluxo gastro-esofágico – uma epidemia?. Desenvolvimento do bebê. [série on line]2002 [citado em 11/06/02] http://cadernodigital.uol.com.br/guiadobebe/desenvolvimentodobebe/mes01semana05.htm.
30 - Koda YKL. Refluxo Gastro-Esofágico.In: Barbieri D, Koda YKL Doenças Gastroenterológicas em Pediatria. São Paulo:Ateneu;1996.p. 82-96
31 - Chiara AMM. Informações que os pais de uma criança com regurgitação e refluxo gastro esofágico devem saber. Folheto: Janssen Cilag.1999.
32 - Nelson WE, Kliegman RM, Behrman RE, Vaugham VC. O Sistema Nervoso. In: Tratado de Pediatria. 14ª edição. Rio de Janeiro: Guanabara Koogan SA; 1994. p. 1317-21.

PROCEDIMENTOS DIÁRIOS

Controle esfincteriano

Por volta dos dezoito a vinte e quatro meses, a criança verbaliza suas necessidades de micção e defecação. Durante o tempo em que está aprendendo a controlar os esfíncteres, a criança está construindo sua auto-estima, desenvolvendo uma boa relação com seu corpo e, conseqüentemente, consigo mesma.[3]

Quanto à escolha do melhor período para a retirada de fraldas e ao treinamento da criança para controlar esfíncteres, variam-se opiniões de autores e instituições, porém é fundamentado o conceito de que cada criança tem seu tempo ideal de maturação para mais esta etapa de seu desenvolvimento, e que nós, adultos, só podemos facilitar ou não esse processo.[4]

Orienta-se que, para se compreender o processo de aprendizagem da criança sobre esse assunto, é bom saber que a retenção de fezes e urina e seu posterior relaxamento esfincteriano têm em si um prazer único para ela e um aspecto lúdico especial, o de controlar "seus produtos". A criança precisa desenvolver algumas capacidades para iniciar o processo de controle, como por exemplo, passar a interessar-se por suas eliminações e reconhecê-las; conseguir adiar suas necessidades mesmo que por alguns instantes; entender o porquê da ida ao banheiro e permanecer sentada no penico sem a ajuda do adulto.

Orienta-se sobre a necessidade de enviar maior quantidade de roupas para as trocas que se fizerem necessárias.

As fraldas das crianças são retiradas quando chegam à creche e pré-escola e só recolocadas no momento da saída, conduta que será finalizada com o aprendizado da criança.

Quanto à ida ao banheiro, o grupo pode ser levado ao penico regularmente a cada duas horas ou de acordo com a necessidade da criança, não permanecendo mais de dez minutos sentada. A partir de 2 anos, pode-se utilizar a privada infantil ou de tamanho normal com redutor.

Se a atitude do adulto durante as trocas de fraldas, no banho ou em qualquer atividade de higiene for de satisfação para com o corpo e os "produtos" da criança, então tudo deverá ocorrer de modo natural e prazeroso. Porém, se as eliminações acontecerem em lugar e hora não esperados, e o adulto demonstrar atitude de reprovação ou indignação, a criança virá a sentir emoções contraditórias em relação às suas figuras de apego.

Crianças maiores de 2 anos serão incentivadas a desenvolver sua independência ao utilizarem a privada, mantendo sempre a presença do adulto junto a elas, oferecendo estímulo e ajuda em suas necessidades. O educador, entre uma criança e outra, deve lavar suas mãos, e levar a criança para lavá-las também.

Deve-se evitar que crianças permaneçam nas áreas dos banheiros com pequenos brinquedos ou objetos que possam causar o entupimento das descargas, porém, se isso acontecer o assunto deverá ser tratado com elas através de conversa.

Finalmente, o fator tempo, o amadurecimento e equilíbrio emocional da criança, associados a uma atitude natural do adulto, ao processo e o compromisso de se manter um ambiente seguro e saudável, farão do controle dos esfíncteres e do uso do banheiro mais um momento gostoso na creche e pré-escola.

Vestuários

Na creche e pré-escola, deve ser ressaltada a importância do uso de roupas simples de vestir, confortáveis, que facilitem os movimentos da criança, e, principalmente, que sejam adequadas à temperatura ambiente, evitando, assim, o calor ou frio excessivos, que comprometem o seu bem estar físico e emocional.[6]

Na admissão da criança na creche e pré-escola orientam-se as mães sobre a quantidade diária de roupas que a bolsa, preferencialmente identificada, deve conter (a roupa também deve ser identificada).

A partir de um ano de idade, recomenda-se o uso de uniforme, procurando, assim, ajudar a criança a desenvolver sua autonomia e socialização junto ao grupo[7]. Sendo orientada e acompanhada pelo educador até sua independência total.

Sono e descanso

O bom sono é fundamental para a recuperação do cansaço e favorece o desenvolvimento físico e mental das crianças. Os recém nascidos dormem quase 20 horas por dia, e, à medida que crescem, passam a dividir melhor os períodos do dia e da noite.

No 2º semestre, a maioria já está no ritmo da família, passando mais tempo acordada durante o dia e dormindo praticamente a noite toda. A partir dos 18 meses poucas acordam de madrugada; algumas crianças necessitam de dois períodos de repouso durante o dia.

Aos 2 anos, costumam dormir 12 horas sem intervalo, e ainda necessitam de 1 período de repouso diurno. A partir dos 3 anos, não mais necessitam desse repouso e conseguem dormir a noite toda.

A criança limpa, alimentada e confortável deverá repousar tranquilamente, no entanto existem 3 razões básicas capazes de interferir no sono: sofrimento físico ou emocional que impede a criança de relaxar, falta de disciplina em relação à hora e ao local do sono[8].

Os sinais de sono são: bocejo, olhar imóvel, pálpebra caída, cabeça oscilante, irritação, choro e coceira nos olhos[9].

O papel do educador, durante o sono, é fundamental na manutenção da integridade física e emocional da criança e do grupo.

Condutas:

- respeitar as necessidades individuais do sono de cada criança;
- procurar conhecer os hábitos que ela tem para dormir, exemplo: chupeta e figuras de apego (paninhos, fraldas, travesseiros, bichinhos...);
- manter o quarto arejado ou ventilado;
- garantir ao ambiente segurança e calma, não havendo necessidade de deixa-lo na penumbra. Se possível colocar música suave ou cantarolar canções de ninar;
- deixar as crianças até 9 meses em berços individuais, identificados e com protetores nas laterais e cabeçeiras;
- encapar os colchões com tecido impermeável, mantendo-os em boas condições. Fazer limpeza diária e se possível expor ao sol;
- colocar cortinas, tipo tule, nas portas, para evitar a entrada de insetos nos quartos;
- manter a criança limpa, com roupas leves, confortáveis, e apropriadas para o clima e sem calçados;
- manter sempre a presença do educador nos quartos, posicionando as crianças que necessitam de conforto, e ajudando-as até adormecerem;
- acalentar o bebê cujo sono seja mais demorado, possibilitando-lhe a presença do educador nas situações de desconforto[10];
- evitar a posição dorsal para crianças abaixo de 10 meses, exceto em caso de refluxo gastroesofágico;
- deixar que as crianças a partir dos 10 meses escolham seus próprios colchonetes, e após dormirem, alternar o posicionamento delas, para que não fiquem face a face;
- manter o berço elevado com apoio no pés, em caso de crianças com refluxo gastroesofágico, ou colchonete elevado a 30°;
- Orientar os pais, para que a criança durma em seu próprio quarto a partir do 4° mês de idade.

Banho de sol

A finalidade principal do banho de sol é ativar a pró vitamina D, existente na pele através dos raios ultra-violetas, transformando-a em vitamina D, que será absorvida pelo sangue, fixando o cálcio e o ferro[11].

O incentivo à exposição ao sol se deve ao fato de a vitamina D não ser encontrada em quantidade suficiente nos alimentos e os mesmos serem de alto custo para a população mais carente. Por isso o sol ainda é a maior e mais barata fonte de vitamina D[12].

Crianças pequenas que, na maioria das vezes, têm pouca atividade ao ar livre, devem ser expostas regularmente ao sol. As crianças maiores que desenvolvem atividades ao ar livre já estão automaticamente expostas ao sol.

Cuidados na Creche e Pré-escola:

- a criança deve ser exposta ao sol diariamente, ou pelo menos de 2 a 3 vezes por semana;
- colocar a criança diretamente ao sol, mesmo no inverno, de preferência sem roupas, ou semivestida (os raios ultra-violetas podem transpassar tecidos leves). Proteger-lhe a cabeça e os olhos;
- expor gradativamente a criança ao sol, até atingir 30 minutos, sendo a metade do tempo de frente e o restante de costas;
- escolher o horário de exposição: antes das 10 horas e após as 15 horas;
- proteger a criança contra as correntes de ar. Em dias muito frios e com correntes de ar, deve-se evitar a exposição ou fazê-la com agasalho, apenas para aquecer;
- proteger as crianças com peles muito claras e sensíveis, e, se necessário, usar protetor solar sob prescrição médica;
- ofertar líquidos, adicionais, para repor o que foi perdido durante a exposição solar;
- possibilitar nesse momento, o envolvimento do educador com a criança, tornando a atividade prazerosa para ambos.

Higiene corporal

O banho do bebê, a troca de fraldas e o banho da criança maior são atividades que fazem parte da rotina de uma creche e pré-escola. Para executá-las, é importante que haja flexibilidade dessa rotina, para que se considerem as peculiaridades e a faixa etária das crianças que são atendidas[11].

A finalidade do banho proporcionado à criança não é apenas higiene, mas constitui-se uma atividade terapêutica, de conforto, lúdica e educacional.

Durante o banho é fundamental o educador interagir com a criança, conversando, sorrindo, cantando e nomeando as partes do corpo com ela. Jamais apresentar atitude mecânica ao realizar a atividade, tampouco demonstrar repugnância ou feição de resistência frente as fezes ou urina eliminados pela criança.

As toalhas, lençóis, pentes, sabonetes e escovas de dente devem ser de uso individual, e o sabonete preferencialmente neutro ou adequado a faixa etária. Evitar passar o sabão direto no corpo da criança e sim ensaboar primeiro as mãos, passando-as a seguir pelo corpo[9].

Secar bem a criança, enxugando primeiro a cabeça, depois o restante do corpo, não esquecendo as dobras, atrás das orelhas e os espaços entre os dedos. Evitar deixá-la úmida e consequentemente desconfortável[11].

A temperatura da água deve ser apropriada ao clima, e as correntes de ar evitadas.

Desde que a pele do educador esteja íntegra, não é necessário o uso de luvas plásticas para executar banhos, aliás, para os bebês, o toque pele a pele é de significativa importância. Porém, se diante da presença de fezes o educador sentir-se mais confiante em executar o banho com luvas, poderá fazê-lo, desde que a utilize adequadamente, não contaminando o ambiente por seu uso impróprio, desprezando-a logo após seu uso[13].

Banho de crianças maiores

Já as crianças maiores podem fazer uso do box com chuveiro, o que se assemelha mais ao ambiente doméstico, propiciando maior independência para criança e educador.

A criança é incentivada a ensaboar-se, lavando todas as partes do corpo, preferencialmente, com buchas e sabonetes individuais[9]. Pode ser realizado em grupo de duas ou três por vez, desde que não haja nenhuma contra indicação. O estímulo à autonomia, ao prazer e ao conhecimento do próprio corpo deve ser a tônica deste momento.

O educador deve estar atento para auxiliar as crianças que estão com alguma dificuldade ou apresentam resistência para banho, ou, ainda, quando perceber que a lavagem não está apropriada.

O momento do banho e troca torna-se bastante rico para avaliação geral da criança, propiciando condições favoráveis de observação de sua pele, irregularidades, deformidades ou anormalidades distintas.

É imprescindível para a saúde do educador que as banheiras e boxes sejam planejados de maneira a facilitar a execução da tarefa, minimizando, ao máximo, o risco laboral[13].

REFERÊNCIAS BIBLIOGRÁFICAS

1 – Maranhão D. Uma mão lava a outra In : In :Revista Avisa Lá. São Paulo: Ogra Indústria Gráfica;. n.º 04; 2000 agosto. p.4-6.

2 – Manual de Vigilância à Saúde em Creches e Pré-Escolas. Prefeitura Municipal de Campinas; 2001. p. 14.

3 – Agência Nacional de Vigilância Sanitária. Norma Regulamentar 32: Norma Regulamentadora de Segurança e Saúde no Trabalho em Estabelecimento de Assistência a Saúde [série on line] .2000 Julho [citado 2003 Agosto 14]. Disponível em http://www.riscobiologico.org

4 – Serviço de Enfermagem da Creche Área de Saúde. Manual de Limpeza e Desinfecção. Campinas: Unicamp; 2000.

5 – Rossetti FMC, Mello MA, Vitória T, Gosnen A, Chaguri CA. Controle de Esfincteres. In: Os Fazeres na Educação Infantil. São Paulo: Cortez; 1998. p. 132-36.

6 – Maldonado MT. Xixi e coco no "lugar certo". In: Como cuidar de bebês e crianças pequenas. 3ª edição. São Paulo: Saraiva; 1996. p. 97-101.

7 – Nelson WE, Kliegman RM, Behrman RE, Vaugham VC. Crescimento e Desenvolvimento. In: Tratado de Pediatria. 14ª edição. Rio de Janeiro: Guanabara Koogan SA; 1994. p. 19.

8 – Augusto M. Higiene Geral da Creche. In: Comunidade Infantil Creche. Rio de Janeiro: Guanabara Koogan; 1985. p. 125.

9 – Carvalho A, Salles F, Guimarães M, Armond L. As necessidades das crianças. In: Saúde da Criança. Belo Horizonte: Editora UFMG; 2002. p. 48-58.

10 – Centro de Criação de Imagem Popular (CECIP), Associação Brasileira de Creches (ASBRAC). Rotinas de Atendimento à Criança. In: A Creche Saudável. 1997. p. 39, 51-53.

11 – Secretaria da Saúde do Estado de São Paulo. Decreto Estadual 12342/78.

12 - Ministério da Educação e do Desporto. Referencial Curricular Nacional para a Educação Infantil. Secretaria de Educação Fundamental.Brasília; 1998. Vol. II. p. 59-61.

13 - Silva IF. A Exposição ao Sol na Primeira Infância. In: Schmitz EM, Silva ATR, Boehs AE, Oliveira AS, Mello D, Stocoo ECL. A enfermagem em Pediatria e Puericultura. Rio de Janeiro: Livraria Atheneu; 1989. p. 109-11.

BIBLIOGRAFIAs CONSULTADAs

1 - Serviço de Enfermagem da Creche Área de Saúde. Manual de Enfermagem. Campinas: Unicamp; 1999.
2 - Silver HK, Kempe CH, Bruyn HB. Pele. In: Manual de Pediatria. 10ª edição. Rio de Janeiro: Guanabara Koogan S.A; 1975. p. 206-7

3 - Thompson ED, Ashwill JW. O Recém Nascido. In: Uma Introdução à Enfermagem Pediátrica. 6ª edição. Porto Alegre: Artes Médicas; 1996. p. 81-2.

16 ASSISTÊNCIA À CRIANÇA FRENTE A PATOLOGIAS DE GRANDE INCIDÊNCIA NA CRECHE E PRÉ-ESCOLA

IRMA DE OLIVEIRA
GISELLE DUPAS

I - DERMATOSES

A pele é o maior órgão do corpo humano, uma barreira importante entre nosso organismo e o meio exterior e representa a maior extensão de tecido que pode ser examinada.

As doenças que acometem a pele podem estar restritas a ela ou, por vezes, expressar sinais e sintomas de outras doenças sistêmicas.

As dermatoses são muito freqüentes na infância. Podem se limitar a pele ou a manifestações cutâneas de doenças sistêmicas. Em geral não variam com a faixa etária, embora algumas sejam peculiares ao recém-nascido, lactente, pré-escolar, escolar e adolescente. As lesões na pele surgem do contato com microorganismos infecciosos (parasitas, bactérias, fungos, vírus), irritantes químicos ou alérgicos, irritantes físicos e outros.

Aparentemente, a dermatose infantil parece ser mais intensa que a do adulto em razão de uma hiper-reatividade cutânea manifestada pela criança. O tratamento exige uma participação efetiva da mãe ou do cuidador, na realização dos cuidados tópicos, na administração dos medicamentos e na modificação de hábitos.

Na creche e pré-escola a(o) enfermeira(o) precisa avaliar as condições gerais de saúde da criança e mais especificamente, nestes casos, as manifestações cutâneas atentando para observar toda a extensão do corpo. Inspeção e palpação devem ser realizadas em um ambiente tranqüilo com luminosidade natural ou sob luz fluorescente. Qualquer sinal de alteração deve ser valorizado.

Cabe a(o) enfermeira(o) a adoção de estratégias que favoreçam a promoção de uma pele saudável, bem como a prevenção de dermatoses e sua disseminação. Abordaremos algumas dermatoses observadas em creches e pré-escolas.

Escabiose

A escabiose é uma dermatose infecciosa provocada pelo ácaro *Sarcoptes scabiei* variação *hominis*. A fêmea fecundada penetra na camada córnea da pele, escava um túnel no qual deposita vários ovos por dia. Em um período de 3 a 5 dias surgem as larvas que perfuram a parede do túnel e atingem a superfície cutânea.

O prurido é intenso à noite ou ao deitar-se. Surge de 10 a 15 dias após a contaminação e está ligado a resposta imune do hospedeiro, à reprodução e postura dos ovos.

A transmissão é direta por contato pessoal, relação sexual, mas também, pelo uso de roupas ou outros objetos de uso pessoal de indivíduos infestados. A infecção pode disseminar-se na família, na creche e pré-escola e em outros locais onde a criança mantém contato direto com outras crianças e adultos.

A escabiose é caracterizada pelo prurido intenso e as lesões na pele. A lesão típica é o túnel, uma escoriação linear subcórnea, pápulas e a eminência acarídea, uma elevação vesicular, situada em uma das extremidades do túnel onde se encontra o ácaro.

A distribuição das lesões difere daquela observada no adulto e em crianças acima de 2 anos. Nesses, as lesões manifestam-se nas regiões interdigitais das mãos e pés, punho, pregas axilares, região submamária, genitais e nádegas.

Nas crianças abaixo de 2 anos as lesões localizam-se no couro cabeludo, face, tronco, palmas das mãos e plantas dos pés. É comum escoriação à coçadura e não raro o surgimento de infecções bacterianas secundárias pelo *Streptococcus piogênicus* e *Stafilococcus aureus*.

Há outras formas de manifestação da escabiose, uma delas, a sarna nodular ou papulosa, que caracteriza-se por lesões papulo nodulares muito pruriginosas localizadas freqüentemente na região genital masculina e está relacionada a hipersensibilidade do hospedeiro ao *Sarcoptes scabiei*.

A sarna norueguesa ou crostosa manifesta-se com lesões descamativas, crostosas com queratodermia nas áreas da escabiose, comum no couro cabeludo, face de extensão dos membros, palmas das mãos e plantas dos pés. Acomete mais indivíduos imunodeprimidos e desnutridos.

O diagnóstico da escabiose é clínico e pode ser confirmado com a identificação microscópica do ácaro após a raspagem de uma lesão não escoriada.

Para que o tratamento da criança com escabiose seja eficaz é fundamental que haja uma parceria com a família ou o responsável pela criança.

A família precisa ser instruída quanto às medidas preventivas e as medidas curativas em relação à escabiose. Ela precisa saber o que é, como se previne, como se pega e como se trata. Tem que receber informações sobre a maneira de aplicar o escabicida, ministrar qualquer outro remédio e a necessidade de adotar medidas de higiene voltadas ao extermínio do parasita.

Nesse sentido é preciso tratar a criança e os demais contactantes na família, creche e pré-escola e escola. Deve-se lavar as roupas de uso pessoal, cama e toalhas, diariamente, expô-las por algumas horas ao sol ou passa-las com ferro quente.

Pediculose

A pediculose do couro cabeludo é uma infestação desencadeada pelo piolho sugador *Pediculus capitis*. Esse ectoparasita põe seus ovos chamados lêndeas a 3-4 mm do couro cabeludo na haste do cabelo fixando-os por uma substância cemetante produzida pela fêmea.

A eclosão da primeira ninfa acontece em 8 dias e após passar por 3 estágios chega a fase adulta; ambos, ninfas e adultos alimentam-se do sangue humano. A saliva do piolho eliminada na picada e o seu material fecal depositado na pele provocam uma irritação que causa muito prurido.

A transmissão do piolho ocorre por meio de contato pessoal, muito freqüente nas brincadeiras entre crianças na creche e pré-escola, na escola e outras instituições infantis. O contágio ainda pode acontecer indiretamente através dos bonés, chapéus, pentes, escovas de cabelo, toucas, gorros, fronhas e de outros objetos utilizados próximos a cabeça, embora, o *Pediculus capitis* sobreviva pouco tempo fora do hospedeiro.

É preciso esclarecer a família e criança que o piolho não voa de uma cabeça para outra. A falsa crença do vôo possivelmente tem a sua origem na liberação das exúvias (pele abandonada pelo inseto no estadios de metamorfose) dos cabelos do indivíduo infectado exposto ao vento.

O quadro clínico caracteriza-se por prurido intenso no couro cabeludo especialmente na região occipital e retroauricular. A infecção pode atingir o pescoço e ombros. A coçadura pode gerar escoriações e evoluir para infecção secundária. Pode-se observar linfonodos cervicais aumentados de tamanhos.

O diagnóstico é feito a partir da verificação do piolho ou das lêndeas no couro cabeludo. A lêndea, antes da eclosão, apresenta uma coloração acinzentada e após esbranquiçada. Nessa fase livre da ninfa, desliza facilmente pelo cabelo. Lesões decorrentes de infecção secundária, piodermites também podem ser observadas.

A simples lavagem da cabeça não acaba com a pediculose. Os piolhos na água fecham as suas aberturas respiratórias e agarram-se firmemente aos cabelos.

O tratamento consiste na adoção de ações preventivas e curativas. A família, a criança e os profissionais precisam aprender como evitar a infestação, a sua propagação e a maneira adequada de utilizar o medicamento prescrito pelo médico. Deve-se periodicamente inspecionar a cabeça da criança, principalmente quando há a observação de coçadura do couro cabeludo. Evitar que haja contato da criança com pediculose com outras não infestadas e zelar para que seus objetos pessoais não sejam partilhados. As roupas devem ser lavadas, colocadas ao sol e ou passadas com ferro quente. As escovas e pentes submergidos em pediculicidas por um tempo de 15 minutos.

A escovação e penteação dos cabelos auxiliam na retirada dos insetos. O pente fino retira e mutila ninfas e serve para a retirada das lêndeas.

Também tem sido recomendada a utilização de uma solução a base de água e sal, composta de um copo de água e duas colheres de sopa de sal. Esta salmoura deve ser aplicada na cabeça, que deverá ser envolvida por uma toalha durante duas horas e lavada em seguida.

Os medicamentos empregados no tratamento da pediculose, o monossulfiram, a permetrina, o benzoato de benzila e outros devem obedecer a orientação médica que, por sua vez deve atender às necessidades de informações e aprendizagem da família, educador e da criança quando for o caso.

Larva Migrans

É uma dermatose provocada pela penetração das larvas do *Ancylostoma braziliense* na pele.

Larva Migrans também conhecida como dermatite linear serpeante ou bicho geográfico é adquirida em terrenos arenosos de regiões quentes e úmidas onde os ovos do *Ancylostoma braziliensis*, parasita que vive no intestino do cão e gato, é eliminado nas fezes, e ali se desenvolvem. Ao penetrar na pele, as larvas movimentam-se em trajeto linear, sinuoso, causando uma erupção levemente elevada, com uma pápula na porção terminal onde está localizada a larva. Localizam-se freqüentemente nos pés, embora em crianças apareçam nas nádegas, períneo e outras regiões que tenham mantido contato com a área contaminada.

O prurido intenso leva à coçadura, formando escoriações que podem provocar infecção secundária, eczematização, dificultando o diagnóstico.

Quando há a manifestação de um número pequeno de larvas, o tratamento é feito com tiabendazol tópico. Na manifestação intensa, tiabendazol oral ou albendazol e mais recentemente a ivermectina oral para as crianças com mais de cinco anos de idade e peso superior a 15 Kg, conforme prescrição médica.

Estrófulo

O estrófulo é uma reação de hipersensibilidade às toxinas dos insetos (mosquitos, formigas, pulgas e percevejos) injetadas na pele por picadas. É muito comum na infância entre os lactentes e os pré-escolares. Acomete com mais freqüência as crianças atópicas. Tende a desaparecer espontaneamente à medida que vai havendo dessensibilização específica natural pela repetida exposição aos alérgenos.

Há o aparecimento súbito de pápulas eritematosas duras bastantes pruriginosas, no inicio com um ponto hemorrágico central que se transforma em microvesícula com o clássico aspecto de gota, rompendo espontaneamente ou pela coçadura, formando crostas. Estas regridem ou complicam devido a infecção secundária.

As lesões localizam-se mais nas regiões expostas. São raras na face, no couro cabeludo, nos genitais, na região palmar e plantar. A distribuição sugere o agente causal. Lesões em áreas descobertas sugerem insetos voadores.

O diagnóstico diferencial é com a escabiose, miliária, desidrose e varicela.

No tratamento do estrófulo devem ser considerados a prevenção das picadas dos insetos, o tratamento e a dessensibilização.

A família e ou educador infantil e a criança precisam compreender o que está acontecendo e serem parceiros na condução das mudanças necessárias para o sucesso do tratamento.

Na prevenção é indicado o uso de roupas adequadas que protejam as áreas descobertas, a eliminação de focos de proliferação de insetos próximos ou dentro de casa, uso de mosquiteiros e colocação de telas. Eliminar as pulgas de animais domésticos e verificar a presença de outros insetos nos objetos da casa e roupas. Os percevejos vivem na bainha e reentrâncias dos colchões, nas molas e arcabouços das camas. Alojam-se também nas frestas do chão, sob papel de parede ou ainda em remendos de paredes. Situação que implica em dedetização do ambiente para eliminar o inseto.

O uso de inseticidas e repelentes às vezes imperativo precisa ser feito com cuidado.

O tratamento sintomático é feito com anti-histamínicos por via oral. O uso tópico de cremes a base de corticóides ou pasta d'água minimizam um pouco o prurido, sendo de pouca utilidade. Na presença de infecção secundária utiliza-se antibiótico tópico ou sistêmico, dependendo da extensão e intensidade das lesões.

A dessensibilização com vacinas vem apresentando resultados contraditórios.

Urticária

Urticária é uma dermatose caracterizada pelo aparecimento súbito de lesões denominadas urticas, isto é, pápulas e placas eritematoedematosas que podem durar muitas horas. Habitualmente são acompanhadas de prurido, na maioria das vezes, intenso.

A forma aguda, mais comum na infância após os oito anos de idade, dura de quatro a seis semanas. A crônica é a partir desse período com manifestação intermitente ou contínua.

A urticária é causada por drogas – penicilina, sulfas, analgésicos e antipiréticos, antiinflamatórios, hormônios, aspirina, produtos do sangue; infecções mais freqüentemente do trato respiratório superior, urinárias e foco dentário; alimentos – leite, ovos, nozes, morango, tomate, peixe, crustáceos, chocolate; inalantes – desodorizantes de ambiente, inseticidas, desinfetantes, perfumes e outros; agentes físicos – calor, frio, presssão, luz solar. Há também os psicológicos que são fatores muito mais complicadores do que causadores da situação.

As manifestações clínicas bem caracterizadas facilitam o diagnóstico. A história precisa, detalhada e o exame físico da pele minucioso são importantes na identificação do agente etiológico.

A primeira medida no tratamento é procurar, identificar e afastar a causa da urticária. Evitar o uso de alimentos com corantes, conservantes e medicamentos não prescritos. Em casos de alergia alimentar lembrar que o alimento suspeito vai provocar a urticária aproximadamente duas horas após a ingestão. Os medicamentos indicados no tratamento da urticária, prescritos pelo médico, obedecem à sua extensão e gravidade. Os anti-histamínicos por via oral são administrados nos quadros leves. Nas situações em que o quadro for muito intenso e associado ao edema angineurótico ou de Quincke (edema agudo da cor da pele ou eritematoso, mais presente nas pálpebras, lábios e língua, podendo acometer mãos, pés e que ao atingir a laringe leva a asfixia), o atendimento é de emergência.

Miliária

É uma dermatose que surge quando a secreção das glândulas sudoríparas é retida por obstrução do ducto sudoríparo. Manifesta-se através de lesões papulovesiculares nas regiões de dobras ou mesmo em todo o corpo, em razão de excesso de roupas ou calor excessivo.

A manifestação da miliária é estimulada pelo calor úmido, ausência ou ventilação deficiente, excesso de agasalhos e uso de roupas de tecidos sintéticos e a tendência natural em alguns pacientes de sudorese excessiva.

A miliária pode manifestar-se clinicamente de quatro formas.

A miliária cristalina ou sudâmina caracteriza-se por pequenas vesículas de conteúdo claro, eritematosas. Assintomáticas e de pequena duração surgem em situações em que há sudorese excessiva como febre, temperatura ambiente elevada ou exercícios físicos. Geralmente não necessita de tratamento.

Miliária Rubra (Brotoeja) manifesta-se por lesões eritematosas, papulovesiculosas pruriginosas em crianças e adolescentes. A obstrução do ducto sudoríparo decorre da hidratação excessiva da epiderme provocada pelo alto teor de umidade, banhos demorados, excesso de vestimentas, dermatites inflamatórias e a obstrução dos poros glandulares pelo uso de substâncias tópicas. Não é rara a ocorrência de infecção secundária.

Miliária Profunda – freqüentemente surge após repetidos surtos da Miliária Rubra. Caracteriza-se por pápulas pequenas de coloração rosa, não pruriginosa no tronco, às vezes nos membros. Há diminuição de sudorese nas regiões afetadas. A Miliária Rubra ou Profunda nas formas extensas pode desencadear na criança mal estar e cansaço, febre, dispnéia, palpitação, taquicardia devido ao desequilíbrio na termorregulação.

Miliária Pustulosa – Geralmente pruriginosas, as pústulas superficiais quase sempre de conteúdo estéril e independentes do folículo piloso, localizam-se habitualmente nas áreas intertriginosas, flexurais e das fraldas. São sempre precedidas por alguma outra dermatite que tem traumatizado, destruído ou bloqueado o ducto sudoríparo.

O diagnóstico das formas típicas da miliária pode ser dificultado pela associação com lesões pruriginosas provocadas pelos eczemas e outras dermatoses.

O tratamento de qualquer forma de miliária exige a adoção de medidas que não favoreçam a sudorese excessiva. O que muitas vezes implica na modificação de hábitos dos pais em relação ao vestir e à higiene da criança. O uso demasiado de sabonetes pode ressecar a pele, bloqueando ainda mais a saída do suor pelo ducto sudoríparo.

O resfriamento das áreas afetadas com banhos mornos calmantes e refrescantes preparados com água, farinha de aveia ou amido de milho está indicado e deve ser realizado com moderação. A pasta d'água também tem seu destaque no tratamento convencional. Na presença da descamação excessiva o uso de hidratantes pode auxiliar na desobstrução dos ductos e favorecer o escoamento normal do suor.

Na miliária rubra o uso de loções cremosas contendo calamida a 2%, pomadas de corticóides, podem ser bem eficazes. Nos casos em que ocorrem infecções secundárias, antibióticos também são prescritos pelo médico.

Dermatite seborréica

A dermatite seborréica caracteriza-se pelo aparecimento de discretas lesões eritematoescamosas do couro cabeludo, supercílios, sulcos nasogenianos, regiões retroauriculares e grandes dobras. Pode alastrar-se por todo couro cabeludo definindo a forma clínica do eczema seborreíco chamado crosta láctea.

De causa não estabelecida, manifesta-se nas regiões de maior atividade das glândulas sebáceas. Assim, surge nos primeiros três meses de vida, período que corresponde à atividade pós natal dessas glândulas e raramente ultrapassa o primeiro ano de vida. Vai declinando em freqüência e intensidade voltando a aparecer na puberdade.

Quanto ao diagnóstico, distingue-se do eczema atópico pela localização, período de aparecimento mais precoce e tipo das lesões.

O tratamento envolve medidas de higiene e a ministração de medicamentos sob prescrição médica. Antes da lavagem da cabeça passar óleo vegetal e ou mineral ligeiramente aquecidos nas escamocrostas por uma hora e proceder à remoção gradual e suavemente, com um pente de dentes finos ou uma escova macia de pele.

Nas situações em que os pais apresentam dificuldades em retirar as crostas e lavar bem a cabeça da criança temendo mexer ou machucar a fontanela bregmática, o profissional de saúde deve fazer uma demonstração do procedimento para que eles ganhem confiança na sua realização.

Na presença de exsudação é utilizado compressas com permanganato de potássio a 1:40.000 seguido de aplicação de cremes de hidrocortizona ou cremes de cetoconazol por períodos curtos. Nas seborréias, xampus à base de alcatrão, cetoconazol, enxofre ou piritionato de zinco. Quando houver infecção secundária, o tratamento pode ser realizado com antibióticos ou antifúngicos tópicos ou sistêmicos conforme a evolução do quadro e a orientação médica.

É preciso enfatizar junto aos pais a importância de manter o lactente limpo, com mãos limpas, unhas curtas, mesmo na ausência de prurido, com trocas freqüentes das roupas de cama, banho e do vestuário de preferência de algodão e não oclusivo para ajudar na prevenção de infecções secundárias.

Dermatite de contato irritativa

A dermatite de contato é uma inflamação da pele causada pelo contato direto com agentes irritantes. Resulta de uma lesão inespecífica da pele à exposição dos irritantes em contato prolongado ou repetitivo. O desenvolvimento dessa dermatite entre as criança é muito variado, algumas respondem a uma lesão mínima. O tempo de exposição, concentração e a integridade da pele exposta intensificam a irritação. Inúmeras substâncias podem atuar como irritantes. Sucos cítricos, saliva, produtos para banho de espuma, materiais abrasivos, sabões e medicamentos. A saliva pode provocar dermatite na face e dobras do pescoço do lactente e a lambedura dos lábios ressecados realizada pelas crianças maiores pode causar uma infecção perioral bem demarcada.

A dermatite de contato irritativa mais comum em crianças é a dermatite de fraldas. Ela ocorre em conseqüência da oclusão, hidratação excessiva, medicamentos tópicos, contato prolongado com fezes, urina, enzimas intestinais, fricção e maceração, restos de sabão deixadas na lavagem de fraldas de pano. Exposta a esse contingente de irritantes, no início a pele apresenta um eritema com pouco de descamação e prurido que pode se acentuar com manifestação de lesões papulo-vesiculares. O rompimento das vesículas faz com que as pápulas assumam um aspecto crateriforme, podendo surgir erosões e úlceras. As lesões localizam-se na superfície, mais convexa das nádegas, a parte interna das coxas, o monte pubiano e o escroto, poupando as dobras.

A infecção secundária pela *Candida albicans* e bactérias é comum. Nos casos de levedura, a pele apresenta um vermelho brilhante com lesões papulopustulovesiculares satélites.

O diagnóstico da dermatite de contato irritativa exige uma investigação sobre os hábitos da criança, observação minuciosa da lesão, sua localização e um rastreamento de produtos (agentes) novos introduzidos no cotidiano.

As principais medidas no tratamento das dermatites de contato irritativa são as preventivas, isto é, a melhora ou resolução do processo irritativo, o que implica abolir ou restringir o agente irritante do convívio da criança.

Embora isso pareça fácil, envolve modificações de hábitos domésticos na creche e pode esbarrar na dificuldade de convencer a criança, os pais e até mesmo alguns profissionais.

Na dermatite de fraldas a pele precisa ser mantida limpa e seca. Para isso:

- Evite a limpeza excessiva e uso de soluções de higiene que podem funcionar como irritante da pele;
- Remova os resíduos de fezes e urina com água morna ou em temperatura ambiente e um sabonete suave;
- Observe as condições da pele a cada limpeza;
- Troque as fraldas de pano após as eliminações principalmente na presença de fezes;
- Ajuste a fralda de pano de modo que favoreça a circulação de ar;
- Evite calças plásticas;
- Use fraldas descartáveis superabsorventes para diminuir a umidade da pele – considere seu tempo de uso e a quantidade das eliminações;
- Proteja a pele íntegra (sadia) com camadas de ungüentos ou pomadas protetoras;
- Deixe a pele exposta ao ar se notar excesso de umidade ou se ela estiver um pouco mais vermelha;
- Proceda a lavagem das fraldas de pano com sabão em barra e enxágüe muito bem.

Na presença de infecção secundária por levedura ou bactéria, administrar os medicamentos tópicos e orais conforme a prescrição médica.

Tinhas

É uma micose superficial comum na infância, causada por fungos dermatófitos. Acomete o couro cabeludo e a pele glabra (sem pelo).

O aspecto das lesões e a região acometida levam ao diagnóstico de suspeita, mas em razão de outras dermatoses há a necessidade do exame com a lâmpada de Wood (ultravioleta), exame microscópico e cultura de fungo. Apresentam prurido e recebem a denominação conforme a sua localização.

Tinha do couro cabeludo (*Tinea capitis*): Acomete crianças de 2 a 12 anos. A forma tonsurante é a manifestação mais freqüente. Apresenta uma região de alopécia e as lesões habitualmente são ovaladas ou arredondadas, delimitadas e descamativas. Os cabelos ficam quebradiços e rompem-se na base, ficando de 1 a 3 mm de distância do couro cabeludo.

Na forma pustulosa inflamatória intensa ocorre o Kérion de Celso, uma lesão nodular endurecida, inflamada e dolorida, provavelmente ligada a reação auto-imune do organismo ao fungo. Neste caso, o medicamento via oral é prescrito pelo médico, uma vez que os antifúgicos tópicos são ineficazes. A droga escolhida é a griseofulvina, que para ser melhor absorvida deve ser administrada com um alimento gorduroso ou leite.

Tinha do corpo (*Tinea corporis*): As lesões são eritematodescamativas, com crescimento centrífugo, apresentam bordas ativas inflamadas, às vezes com vesículas e involução no centro.

O tratamento consiste basicamente no uso de antifúgico tópico. Ao aplicar a pomada na região afetada, fazer uma margem de segurança, aplicando-a cerca de 2 cm além da demarcação da lesão.

Tinha do pé (*Tinea pedis*): conhecida popularmente como "pé de atleta". Inicia-se habitualmente com lesão no último espaço interdigital que se estende a outros espaços, plantas e superfícies laterais dos pés. As manifestações clínicas caracterizam-se por descamação, vesículas e maceração da pele, com prurido intenso. É comum alternarem fases de calmaria e exacerbação. Essa forma de tinha acomete crianças e adolescentes, provavelmente pelo fato do uso do tênis, que aquece e umidece os pés.

Neste caso o tratamento consiste em fazer compressas com permanganato de potássio diluído em água morna, 1:20.000, duas vezes ao dia, em caso de lesões muito exsudativas; uso de antifúgico tópico, conforme prescrição médica; orientar para cuidar dos calçados, não usando o mesmo sapato dois dias seguidos, deixando arejar e tomar sol; trocar o sapato fechado por outro mais arejado; usar meia de algodão; usar chinelos durante o banho e em lugares públicos como banheiros.

Impetigo

O impetigo é uma infecção cutânea contagiosa, provocada pelas bactérias *Staphylococcus aureus* e *Streptococcus beta hemolítico* do grupa A. As lesões localizam-se na face, pernas, porém qualquer área pode ser acometida. Em algumas situações a linfoadenopatia regional e febre podem estar presentes.

No impetigo staphylococico a infecção inicia-se com máculas eritematosas, que evoluem para vesículas pustulosas ou bolhas que se rompem, formando ulcerações e crostas melicéricas. As lesões são disseminadas por auto-inoculação.

Na infecção streptocócica surgem pústulas que são rapidamente substituídas por crostas melicéricas. Manifestam-se mais em pré-escolares e escolares nas regiões periorificiais ou de dobras. Há transmissão interpessoal e pode ocorrer auto-inoculação.

É comum a manifestação associada do impetigo staphylococcus e streptococcus.

O tratamento consiste na limpeza cuidadosa das lesões, remoção das crostas previamente amolecidas, aplicação de pomadas bactericidas e administração sistêmica de antibióticos nas disseminações.

A disseminação das infecções é evitada com a administração do medicamento prescrito e adoção de medidas preventivas, entre elas a lavagem correta das mãos.

BIBLIOGRAFIA CONSULTADA

1 - Abad E D. Escabiose. In: Schettinö C E, Del Fávero W M. Terapêutica em Pediatria. São Paulo: Atheneu; 2001. p. 541-542.
2 - Aun W C T, Aun V V. Dermatite de contato. In: Grumach A S. Alergia e Imunologia na Infância e na adolescência. São Paulo: Atheneu; 2001. p. 203-213.
3 - Boeiro M *et al* Pediatric Dermatology – that itchy scaly rash. Nurs clin North Am. 2000; 35 1: 147-157.
4 - Cerqueira A M M, Del Fávero W M. Miliária. In: Schettino CE, Del Fávero WM. Terapêutica em Pediatria. São Paulo: Atheneu; 2001. p.545-546
5 - Del Fávero WM. Eczema seborreíco. In: Schettino CE, Del Fávero WM. Terapêutica em Pediatria. São Paulo: Atheneu; 2001. p.535-536
6 - Darmstadt G L, Lane A. Picadas e infestações por artrópodes. In: Behrman R E, Kliegman R M, Arwin A M. Nelson Tratado de Pediatria. 15ª ed. Rio de Janeiro: Guanabara-Koogan; 1997. p. 2203-2208.
7 - Declair V. Dermatite irritativa de fraldas. Revista Paulista Enfermagem. 1996, 15 (1/3): 24-32.
8 - Fortes *et al*. Exame da pele e anexos. In: Santana J C, Kepper D J, Fiore R W. Semiologia Pediátrica. Porto Alegre: Artimed; 2002. p. 169-206.
9 - Gonçalves A P *et al*. Principais problemas dermatológicos na infância. In: Lima A J. Pediatria Essencial. 5ª ed. São Paulo: Atheneu; 1998. p. 679-698.
10 - Hay R J, Clayton Y M, Silva N de, Midgley G, Rossor E. Tinea captis in south-east London – a new pattern of infection with public health implications. British Journal of Dermatology. 1996, 135 6: 955-958.
11 - Honig P J. Tinea captis: recommendations for school attendance. Pediatr Infect Dis J. 1999, 18 2; 211-14.
12 - Khater L, Rosselli L K, Peroni, L A, Murai M J, Lopes P F M. Pediculose em crianças da creche Irmã Nazareth C. do Vale. Campinas : UNICAMP, 1999. 24 p. (Apostila)
13 - Lane A, Darmstadt G L. Eczema. In: Behrman R E, Kliegman R M, Arwin A M. Nelson Tratado de Pediatria. 15ª ed. Rio de Janeiro: Guanabara-Koogan; 1997. p. 2149-2153.
14 - Linard P M, Botelho J R, Maria M, Cunha H C. Crendices e falsos conceitos que dificultam ações profiláticas contra o piolho e a pediculose "capitis". Jornal de Pediatria. 1988; 64 6: 248-255.
15 - Ministério da Saúde (BR). Secretária de Políticas de Saúde. Departamento de Atenção Básica. Área Técnica de Dermatologia Sanitária. Brasília (DF) 2002 disponível em: www.gov.br/sps/areastecnicas/atds/download/guiafinal 9.pdf.(13 jun 2003)
16 - Oliveira Z N P. Urticária. In: Grumach A S. Alergia e Imunologia na Infância e na adolescência. São Paulo: Atheneu; 2001. p. 171-183.
17 - Oliveira Z N P, RiVitti E A. Dermatologia Pediátrica: noções básicas para o pediatra. In: Sucupira A C S L et al. Pediatria em Consultório. São Paulo: Sarvier; 1996. p. 523-531.
18 - Polin RA, Ditmar M. Segredos em Pediatria: respostas necessárias ao dia-dia em *rounds*, na clínica, em exames orais e escritos. 2ª edição. Porto Alegre: Artmed; 2000
19 - Sampaio S A P, RiVitti Eª Dermatozooses. In: Dermatologia. 2ª ed. São Paulo: Artes Médicas; 2000. p. 575-590.

20 - Silva C M R, Viana M R A. Dermatoses mais comuns nas crianças e adolescentes. In: Alves C R L; Viana M R A. Saúde da família : cuidando de crianças adolescentes. Belo Horizonte: Coopmed, 2003. p. 207-224.
21 - Uthida-Tanaka A M. Dermatologia. In: Ricco R G, Del Ciampo L A, Almeida C A N. Puericultura: princípios e práticas – atenção integral à saúde. São Paulo: Atheneu; 2000. p. 307-313.
22 - Whiting D A. Scabies In: Donovitz L G. Infection Control in the child center and preschool. 3 ed. Baltimore: Ed. Williams & Wilkins; 1996 a p. 254-256.
23 - Whiting D A. Pediculosis (Lice). In: Donovitz L G. Infection Control in the child center and preschool. 3 ed. Baltimore: Ed. Williams & Wilkins; 1996 a p. 210-214.
24 - Whaley L F, Wong D L. A criança com disfunção tegumentar. In: Enfermagem Pediátrica – elementos essenciais à intervenção efetiva. 5ª ed. Rio de Janeiro: Guanabara-Koogan; 1999. p. 950-998.

II - CONJUNTIVITE

Conjuntivite é a inflamação da conjuntiva, membrana transparente e fina que reveste a parte anterior do globo ocular, o interior das pálpebras e a esclera. É a doença ocular mais comum em nível mundial.

A conjuntiva apresenta as funções:

- Protetora ou de recobrimento;
- Mecânica, que permite a livre movimentação dos globos oculares, graças às pregas do fundo do saco;
- Lubrificante, contribuindo para a lubrificação dela própria e da córnea;
- Defensiva, juntamente com a lisozima (proteína da lágrima), formam uma importante barreira contra a penetração de microorganismos.

Ela é incolor e possui pequenos vasos sangüíneos em seu interior. Quando a conjuntiva se irrita ou inflama, os vasos sangüíneos que a abastecem dilatam e tornam-se mais proeminentes, podendo haver hemorragia, causando então a vermelhidão do olho.

Pode ser uni ou bilateral mas em geral, acomete os dois olhos, podendo durar de 7 a 15 dias e não costuma deixar seqüela.

As conjuntivites podem ser classificadas como infecciosas e não infecciosas.

As não infecciosas são de origem alérgica, mecânica, química e por radiação.

Os irritantes causadores de conjuntivite podem ser a poluição do ar, fumaça de cigarro, sabonetes, *sprays*, maquiagens, cloro, produtos de limpeza, perfumes em spray, entre outros.

Vale lembrar que algumas pessoas apresentam conjuntivite alérgica sazonal, principalmente a pólen. Temos ainda a causada por corpo estranho, cuja característica diferencial é manifestar-se em um único olho.

As infecciosas podem ser, prioritariamente, de causa virótica e bacteriana. São transmitidas por contato, sendo altamente contagiosa.

As virais são as que mais freqüentemente causam epidemia. A conjuntivite bacteriana pode ter como causa diversos tipos de bactéria, entre elas os stafilococos.

A contaminação dos olhos pode se dar por meio das mãos (manipulação do olho), pelo uso comum de toalhas, ou ainda, mas que dificilmente se aplica à criança, por uso de cosméticos (maquiagem para os olhos) e uso prolongado de lentes de contato.

No nosso caso específico, o que mais nos preocupa são as infecciosas, pela possibilidade de contaminação "em massa".

Os olhos apresentam-se:

- Hiperemiados;
- Lacrimejantes;
- Edemaciados;
- Com prurido e ardência;
- Sensíveis à claridade;
- Com sensação de corpo estranho (areia / cisco);
- Doloridos;
- Com presença de secreção serosa amarelada, podendo evoluir nessas características, chegando a purulenta se o agente causal for uma bactéria. Nesses casos, pela manhã, ao acordar, as pálpebras não desgrudam facilmente, estando repletas de secreção.

Como a conjuntivite infecciosa é altamente contagiosa, a criança deverá afastar-se da creche e escola. Em cerca de 10 a 15 dias, a doença costuma desaparecer.

Alguns cuidados devem ser ensinados aos pais, para serem realizados em casa, com o propósito de manter a limpeza dos olhos, a administração correta da medicação oftalmológica prescrita e a prevenção de infecção nos demais membros da família. São eles:

- Lavar as mãos antes e após o procedimento de limpeza dos olhos;
- Proceder limpeza do olho com água fervida (em temperatura ambiente), soro fisiológico ou água boricada, usando sempre uma gaze (ou pano limpo) para cada olho. O olho deve ser limpo do ângulo interno para o externo (de dentro para fora), nunca em direção ao olho oposto;
- O uso de compressas é contraditório na literatura. Alguns autores defendem que não devem ser mantidas neste caso, pois favorecem a multiplicação do microorganismo. Outros indicam como forma de aliviar os sintomas;
- Qualquer medicamento só deverá ser instilado após a limpeza;
- Instilar colírios e pomadas, tomando cuidado para não contaminar o bico dos frascos;
- Lavar com freqüência rosto e mãos, uma vez que são veículos importantes para transmissão de microorganismos;
- Manter as unhas sempre curtas;
- Orientar para não coçar os olhos;
- Não compartilhar toalhas de rosto e de banho, deixando-as separadas das dos outros membros da família;
- Aumentar a freqüência de troca das toalhas, usando de preferência as de papel para enxugar rosto e mãos;
- Trocar a fronha do travesseiro diariamente, enquanto perdurar a doença;
- Evitar freqüentar locais de aglomeração;
- Não tomar banho de piscina.

BIBLIOGRAFIA CONSULTADA

1 - Conjuntivite. Disponível em: <http://boasaude.uol.com.br/lib>. Acesso em: 18 jul. 2003.
2 - Conjuntivite. Disponível em: <http://laserocular.com.br/especial01.htm>. Acesso em: 13 ago. 2003.
3 - Conjuntivite. Disponível em: <http://laserocular.com.br/especial02.htm>. Acesso em: 13 ago. 2003.
4 - Conjuntivite. Disponível em: http://portalweb02.saude.gov.br/saude/aplicac.../noticias_detalhe.ctm?co_seq_noticia=4/9. Acesso em: 13 ago. 2003.
5 - Pilliteri A. Child health nursing – care of the child and family. Philadelphia: Lippincott; 1999.
6 - Smeltzer S C, Bare B G. Histórico e tratamento de pacientes com distúrbios oculares e de visão. In: Tratado de enfermagem médico-cirúrgica. 9ª ed. Rio de Janeiro: Guanabara-Koogan; 2002. p. 1495-98.
7 - Whaley L F, Wong D L. Problemas de saúde dos infantes (toddless) e dos pré-escolares. In: Enfermagem pediátrica – elementos essenciais à intervenção efetiva. 5ª ed. Rio de Janeiro: Guanabara-Koogan; 1999. p. 355-393

III - PARASITOSES INTESTINAIS

As parasitoses intestinais também conhecidas como verminoses, são infestações de helmintos (vermes) e também de protozoários (germes) no aparelho digestivo, mais especificamente nos intestinos.

As verminoses são um problema de saúde pública. Apresentam distribuição cosmopolita e suas maiores prevalências ocorrem em países em desenvolvimento, acometendo prioritariamente regiões com más condições de habitação e saneamento precário, bem como ambientes coletivos (escolas, creches e pré-escolas...). É uma doença de difícil controle dos órgãos públicos, que acomete o ser humano de forma irrestrita. É observada em crianças e adultos, em ambos os sexos, em todas as classes sociais, tanto na zona rural como nas cidades. As conseqüências dessas doenças podem representar graves danos à saúde do indivíduo, podendo serem até fatais.

Segundo dados da Organização Mundial de Saúde, mais de 2 bilhões de pessoas estão infectadas com algum tipo de verme ou parasita. Estima-se que 60% dessas infecções têm associação a deficiências nutricionais, principalmente carência de ferro e vitaminas. Além disso, dois terços da mortalidade mundial tem relação com doenças de veiculação hídrica, como as parasitoses. No Brasil, os dados revelam um grave quadro infectológico, principalmente junto às crianças em idade escolar. A conseqüência é o comprometimento do crescimento físico e/ou mental, podendo haver baixa da resistência, anemia, desnutrição e até agravamento do quadro, caso não haja intervenção apropriada.

Considerando o exposto, a abordagem das parasitoses não pode ser centrada nos parasitas e sim no hospedeiro, devendo dirigir-se tanto a criança, a coletividade e à comunidade.

O tema "parasitoses intestinais" num livro destinado a profissionais de saúde que trabalham com crianças em instituições de educação infantil, parece-nos que requer muito mais uma abordagem das formas de transmissão e medidas preventivas / profiláticas, do que qualquer outro enfoque.

Faremos então um apanhado geral sobre formas de transmissão e medidas de prevenção, abordando também algumas atenções que devemos ter com a criança, em busca de sinais e sintomas.

Deixamos como sugestão ao leitor que desejar informações mais detalhadas sobre morfologia, ciclo biológico, patogenia, diagnóstico, epidemiologia e tratamento, que busque a literatura clássica da Parasitologia.

Para seleção de quais parasitas abordar utilizamos o "Protocolo de Enfermagem: atenção à saúde da criança – (2003)", elaborado pelo Grupo Técnico do Programa de Saúde da Família, do Município de São Paulo. É importante salientar que tal documento foi aprovado pelo Conselho Regional de Enfermagem – COREN.

Os parasitas apontados no referido documento são:

- Ascaridíase – *Ascaris lumbricóides*;
- Tricocefalíase – *Trichuris trichiura*;
- Ancilostomíase – *Ancilostoma duodenale* ou *Necator americanus*;
- Enterobíase ou Oxiuríase – *Enterobius vermicularis*;
- Estrongiloidíase – *Strongyloides stercoralis*;
- Teníase – *Taenia solium* e *Taenia saginata*;
- Giardíase – *Giardia lambia*;
- Amebíase – *Entamoeba histoytica*.

Identificados os parasitas mais comuns na infância, agrupamos, de maneira geral, o quadro clínico apresentado pela criança infestada. Foram listadas as manifestações iniciais, em situações de parasitoses comuns, sem complicações, para que isto sirva de guia na avaliação da criança que pode apresentar sinais e sintomas sugestivos de parasitose.

Estamos valorizando o cuidado de enfermagem referente à criança, mais do que o diagnóstico da doença.

Transmissão

- Contaminação fecal do solo;
- Saneamento ambiental inadequado;
- Água contaminada;
- Alimentos contaminados;
- Poeira doméstica;
- Objetos contaminados levados à boca;
- Mãos contaminadas, tanto de crianças como de educadores infantis;
- Presença de insetos.

Manifestações clínicas

Muitas vezes dependem da carga parasitária, grau de parasitismo e estado geral da criança (características orgânicas – nutricional, imunitária).

As principais são:

- Fezes modificadas:
  Consistência (alternância entre):
  - normal;
  - diarreica;
  - ressecada;
  - constipação;
  Freqüência;
  Presença de:
  - muco;
  - sangue;
  - parasita;
  Odor fétido;
  Prolapso retal.
- Febre
- Acometimento do estado geral:
  - Irritabilidade;
  - Insônia;
  - Palidez;
  - Anorexia;
  - Desnutrição;
  - Apatia;
  - Prurido anal ou vulvar;
  - Geofagia.
- Desconforto abdominal:
  Dor:
  - em queimação no estômago;
  - periumbilical ou epigástrica;
  - em cólica;
  Distensão;
  Flatulência;
  Tenesmo;
  Náusea.
- Alteração sangüínea:

Anemia;
Eosinofilia;
Leucocitose.

- Alterações cutâneas: manchas claras, circulares, disseminadas pelo rosto, tronco e braços – popularmente denominadas de *"pano"*.

Medidas preventivas

Individuais

- Manter unhas curtas;
- Lavar as mãos antes das refeições, após o uso do banheiro e sempre que estiverem sujas;
- Banho diário;
- Andar sempre calçado;
- Consumir dieta balanceada;
- Ingerir carnes somente quando bem cozidas e frutas, verduras e legumes bem lavados.

Institucionais

Além se zelar para que as medidas de caráter individual sejam cumpridas, cabe à instituição realizar algumas outras, de abrangência mais coletiva:

- Educação sanitária: sobre hábitos de higiene pessoal e as que devem ser realizadas na instituição. A população alvo dessas ações deve abranger a todos, ou seja crianças, pais e todos os educadores infantis. Propiciar a cada segmento, um tipo de comunicação específica. Ao(s) profissional(is) de saúde da instituição cabe:
    - planejar;
    - orientar ;
    - estimular;
    - acompanhar o desenvolvimento dessas ações;
- Ter uma rotina de realização periódica de exame parasitológico das crianças, educadores, em especial os que manipulam os alimentos;
- Garantir que as pessoas que tiveram resultado positivo no exame recebam tratamento adequado;
- Lavar muito bem frutas e verduras de acordo com as orientações do capítulo 11.
- Comprar carne procedente de frigorífico cadastrado no SIF (Serviço de Inspeção Federal);
- Proteger alimentos de poeiras e insetos;
- Manter tanques de areia limpos e protegidos;
- Afastar animais das dependências da instituição;
- Manter dependências internas e externas da instituição devidamente limpas. Cozinha e banheiros devem receber atenção especial, com vigilância constante;
- Colher amostras de água, para exame, de diferentes pontos da instituição (caixa d'água – entrada e saída; filtros ou bebedouros; torneira da cozinha);
- Proceder limpeza da caixa d'água semestralmente e dos filtros dos bebedouros mensalmente, tendo um registro para controle da atividade.

BIBLIOGRAFIA CONSULTADA

1 - Equipe ABC da Saúde. Verminoses. Florianópolis: Universidade Federal de Santa Catarina, [2001]. Apostila.
2 - Neves D P. Parasitologia humana. 9. ed. São Paulo: Atheneu, 1997.
3 - Rey L. Parasitologia – parasitos e doenças parasitárias do homem nas Américas e África. 2. ed. Rio de Janeiro: Guanabara Koogan, 1991.
4 - SÃO PAULO (Cidade). Prefeitura Municipal de São Paulo. Secretaria Municipal de Saúde. Protocolo de enfermagem: atenção à saúde da criança. São Paulo, 2003.
5 - Viana M R A, Moulin Z S. Parasitoses intestinais. In: Alves C R L; Viana M R A. Saúde da família : cuidando de crianças adolescentes. Belo Horizonte: Coopmed, 2003. p. 153-158.
6 - Werner D. Prevenção: como evitar doenças. In: Onde não há médico: manual para aqueles que vivem e trabalham no campo. 5. ed. São Paulo: Edições Paulinas, 1981.
7 - Whaley L F, Wong D L. Problemas de Saúde dos infantes (toddless) e dos pré-escolares. Enfermagem Pediátrica – elementos essenciais à intervenção efetiva. 5ª ed. Rio de Janeiro: Guanabara-Koogan; 1999. p. 355-393.

17 VIOLÊNCIA DOMÉSTICA CONTRA CRIANÇA

CONCEIÇÃO VIEIRA DA SILVA
JOSÉ ROBERTO DA SILVA BRÊTAS
MARIA DE JESUS C. S. HARADA

Historicamente, o abandono, a negligência, o sacrifício e a violência contra criança sempre existiram, e eram aceitos por determinadas comunidades, chegando em algumas situações ao filicídio, declarado ou velado, que levava as taxas de mortalidade infantil a índices elevados. Na França do século XVIII, segundo Badinter estes níveis chegavam a mais de 25% das crianças nascidas vivas. Neste período, as crianças eram consideradas seres de menor importância[1].

Porém, foi a partir do final do século passado, que a criança, até então estorvo inútil, passou a ser valorizada, sob a óptica de que deveria sobreviver para ser tornar adulto produtivo. Foi com a Revolução Industrial, especialmente em fins do século XVIII, que a criança passou a ser protegida por interesses, antes de tudo econômicos e políticos. Estes fatos culminam com a própria história da medicina, onde a palavra pediatria só surgiu em 1872, até então, cuidar de crianças era uma responsabilidade para mulheres.

No Brasil, as violências e acidentes juntos constituem a segunda causa de óbito no quadro de mortalidade geral brasileira. Atinge toda infância e adolescência, uma vez que, nas idades de um a nove anos, 25% das mortes são devidas a estas causas, e de 5 a 19 anos é a primeira causa entre todas as mortes ocorridas nesta faixa etária[2].

Estima-se ainda que cerca de 10% das crianças que procuram serviços de emergência por trauma foram vítimas de maus-tratos. Caso estas crianças não forem identificadas como vítimas de maus tratos e não se oferecer nenhum tipo de ajuda, 5% destas morrerão nas mãos dos pais em abusos repetidos. A recidiva é alta (60%) e a mortalidade trágica (10%)[3].

O conceito de violência doméstica, também conceituada como o abuso da criança, ou maus-tratos dirigidos contra a criança, envolve uma relação interpessoal, onde a força, a intimidação ou a ameaça submete a criança ao autoritarismo do adulto[4].

A violência é uma forma de relação social, que está inexoravelmente atada ao modo pelo qual os seres humanos produzem suas condições sociais de existência, a negação de valores considerados universais, sendo expressa nas relações sociais e interpessoais. Caracteriza-se como estrutural, onde se trata da privação afetiva, social, cultural e econômica; da exploração do menor trabalhador; da discriminação étnica, social e cultural; do abandono e institucionalização da criança e adolescente, da marginalização e criação de estereótipos que aliviam a consciência coletiva de sua responsabilidade enquanto sociedade. E a violência doméstica que permeia todas as classes sociais, e também é de natureza interpessoal.

Quanto à violência intrafamiliar, toda ação ou omissão que prejudique o bem estar, a integridade física, psicológica ou a liberdade e o direito ao pleno desenvolvimento de outro membro da família. Pode ser cometida dentro ou fora de casa por algum membro da família, incluindo pessoas que passam a assumir função parental, ainda que sem laços de consangüinidade, e em relação de poder à outra. O conceito de violência intrafamiliar não se refere apenas ao espaço físico onde a violência ocorre, mas também às relações que se constrói e efetua[5].

A violência doméstica distingue-se da violência intrafamiliar por incluir outros membros do grupo, sem função parental, que convive no espaço doméstico. Incluem-se aí empregados(as), pessoas que convivem esporadicamente e agregados.

No Brasil, os movimentos e organizações sociais atuantes contra os maus-tratos infantis e de proteção à criança e ao adolescente ganharam impulso especialmente a partir da elaboração do Estatuto da Criança e do Adolescente, em que a violência é contemplada nos seguintes artigos[6]:

O artigo 5º diz que *"nenhuma criança ou adolescente será objeto de qualquer forma de negligência, discriminação, exploração, violência, crueldade e opressão, punida na forma da lei qualquer atentado por ação ou omissão, aos seus direitos fundamentais"*.

O artigo 13º versa sobre *"os casos de suspeita ou confirmação de maus-tratos contra a criança ou o adolescente serão obrigatoriamente comunicados ao conselho tutelar da respectiva localidade, sem prejuízo de outras providências legais"*.

Já o artigo 18º refere que *"é dever de todos velar pela dignidade da criança e do adolescente, pondo-os a salvo de qualquer tratamento desumano, violento, aterrorizando, vexatório ou constrangedor"*.

Finalizando o artigo 245º que trata do compromisso do profissional ou instituição frente a violência contra a criança ou adolescente, onde *"deixar o médico, professor ou responsável por estabelecimento de atenção à saúde e de ensino fundamental, pré-escola ou creche, de comunicar à autoridade competente os casos de que tenha conhecido, envolvendo suspeita ou confirmação de maus-tratos contra criança ou adolescente"*.

Voltando à questão da violência doméstica, esta é um fenômeno intraclasses sociais, que permeia todas as classes sociais enquanto violência de natureza interpessoal. Enquanto violência intersubjetiva, a violência doméstica consiste em: transgressão do poder disciplinador do adulto, que pode ser chamado de "Síndrome do Pequeno Poder", representado pelo domínio e a desigualdade de poder; negação da liberdade, exigindo cumplicidade num pacto de silêncio; além da vitimização enquanto forma de aprisionar a vontade e o desejo da criança ou adolescente, tornando esse fato um processo de objetalização da criança ou adolescente[7].

RECONHECENDO OS TIPOS DE VIOLÊNCIA

A violência intrafamiliar ou abusos à criança e adolescente pode manifestar-se de muitas maneiras, existindo em quatro tipos principais: físico, negligência/ abandono, psicológico e sexual[8].

Entende-se por abuso físico, qualquer ação, única ou repetida, não acidental (ou intencional), cometida por um agente agressor adulto ou mais velho que a criança ou adolescente, que lhes provoque dano físico, de lesões leves à conseqüências extremas como a morte[8].

O abandono caracteriza-se por ausência do responsável pela criança ou adolescente. Considera-se abandono parcial a ausência temporária dos pais, expondo-a a situações de risco. Entende-se por abandono total o afastamento do grupo familiar, ficando as crianças sem habitação, desamparadas, expostas a várias formas de perigo[8].

Negligência refere-se a privar a criança de algo de que ela necessita, quando isso é essencial ao seu desenvolvimento sadio. Pode significar omissão em termos de cuidados básicos como: privação de medicamentos, alimentos, ausência de proteção contra inclemência do meio (frio e calor)[8].

Violência psicológica é o conjunto de atitudes, palavras e ações dirigidas a envergonhar, censurar e pressionar a criança de forma permanente. Ameaças, humilhações, gritos, injúrias, privação de amor, rejeição, etc[9].

A interferência negativa do adulto sobre a competência social da criança, tais como: rejeição, isolamento, terror, abandono, cobrança e corrupção são comuns. A inversão de papéis entre os membros familiares é também uma incongruência desorientadora e perturbadora para a criança. Justamente com os maus-tratos, há uma implementação de uma forma de violência na qual a vitima perde o sentido de sua integridade, podendo vir a justificar e negar a violência do outro[10].

Compreende-se por abuso sexual todo ato ou jogo sexual, relação heterossexual ou homossexual, cujo agressor esteja em estágio de desenvolvimento psicossexual mais adiantado que a criança ou adolescente, tendo por intenção estimulá-la sexualmente ou utilizá-la para obter satisfação sexual[7].

No que diz respeito ao abuso sexual, o agressor geralmente é homem, pai, padrasto, parente ou pessoa que tem proximidade ou afeição para com a vítima e é de sua confiança[9]. Neste sentido, o agressor incestuoso é tipicamente um agressor sexual situacional do tipo regredido que abusa de seus próprios filhos. É diferente do agressor sexual preferencial ou pedófilo que a tem como objeto sexual escolhido. Em seu histórico de vida é freqüente encontrarmos situações de vitimização física ou sexual. Utiliza-se da sexualidade com a criança muito mais como uma gratificação compensatória para um sentimento de impotência e baixa auto-estima do que uma gratificação sexual. A relação de poder, dominação e opressão é o que move este agressor[7].

FATORES DE RISCO PARA VIOLÊNCIA

Fatores de risco associados ao agressor

A agressão física de maneira geral tem maior probabilidade de se desenvolver nas famílias cujos pais são jovens, imaturos, que têm distúrbios psicológicos, depressão, ansiedade, baixa auto-estima, que apresentam rigidez ou inflexibilidade que correspondem a modelos familiares de imposição de disciplina, pais que também sofreram maus-tratos, com história de abuso de álcool e drogas[3, 2, 11].

Fatores de risco associados à criança

Os fatores de risco infantis incluem crianças não planejadas; recém-nascidos prematuros, de baixo peso ou portadores de anomalias congênitas, crianças com algum tipo de deficiência física ou mental; hiperativas, crianças adotadas ou sob guarda; e criança que está em fase difícil de desenvolvimento (cólicas do lactente, choro noturno, ou treinamento dos esfíncteres, distúrbios de alimentação, sono).

Fatores de risco associados ao meio social

O baixo nível de educação dos genitores, classe social e/ou econômica menos favorecida, marginalidade, desemprego, falta de sensibilidade social, isolamento, suporte social inadequado.

Fatores de risco associados à família

Destaca-se como risco familiar, a privação econômica; a discórdia familiar; o divórcio dos pais; gravidez não desejada, intencionalidade de abortar, gravidez fruto de adultério, famílias uniparentais, carências múltiplas.

POR QUÊ PAIS MALTRATAM FILHOS?

É doloroso para nós admitirmos que é no lócus familiar a ocorrência da maioria dos abusos contra a criança e adolescente. A confirmação desta afirmação vem através de divulgações de estatísticas por instituições que trabalham com o tema violência ou por artigos que estão à disposição de qualquer pessoa que deseje informação. Por muito tempo este assunto foi tratado como tabu, de forma velada, onde uma conspiração silenciosa contribuía para subnotificação dos dados relacionados à vitimização de crianças e adolescentes.

Esta situação pode ser ilustrada por um estudo realizado pelos Centros Regionais de Atenção aos Maus-Tratos na Infância (CRAMI) com cerca de 1645 famílias atendidas por abuso à criança e ao adolescente, onde verificou-se que na variável agente agressor, a mãe se destacava com 41,1%, o pai com 24,9%, pai e mãe com 10,2%, seguido do padrasto e madrasta com 8,5% e outros totalizando 15%[8].

Em um estudo retrospectivo dos prontuários de pacientes de um hospital Universitário, constatou-se que os pais naturais foram reconhecidos como os principais agressores, perfazendo um total de 73%, em particular a mãe, com 62%. Observando ainda, parentes (avó, tios, irmãos) com 11%, seguido de outros (vizinhos, padrasto, amigos da família) com 9% e 7% como não identificados[12].

A família é o agente socializador primário, onde a criança aprende a viver, a amar, a frustrar-se, a sentir, a perceber e entender o mundo que a cerca. Portanto, a importância da família no contexto do desenvolvimento biopsicosocial da criança é vital para a formação do ser adulto. Temos dificuldade em aceitar o fato de que alguns adultos, na maioria das vezes o próprio responsável pela criança, objeto de seu afeto, cometa contra a mesma atos de violência física, sexual e psicológica, a ponto de comprometer o seu desenvolvimento, a sua saúde e às vezes, a sua vida. Tudo isso parece estar em contradição com o que chamamos de "instinto maternal ou paternal", em contradição mesmo com as leis elementares da sobrevivência das espécies[13].

A partir deste contexto, cabe observar que trata-se de uma ação danosa ao ambiente facilitador e suficientemente bom que a criança e o adolescente tanto precisam para tornarem-se emocionalmente maduros, contribuindo desta forma para o comportamento anti-social ou mesmo para com a delinqüência juvenil.

Poderíamos localizar os quatro vetores que caracterizam a violência familiar: o abuso físico, emocional, sexual e abandono, na matriz da tragédia de Édipo, de Sófloctes. É desde ali que podemos rastrear sua presença nas estruturas neuróticas e de repressão, registradas no inconsciente, pela sua expressão por meio de sintomas, sonhos, fracassos e fantasias. A criança, em sua vulnerabilidade, pode ser vítima do adulto. O adulto pode encontrar nela vítima fácil, que lhe permite saciar sua agressividade ou seus desejos. Isto se pode produzir no quadro social geral (crueldade entre colegas, ritos de iniciação entre adolescentes, crueldade de professor a aluno, etc.), ou no quadro familiar[10].

A nossa cultura é permeada pelo abuso da autoridade, onde castigos são relativamente comuns como efeito de educação, certos casos de vitimização da criança quase sempre passam despercebidos. Esta violência que os pais e educadores exercem contra as crianças, com fins pretensamente disciplinadores e educacionais, no exercício de sua função socializadora e educadora, ou com outros objetivos, assume facetas como a coação física, por meio de maus-tratos corporais, ameaças, humilhações e privação emocional; muitas vezes, apenas como uma demonstração de poder[13].

Trata-se de um exercício de poder disciplinar, que é realizado muitas vezes a partir de técnicas disciplinares. O poder disciplinar é com efeito um poder que, em vez de se apropriar e de retirar, tem como função maior "adestrar"; ou sem dúvida adestrar para retirar e se apropriar ainda mais e melhor. Neste sentido, as relações interpessoais mostram a "coisificação" do indivíduo enquanto objeto[14].

Vivemos em uma sociedade disciplinar repleta de dispositivos[1] de controle social, sexual e outros, na qual técnicas de controle sobre os seres humanos são criadas constantemente, principalmente no que se refere ao controle do corpo e na fabricação de corpos dóceis.

Para a maioria dos pais as brutalidades não são acompanhadas de culpa, uma vez que eles se sentem em seu direito. A criança, por sua vez, pode reagir de maneira passiva ou reativa, podendo uma e outra aumentar a agressividade do adulto. O maior perigo é de que a brutalidade seja integrada numa forma de diálogo implicitamente aceito pelo agressor e pela vítima[10].

Tentar explicar a barbárie humana, representadas neste texto pelas causas do abuso contra a criança e adolescente torna-se uma tarefa difícil.

Assim, os pais maltratam seus filhos, antes de tudo por hábito, culturalmente aceito há séculos. É comum pais afirmarem que apanharam de seus pais e são felizes. A eles dizemos que as coisas mudaram e que, hoje, devemos buscar outras formas de educar os filhos. Educá-los e estabelecer limites, com segurança, com autoridade, mas sem autoritarismo, com firmeza, mas com carinho e afeto. Nunca com castigo físico. A violência física contra crianças é sempre uma covardia. O maltrato, em qualquer forma, é sempre um abuso do poder do mais forte contra o mais fraco. Afinal, a criança é frágil, em desenvolvimento, e totalmente dependente física e afetivamente dos seus pais. Nesse sentido, acredita-se que a palmada se insira como uma forma de reconhecimento da insegurança, da fraqueza, da incompetência, dos pais para educar seus filhos, necessitando usar a força física. Não podemos esquecer também do modelo de violência que transmitimos e perpetuamos nas relações em família, quando estabelecemos limites com violência. Os filhos aprendem a solução de conflitos pela força - e tenderão a reproduzir esse modelo não só junto às suas famílias, mas em todas as relações interpessoais, na rua ou no trabalho[8,9].

As crianças devem ter limites bem estabelecidos, com firmeza, pelos pais. A insegurança dos pais, a falta de atenção e o descontrole pessoal são as principais causas da opção do castigo físico como forma pedagógica. Até a palmada, culturalmente aceita por muitos, é dispensável. Ser pai é uma tarefa extremamente difícil, que exige um treino contínuo e perse-

---

[1] *Um conjunto heterogêneo que engloba discursos, instituições, organizações arquitetônicas, decisões regulamentares, leis, medidas administrativas, enunciados científicos, proposições filosóficas, morais, filantrópicas. Em suma, o dito e o não dito são os elementos do dispositivo. O dispositivo é a rede que se pode estabelecer entre estes elementos. Tem uma função estratégica dominante (FOUCAULT, 1979).*

verante. Aliás, como dizia Winnicott, a vida é essencialmente difícil de ser vivida por todos, e os pais devem procurar ser suficientemente bons para seus filhos - nem permissivos, nem agressivos[15].

Neste sentido, revela que o abuso infantil é um distúrbio da função parental devido à má percepção da criança pelos pais, motivada por experiências frustrantes durante sua infância. Onde as conseqüências são produto de três fatores como: a personalidade dos pais; as características provocadoras da criança e o estresse ambiental[16].

Muitas vezes, em casos de abuso, trata-se de personalidades instáveis emocionalmente, incapazes de se adaptar às responsabilidades da paternidade ou maternidade. São portadores de uma alteração psicopatológica mais ou menos acentuada (histeria, neuroses, psicopatias). Muitos apresentam baixo coeficiente de inteligência e é freqüente a associação com o uso de drogas lícitas como o álcool. Neste caso, o álcool por meio de sua ação que diminui a inibição contra o comportamento anti-social e violento, pela diminuição do alerta perceptivo e cognitivo, resulta em prejuízo do julgamento. Como os narcóticos, exerce um papel chave na análise do comportamento violento, sem falar nas atividades que envolvem a obtenção da droga.

Sugere-se um modelo psicopatológico de causalidade linear onde as experiências infantis precoces (abuso, privação, abandono emocional, abandono psicológico, castigo físico) produzem estados psicopáticos (traços de personalidade, traços de caráter, controle deficiente determinado por um comportamento explosivo), o que leva conseqüentemente ao abuso da criança ou adolescente. Dentro deste modelo linear as experiências traumáticas dos pais provocarão enfermidades mentais que os levará a abusar de seus filhos em uma relação de causa-efeito[18].

Outro modelo em que dá maior importância às variações sociais e relata que o abuso das crianças e adolescentes é um efeito de fatores sócio-econômicos como desemprego, marginalidade, baixa condição sócio-econômica, moradia insalubre, injustiça e exclusão social, privação e baixo nível de escolaridade entre outros, levam o indivíduo à frustração e conseqüentemente ao abuso daqueles que o cercam[18].

No contexto atual, consideramos o modelo de pensamento sistêmico o mais indicado para reflexão de um problema tão complexo, em que se estabelece uma teia de relações entre fatores individuais e ambientais que são determinantes para a prática do abuso.

O modelo sistêmico nos oferece subsistemas como: a) características do sistema familiar, que compreendem o tipo de família, o número de filhos desejados ou indesejados, o nível sócio-econômico, os valores morais e religiosos, a quantidade das interações, a capacidade de resolver conflitos e o tipo de relação familiar (desorganizada ou organizada/ aglutinada); b) as características biopsicossociais de cada membro da família; c) as características sócio-econômicas da comunidade; d) as condições de frustração, estresse ou ansiedade que podem atuar como fatores desencadeadores do abuso; e) o abuso físico, psicológico, sexual e a negligência/abandono entre membros do sistema familiar; f) o resultado da socialização e a aprendizagem dentro de um contexto de abuso que pode produzir adultos dependentes, inseguros, que só conhecem a violência para solucionar seus conflitos; g) as relações de poder na familiar.

CONSEQÜÊNCIAS DA VIOLÊNCIA DOMÉSTICA

Como conseqüência dos maus-tratos na infância, verifica-se na literatura especializada que seus resultados podem ser trágicos, sendo o mais grave a morte, infelizmente, não muito raro. Atingem não só a vida da criança, mas também a família e sociedade.

Existe risco de seqüelas no plano individual, emocional, intelectual e social, para crianças vitimizadas, não existindo um padrão de risco para cada tipo de violência, porém, existe um consenso de que estas são devastadoras.

Além das marcas físicas, a violência doméstica costuma causar também sérios danos emocionais. Normalmente, é na infância que são moldadas grande parte das características afetivas e de personalidade que a criança carregará para a vida adulta[19].

O fato de uma pessoa haver sido vítima de um abuso físico quando criança está significantemente relacionado a um comportamento violento, mais tarde, quer seja como ativo participante de atos violentos, ou como de vítima[11]. É normalmente dentro de casa que as crianças aprendem com os adultos, a forma de reagirem à vida e viverem em sociedade. As noções de direito e respeito aos outros, a própria auto-estima, as maneiras de resolver conflitos, frustrações ou de conquistar objetivos, tolerar perdas, enfim, não será surpresa que crianças e adolescentes violentados ou negligenciados na infância se tornem agressoras na idade adulta.

Vale ressaltar que crianças que estão em situação de risco para violência, invariavelmente apresentam problemas na escola e no grupo social ao qual pertencem. Alguns indícios de mau desenvolvimento de personalidade podem ser observados em idade precoce. Algumas dessas características podem ser manifestadas por dificuldades para se alimentar, dormir, concentrar-se. Essas crianças podem começar a se mostrar exageradamente introspectivas, tímidas, com baixa auto-estima e dificuldades de relacionamento com os outros, outras vezes mostram-se agressivas, rebeldes ou, ao contrário, muito passivas, podem ainda, apresentarem distúrbios da sexualidade, prejuízo na identidade, promiscuidade, prostituição, abuso de crianças menores, depressão e idealização de suicídio[11, 18].

Enfim, de modo geral, a atitude de agredir covardemente, prevalecida da maior força física dos pais, pode resultar em severos traumatismos.

PREVENÇÃO DA VIOLÊNCIA CONTRA A CRIANÇA

A prevenção da violência deve estar inserida em ações de comunicação, culturais e econômicas, que sejam capazes de gerar uma consciência coletiva e um compromisso frente aos problemas de discriminação e desigualdades aos quais estão submetidos os diferentes grupos populacionais[2].

Toda a literatura especializada na área da violência doméstica contra a criança e adolescentes é unânime no reconhecimento de necessidade de notificação do fenômeno por profissionais de várias áreas, mas não deixa também de apontar a enorme resistência dos próprios profissionais para tornar realidade a notificação[19]. Entendemos que este fato tem origem na ignorância do problema enquanto questão de saúde coletiva e, conseqüentemente, na falta de conhecimento.

Levando-se este pressuposto em consideração, chamamos atenção para um ponto importante, para o fato que não existe nas nossas Universidades uma abordagem específica para o assunto, salvo em algumas exceções.

Neste contexto, julgamos importante a participação da Universidade, enquanto local que se produz conhecimentos e tem responsabilidade de atingir, sensibilizar e formar profissionais no combate à violência contra a criança e adolescente.

Outro aspecto que pode ser acrescentado neste sentido é o compromisso que os profissionais devem ter em levarem esta discussão para a sociedade, para que sejam reconhecidas as conseqüências negativas, promovendo assim o fim da "lei do silêncio" que existe em torno da temática.

Em termos de conseqüências negativas, a mais nefasta diz respeito à família, a qual, como fonte de socialização da criança, quando norteada pela violência, seja qual for, na relação causa efeito, reproduzirá os maus tratos infantis de geração em geração, em um ciclo onde os valores introjetados na primeira infância determinarão a vida do indivíduo[12].

Desta forma, as ações de prevenção devem evitar que a violência intrafamiliar se perpetue de geração em geração, buscando romper sua continuidade naquelas famílias que tenham iniciado o seu ciclo. Também promover alternativas de organização social e familiar que incorporem a igualdade de seus membros, fortalecendo a autonomia e auto-estima. Para se atingir este intento é necessário criar, fortalecer espaços de atenção às vítimas de violência, com equipes multidisciplinares que prestem atendimento clínico às lesões físicas, assistência psicológica individual e familiar, também assistência social e legal.

A prevenção requer um exercício de muita paciência, perseverança e, sobretudo, a colaboração e integração dos profissionais de diferentes áreas e da comunidade.

A prevenção pode se dar em nível de detecção dos riscos e identificação das possíveis vítimas de violência intrafamiliar, em atividades como: pré-natal, alojamento conjunto e puericultura, desenvolvidas em unidades básicas de saúde, ambulatórios e hospitais. Também apontamos a importância do Programa de Saúde da Família (PSF), das ONG's, creches, pré-escolas e escolas, na identificação do abuso e parte da rede que deves criar no combate da violência.

De forma geral, a prevenção à violência contra a criança e o adolescente é de extrema importância na sociedade, dada a gravidade de suas seqüelas físicas e psíquicas. Portanto, cabe à equipe: a) informar pais, mães e comunidade sobre as necessidades das crianças e adolescentes, esclarecendo seus direitos e normas de proteção; b) identificar pais e mães de alto risco desde o período pré e perinatal; c) desenvolver grupos de auto-ajuda para pais e mães de alto risco; d) favorecer a vinculação das famílias com uma rede de apoio da comunidade (unidades de saúde, associação de bairros, grupos religiosos, clube de mães, etc.); e) incentivar o pai a acompanhar o pré-natal e o parto, para estreitar seu vínculo com o filho o mais precocemente possível; f) incentivar o pai à participação nos cuidados do bebê; g) facilitar o acesso a serviços de educação e assistência; h) contribuir para o fortalecimento dos laços do adolescente com a família e amigos; i) contribuir para a expressão e desenvolvimento dos adolescentes, respeitando novos valores; j) organizar grupos de debates com profissionais de outras áreas envolvidas; k) considerar a possibilidade de depressão puerperal e encaminhar a família para serviços especializados[2].

Podemos atuar na prevenção à violência doméstica por meio de três principais frentes: 1. Sociedade; 2. Instituições/ serviços/ comunidade; 3. Família/ indivíduo[4].

1. SOCIEDADE
    - atuar na mudança das crenças, tabus e valores culturais envolvendo os papeis de gênero, geracionais, relações de poder na família;
    - afirmar novas concepções e novos modelos de poder;
    - incentivar estratégias e atitudes de respeito e justiça na resolução de conflitos;
    - incentivar o respeito e a legitimação de interesses divergentes como parte do processo democrático;
    - incentivar o reconhecimento e a tolerância frente às diferenças.

2. INSTITUIÇÕES/SERVIÇOS/COMUNIDADE
    - Buscar a deslegitimação institucional/social da violência (organizações governamentais e não governamentais);
    - Promover modelos de não violência;
    - Promover meios e estratégias que favoreçam a desvitimização;
    - Valorizar o papel ativo da comunidade na resolução não violenta de conflitos;
    - Promover o empoderamento dos setores vulneráveis e a democratização das relações;
    - Estabelecer metas e valores coletivos a serem alcançados para a reversão da violência;
    - Buscar a adoção e respeito à legislação internacional de direitos humanos;
    - Promover o acesso a serviços adequados e apoio institucional às famílias e pessoas vulneráveis à situação de violência;
    - Garantir a punição dos perpetradores e real reparação às vítimas.

3. FAMÍLIA/ INDIVÍDUO
    - Promover novos padrões que favoreçam a interrupção do ciclo da violência;
    - Desenvolver habilidades para a resolução não violenta de conflitos;
    - Estimular atitudes de flexibilidade e responsabilidade nas relações afetivas e familiares;
    - Promover a elevação da auto-estima com o empoderamento das famílias e indivíduos vulneráveis;
    - Promover a socialização e o intercâmbio.

O(a) enfermeiro(a) e o educador infantil deve ter em mente que há sempre duas vítimas em qualquer tipo de abuso perpetrado conta a criança: a própria criança e a pessoa que praticou o ato. Neste sentido, antes de iniciar uma intervenção, é necessário que o profissional verifique qual a forma de abordagem que melhor se adapta às situações vivenciadas pelas famílias e/ou família e instituição afim de elaborar o plano de trabalho juntamente com outros profissionais da equipe que participarão da intervenção[20].

Podemos concluir que é de suma importância que em nível primário, haja necessidade de programas de prevenção, incluindo oficinas com a criança e adolescente para, participativamente, conscientizarem sobre a importância do cuidar; valorizar e proteger seus corpos e suas vidas; de oficinas comunitárias para grupo de pais/família que têm dificuldades de relacionamento com seus filhos, devido às particularidades etárias próprias do crescimento infanto-juvenil, considerando também crenças e valores quanto aos direitos das crianças e dos adolescentes. Paralelamente faz-se necessária a criação dos comitês assessores para proteção e aconselhamento familiar nas instituições, nas equipes forenses, junto às varas da infância e adolescência, no assessoramento aos Conselhos Tutelares, além dos espaços em que já desenvolvemos nossas atividades e, em outras frentes de combate, a prevenção da violência contra crianças e adolescentes[21].

REFERÊNCIAS BIBLIOGRÁFICAS

1. Badinter, E. Um amor conquistado: o mito do amor materno. Rio de Janeiro (RJ): Nova Fronteira; 1985.
2. Brasil. Ministério da Saúde. Notificação de maus-tratos contra crianças e adolescentes pelos profissionais de saúde. Série A. N. 167. Brasília (DF): Ministério da Saúde; 2002.
3. Kipper, D.J. Maus tratos na infância. Brasília (DF): Jornal do Conselho Federal de Medicina, fev; 1999.
4. Marmo, D.B. et al. A violência doméstica contra a criança. São Paulo(SP): Temas de Pediatria Nestlé, n.68; 1999.
5. Brasil. Ministério da Saúde. Secretaria de Políticas de Saúde. Violência Intrafamiliar: orientações para prática em serviço. Brasília(DF): Ministério da Saúde; 2001.
6. Brasil. Ministério da Saúde/ Ministério da Criança/ Projeto minha gente. Estatuto da Criança e do adolescente. Brasília(DF): Ministério da Saúde; 1991.
7. Azevedo M.A., Guerra V.N.A. Crianças Vitimizadas: a sindrome do Pequeno Poder. São Paulo(SP): Editora Iglu; 1989.
8. Deslandes, S.F. Prevenir a violência: um desafia para profissionais de saúde. Rio de Janeiro(RJ): FIOCRUZ/ENSP/CLAVES; 1994.
9. Brasil. CRAMI / Centro Regional aos Maus-Tratos na Infância. Abuso sexual doméstico: atendimento às vitimas e responsabilização do agressor. São Paulo(SP): Cortez / UNICEF; 2002.
10. Santos, M.C.C.L. Raízes da violência na criança e danos psíquicos. In: Westphal, M.F. et al. Violência e Criança. São Paulo(SP): EDUSP; 2002. p. 189-204.
11. Santoro Jr, M. Saúde e Violência na Infância e Adolescência. Jornal de Pediatria, Rio de Janeiro(RJ) 1994; 705: 259-261.
12. Harada, M.J.C.S.; Brêtas, J.R.S.; Granem, A.M.; Pereira, I.A.R. A criança e adolescente vítimas de maus tratos. ACTA Paulista de Enfermagem, São Paulo (SP) 2000; 13 (Especial): 114-118.
13. Brêtas J.R.; Silva, C.V.; Quirino, M.D.; Ribeiro, C.A.; Kurashima, A.Y.; Meira, A.O.S. O(a) enfermeiro(a) frente à criança vitimizada. ACTA Paulista Enfermagem, São Paulo(SP) 1994, 71: 03-10.
14. Foucault, M. Microfísica do poder. Rio de Janeiro(RJ): Edições Graal; 1979.
15. Winnicott, D.W. Privação e delinqüência. São Paulo(SP): Martins Fontes; 1994.
16. Green, A.H. A psychodynamic approach to the study and treatment of child – abusing parents. J. Am. Child Psychiatry, USA 1976,15 3: 4414-29.
17. Kempe, C.H. Niños maltratados. Madrid: Ediciones Morata; 1979.
18. Ballone, G.J.; Ortolani, I.V. Violência Doméstica (2001), in. PsiqWeb, Psiquiatria Geral, Internet, disponível em: http://www.psiqweb.med.br/infantil/violdome.html
19. Guerra, V.; Santoro, M.; Azevedo, M.A. Violência doméstica contra crianças e adolescentes e políticas de atendimento: do silêncio ao compromisso. Rev. Brasileira de Crescimento e Desenvolvimento Humano, São Paulo (SP) 1992, 2 1: 71-96.
20. Pereira, S.R.; Silva, C.V.; Campos, Z.A.N. A criança e a família. Uma abordagem sobre o abuso infantil. In : Chaud, M.N. et al. O cotidiano da Prática de enfermagem Pediátrica. Atheneu, São Paulo (SP);1999. p.203-212.
21. Moraes, E.P.; Eidt, O.R. Conhecendo para evitar: a negligência nos cuidados de saúde com a criança e adolescentes. Revista Gaúcha de Enfermagem, Porto Alegre (RS) 1999, 20 (especial): 6-21.

PARTE III

POLÍTICA DE SAÚDE E A QUALIDADE DA ASSISTÊNCIA

18 INCLUSÃO DA CRIANÇA PORTADORA DE NECESSIDADES ESPECIAIS EM CRECHE

ANA MARIA DO AMARAL FERREIRA

INTRODUÇÃO

Inclusão – ato ou efeito de incluir; estar incluído ou compreendido; figurar entre outros; pertencer juntamente com outros; ato pelo qual um conjunto contém ou inclui outro[1].

No início de um novo milênio, nossa questão chave é *"Como vivemos uns com os outros?"*. Inclusão trata justamente de aprender a viver *com o outro*. Inclusão quer dizer estar com o outro e cuidar uns dos outros.

Na verdade, inclusão significa afiliação, combinação, compreensão, envolvimento, continência, circunvizinhança. Significa convidar aqueles que de alguma forma têm esperado para entrar e pedir para desenhar novos sistemas que encorajem todas as pessoas a participar com suas capacidades, como companheiros e como membros[2].

A palavra que tem sido bastante utilizada nos vários seguimentos da sociedade que lidam com pessoas portadoras de deficiências é a *Inclusão*, que divulga a integração dos portadores de deficiências na sociedade.

O tema Educação Inclusiva vem tomando corpo a partir da Declaração de Salamanca[3], que apresenta um conjunto de princípios políticos e práticos das necessidades Educativas Especiais, nome que veio substituir os termos: excepcional, deficiente, etc [4].

Em 1934 foram criadas no Brasil as escolas da Sociedade Pestalozzi, às quais se acrescentaram em 1950 a da Associação de Pais e Amigos dos Excepcionais (APAE).

Depois de 1970, houve uma parcial simbiose entre o público e o privado, que permitiu ao serviço privado exercer influência na determinação da política pública, no campo educacional. Nessa década, as instituições particulares e as organizações não-governamentais (ONGs) foram surgindo como realizações de grupos sociais visando o atendimento completo ao excepcional.

Nas décadas de 80 e 90, juntaram-se a essas associações as de profissionais com formação universitária, como por exemplo, os grupos de trabalho.

A Organização Mundial de Saúde OMS divulgou que existem 500 milhões de pessoas deficientes no mundo (10%). 80% das pessoas com deficiência vivem em países em desenvolvimento. Um terço desses 80% é composto de crianças. Nos países em desenvolvimento, 80% das pessoas portadoras de deficiência vivem em zona rurais. O Brasil possuí mais de 40 milhões de deficientes físicos e mentais[5].

Pessoas Portadoras de Deficiência são aquelas que apresentam algum tipo ou mais limitações funcionais, caracterizadas como: permanentes, temporárias, totais, parciais, congênitas ou adquiridas, por diversas causas, encontrando-se assim subdivididas:

Auditivo - distúrbio de audição, variando de severidade média à profunda, impedindo o sucesso do processamento de informação lingüístico.; (comprometimento da audição, o que pode levar à incapacidade de falar);

Motora - qualquer tipo de dificuldade corporal com prejuízo da movimentação física; (disfunção nos movimentos de um ou mais dos membros: superiores, inferiores ou ambos);

Mental - refere-se ao funcionamento geral significativamente abaixo da média, coexistindo com déficits no comportamento adaptativo e manifestando-se durante o período de desenvolvimento (Associação Americana para deficiência Mental);

Visual – diminuição ou perda da visão:

Visão subnormal: indivíduos que apresentam dificuldade desde a condição de indicar a projeção de luz até o grau em que a redução de sua acuidade limita seu desempenho na aprendizagem;

Cegos: indivíduos que apresentam desde ausência total de visão até perda da percepção de luz; necessitam do Sistema Braille para a comunicação escrita e não utilizam a visão para aquisição de conhecimento, mesmo que a percepção de luz auxilie na orientação e mobilidade;

Múltipla – presença simultânea de duas ou mais das condições acima descritas.

O Ministério da Educação apresentou uma revisão conceitual, através do documento "Política Nacional de Educação Especial"[6], no qual o indivíduo excepcional é denominado "portador de necessidades especiais", e é definido como aquele que, por apresentar em caráter permanente ou temporário, alguma deficiência física, sensorial, intelectual, múltipla, condutas típicas ou, ainda, altas habilidades, necessita de recursos especializados para desenvolver plenamente o seu potencial e/ou superar ou minimizar suas dificuldades". No contexto escolar, costumam ser chamados de portadores de necessidades educativas especiais[7].

DEFICIÊNCIAS	%	P/ 1.000/HABITANTES
Auditiva	1,3	13
Física	2,0	20
Mental	5,0	50
Visual	0,7	07
Múltipla	1,0	10
TOTAL	**10%**	**100/habitantes**

AS CAUSAS DAS DEFICIÊNCIAS

São muitas as causas da deficiência, e podem ser divididas em riscos: pré-natais; perinatal; pósnatal.

O objetivo dos cuidados pré-natais, perinatais e pós-natais é propiciar os melhores resultados, no que diz respeito à reprodução humana. A grande maioria das gestações decorre sem maiores intercorrências e termina com o nascimento de uma criança madura, vigorosa, que não aparenta nenhuma evidência de agressão ou lesão, resultantes da passagem da vida intra para extra-uterina. No entanto, 10% de todas as gestações não são desprovidas de riscos, podendo haver comprometimento materno, fetal ou do recém-nascido.

É dever de todos as instituições identificar essas gestantes e oferecer assistência adequada para alcançar o máximo de qualidade na vida fetal, neonatal e infantil.

Assim, situações de risco são aquelas em que intercorrências patológicas e/ou sociais representam fatores de agressão ao binômio mãe-filho, determinando morbi-mortalidade no pré-natal, perinatal e pós-natal.

PREVENÇÃO ÀS DEFICIÊNCIAS

Algumas medidas simples de prevenção podem evitar uma série de deficiências.

Entende-se como *prevenção* todas as ações nas áreas de saúde, promoção social, educação e segurança que visam promover ou manter o bem-estar físico, psíquico e social do indivíduo, como preconiza a Organização Mundial de Saúde.

Estima-se que, até o final do século XX, haverá 53 milhões de pessoas portadoras de deficiências na

RISCOS PRÉ-NATAIS E PERINATAIS DO RECÉM-NASCIDO

Fatores pré-natais e perinatais	Riscos do RN
Idade materna 16 anos 35 anos	Baixo peso Anomalias congênitas
Idade gestacional 34 semanas	Imaturidade de todos os órgãos Sistemas e aparelhos: Pulmão Cardiovascular Fígado Sistema nervoso Rim Sistemas metabólicos Termorregulação Sistema imunológico Sistema hematopoético Aparelho digestivo
Insuficiência placentária: Doenças maternas Hipertensão crônica Infecções intra-uterinas Gemelaridade – discordante	Desnutrição intra-uterina: RN pequeno para IG Anomalias congênitas Infecções neonatais Distúrbios metabólicos Distúrbios respiratórios Baixo peso
Natureza Ambiental Fumantes Rubéola Alcoolismo Desnutrição Materna	Baixo peso Síndrome da Rubéola Congênita Policitemia Anoxia peri-natal Distúrbios metabólicos
Grandes Altitudes Pós-datismo Diabetes Acidentes obstétricos Sofrimento fetal Circular de cordão Malformações de cordão	Síndrome de aspiração meconial Anoxia cerebral RN grande para Idade gestacional Distúrbios respiratórios Distúrbios metabólicos Hiperbilirrubinemia Anomalias congênitas Paralisia cerebral: leve; média; severa
Hemorragias: Placenta prévia Malformações de placenta Transfusão fetomaterna Transfusão feto-feto Isoimunização Rh ou ABO Pólo-hidrâmnio Iatrogenia Exposição ao RX Drogas Irradiação Propedêutica obstétrica Cesárea	Anemia do RN: Aguda Crônica Doença hemolítica do RN Embriopatias Malformações Distúrbios respiratórios Infecções

Andrade, A S.; Nina, M.D. 1999 [8]

América Latina e no Caribe. Presume-se que mais da metade delas adquirirá a deficiência por falta de medidas de *prevenção*, segundo a Organização Panamericana de Saúde. De acordo com estudos realizados pela CORDE, a Coordenadoria Nacional para Atendimento da Pessoa Portadora de Deficiência, o Ministério do Bem-Estar Social tem o custo econômico nacional da ordem de 8,8 bilhões de dólares ao ano para o atendimento aos portadores de deficiências[6].

O investimento econômico em prevenção, em nível nacional, é de 1 bilhão de dólares. Isso sem considerar o ônus social e emocional do próprio cidadão portador.

Compreende desde os serviços de rotina das Unidades de Saúde e realizações na área de saneamento básico e ambiental, até o planejamento e implantação de ações que visam ao aumento dos níveis de segurança no trânsito, no trabalho, enfim, nos espaços em geral.

Na prevenção encontram-se muitas ações que contribuem para que novos casos de deficiência não ocorram, como implantação de programas de acompanhamento do pré-natal, perinatal e pós-natal com atenção materno-infantil; nutrição adequada; coleta de sangue para controle fenilcetonúria e hipotireoidismo; programa de imunização; Programa de Controle da Síndrome da Rubéola Congênita, atingindo uma cobertura vacinal de 96%, na faixa etária de 1 a 10 anos vacinados; e outros.

A FAMÍLIA DA CRIANÇA PORTADORA DE DEFICIÊNCIA

O sofrimento da família tem início com o impacto emocional causado pela informação diagnóstica. Após a revelação do problema, geralmente, ocorrem as mais intensas e diferentes reações. Os pais questionam o que fizeram de errado ou de mal para merecerem uma criança assim; alguns têm medo de ver o filho. Os irmãos também ficam inseguros, pois algumas vezes os pais não explicam corretamente e honestamente o que está acontecendo com o irmão menor, até porque também não sabem ao certo, a criança ainda é muito pequena e estão sob o impacto da informação de terem gerado uma criança portadora de deficiência. Tudo isto pode deixá-los desamparados frente à situação[9].

Os pais têm necessidade de ouvir a opinião de vários especialistas, comparar, discutir e refletir, para decidir a melhor maneira de encaminhar a criança para o atendimento adequado. Essa fase para os pais é muito sofrida, pois ficam indecisos quanto ao que podem fazer pelo filho. Assim, é importante que se encontre um profissional adequado que lhes dê apoio neste momento difícil.

A família, gradualmente com o tempo, vai percebendo quais as reais necessidades de seu filho, além de obter mais esclarecimento sobre a deficiência da criança. Também vai reconhecendo a necessidade de mudança na organização familiar, desde a rotina diária, até o planejamento de aspirações para o futuro, as crises começam a dar lugar um estado de equilíbrio mais duradouro. A família passa a reconhecer que não é diferente de outras por possuir um membro deficiente, e que pode viver socialmente como as outras pessoas.

No momento em que os irmãos de portadores de necessidades especiais sentirem-se mais informados, seguros, apoiados e preparados para lidarem com as situações a que estão sujeitos, estarão mais livres e capazes para ajudar os pais e o irmão deficiente, contribuindo para uma convivência mais madura e a mais próxima possível de uma família comum.

Assim, ao falar com os amigos sobre o irmão deficiente a criança não deve se envergonhar. É importante que ela descreva o que ele gosta, suas dificuldades e, principalmente, as suas capacidades. Deve também explicar aos seus amigos que o seu irmão, portador de necessidades especiais, é capaz de conviver com pessoas, gostar de estar perto das pessoas, conversar, brincar, abraçar. Com essa atitude muitas vezes as pessoas e os amigos irão se sentir mais à vontade no convívio com indivíduos portadores de deficiências.

Como a discriminação e o preconceito atingem todo o círculo familiar, o trabalho de conscientização e de educação das crianças normais deve ser o mais breve possível. E a inclusão da criança portadora de necessidades nas creches, pré-escolas e escolas, possibilita a convivência e a socialização com as crianças normais. Assim é necessário que a sociedade tenha uma atitude mais afetiva e efetiva frente às crianças portadoras de necessidades especiais, para que não aconteça o isolamento do convívio social.

"Tristes tempos os nossos!
É mais fácil desintegrar um átomo
Do que um preconceito..."

Albert Einstein

A INCLUSÃO DE CRIANÇAS NORMAIS COM CRIANÇAS PORTADORA DE NECESSIDADES ESPECIAIS EM CRECHES

A integração em creche e pré-escola é um movimento que visa acabar com a segregação, favorecendo, assim, as interações sociais das crianças portadoras de deficiências com as crianças consideradas normais. Embora ainda em número bastante reduzido, alguns estudos já têm demonstrado a possibilidade de interação e resultados positivos na aprendizagem de crianças normais e especiais em creche [10, 11, 12, 13].

A integração da criança portadora de deficiência em creche e pré-escola tem sido um desafio. Embora vários profissionais já estejam conscientes da necessidade desta integração, poucos estudos têm sido realizados no sentido de avaliar como se dá a integração entre a criança normal a portadora de necessidades especiais e quais os benefícios e dificuldades quando inserimos uma criança especial em uma creche e pré-escola.

No Brasil, de acordo com a política educacional, está assegurado o ingresso da criança portadora de deficiências nas creches e pré-escolas e no ensino regular, sempre que possível.

A integração e a inclusão são dois vocábulos que têm significado semelhantes, estão sendo empregados para expressar situações de inserção diferentes e têm por detrás posicionamentos divergentes para a consecução de suas metas. A integração em creche e pré-escola é uma forma condicional de inserção em que vai depender da criança, ou seja, do nível de sua capacidade de adaptação às opções do sistema da creche. Trata-se de uma alternativa em que tudo se mantém, nada se questiona do esquema em vigor. Já inclusão institui a inserção de uma forma mais radical, completa e sistemática, uma vez que o objetivo é incluir uma criança ou grupo de crianças que não foi anteriormente excluído. A meta da inclusão é, desde o início, não deixar ninguém fora da creche e pré-escola, que terá de se adaptar às particularidades de todos as crianças.

Infelizmente, a inclusão das crianças portadoras de deficiência nas creches, nas pré-escolas e nas escolas é insuficiente, por falta de divulgação das vagas e, mesmo quando esta oportunidade lhes é oferecida, as creches e coordenadores acreditam que têm poucos recursos e conhecimento para garantir o sucesso e permanência dessa criança. A falta deste recurso concorre para a frustração da criança e sem dúvida para marginalização e retirada da mesma da creche.

Sabe-se que é preciso fazer mais pelas crianças portadoras de deficiências, mas muitas vezes a dificuldade de um acompanhamento direto de toda a equipe de creche e pré-escola, devido à estrutura e ao número insuficiente de funcionários, bem como à inadequação dos prédios com barreiras arquitetônicas. Mas, apesar disso, inclusão é possível, por acreditar que toda criança é capaz, tem um potencial a ser desenvolvido, desde que respeitada a especificidade de cada uma e estabelecido um vínculo afetivo entre os envolvidos.

Assim, a formação dos funcionários envolvidos na creche e pré-escola é de fundamental importância, assim como a assistência às famílias, enfim, uma sustentação aos que estarão diretamente implicados com as mudanças é condição necessária para que estas não sejam impostas, mas imponham-se como resultado de uma consciência cada vez mais evoluída de educação e de desenvolvimento humano[14].

Pode ser que em uma creche e pré-escola e/ou em uma escola regular essa criança não atinja os objetivos a serem alcançados e os patamares das séries escolares e que não atenda às expectativas socialmente aceitas e estabelecidas. Mas essa criança tem a vantagem de estar convivendo em espaço social diverso e estimulante, o que seria útil para uma interação social. Isto seria, no mínimo, o que se poderia alcançar ou propiciar a essa criança.

A grande preocupação na educação da criança portadora de necessidades especiais deve ser a de não rotulá-la, mas levá-la a um desempenho o mais próximo possível do conceito de "normalidade", oferecendo formas e condições de vida mais parecidas com os dos demais indivíduos da sociedade.

Portanto, a criança portadora de necessidade especial deve ser tratada como um cidadão comum, que possui os mesmos sentimentos, necessidades, interesses e direitos que qualquer outra criança normal. Deve ser estimulada para desenvolver suas potencialidades e permitindo sua integração na sociedade. Para tanto, oportunidades devem ser criadas.

Assim, as diferenças entre crianças normais e crianças portadora de necessidades especiais são apenas de grau, e grau é apenas uma questão de comparação. As necessidades sociais, psicológicas e educacionais básicas da criança portadora de necessidades especiais são da mesma natureza das de todos os indivíduos normais. As motivações básicas de afeto, aprovação e aceitação existem quer o QI seja 150 ou 50, quer o corpo seja perfeito ou mutilado, quer os movimentos sejam harmônicos ou desordenados.

A questão é, portanto, mostrar que, apesar das evidentes limitações e diferenças, há muitas semelhanças entre uma criança portadora de necessidades especiais e uma criança normal. O que a inclusão pretende é não agravar as limitações, mas sim o reconhecimento das semelhanças e dos atributos daquelas que são efetivamente portadoras de necessidade especiais.

A inclusão nas creches/pré-escola não resolverá a questão da deficiência da criança, visto que é um problema real, clínico e objetivo. O trabalho dos profissionais das creches e pré-escolas, por melhor que se preparem, não será suficiente para a inclusão, se a sociedade não se preparar para receber essa criança; ou seja, não se pode ser ingênuo a ponto de acreditar que uma lei venha resolver a questão.

Mudar é difícil, mas compensa.
Essa mudança é simples? É claro que não. Na verdade, ainda é difícil encontrar uma equipe de funcionários de creche que afirmem estar preparados para receber uma criança portadora de necessidades especiais. A inclusão é um processo com imprevistos, sem fórmulas prontas.

FUNDAMENTOS TEÓRICOS DA INCLUSÃO

O modelo da creche inclusiva apóia-se em noções sócio-construtivistas. Com base nos trabalhos de Vygostsky (1978)[15] e elaborado por Brunner (1973)[16], Rogoff (1990)[17] e das teorias construtivas em psicologia do desenvolvimento da criança.

Os conceitos sócio-construtivistas sugerem que, mantida em um estado de isolamento social, a criança não poderá desenvolver as funções sociais. Para isso, ela necessita estabelecer interações sociais com um profissional especializado, com quem a maioria das creches não conta. Mas através das interações sociais informais entre as crianças e um suporte dos educadores, podendo ser verbal ou não, as crianças vão se tornando autônomas no processo de aprendizagem[18]. Assim, em relação à criança que apresenta dificuldades na realização de alguma tarefa, ao invés de diminuir o ritmo ou simplificar a tarefa, trata-se de proporcionar apoio à criança para que ela vença os obstáculos e se realize.

De acordo com Mallory New (1994)[19] princípio mais importante do sócio-construtivismo para as crianças com necessidades é o seu direito e a sua necessidade de participar, de ser considerado como um membro legítimo e ativo no interior da comunidade. Este princípio justifica as creches inclusivas, onde as relações sociais são compreendidas como catalisadoras de aprendizagem. Por outro lado, uma característica importante da intervenção sugerida pelo sócio-construtivismo é que ela é inserida em atividades globais. A creche inclusiva permite às crianças com necessidades especiais que realizem com esforço suas atividades em um contexto de aprendizagem com a colaboração do educador e das demais crianças do grupo.

A inclusão não é somente útil para as crianças com necessidades especiais; ela representa também uma transformação positiva da creche para todas as crianças[20]. É somente nas creches inclusivas que realmente há intervenção sócio-construtivismo. A inclusão fornece um contexto privilegiado para a construção de novos conhecimentos e estratégias[12]. Várias pesquisas têm demonstrado que as creches inclusivas favorecem tanto as crianças normais como as crianças portadoras de necessidades especiais, pois as trocas entre elas são comuns e habitualmente proporcionam a aprendizagem cooperativa e ajudam as crianças especiais a serem membros da comunidade[21].

Uma crítica feita ao modelo de inclusão nas escolas é a falta de pesquisa demonstrando sua eficácia. Por outro lado, para alguns autores, este modelo não é conveniente a todas as crianças, especialmente para aquelas que apresentam déficits importantes[22].

Quanto às creches inclusivas, as mesmas devem receber todas as crianças, levando em conta o comprometimento de algumas e utilizando os serviços existentes e necessários para desenvolvimento global das mesmas. Segundo Skrtic et al (1996)[12], a inclusão corresponde ao novo contexto sócio-cultural que emerge no início do século XXI.

A inclusão funciona?
Mais do que criar condições para crianças portadoras de necessidades especiais, a inclusão é um desafio que implica mudar a creche como um todo, no projeto pedagógico, na postura diante das crianças, na filosofia...
O desafio de aceitar o outro já passou várias fases. Nos anos 80, a ênfase ficou por conta da integração. Era habilitar a pessoa para sua inserção na sociedade.
Hoje, a ênfase concentra-se no estímulo ao desenvolvimento das potencialidades que a pessoa tem, buscando-se a inclusão. A batalha agora não é apenas pela queda de barreiras arquitetônicas, de transporte e comunicação o que restringem o acesso social aos deficientes, mas pela transformação das atitudes. Na prática, trata-se de espalhar o respeito à biodiversidade humana. Não é fácil. Do ponto de vista histórico, não ser como o outro sempre foi um obstáculo e tanto. Pior. Num mundo competitivo e globalizado, conseguir um lugar ao sol não é simples nem para quem possui as funções biológicas íntegras; o que dirá aos portadores de deficiências e a suas famílias. No entanto, o avanço tecnológico sem paralelo na história da humanidade deixa claro que o mundo não muda de uma hora para outra. Mas muda. E a sociedade acaba acompanhando[23].

REFERÊNCIAS BIBLIOGRÁFICAS

1. Ferreira, ABH.. - Dicionário Aurélio Básico da língua Portuguesa. Rio de Janeiro. RJ. 1995. Ed. Nova Fronteira. p.355.
2. Forest, M.; Pearpoint, J.- Inclusão: um panorama maior. In: MANTOAN, M. T. E.- A integração de pessoas com deficiência: contribuições para uma reflexão sobre o tema. São Paulo, 1997. Ed. SENAC. p.137-141.
3. UNESCO – Declaración de Salamanca sobre principios, politicas y practivas en la Educación de las Necesidades especiales. França, Special Education – Division of Basic Education, 1994.
4. Lucas, AC. – O desafio da Educação inclusiva. A criança do professor e a educação infantil., 35, p.31-31, 2001.
5. Organização das Nações Unidas. Programa de Ação Mundial para as Pessoas com Deficiência. CEDIPOD – Centro de Documentação e Informação do Portador de Deficiência. 1994.
6. Coordenadoria Nacional para Integração da Pessoa Portadora de Deficiência. Coord. – Declaração de Salamanca e linha de ação: sobre necessidades educativas especiais. Brasília, 1994.
7. Ferreira, SL. - Aprendendo sobre a deficiência mental: um programa para criança. São Paulo, SP. Ed. Memnom, 1998.
8. Andrade, AS.; Nina, MD.- A caracterização da gestação de alto risco. In: Segre,CAM.; Armellini, PA. – RN. São Paulo, SP.1999. Ed. Sarvier. p.11-26.
9. Ferreira, SL. – Sétimo encontro: o nascimento de um deficiente mental. In ___. Aprendendo sobre a deficiência mental: um programa para criança. São Paulo, SP, 1998, Ed. Memnom. p. 81 –93.
10. Brinker, RP. – Interaction betwen severely mentally retarded students and other students in integrated public school settings. Am. J. Ment. Def. 1989. p. 588-93.
11. Mantoan, MTE.- Educação escolar de deficientes mentais: problemas para a pesquisa e o desenvolvimento. Caderno Cedes, 1997.
12. Skrtic, TM.; Sailor, W.; Gee, K. - Voice, collaborations, and inclusion: democratic thermes in educational and social reform iniciatives. Remedial and Special Education., v.17, p.,142-57, 1996.
13. Wang, MC. - Serving students with special needs though inclusive education approaches. In: LUPART, J.; McKEOUGH, A.; YEWCHUCK, C. - Schools in transition. Rethinking regular & special education. Scarborough, Ontario, Nelson Canada, 1996. p.143-63.
14. Mantoan, MTE.- A integração de pessoas com deficiência: contribuições para uma reflexão sobre o tema. São Paulo, 1997. Ed. SENAC.
15. Vygotsky, LS. - Mind in society: the development of higher psychological processes. Cambridge, Harvard University Press, 1978.
16. Brunner, J.S. - The relevance of education. New York, W.W. Norton, 1973.
17. Rogoff, B. - Apprenticeship in thinking: cognitive development in social context. New York, Oxford University Press, 1990.
18. Baker-SEnnet, J.; Harrison, G. – A sociocultural perspective on inclusive elementary education: teaching and learning in the zone of proximal development. In: ANDREWS, J. – Teaching students with diverse needs. Scarborough, Ontario, Nelson Canada, 1996. p. 201-24.
19. Mallory, B.; New, RS. - Social constructivist theory and principles of inclusion: challengers for early childhood special education. J. Special Educ., v.28, p.322-337, 1994.
20. Sapon-Shevin, M. - Celebrating diversity. In: Stainback, S.; Stainback, W. - Curriculum considerations in inclusive classrooms: facilitating learning for all children. Baltimore, Brookes, 1992. p. 19-36.
21. Saint-Laurent, L.; Dionne,JJ.; Dionne, JJ.; Giasson, J.; Royer,É.; Simard,C.; Piérard,B. - Impact of Pier: a pull-in model of service delivery. Manuscrit soumis pour publication, 1996.
22. Zigmond, N.; Jenkins, J.; Fuchs, L.; Deno,S.; Fuchs, D.; Baker, JN.; Jenkins, L.; Coutinho, M. - Special education in restructured schools; findings from three multi-year studies. Phi delta Kappan, 1995. p. 531-40.
23. Magalhães, AC.; Ormelezi, E. Novos tempos pedem respeito à diferença. Saúde Brasil Comunidade., 2 (7), p. 14 –16, 2003.

19. A CRECHE E A PRÉ-ESCOLA NO CONTEXTO DO PROGRAMA SAÚDE DA FAMÍLIA

CLÍCIA VALIM CÔRTES GRADIM
ANA MARIA DE ALMEIDA

O contexto de crise econômica e a democratização dos anos 80 favoreceram o debate político na área da saúde que se refletiu nos avanços da Constituição Brasileira, promulgada em 1988 e que inscreveu a saúde no marco de uma seguridade social pública, garantidora dos direitos de cidadania que não dirimia o Estado das responsabilidades de sua implementação[1].

Nessa perspectiva, o Artigo 196 da Constituição, destaca a saúde como *"um direito de todos e dever do Estado, garantindo mediante políticas sociais e econômicas que visem à redução do risco de doença e de outros agravos e ao acesso universal e igualitário às ações e serviços para sua promoção, proteção e recuperação*[2]*".*

O cumprimento dos princípios normatizados na Constituição traz implicações na reorganização do sistema de saúde que enfrenta desafios estruturais para a construção do Sistema Único de Saúde (SUS), uma vez que no país não existia e continua não existindo sistemas de proteção social consolidados. Assim, na construção do SUS, observam-se tanto avanços como dificuldades relacionadas a aspectos estratégicos como financiamento, relações entre o público e o privado, descentralização e relações entre os gestores, gestão e organização do sistema e atenção à saúde do usuário. Ressalta-se, ainda, a enorme complexidade para consolidar uma política nacional em um país de enormes proporções territoriais, uma imensa desigualdade social, econômica, cultural e educacional em um sistema federativo[3].

Frente a esses desafios, Andrade relata que a consolidação do SUS requer a existência de mecanismos de regulação do sistema, favorecendo a concretização do princípio da descentralização estabelecido na Constituição e regulamentado pela legislação do SUS[4].

As Normas Operacionais Básicas (NOB), editadas pelo Ministério da Saúde, configuram esses instrumentos fundamentais de regulação porque definem os critérios e mecanismos de repasse/transferência de recursos federais o que representa um caráter definidor da repartição de atribuições, bem como competências e grau de autonomia gestora do sistema de saúde.

As NOBs, portanto, regulam a direção nacional do SUS, definem objetivos e estratégias para o processo de descentralização das políticas de saúde e contribuem para a normatização e operacionalização entre as esferas de governo[3].

Paralelamente a essa proposta de configuração do sistema e frente a preocupantes indicadores sociais e de saúde, as regiões Norte, Nordeste e Centro-Oeste organizam a estratégia denominada Programa de Agentes Comunitários de Saúde (PACS), implantada para tentar solucionar os problemas de saúde de áreas consideradas pobres e sem recursos financeiros, agravadas em sua condição de saúde pela epidemia de cólera no país. Os agentes comunitários de saúde deveriam passar por treinamento, além do cumprimento de exigências como: ser moradores do local onde iriam atuar, ter mais de 18 anos e saber ler e escrever. Com esse perfil, eles passaram a formar vínculo com as comunidades onde deveriam atuar no programa, cadastrando famílias e levantando suas necessidades de saúde, trabalho e meio ambiente para que pudessem ter um atendimento básico de suas necessidades. Esses agentes eram supervisionados por um enfermeiro e contribuíram para diminuir, principalmente, os coeficientes de mortalidade infantil, cumprindo uma das metas propostas para o Brasil pela Organização Mundial de Saúde e Banco Mundial.

Souza relata que *"à medida que o PACS se fortalecia nos municípios, demonstrando resultados concretos nos indicadores de mortalidade infantil, era bem avaliado pela própria população.... É importante citar que, além do impacto nos indicadores, o PACS trazia contribuições importantes para a organização dos sistemas locais através de uma expressiva interiorização de profissionais enfermeiros, do estímulo à criação dos conselhos municipais de saúde e mostrando as contradições das unidades básicas de saúde[5]".*

Apesar de um balanço positivo dos resultados alcançados pelo PACS, o programa enfrentava forte resistência na sua expansão porque era apresentado, muitas vezes, como assistência de segunda categoria, mas esse fato não impediu que, em 1994, o Ministério da Saúde propusesse sua expansão aos municípios, num formato mais elaborado caracterizado pelo Programa de Saúde da Família (PSF).

O Programa Saúde da Família surge, então, com o objetivo de *"melhorar o estado de saúde da população através de um modelo de assistência, voltado para a comunidade, que incluía desde a promoção e a proteção da saúde até a identificação precoce e o tratamento da doença[6]".*

A proposição do PSF ocorreu em 1994, mas apenas em 1998, com a implementação da NOB/96, que propunha a mudança do modelo assistencial através do incentivo à estruturação dos PACS e PSF, é que o programa ganha força. Com a definição de financiamento e seus incentivos essa estratégia de reorganização da atenção básica, centrada na vigilância à saúde, proteção e promoção da qualidade de vida ganham um novo impulso e os municípios passam a ver nela uma possibilidade de reorganização do sistema de saúde local[3].

O Programa Saúde da Família traz um novo enfoque da saúde, considerando a família e a comunidade como o ponto de partida para modificação do sistema de saúde vigente, tendo como fundamento a vigilância em saúde, implementada através das Ações Básicas em Saúde. Na sua proposição, o PSF deveria ter equipes mínimas constituídas por médico, enfermeiro, auxiliar de enfermagem e agentes comunitários de saúde, agindo com interdisciplinaridade, com diversidade de ações e com o mesmo propósito de atendimento.

A família é tida como o principal elo do processo saúde/doença, pois é onde, inicialmente, são resolvidos os problemas do indivíduo e, portanto, torna-se o ponto de partida para a mudança do modelo assistencial vigente, individualizado e fragmentado, para uma proposta em que a família passa a ser o lócus de intervenção para a melhoria das condições de saúde. Ela passa a ser o eixo central do atendimento à saúde e tem seu conceito ampliado da família nuclear, visto que a constituição familiar hoje tem se modificado com as leis de adoção, por casais homossexuais, fertilização *in vitro*, o retorno dos filhos à casa dos pais, maternidade e/ou paternidade fora do casamento.

Independente de sua constituição, Araújo define família como *"uma unidade de produção social em constante articulação com as diferentes esferas da vida na sociedade, afetando essa sociedade e sendo afetada por ela[7]".*

Para Ferrari; Kaloustian *"família é o espaço indispensável para a garantia da sobrevivência de desenvolvimento e da proteção integral dos filhos e demais membros, independentemente do arranjo familiar ou da forma como vem se estruturando. É a família que propicia os aportes afetivos e sobretudo materiais necessários ao desenvolvimento e bem-estar dos seus componentes. Ela desempenha um papel decisivo na educação formal e informal, é em seu espaço que são absorvidos os valores éticos e humanitários, e onde se aprofundam os laços de solidariedade. É também em seu interior que se constroem as marcas entre as gerações e são observados valores culturais[8]".*

O PSF inicia suas atividades delimitando sua área de abrangência, por equipe, composta por, no máximo, 1000 famílias e segundo Costa Neto, a *"maioria dos gestores optam por iniciar a implantação do PSF em áreas periféricas, que apresentam maior dificuldade de acesso e maiores riscos de adoecer/morrer. Depois vão ampliando a atuação básica para áreas centrais, onde os serviços de saúde são mais estruturados[9]".*

A proposta do PSF teve uma aceitação muito grande pelos municípios e até o ano de 2003 já havia sido implantada em 4.276 municípios brasileiros, atuando através de 17.608 equipes, atendendo 57 milhões de brasileiros[10]. Apesar de contundentes críticas de que o programa atende aos ditames das políticas sociais periféricas do neoliberalismo e aos grandes financiadores do país, ela vem demonstrando através de indicadores que, mesmo com grandes dificuldades, tem sido possível modificar o panorama da saúde de algumas regiões do país.

O fortalecimento do programa, entretanto, enfrenta dificuldades pela grande rotatividade dos profissionais e, por esses não estarem treinados para atuar em bolsões de miséria, tendo pouco conhecimento acerca de políticas sociais e de saúde, têm dificuldade para atuar com parcos recursos tecnológicos na atenção à saúde, e enfrentam desafios na adaptação ao ambiente de trabalho, em atuar interdisciplinarmente, com salários deficitários e contratos de trabalho instáveis. Acresce-se a isso as deficiências no uso do Sistema de Informação da Atenção Básica (SIAB) e sua interpretação para a concretização de diagnóstico em saúde local. Esses fatores favorecem o abandono do trabalho, com constantes trocas de elementos da equipe, dificultando vínculos com o programa, com a equipe e menos ainda com a comunidade.

Esses fatores dão elementos para críticas como a de Soares e devem ser colocados em cena para reflexão, pois a autora afirma que: *"as políticas sociais e de saúde perderam sua dimensão integradora, tanto no âmbito nacional como no âmbito regional/estadual, caindo numa visão focalista onde o local é privilegiado como o único espaço capaz de dar respostas supostamente mais eficientes.... Retrocedemos a uma visão comunitária onde as pessoas e as famílias passam a ser as responsáveis últimas por sua saúde e bem estar. Por trás de falso e importado conceitos de "empowerment" está o abandono por parte do Estado do seu papel mais ativo e determinante nas condições de vida da população[11]".*

Entretanto, os formuladores da política no nível central mantêm seu crédito no Programa Saúde da Família que, segundo eles, vem: *"demonstrando ser o modelo de assistência à saúde que mais se aproxima dos princípios indicados na Constituição Federal: todas as pessoas cadastradas são atendidas na unidade de Saúde da Família (universalidade), com igualdade de direitos para todos (equidade), recebendo assistência naquilo em que necessita (integralidade), de forma permanente e pela mesma equipe (criação de vínculos). Desta forma, recebem orientações sobre cuidados de saúde e são mobilizados (incentivo a participação popular) sobre como manter a sua saúde, de suas famílias e sua comunidade, compreendendo a relação entre as doenças e estilos e hábitos de vida[12]".*

Enquanto estratégia possível de ser o fundamento para uma mudança do modelo assistencial, mas também pelo incentivo financeiro, os municípios a têm adotado, muitas vezes de forma inadequada e está sendo incentivada na esfera federal, tendo sido proposto pelo Ministério da Saúde como meta para o ano 2006 que o país tenha 32 mil equipes, atendendo 77% da população brasileira[10].

Apesar das críticas, o PSF pode representar tanto uma estratégia para reverter o atual formato da assistência à saúde como uma proposta de reorganização da atenção básica como eixo de orientação do modelo assistencial, respondendo uma nova concepção de saúde não mais centrada na doença, mas buscando a promoção da qualidade de vida e a intervenção nos fatores que a colocam em risco pela incorporação de ações programáticas de uma forma mais abrangente e do desenvolvimento de ações intersetoriais[13].

O mapeamento das micro-áreas de abrangência de cada equipe deve incorporar um diagnóstico das áreas de risco ambiental e social, como também os aparelhos sociais e/ou grupos que lá atuam como apoio. Destacam-se aqui líderes religiosos e comunitários, as associações de bairro, escolas, pontos de comércio, creches e pré-escolas e locais de bailes entre outros.

Esses espaços, já consolidados na comunidade, poderão servir de suporte para ações de saúde e de educação, além de auxiliarem na resolução de problemas, uma vez que têm conhecimento da população que a utilizam.

Melo prevê que as equipes do PSF atuem em duas áreas, mais especificamente em: ações de promoção à saúde que irão compreender ações educativas à população, ações básicas de assistência à saúde, orientação e apoio a pais/responsáveis por pessoas portadoras de deficiências, saúde e ambiente, saúde bucal, do trabalhador e idoso, alcoolismo, tabagismo e outras drogas, programa de assistência integral à criança, mulher e adolescentes além das ações de vigilância à saúde divididas em epidemiológica e sanitária[14].

A vigilância epidemiológica engloba a própria epidemiologia, agravos de saúde coletiva, coleta e transporte de amostras biológicas, violência doméstica contra crianças e adolescentes, ações de saúde mental e atenção aos portadores de doenças crônico-degenerativas, além da vigilância sanitária que engloba os alimentos e o saneamento básico.

Todas essas ações podem ser executadas pela equipe do PSF, que deve ter uma íntima relação com comunidade e seus aparelhos sociais.

Um dos aparelhos sociais que deve ser utilizado para as ações de integração com a família e para melhorar o atendimento das crianças é a creche e pré-escola.

Creche é "*um ambiente especialmente criado para oferecer condições ótimas, que propiciem e estimulem o desenvolvimento integral e harmonioso da criança sadia nos seus primeiros quatro anos de vida*[15]".

Veríssimo amplia esse conceito considerando-a uma "instituição educativa, que em sua origem, tinha como função primordial a guarda e proteção infantil, particularmente, da infância pobre[16]. A partir dos anos 70, a sociedade civil passou a lutar organizadamente em defesa de novas propostas para a creche e pré-escola que foram legitimadas pela Constituição Federal de 1988.

Com a reorganização do sistema educacional e com a Lei de Diretrizes e Bases (LDB)[17] da educação, a responsabilidade pela instalação e manutenção das creches e pré-escolas passam a ser dos municípios e aliado ao fato da situação social da mulher que tem ocupado, cada vez mais, os espaços privados, a creche e pré-escola passaram a ser uma demanda constante, a nível local.

Nessa perspectiva, a creche e pré-escola tornam-se um lócus propício para a implementação de ações de saúde e educativas. Nesse sentido, sua inserção e manutenção nas áreas adscritas pelo PSF, pode favorecer uma integração de ações de educação em saúde e, principalmente as ações de vigilância à saúde da população infantil da área.

Isso é possível, pois as creches e pré-escolas atendem crianças de 0 a 6 anos e pode ser espaço propício para as equipes do PSF atuarem na saúde das mesmas, não só fazendo diagnóstico e prevenção, mas como espaço educativo para pais e família.

Como as creches e pré-escolas já prevêem em sua legislação ações de higiene e saúde, elas podem ser complementadas ou mesmo intensificadas através das equipes do PSF com ações relacionadas à vigilância à saúde no controle de doenças diarréicas, e problemas respiratórios, vigilância do crescimento e desenvolvimento, avaliação da situação vacinal, e ações de saúde bucal.

Esse espaço permite ainda a implementação de propostas de atenção à saúde das mães que, diariamente, levam seus filhos à creche e pré-escola. Elas podem situar-se tanto no âmbito educativo como em intervenções de saúde, visto que por trabalharem fora, as mães, muitas vezes, não têm acesso aos serviços de saúde e só irão procurá-lo se sentirem sem condições para o trabalho. Por isso, ações de prevenção, como coleta de preventivo de câncer de colo; ações para detecção precoce do câncer de mama; orientações sobre planejamento familiar e alimentação, atenção pré-natal, promoção da saúde bucal e tratamento de dentes; orientações sobre educação da criança, prevenção de patologias e acidentes na infância podem ser inseridos pela equipe do PSF.

Oliveira relata que "*os contatos diários entre educadores da creche e os pais das crianças geram um tipo de relacionamento singular e muito especial sobre o qual estes profissionais necessitam também refletir... e que o contato diário que os funcionários da creche tem com os familiares da criança, em geral com a mãe leva a construção de uma relação cheia de detalhes, intimidades e emoções. Afinal, os familiares e os educadores estão ligados a um afeto comum, a criança, e a creche é o seu lugar de expressão*[18]".

Estudos mostram que, quando uma criança passa a freqüentar uma creche e pré-escola, ela tem maior probabilidade de se adoentar, pois entra em contato com outras floras microbianas e se seu sistema imunitário estiver deficitário a probabilidade de ocorrerem algumas patologias é previsto. As mães devem ser orientadas neste sentido para estarem atentas à possibilidade de as crianças apresentarem algum sintoma. Por outro lado, a equipe do PSF deve examinar toda criança que está entrando na creche e pré-escola para uma avaliação geral de sua saúde.

Ações de atenção básica à criança devem ser desenvolvidas pela equipe do Programa Saúde da Família como acompanhamento do crescimento e desenvolvimento, cobertura vacinal, acuidade visual, controle de processos infecto-contagiosos, risco nutricional.

As ações educativas também devem ocorrer com as famílias, e podem ser de necessidade tanto da creche e pré-escola como de seus usuários. Situações em que ocorrem surtos, o diálogo entre creche e pré-escola e usuários é de extrema importância para controle dos mesmo. A importância da creche e pré-escola para aquela comunidade deve ser ressaltada, podendo vir a fortalecer parcerias com as famílias que fazem uso dela. A situação sócio-econômica do país não permite que o Estado atenda todas as necessidades de uma comunidade e a participação desta, incluindo empresas e Organizações não governamentais (OGNs), visando melhorar o funcionamento é importante e deve acontecer.

Essas ações estão vinculadas na programação do PSF e devem ser interligadas aos programas existentes do Ministério da Saúde como Sistema de Vigilância Alimentar e Nutricional (SISVAN), combate às carências nutricionais, Programa Nacional de Imunização, etc.

As ações de proteção bucal também devem ser desenvolvidas pela equipe do PSF, em integração com os educadores infantis. Devem atuar com ações desenvolvidas em seu território de abrangência, identificando e executando medidas de promoção da saúde e preventivas em saúde bucal, assim como executar ações básicas de vigilância epidemiológica e visitação para sensibilizar as famílias de acordo com as demandas identificadas. Em caso de necessidade é importante acionar o dentista que pertença à rede municipal para fazer ações de prevenção, escovação e tratamento. Caso haja um gabinete dentário na creche, todas as crianças devem ter sua boca examinada. A portaria nº 267, de 06/03/2001, estabelece os procedimentos da equipe de saúde bucal no Programa Saúde da Família[10].

Um treinamento para os educadores infantis pode ser proposto para facilitar a integração dos funcionários e da equipe do PSF, formarem parcerias na implementação de ações de saúde. Experiência inovadora e com resultados satisfatórios foi desenvolvido no estado de Minas Gerais, através da Fundação João Pinheiro que proporcionou, com o apoio do Fundo de Amparo ao Trabalhador (FAT), cursos para educadores infantis, com uma boa aceitação pelos profissionais. Outras ações isoladas têm ocorrido como a citada por Santos; Theodoro[19] que desenvolveram um treinamento de 20 horas para cuidadores de quatro creches e 98,28% deles avaliaram positivamente, e 94,83% gostariam de fazer cursos freqüentemente.

Ações de saúde podem ser implementadas com os pais fazendo parte de uma agenda alternativa. Assim, pais que trabalham e têm dificuldade de acesso aos serviços de saúde em função de seu horário de trabalho podem ser assistidas em programas de promoção à saúde e prevenção de doenças no espaço da creche e pré-escola.

Assim, as ações de saúde devem ser estruturadas na lógica da atenção básica de saúde, gerando novas práticas e implementando ações de promoção da qualidade de vida das crianças e famílias.

Esse contexto propício e facilitador pode e deve ser um locus de ação das equipes do PSF cumprindo um de seus princípios que é a intersetorialidade. Ampliar a atuação das equipes do PSF para além das unidades básicas de saúde pode favorecer sua sintonia com os princípios da universalidade, equidade da atenção e integralidade das ações[14].

REFERÊNCIAS BIBLIOGRÁFICAS

1 - Noronha, J. de; Soares LT A política de saúde no Brasil nos anos 90. Ciência & Saúde Coletiva, v.6, n.2, p.445-450, 2001.

2 - Brasil. Constituição da República Federativa do Brasil. Brasília, DF: Senado, 1988.

3 - Levcovitz, E.; Lima, LD de; Machado, CV Política de saúde nos anos 90: relações intergovernamentais e o papel das Normas Operacionais Básicas. Ciência & Saúde Coletiva, v.6, n.2, p.269-291, 2001.

4 - Andrade, LOM. apud Rodrigues Neto. SUS: passo a passo. São Paulo-Sobral: Hucitec-UVA, 2001.p.29.

5 - Souza HM. Entrevista com a diretora do departamento de atenção básica – SPS/MS. Rev. Bras. Enferm., Brasília, v.53 especial, p.3-7, dez 2000.

6 - Dominguez, BNR. Programa Saúde da Família: como fazer. Belo Horizonte: CISVAS/MG, 1998. p.51.

7 - Araújo, MRNA saúde da família: construindo um novo paradigma de intervenção no processo saúde-doença. Tese de Doutorado, 1999.p.21.

8 - Ferrari M; Kaloustian SM. Introdução. In: Kaloustian SM. Família Brasileira: a base de tudo. 3 ed. São Paulo:Cortez; Brasília: UNICEF, 1998. p.11-12.

9 - Costa Neto, MM (org.) A implantação da unidade de saúde da família. Brasília: Ministério da Saúde; Secretaria de Políticas de Saúde, Departamento de Atenção Básica, 2000. p.13.

10 - Brasil. Ministério da saúde. www.saúde.gov.br/psf/programa/index. Captado em 17 de agosto de 2003.

11 - Soares, LT. Estado brasileiro e as políticas de saúde: os riscos do desmonte neoliberal. In: Nogueira FMG (org.) - Estado e políticas sociais no Brasil. Cascavel: EDUNIOESTE, 2001. p.45-46.

12 - Brasil. Ministério da Saúde. O trabalho do agente comunitário. Brasília: Secretaria de Políticas de Saúde, 2000. p.32.

13 - Departamento de Atenção Básica – Secretaria de Políticas de Saúde Programa de Saúde da Família. Rev. Saúde Pública, v. 34, n. 3, p. 316-9, 2000.

14 - Melo J. Procedimentos de Promoção e Vigilância à saúde. Governo do Estado de Minas Gerais. Programa de Saúde da Família. S.E.S./Minas Gerais, 1998.

15 - Rizzo G. Creche: organização, montagem e funcionamento. 2 ed. Rio de Janeiro: Francisco Alves, 1984, p.23.

16 - Veríssimo DLOR. O olhar de trabalhadoras de creches sobre o cuidado da criança. São Paulo: EEUSP, 2001. Tese de doutorado. p.39.

17 - Brasil. Lei nº 9394 de 1996 que estabelece as Diretrizes e Bases da Educação Nacional.

18 - Oliveira ZM et al. Creches: crianças, faz de conta & cia. 5 ed. Petrópolis: Vozes, 1996.p.120.

19 - Santos, LES; Theodoro, FM. Opinião de funcionários de creche sobre um treinamento realizado por enfermeiras. Revista da Escola de Farmácia e Odontologia de Alfenas. Vol. 21. Jan./Dez. 1999 p. 73-77.

20 INDICADORES DE QUALIDADE DE SAÚDE EM CRECHE E PRÉ-ESCOLA

LANA ERMELINDA DA SILVA DOS SANTOS
LUCILA AMARAL CARNEIRO VIANNA
BERNADETE VIEIRA DE SOUZA REHDER

As creches públicas brasileiras atendem, em especial, criança de famílias que apresentam dificuldades sócio-econômicas, e a assistência apresenta problemas que podem interferir na qualidade da saúde da população. Por outro lado, a educação infantil do setor privado prescinde, em sua maioria, de atenção à saúde nas creches e pré-escolas ou congêneres.

A literatura tem demonstrado uma diversidade de problemas que acometem crianças de creches. Estudando a saúde nos centros de educação infantil, por meio de publicações, constatou-se o predomínio de pesquisas que demonstraram a presença de parasitose intestinal e infecções respiratórias nas crianças. Para as autoras, essas questões são agravadas pelo ambiente e por situações inerentes à própria criança[1].

Em São Paulo, foi feito um estudo em creches da Rede Municipal, por intermédio de avaliações e encontrou-se uma creche com nível de **excelência** e cinco com nível **bom** de atendimento, numa população de estudo composta por 46 creches. A autora recomenda que sejam realizadas avaliações nas creches, periodicamente, para que se possa ter um acompanhamento da qualidade do serviço prestado e monitoramento do atendimento e que se realizem estudos, envolvendo os diversos aspectos da saúde, com ênfase para os que forneçam alternativas à implementação do atendimento de saúde à criança na creche[2].

Na realização de estudos de qualidade da saúde da criança nas creches, considera-se importante utilizar indicadores de saúde que sejam parâmetros recomendáveis e usados internacionalmente com o objetivo de avaliar, sob o ponto de vista sanitário, a higidez de agregados humanos, bem como de fornecer subsídios aos planejamentos de saúde. Tal permitirá o acompanhamento das flutuações e tendências históricas do padrão sanitário de diferentes coletividades, consideradas à mesma época, ou da mesma coletividade em diferentes períodos de tempo[3].

São considerados, também, medidas usadas para ajudar a descrever uma situação existente para avaliar mudanças ou tendências durante um período de tempo. A maioria dos indicadores de saúde são de natureza quantitativa, mas há alguns qualitativos. Estes são necessários para analisar a situação atual, fazer comparações e avaliar mudanças ao longo do tempo[4].

Indicador é utilizado para representar ou medir aspectos não sujeitos à observação direta. "Indicador" e "Índice" são termos empregados ora como sinônimos, o que era comum no passado, ora com significados distintos, o que é a tendência atual. Indicador inclui apenas um aspecto, e índice expressa situações multidimensionais, pois incorpora em uma medida única diferentes aspectos ou diferentes indicadores. Ambos, indicador e índice, podem referir-se ao estado de saúde de um indivíduo ou ao de uma população[5].

Na prática, eles têm representatividade, quando revelam com fidedignidade e praticidade os aspectos da saúde do indivíduo ou de uma coletividade, sempre seguindo os princípios éticos[5]. Constituem o núcleo dos diagnósticos de saúde infantil.

A escolha dos indicadores mais apropriados para uma determinada investigação vai depender, fundamentalmente, dos interesses dos investigadores e dos problemas de saúde mais freqüentes da região estudada. Os indicadores de saúde de maior interesse são: indicadores de morbidade, os padrões de amamentação e desmame, e utilização dos serviços de saúde, avaliando a facilidade de sua inclusão em diagnóstico de saúde e o coeficiente de mortalidade infantil[6].

Os requisitos clássicos que devem satisfazer quando pretende-se utilizar indicadores são:[7]

- Haver dados disponíveis.
- Manter na construção dos indicadores as mesmas definições e procedimentos empregados para todos os locais.
- Ser de construção fácil e simples para o bom entendimento.
- Refletir na medida do possível, o maior número de fatores, que, reconhecidamente, influem no estado de saúde.
- Ter um bom poder discriminatório para permitir comparações entre áreas ou para uma mesma área em relação às mudanças ocorridas de tempo em tempo.

O informe técnico nº 137 da OMS divide didaticamente os indicadores de saúde em três grupos:

1 - Aqueles que tentam traduzir diretamente a saúde de grupos populacionais. Estão divididos em dois campos[7]:
   1 - A GLOBAIS: razão de mortalidade proporcional, coeficiente de mortalidade geral e esperança de vida ao nascer.
   1 - B ESPECÍFICOS: coeficiente de mortalidade infantil e coeficiente de mortalidade por doenças transmissíveis.
2 - Os que se referem às condições de meio e interferem na saúde, tais como: abastecimento de água, rede de esgoto e contaminação ambiental por meio de vários poluentes.
3 - Os que procuram medir os recursos materiais e humanos relacionados à saúde, como o número de profissional de saúde com relação à população[7].

Obs.: Cabe acrescentar a importância de conhecer a relação entre o número de crianças atendidas na creche e o número de educadores infantis, dentre outros.

A Organização das Nações Unidas, em 1952, convocou um grupo de trabalho para estudar métodos satisfatórios para definir e avaliar o nível de vida dos agregados humanos. Isso ocorreu da necessidade de se expressar o "índice de vida" de populações[3].

Já em 1981, a OMS sugeria a pesquisa de novos indicadores que possibilitassem avaliar os progressos já alcançados ou a serem alcançados em matéria de atenção primária à saúde. A proposta da OMS de que todos os povos, sem distinção de raça, credo ou nação, dispusessem de um nível de saúde compatível com a dignidade humana até o ano 2000 não foi alcançada, e a mensuração das condições de vida e de saúde persiste como um desafio[3].

O atendimento à criança no Brasil é um desafio que exige de todos os envolvidos na assistência de saúde conhecimento, responsabilidade, astúcia e flexibilidade, para que se possa alcançar o objetivo maior, que é oferecer à criança boa qualidade de vida.

Um segmento importante da assistência é o setor da Educação Infantil, pois as instituições prestam atendimento com cuidados de saúde que estão inseridos no conjunto de ações desenvolvidas com a criança e vêm apresentando alguns problemas.

A saúde é um direito que o Estado moderno deve garantir ao seu povo. A garantia do direito à saúde envolve medidas de caráter individual e coletivo e que dependem do nível de desenvolvimento alcançado pelo Estado. É preciso medir o nível de saúde a fim de que o Estado possa orientar sua atuação e garantir o direito de seu povo.[8]

A interligação entre a saúde e o nível de vida evidencia a grande dificuldade de escolha de instrumentos que meçam apenas a saúde. Observa-se que a maioria dos indicadores de saúde construídos, hoje, mede doença; e não saúde. Mas como se precisa empregá-los para medir saúde, o que se pode fazer é conhecer a estrutura de cada um, saber como é constituído, para descobrir quais as informações que eles podem oferecer[8].

INDICADORES DE SAÚDE PARA CRECHES E PRÉ-ESCOLAS

Estudando a saúde em creches e pré-escolas, encontram-se estudos que abarcam a incidência de patologias em crianças, avaliações de desenvolvimento e estado nutricional com utilização de suplementação alimentar ou de deficiência de nutrientes, assim como os relacionados a aspectos de educação e aprendizagem[2]. Estudos envolvendo a assistência à saúde da criança são raramente encontrados e abordam apenas aspectos da mesma e não da assistência global.

Para que se tenha melhores informações e conhecimentos sobre a assistência na creche, torna-se necessário que haja parâmetros que possam ser utilizados e facilitem a utilização sistematizada e freqüente da avaliação destes serviços. Portanto, acredita-se que os indicadores apresentados por Santos no estudo Qualidade da Assistência à Saúde da Criança na creche - **local, água, equipamentos, procedimentos, recursos humanos, controles da criança e agravos à saúde**[2] - são as referências iniciais que abordam subvariáveis relacionadas à assistência à saúde da criança em creche e pré-escola e totalmente pertencentes ao universo da mesma.

Esses potenciais indicadores foram elaborados a partir de normas tais como se apresentam a seguir:

Normas para Construção e Instalação de Creches do Ministério da Saúde (MS) Portaria nº 321 de maio de 1988 (variáveis-índice: local, água)[9].

Manual de Sanitização da Secretaria da Família e Bem-Estar Social (FABES) da Prefeitura Municipal de São Paulo - PMSP (variáveis-índice: local, água, equipamentos, recursos humanos)[10].

Norma Regulamentadora - NR6 do Ministério do Trabalho, que trata da questão do Equipamento de Proteção Individual (variável-índice: equipamentos)[11].

Lei nº 6.514/77, que dispõe sobre Segurança e Medicina do Trabalho (variável-índice recursos humanos)[12].

Norma Regulamentadora - 7 NR7 de 1994, que trata do Programa de Controle Médico de Saúde Ocupacional - PCMSO (variável-índice: recursos humanos)[13].

Norma Regulamentdora 7 - NR7-1-5, do Ministério do Trabalho, que trata de primeiros socorros (variáveis-índice: recursos humanos, procedimentos)[13].

Lei nº 7.498/86, que dispõe sobre o exercício da enfermagem[14]; na Resolução do COFEN nº 146 de 1992, que dispõe sobre a normatização em âmbito nacional da obrigatoriedade de haver enfermeiro em todas as unidades de serviço, onde sejam desenvolvidas ações de enfermagem, durante todo o período de funcionamento da instituição de saúde (variável-índice: recursos humanos)[15].

Resolução do COFEN nº 168 de 1993, que dispõe sobre as normas para ANOTAÇÃO da responsabilidade técnica de Enfermeiro, em virtude de Chefia de Serviço de Enfermagem, nos estabelecimentos das instituições e empresas públicas, privadas e filantrópicas, onde é realizada assistência à saúde (variável-índice: recursos humanos)[16].

Agenda Mínima: saúde em creches da Secretaria de Assistência Social SAS/PMSP (Variáveis-índice: procedimentos, agravos à saúde)[17].

Normas Básicas para Funcionamento das Creches Municipais (Variável-índice: procedimentos)[18].

Código de Ética dos Profissionais de Enfermagem, de acordo com a Resolução do COFEN-240/2000, artigo 48 (Variável-índice: procedimentos)[19];

Resolução 225/2000, artigo 1º (Variável-índice: procedimentos)[20].

Programa de Assistência Integral à Saúde da Criança do Ministério da Saúde (variável-índice: controles da criança)[21].

A mensuração da qualidade deve ocorrer por intermédio dos potenciais indicadores de qualidade (variáveis-índice), de acordo com as normas citadas anteriormente. Para tanto, elaborou-se um roteiro de pontuação, no qual cada variável-índice, obtém 120 pontos, subdivididos entre o conjunto das subvariáveis (Anexo 1).

PROCEDIMENTOS DE AVALIAÇÃO

Sugere-se que, para avaliar uma creche e pré-escola ou um conjunto de instituições de educação infantil, deve-se seguir os procedimentos abaixo:

1 - Soma

Na utilização desse procedimento, atribuem-se valores para cada resposta, esses somados, resultam na pontuação de cada variável-índice, que somadas, novamente, obtém como resultado a pontuação geral e a classificação da creche, quando analisada num conjunto de instituições.

2 - Variáveis com valores maiores ou iguais a 80,0% - Vuori[22]

Para utilizar o procedimento baseado em Vuori[22] deverão ser verificadas as variáveis-índice que atingiram ou superaram valores de 80,0%, tendo como base o procedimento *soma*. Discorrendo sobre a garantia da qualidade dos serviços de saúde, *Vuori* sugere um atendimento "bom", quando 80,0% dos critérios estabelecidos para a avaliação forem satisfeitos[22]. Portanto *Vuori* é usado para classificar a creche, estabelecendo-se um ponto fixo (Bom) na escala ordinal. Com base neste ponto, considera-se a assistência de boa qualidade, ou seja, representada pela freqüência de 80,0% no preenchimento dos critérios.

Existem outros procedimentos de avaliação que podem ser utilizados. Recomenda-se que sejam criados novos critérios que possam dar subsídios à melhoria da qualidade da saúde da criança em creches e pré-escolas.

Tendo em vista a argumentação apresentada, acredita-se que a utilização de indicadores para avaliação da assistência à saúde da criança na creche e pré-escola, deve ser feita com o objetivo de garantir à criança melhor qualidade de vida.

CONCLUSÃO

A avaliação nas creches deve ser realizada para monitorar a qualidade da assistência e possibilitar a implementação e ampliação de ações de saúde e educação.

A avaliação poderá ser realizada com o conjunto de variáveis -índice apresentados ou por um menor número delas. Recomenda-se que se utilizem as variáveis que apresentam as menores classificações, para que se iniciem as implementações, visando atingir o objetivo maior, que é melhorar a qualidade da assistência à saúde da criança na creche.

REFERÊNCIAS BIBLIOGRÁFICAS

1 - SANTOS, LES.; VIANNA, L.A.C. Uma revisão sobre saúde em creches. Rev. Esc. Farm. Odontol. Alfenas. n. 21; jan/dez; 1999. 70-85p.
2 - SANTOS, LES. Qualidade da saúde da criança em creche. (Doutorado.; Universidade Federal de São Paulo/ Escola Paulista de Medicina; 2001.
3 - ALMEIDA FILHO N, ROUQUAYROL MZ.. Epidemiologia e saúde. 5ª ed. Rio de Janeiro: MEDSI; 1999. Desenhos em epidemiologia; p.149-170.
4 - WAUGHAN, JP; MORROW, RH. Epidemiologia para os municípios. Manual para gerenciamento dos distritos sanitários. Ed. Hucitec. São Paulo; 1992. 179 p.
5 - PEREIRA, GM. Epidemiologia - teoria e prática. Guanabara Koogan: Rio de Janeiro; 1995. P.583.
6 - BARROS, FC.; VICTORA, CG. Epidemiologia da Saúde infantil - um manual para diagnósticos comunitários. HUCITEC - UNICEF: São Paulo, 1991. 178p.
7 - LAURENTI, R. Programa em epidemiologia - Texto em epidemiologia. Indicadores de saúde. SEPLAN CNPq.
8 - DALLARI, SG. A saúde do brasileiro. Moderna, 7ª ed.; São Paulo; 1993. P.88.
9 - Ministério da Saúde (BR.. Secretaria de Organização das Unidades do Sistema Unificado de Saúde. Divisão Nacional de Saúde Materno-Infantil. Normas de Construção e Instalação de Creches, aprovada pela portaria 321 de 26/05 88. Diário Oficial da União, 09/09/88. Brasília (DF.. 1988.
10 - Secretaria Municipal da Família e Bem-Estar Social (SP.. Manual de sanitização atualização do capítulo. Ações educativas e preventivas no controle das Doenças contagiosas na creche. Ações educativas e preventivas de saúde. São Paulo (SP.); 1999.
11 - Brasil. Norma Regulamentadora 6 -NR6- Relativa à segurança e medicina do trabalho, Brasília (DF.. Disponível em: < http//www. abraseg.com.br/leg-NR6.html> (24/01/01).
12 - Brasil. Lei n. 6.514 de 22 de setembro de 1977. Dispões sobre a segurança e medicina do trabalho. Brasília (DF.); 1977).
13 - Brasil. Norma Regulamentadora -7- NR 7. Estabelece a obrigatoriedade e implementação do Porgrama de Controle Médico de Saúde Ocupacional, nas empresas. PCMSO e também sobre primeiros socorros. Brasília (DF., 1994. Disponível em <http:// www. spol.com.br/rpmed/rpemd1.htm> (19 de abril de 2001.
14 - Brasil. Lei n. 7.498, de 25 de junho de 1986. Dispõe sobre a regulamentação do exercício da Enfermagem e dá outras providências. Diário Oficial da república Federativa do Brasil, Brasília, 26 jun. 1986, p.1.
15 - Brasil . Resolução 146 de 03 de julho de 1992, que dispõe sobre a normatização em âmbito nacional de haver enfermeiro em todas as unidades de serviço, onde são desenvolvidas ações de enfermagem. Documentos básicos de enfermagem. COREN; São Paulo: 2001.
16 - Brasil. Resolução 168 de 6 de outubro de 1993 que dispõe sobre as normas de Anotação de responsabilidade técnica de Enfermeiro. Documentos básicos de enfermagem. COREN; São Paulo: 2001.

17 - Secretaria Municipal de Assistência Social (SP.. Agenda mínima: saúde em creches. São Paulo (SP.; 2000a.
18 - Secretaria Municipal da Família e Bem-Estar Social (SP.. Normas básicas para o funcionamento das creches municipais. São Paulo (SP.; 1994.
19 - Conselho Federal de Enfermagem (RJ.. Resolução COFEN 240 de 30 de agosto de 2000. Aprova o Código de ética dos profissionais de enfermagem. Documentos básicos de enfermagem, COREN/SP, São Paulo. p.277-97, 2001b.
20 - Conselho Federal de Enfermagem (RJ.. Resolução COFEN-225 de 28 de fevereiro de 2000. Dispõe sobre o cumprimento de prescrição medicamentosa à distância. Documentos básicos de enfermagem, COREN/SP; São Paulo. p. 237, 2001a.
21 - BRASIL. Ministério da Saúde (BR.. Coordenadoria de Saúde da Criança. Programa de Assistência Integral à Saúde da Criança: ações básicas. Brasília (DF.; 1984.
22 - VUORI H. Quality assurance of health services. Public Health in Europe 1982;16. (Séries Púbic Health in Europe.

ANEXO

ROTEIRO PARA PONTUAÇÃO DAS VARIÁVEIS-ÍNDICE E SUBVARIÁVEIS

I - Local (variável-índice) 120 pontos (100,0%)

25 pontos   1 - Berçários salubre

5 - Aeração:

Sim _____ (5)   Não _____ (0)

5 - Ausência de mofo:

Sim _____ (5)   Não _____ (0)

5 - Ausência de umidade:

Sim _____ (5)   Não _____ (0)

5 - Luz natural:

Sim _____ (5)   Não _____ (0)

5 - Distância entre os berços:

≥ 50 cm _____ (5)   < 50cm e >10cm _____ (2)   < 10 cm _____ (0)

20 Pontos   2 - Salas de atividades

5 - Aeração:

Sim _____ (5)   Não _____ (0)

5 - Ausência de mofo:

Sim _____ (5)   Não _____ (0)

5 – Ausência de umidade:

Sim _____ (5)   Não _____ (0)

5 – Luz natural:

Sim _____ (5)   Não _____ (0)

21 pontos   3 – Banheiro

7 – Exclusivo por sala:

Sim _____ (7)   Não _____ (0)

7 – Para uso dos funcionários:

Sim _____ (7)   Não _____ (0)

7 – Limpeza 2 vezes ao dia:

Sim _____ (7)   Não _____ (0)

12 pontos   4 – Piso

12 – Tipo de piso:

Apropriado para creche _____ (12)   Não apropriado para creche _____ (0)

12 pontos   5 – Paredes

12 – Integridade das paredes

Ausência de frestas _____ (12)   Presença de frestas _____ (0)

30 pontos   6 – Áreas e objetos de risco para a criança

Acesso a:

5 – Escadas :

Com proteção ou cancelas _____ (5)   Sem proteção ou cancelas _____ (0)

5 – Portas com proteção:

Sim _____ (5)   Não _____ (0)

5 – Janelas com proteção:

Sim _____ (5)   Não _____ (0)

5 – Não permanência na cozinha:

Sim _____ (0)   Não _____ (5)

5 - Não permanência no lactário:

Sim _____ (0)   Não _____ (5)

5 - Ausência de contato com material de limpeza e medicamentos:

Sim _____ (0)   Não _____ (5)

II - Água (variável-índice) 120 pontos (100,0%)
120 pontos   7 - Condições da água na creche

24 pontos - Limpeza da caixa d'água:

Semestral _____ (24)   Anual _____ (12)   Não informa ou não é feito _____ (0)

24 pontos - Análise laboratorial da água:

Semestral _____ (24)   Anual _____ (12)   Não informa ou não é feito _____ (0)

24 pontos - Filtragem da água:

Sim _____ (24)   Não _____ (0)

24 pontos - Lavagem dos filtros:

Semestral _____ (24)   Anual _____ (12)   Não informa ou não é feito _____ (0)

24 pontos - Troca dos filtros:

Semestral _____ (24)   Anual _____ (12)   Não informa ou não é feito _____ (0)

III - Equipamentos (variável-índice) 120 pontos (100,0%)
18 pontos   8 - Utilização do equipamento de uso da criança

6 - Berço individualizado:

Sim _____ (6)   Não _____ (0)

6 - Colchonetes individualizados:

Sim _____ (6)   Não _____ (0)

6 - Colchões e colchonetes impermeabilizados:

Sim _____ (6)   Não _____ (0)

24 pontos   9 - Utilização de equipamentos de uso dos funcionários

6 - Uso de toca:

Sim _____ (6)   Não _____ (0)

Uso de equipamento de proteção individual

6 - Luvas:

Sim _____ (6)   Não _____ (0)

6 - Máscaras:

Sim _____ (6)   Não _____ (0)

6 - Botas:

Sim _____ (5)   Não _____ (0)

20 pontos   10 - Mobiliário

10 - Mobiliário de tamanho apropriado para criança:

Sim _____ (10)   Não _____ (0)

10 - Mobiliário com bordas arredondadas:

Sim _____ (10)   Não _____ (0)

28 pontos   11- Brinquedos

7 - Integridade dos brinquedos:

Sim _____ (7)   Não _____ (0)

7 - Limpeza dos brinquedos de madeira:

Sim _____ (7)   Não _____ (0)

7 - Lavagem semanal dos brinquedos de plástico ou borracha:

Sim _____ (7)   Não _____ (0)

7 - Desinfecção dos brinquedos quando necessário:

Sim _____ (7)   Não _____ (0)

30 pontos   12 - Objetos pessoais

6 - Toalhas de banho individualizada:

Sim _____ (6)   Não _____ (0)

6 - Pente individualizado:

Sim _____ (6)   Não _____ (0)

6 - Sabonete individualizado:

Sim _____ (6)   Não _____ (0)

6 - Fraldas:

Suficientes _____ (6)   Insuficientes _____ (0)

6 - Lençol:

Suficientes _____ (6)   Insuficientes _____ (0)

IV - Recursos humanos (variável-índice) 120 pontos (100,0%)
48 pontos   13 - Distribuição de criança por educador

48 - número de crianças por educador:

- 16 - até 1 ano, 5 crianças/educador _____
- 16 - de 1 a 2 anos, 10 crianças/educador _____
- 16 - de 2 a 3anos e 11 meses, 10 crianças/educador _____

48 pontos   14 - Aspectos individuais dos funcionários
Saúde dos funcionários

20 - exame pré-admissional _____   20 - controle anual de saúde _____

Aspectos pessoais dos funcionários (indicador)

2 - uso de uniforme _____   2 - uso de cabelos presos _____
2 - uso de sapatos fechados _____   2 - uso de unhas curtas _____

24 pontos   15 - Equipe de saúde
Composição da equipe de saúde:

enfermeira _____ (12)   técnico de enfermagem _____ (6)
auxiliar de enfermagem _____ (4)   atendente de enfermagem _____ (2)
não tem pessoal de saúde no quadro de funcionários da creche _____ (0)

V - Procedimentos (variável-índice) 120 pontos (100,0%)
20 pontos   16 - Alimentação

4 - Uso de hipoclorito de sódio após lavagem de frutas e verduras de acordo com as recomendações corretas _____ (hipoclorito de sódio a 1,0%, 75 ml/5litros de água; hipoclorito de sódio a 1,5%, 50 ml/5litros de água; hipoclorito de sódio a 2,5%, 30 ml ou 6 colheres de sobremesa rasas/5litros de água.)
4 - Uso de proteção dos alimentos contra insetos, sujidades e insetos _____
4 - Posição para a oferta de mamadeira: _____
semi-sentada:
no colo; _____ (4)

no colo e no berço _____ (2)
no colo e no colchonete _____ (2)
no colo, berço e colchonete _____ (2)
no berço _____ (1)
no berço e no colchonete _____ (1)
no colchonete _____ (1)
oferece a mamadeira com a criança deitada _____ (0)

4 - eructação após as mamadas:

Sim _____ (4)   Não _____ (0)

4 - decúbito lateral para dormir:

Sim _____ (4)   Não _____ (0)

20 pontos   17 - Higiene
6 - Higiene física

2 - Realização de banho diário em todas as crianças, diariamente _____
2 - Realização de higiene oral diariamente _____
2 - Acompanhamento das condições gerais de higiene da criança _____

8 - Higiene ambiental

8 - Limpeza diária de acordo com a recomendação e limpeza geral semanal _____
6 - Limpeza diária de acordo com a recomendação geral em intervalos > semana _____
4 - Limpeza diária de acordo com a recomendação sem limpeza geral _____
4 - Limpeza diária e limpeza geral semanal _____
2 - Limpeza diária e limpeza geral em intervalos > semana _____
1 - Limpeza diária sem limpeza geral _____
2 - Realização da higienização das banheiras, após cada banho _____
2 - Realização de proteção individualizada das mesas de troca _____
2 - Lavagem das mãos, após a manipulação com a criança _____

30 pontos   18 - Procedimentos gerais de saúde da criança
10 - Avaliação de saúde no ato da admissão

- Solicitação de avaliação de saúde de todas as crianças no ato da admissão _____ (5)
- Solicitação de avaliação de saúde das crianças que apresentam problemas de saúde _____ (3)
- Realização de ficha de saúde das crianças no ato da admissão _____ (5)
- Não solicita nenhuma avaliação de saúde _____ (0)
- Não faz ficha de saúde no ato da admissão _____ (0)

6 - atendimento da criança com problema de saúde:
- atendimento das necessidades mais simples na creche _____ (2)
- comunicação aos pais e encaminhamento ao serviço de saúde _____ (2)
- se necessário leva-se ao Pronto-Socorro _____ (2)

3 - encaminhamento das criança com problemas de saúde:

Sim _____ (3)   Não _____ (0)

2 - afastamento da criança por risco de adoecer permanecendo na creche:

Sim_____ (3)   Não _____ (0)

3 - afastamento das crianças por levarem as outras ao risco de adoecer:

Sim_____ (3)   Não _____ (0)

3 - articulação com serviços de saúde:

- tem serviço de referência para encaminhamento _____ (3)
- encaminha ao local mais próximo ou de preferência dos familiares _____ (2)
- não faz encaminhamento _____ (0)

3 - notificação compulsória de doenças:

Sim_____ (3)   Não _____ (0)

10 pontos   19 - Vigilância

5 - acompanhamento nas atividades livres pelos educadores:

Sim_____ (3)   Não _____ (0)

5 - acompanhamento durante o banho pelos educadores:

Sim_____ (3)   Não _____ (0)

20 pontos   20 - Medicação
20 Critérios para oferta de medicação;

- Todos os medicamentos são administrados com prescrição médica _____ (20)
- Alguns medicamentos são administrados sem prescrição médica _____ (10)
- Todos os medicamentos são ministrados sem prescrição médica _____ (0)

20 pontos   21 - Primeiros socorros
15 - funcionários com conhecimento de primeiros socorros:

Auxiliar de enfermagem ou outros profissionais da área da saúde _____ (3)
Diretor _____ (3)   Coordenador pedagógico _____ (3)
Todos os educadores infantis _____ (3)   Alguns educadores _____ (3)
Nenhum funcionário _____ (0)

5 - atualização dos conhecimentos pelos funcionários:

Sim_____ (5)   Não _____ (0)

VI - Controles da criança - (variável-índice) 120 pontos (100,0%)
60 pontos 22 - Vacinação

20 - Controle das vacinas na admissão da criança:

Sim _____ (20)   Não _____ (0)

20 - controle mensal

Sim _____ (20)   Não _____ (0)

20 - Crianças vacinadas;

Completos _____ (20)   Parcialmente completos _____ (10)   Incompletos _____ (0)

60 pontos   23 - Outros Controles
13 - controle de peso e altura

- realização de controle de peso e altura de todas as crianças _____ (13)
- realização parcial de controle de peso e altura _____ (7)
- não realização de controle de peso e altura _____ (0)

Freqüência do controle de peso e altura:
7 - 0 a 1 ano

mensal _____ (7)   > mês _____ (4)   não é feito _____ (0)

7 - 1 a 2 anos:

mensal _____ (7)   > mês _____ (4)   não é feito _____ (0)

7 - 2 a 3 anos e 11 meses:

mensal _____ (7)   > mês _____ (4)   não é feito _____ (0)

7 - Baixo peso:

acompanhamento de crianças de baixo peso _____ (7)   não acompanhamento _____ (0)

7 - Sobrepeso:

acompanhamento de crianças de baixo sobrepeso _____ (7)   não acompanhamento _____ (0)

12 - Desenvolvimento psicomotor:

- Realização de avaliação de desenvolvimento psicomotor de todas as crianças _____ (12)
- Realização parcial de desenvolvimento psicomotor _____ (6)
- Não realização de avaliação de desenvolvimento psicomotor _____ (0)

VII - Agravos à saúde (variável-índice) 120 pontos (100,0%)
40 pontos   24 - Ocorrência de morbidade na creche

- presença total dos registros durante o ano _____ (18)

- registro parcial _____ (7)
- especificação do tipo de patologia e idade da criança _____ (11)
- registros das internações _____ (11)
- ausência de registros _____ (0)

40 pontos   25 – Ocorrência de mortalidade na creche

- presença total dos registros durante o ano _____ (24)
- registro parcial _____ (8)
- especificação do óbito _____ (16)
- ausência de registros _____ (0)
- ausência de óbitos _____ (40)

40 pontos   26 – Ocorrência de acidentes na creche

- Especificação do tipo de acidente _____ (11)
- Especificação do tipo de atendimento _____ (11)
- Presença total dos registros durante o ano _____ (18)
- Registro parcial _____ (7)
- Ausência de registros _____ (0)